西洋が覇権をとれた6つの真因

文明

CIVILIZATION The West and the Rest

ニーアル・ファーガソン
仙名　紀 訳

勁草書房

目次

目次

新たな史観の試み――イギリス版への序文

私がいつ、どこでこの本の構想を思い付いたのか、定かには覚えていない。二〇〇五年に上海の浦東《ブンド》地区を、はじめて散策したときだったかもしれない。あるいは重慶で中国共産党の地方幹部から、大量の砂利が山積みされているこの地が将来、中国南西部の中心になるという青写真を聞いたときだったのかもしれない。それは二〇〇八年のことで、大きな感銘を受けた。巧みに演出された北京オリンピックの華麗な開会式よりも、インパクトが強かった。それとも二〇〇九年に、ニューヨークのカーネギーホールで、才気あふれる若い中国人の作曲家エンジェル・ラムの、クラシック音楽を東洋ふうにアレンジした作品を聴いて感動したときだったかもしれない。二一世紀の最初の一〇年が終わりに近づいたころ、私は五〇〇年に及ぶ西洋優位の時代は終わりに近づいているのではないか、という感触を持った。

この本で取り上げる中心的な疑問は、現代の歴史家が取り組むテーマとしてはかなりユニークなものではあるまいか、という気持ちがだんだん強まってきた。つまり、主題はこうだ。――西暦一五〇〇年ごろから、ユーラシア大陸の西端に位置するヨーロッパのいくつかの国ぐにが、はるかユーラシア大陸の東端にあって人口も多く、さまざまな面で洗練された社会を包含した「その他の世界」を支配する方向に動き始めたのは、なぜなのだろうか。副次的な設問をまとめると、次のようになる。――ヨーロッパの興隆をうまく解明できれば、将来の見通しを立てることも可能なのではあるまいか。ひょっとすると本当に西洋は没落し、新たに東洋の時代がやってくるのではないだろうか。別の言い方をすれば、次のようになる。ヨーロッパでルネサンスや産業革命によってもたらされ、大多数の人類がほぼその傘下にあった文明が大西洋をまたいで広がっていき、それによって隆盛をきわめた産業や帝国が、いまや衰退していく姿を私たちは目撃することになるのだろうか。

二一世紀の最初の一〇年を見ると、このような疑問を投げかけたくなるような状況が何回も感じられた。私はスコットランドで生まれ、グラスゴー・アカデミーとオックスフォード大学で教育を受けた。二〇代と三〇代は、オックスフォード大学とケンブリッジ大学で研究に励んだ。私は最初、アメリカへ行きたかった。ニューヨーク大学のスターン・ビジネススクールの後援者でウォールストリートのベテラン・アナリストであるヘンリー・カウフマンが、金融史や権力史に興味はないか、と私に打診してくれた。ここにこそカネと権力が集中しているのだから、という。しかも、マンハッタンのど真ん中にある。新しい千年期が始まって以来、ニューヨークの株式市場は世界金融の中心地としてさらに重きをなすようになったが、これはほぼアメリカが取り仕切り、アメリカが所有する組織だ。インターネット・バブルがはじけ、民主党のクリントン大統領がホワイトハウスを去り（二〇〇一年）、国家財政の赤字を解消するという公約が危うくなった。ジョージ・W・ブッシュが大統領に就任して八か月も経たないうちに起きた同時多発テロという大事件のおかげで、マンハッタンが西洋の中心地であることが改めて浮き彫りにされた。アルカイダ・テロリストの手で世界貿易センタービルが破壊されたことによって、西洋の支配に挑戦しようと試みるならニューヨークが最大の標的とされることが、歴然と示された。

その後は、強烈な巻き返しが続いた。アフガニスタンでは、タリバン勢力が政権から追い出された。「悪の枢軸」と名づけられた政権（イラク、イラン、北朝鮮）の「政権交代」が図られた。イラクでは、サダム・フセイン政権が追い出された。「有毒テキサス野郎」（訳注＝環境問題に無関心なことから、ブッシュはこう呼ばれた）が世論調査で人気を挽回して、再選への道を開いた。アメリカ経済は減税のおかげで、息を吹き返した。「古いヨーロッパ」は（リベラルなアメリカは言うに及ばず）、打つ手もないのにいきり立った。私は改めて「帝国意識」に関心を覚えてさまざまな資料を集め、アメリカ独立に対するイギリスの対応を中心に、二〇〇三年に『帝国——イギリスはどのようにして近代世界を作り出したのか』を書いた。イギリスの足跡は、アメリカにとって参考になる。アメリカが台頭し、世界を制覇し、やがておそらくは凋落に向かう道筋を考えてみると、アメリカ帝国の権力構造にとって、三つの「足りないもの」が明らかになった。まず、人材の不足（アフガニスタンやイラクでも、地上兵が足りなかった）。次に、集中力の不足（占領地を長期にわたって支配することに対する国民の熱意のなさ)。三つ目に、とりわけ財政の不足(投資額に比べて貯蓄が少ないし、公共支出の割に税額が少ない)。

私は自著『巨像――アメリカ帝国の興亡』(二〇〇四)のなかで、アメリカが財政面で東アジアの資本にあまりにも依存しすぎて、しかもそれに危機感を持っていない状況に、注意を喚起した。アメリカは帝国を標榜してはいないが、転落したのはテロリストにやられたからではなく、テロリストを支援してきた「ならず者国家」のせいでもなく、帝国内部の中心で起きた金融危機が誘因になっている。中国とアメリカの危うげな関係は持続可能なものではなく、ドイツの経済学者モリッツ・シュラリックと私は、二〇〇六年の末に「チャイメリカ(Chimerica)」という造語を考案したが、この語は倹約家の中国と乱費家のアメリカを合体させたもので、「キメラ(chimera)」にも音が似ている。これを、今後の世界金融問題のキーワードとした。アメリカの消費者にとって、中国の安い労賃と安価な資本がなければ、二〇〇二年から〇七年のバブルは、これほど極端にはならなかっただろう、と思われる。

スーパーパワーというアメリカが自らに抱いていた幻想は、ジョージ・W・ブッシュ(ジュニア)政権時代、二度にわたって大ダメージを受けた。最初はバグダッド郊外サドルシティの裏通りで、次はアフガニスタン南部のヘルマンドにおいて。いずれもアメリカの軍事力の限界が露呈され、新保守主義《ネオコン》の中近東認識の甘さが浮き彫りにされた。アメリカでは二〇〇七年にサブプライムローンの危機が増幅され、続いて二〇〇八年には信用収縮が起こり、二〇〇九年にはついに「大不況」

に突入した。リーマン・ブラザーズが経営破綻に陥り、「ワシントン合意」や「原油価格高騰下の物価安定」などは雲散霧消《うんさんむしょう》してしまい、中央銀行の「歴史の終わり」も忘れ去られた。第二の世界大恐慌が起こる懸念が、ささやかれた時期さえある。いったい何が原因で、つまずき始めたのか。私は二〇〇六年の半ばごろから論文や講演を通じてこの問題を論じ、やがて金融危機が最悪の時期を迎えた二〇〇八年一一月には、『マネーの進化史』（邦題。早川書房）をまとめた。私の論旨はこうだ。――短期の借入金が膨らんで、国際金融システムは見るも無惨に弱体化してしまった。銀行は借入金の増大によって収支バランスを崩し、住宅ローンを証券化しても裏づけはなく、連邦準備制度理事会にも確たる金融政策はなく、住宅バブルがはじけ、金融関連商品である証券をみんなが勝手に手放してもなんら制約は課せられなかったから、計測可能なリスクどころか野放し状態になってしまった。経済規模は縮小して活発さが失われ、それが西洋で芽生えてグローバル化した国際金融に浸透していった。歴史的に見ると、流通が鈍った際には金融は崩壊に向かう傾向が見られる。

第二次世界大恐慌に陥る危険性は、二〇〇九年夏以降には遠のいたが、まだ完全に安心できる状況ではなかった。だがいずれにしても、世界の状況には変化が現れた。金融危機が引き金になって金融商品の国際取引が途絶えたため、西洋への輸出で活性化していたアジア経済は深刻な打撃を受けた。だが中国は政府が音頭を取る信用取引の拡大政策が功を奏して、成長が鈍化する程度のダメージに抑えることができた。これは、専門家たちでもあまり予測できなかった、大きな成果だといえる。大陸経済で一三億の人口を養う「巨大シンガポール」のような国家の手綱をさばくことは容易ではないが、この原稿を書いている二〇一〇年一二月の時点でも産業革命を推し進めていて、一〇年以内にGDP（国内総生産）の面でアメリカに追いつくと見られている。日本が一九六三年に、イギリスに追いついたときのことを想起させる。

ヨーロッパは過去五〇〇年のほぼ全期間にわたって、「その他」の地域を疑いもなく圧倒し続けてきた。ヨーロッパと中国の家庭における家計収入は一六〇〇年代を境に差が開き始め、そのギャップは一九七〇年代の末まで続いた。だがそれ以後は、ものすごい早さで差が縮まり始めた。その後に起こった世界金融危機の時期には、私が最も知りたい歴史的な疑問点が明確になった。西洋の優位は、すでに消え去ってしまったのか。いくつかの面から分析していけば、答えが浮かび上がってくるに違いない。

これから説明するのは歴史のオーソドックスな分析手法で、退屈だと思われる方は、以下を飛ばして次の「はじめに」に進んでいただいても構わない。私が本書を書き記した理由は、いま生きている人びとは、過去に死んだ人たちのことをあまり顧みない、と私がつねづね痛感しているためだ。私が三人の子どもたちの成長過程を見ていると、私の時代ほどには歴史を学んでいないのではないか、と不安に思うことがある。それは先生がいないからではなく、教科書がお粗末で、それに輪をかけて試験問題がよくないからだ。金融危機が表面化したときに私は気づいたのだが、西洋の銀行や金融の関係者でも、大恐慌に関してごく貧弱な知識しか持ち合わせていなかった。西洋の学生は、大学生を含めて教養の手ほどきを受けるのだが、歴史についてはあまり教えられない。単位は取得するが、物語性のある生きた教科を学ぶわけではないし、年表も頭に入っていない。資料の要旨だけを読んで早わかりすることには慣れていても、おびただしい資料を広く、早く読む基本的な訓練は積んでいない。古代ローマの百人隊長やホロコーストの犠牲者に共感を持つよう仕向けられるかもしれないが、彼らが苦境に立たされるようになった理由や状況について論文を書くことは要求されない。イギリスの劇作家アラン・ベネット（一九三四〜）は戯曲「歴史少年《ザ・ヒストリー・ボーイズ》」のなかで、「トリレンマ」に悩む生徒たちを描く。——歴史は対立意見をすべて列挙すべきなのか、過去の真と美をそのまま受け継ぐべきなのか、善悪を別にしてあるがままを受け入れるべきなのか。ベネットはご存じないようだが、現在のイギリスの中等教育第六学年では三つのどれとも違った形で、たとえ不愉快な事実でも、順不同で教えられる。

私が前に勤務していた大学の当時の学長が話してくれたのだが、彼がマサチューセッツ工科大学（MIT）の学部学生だったころ、母親が歴史の講座も一つぐらい取ることを勧めたという。頭脳明晰な彼は経済を専攻していて、自分は過去のことより未来のほうに興味があるとぶっきらぼうに答えたそうだ。だが彼はいま、浅薄だったと反省している。将来というのは一つではなく、複数なのだということがわかったからだ。歴史にも複数の解釈があって、どれかが唯一絶対のものではない。——だが、過去のできごとは一つしかない。過去は過ぎ去ったできごとだが、二つの意味で無視できない。一つはいま起こっていることの意味合いを考えるうえで、もう一つはこれから起こることを占ううえで。第一に、いま地上で生きている人間の人口は、これまでの人類すべての約七パーセントにすぎない。すでに死んだ者が一四対一で圧倒的に多いが、私たちは困難に直面したとき、これまで蓄積された経験をほとんど生かしていない。第二に、あっという間に過ぎ去っていく現在と複数の未来に関して、私たちが頼りにできる知識といえば過去の体験だけだ。複数の未来のうち、実際に起こるのは一つだけだ。歴史は過去を学ぶだけではなく、「時間」そのものを学習することでもある。

まず、歴史には限界があることを認識しなければならない。歴史学者は、科学者ではない。したがって、社会・政治面における「メカニズム」に首を突っ込んで、確度の高い予測をすることはできない（すべきでもない）。なぜか。過去何千年もの体験から、特定の一つの事例だけが繰り返して起ることはあり得ないからだ。人類史には、どのようなできごとのサンプルも、たった一つしかない。それに、歴史の壮大な実験の「各分子」はそれぞれ意識を持っていて、あらゆる形の認知バイアスによって歪められる。つまり人びとの行動形態は、生命や知覚がなくて浮遊している分子的な物体よりさらに予測がむずかしい。人間の環境は千差万別で、それぞれ自らの体験から学んでいくから予測しにくい、という言いわけは成り立つ。人間は状況に適応していくから、時間とともに行動は変化していく。私たちは無目的にさまようのではなく、きちんと道を歩む。そして絶えず遭遇する分岐点に来たときにどちらの道を選ぶかは、過去の体験が決定づける。

そうなると、歴史学者には何ができるのだろうか。まず、社会科学者の真似をして、多くのデータを積み上げ、科学哲学者カール・ヘンペル（一九〇五〜九七）がいう普遍法則に則《のっと》って、過去に関する包摂法則モデルを作り上げ、すべてを網羅する。——たとえば、民主的な指導者ではなく独裁的な指導者が権力を握れば、その国が戦争に訴える可能性は高まる。あるいは——二つのアプローチの仕方がともに排他的でなければ、オックスフォード大学の偉大な哲学者R・G・コリングウッド（一八八九〜一九四三）が一九三九年に著した『自伝』で語っているように、死者と想像上の対話をして死者の体験も現実に組み込んでしまう。これら二つの歴史的設問のモードを駆使すれば、まだ生き残っている過去の遺物を歴史に組み込むことができる。そうなれば、人類がこれまでに体験してきた苦境の知識や解釈にきちんと光を当てることができる。起こり得る未来の状況に関しても、これらの歴史手法を踏めば、予測が可能になる。完璧ではないにしても、新聞の朝刊に掲載されている「今日の運勢」くらいの役割は果たすことができる。

コリングウッドは第一次世界大戦の悲惨な状況を見て、それまでの自然科学や心理学に幻滅し、歴史の分野でも従来の「切り貼りによる歴史の組み立て」——先人の発言や見方を繰り返す——ではなく、近代性を野心的に取り入れた。コリングウッドの考え方の骨子を、次のような形で再録しておくのも、十分に価値があると思える。

（1）歴史学者が研究する過去は、死んでしまったものではなく、ある意味では現在も生きていて、資料や芸術品のような形で跡づけることができる。

（2）「歴史はすべて、思想史である」。あらゆる歴史的な証拠は、その背景にある意図が読めなければ意味がない。

（3）意図を推測するにあたっては、時間をさかのぼって想像力を働かせなければならない。「歴史的な知識とは、歴史学者が研究対象を再構築することにほかならない」。

（4）歴史の本当の意味は、過去と現在を並列的に並べたときに判然とする。「歴史的な知識は、過去の思想を現代のカプセルのなかで再現することによって得られ、矛盾は生じるかもしれないが、過去とは異なった容器に収納するところに意味がある」。

（5）歴史の研究者は、このような手法を取ることによって、門外漢に歴史を教えることができる。ベテランの森の番人が何も知らない旅行者に、「ここには木々と下生えの草しかないよ」と教えるように。旅行者は、安心して歩を進めることができる。だが森の番人は、ときに声を上げる。「気を付けて！　あの草むらのなかには、トラが潜んでいる」。つまりコリングウッドは、次のような点を指摘している。「(歴史には) 科学の法則とは、まったく異なった面がある。ものごとを洞察するアプローチの仕方において」。

（6）歴史的洞察の真の役割は、次のような点にある。——専門的な訓練を受けておらず、したがってものごとの本質が把握できない一般人のために、歴史家は過去のできごとを現代の容器に入れて示してあげることが必要だ。

（7）歴史のなかでどのようなテーマを取り上げるかについて、コリングウッドは同輩のケンブリッジ大学歴史学教授ハーバート・バターフィールド（一九〇〇～七九）が「現代の視点偏重」を非難する考え方に同調して、こう述べている。「歴史に関する問題意識は、実用的に役立つ面から芽生える。私たちは自らが明確な指針のもとに行動したいがために、過去から教訓を学びたいと考える。山積した問題を解決するにあたっては、歴史のなかにヒントが隠されているに違いないからだ」。

コリングウッドは哲学者・歴史学者であるとともにすぐれた考古学者だという多彩な人で、イギリスの対ヒトラー融和政策に反対し、「デイリー・メール」紙を早くから非難した。彼は長年にわたって、私に歴史を指南してくれた。それに何よりも、本書をまとめる柱を構築するうえで欠かせない指針を提供してくれた。文明がなぜ滅びるのかというテーマは、「切り貼りによる歴史」では追求できない問題だからだ。これは現代社会に役立つ問題であり、本書はその面で「森の番人」の役を演じることができると思っている。草むらに隠れているのは、トラ一頭だけではないからだ。

過去のことを振り返るときに私はたびたび気づくのだが、歴史に習熟していない者は過去のことを忘れやすい、という単純な傾向がある。――たとえば、かつて人類は若いうちに死んでしまう覚悟が必要だったし、たとえ生き延びても愛する者に先立たれて悲しんだ。私が好きな詩人でジェームズ一世時代の花形ジョン・ダン（一五七二～一六三一）は五九歳まで生きた。いまこの本を執筆中の私より、一三歳も年上だ。彼は弁護士・議員を経て、カトリックの信仰を捨てて英国国教会の司祭になった。彼は愛を貫いてアンと結婚したため、彼女の叔父で国璽尚書《こくじしょうしょ》だったサー・トマス・エジャトンの怒りを買って秘書の職を解かれた。一六年間に一二人の子どもをもうけたが、うちフランシス、ニコラス、メアリーの三人は、一〇歳になる前に死んだ。最後の一二番目の赤ん坊は死産で、母親のアンも同時に死んだ。ダンのお気に入りの娘ルーシーも死に、彼自身も危うく死にかけた。娘の死後、ダンは『不意に発生する事態に関する瞑想』(一六二四)を著し、死者への大いなる哀れみを、次のように歌い上げた。

「だれの死であっても私は落ち込むが、それは私も人類の一員だからだ。したがって、誰《た》がために鐘が鳴るのか、問わないでほしい。これは、汝のために鳴るのだから」

その三年後、ダンは親友の死に触発されて、「一年で最も短い聖ルーシーの日の夜想曲」という、次の詩を書いた。

私を見ていて欲しい。君たちは次なる世に、
来たるべき春に、人を愛するだろう。
私も骸《むくろ》になる。そこから
愛の新たな錬金術を得てほしい。
神はその技《わざ》を使って表出してくれる。

虚無のなかから、重い欠如から
乏しき空虚から、至高の物質を。
神はわが身を滅ぼせども、ふたたび甦る。
不在と暗黒と死という空洞の世界から。

この詩を読むにあたって頭に入れておかなければならない点は、当時の平均寿命は現在の半分以下だったことだ。

人生の盛りにおいて現世と別れを告げるということは、人生が不安定で先が読めず、悲しみも深いことを意味する。さらに視点を変えれば、過去に文明を築いてきた人間が文明の構築に貢献したのは若い時期だったことになる。ユダヤ系オランダ人の哲学者ベネディクト（バールーフ）・デ・スピノザ（一六三二～七七）は、「本質に存在が属する実体は神だけだが、おぼろげにしか認識できない」と規定した。彼は四四歳で生涯を終えたが、生計を立てるためにやっていたレンズ磨きのグラインダーのために、ガラスの粉を吸いすぎたためではないかと見られている。フランスの思想家ブレーズ・パスカル（一六二三～六二）は、確率論や流動力学の創始者で、宗教などを考察した『パンセ』の著者だが、三九歳で没した。交通事故に遭って、障害を受けたためでもあった。長寿に恵まれた偉人としては、神学者エラスムス（六九歳）や著述家モンテーニュ（五九歳）がいるが、作曲家モーツアルトも三五歳でこの世を去った。同じく作曲家のシューベルトも、おそらく梅毒のために三一歳で亡くなった。作曲家仲間ではブラームスは六三歳まで生きられたし、アントン・ブルックナーは七二歳の長寿をまっとうしたが、短命だったモーツアルトらがその年齢まで生きていたらどれほど多くの業績を残せたかは、わからない。スコットランドの詩人ロバート・バーンズは人類平等主義を唱え、「なんと言おうと人は人」という作品で「貧乏を恥じる者がいれば、そんな奴隷のような奴は放っておく。貧乏だって構わない」という表現を残して、一七九六年に三七歳の生涯を終えた。生涯の長さには、なんとも不合理な面があるように思える。人びとの尊敬を勝ち得る才人は、もっと長寿に恵まれて欲しいものだと思いたくなるのだが。同じく詩人のアルフレッド・テニソンは、さまざまな栄誉を受けて八三歳まで長生きした。もしこれら詩人たちの寿命が変わってたらウィリアム・パルグレイヴ（一八二六〜八八）の編さんした詩集『黄金の財宝《ゴールデン・トレジャリー》』では、バーンズの作品がもっと増えて、テニソンのは少なくなっていたかもしれない。美術の面でも、もし三九歳（訳注＝四三歳説が多い）で早世して寡作だったオランダのヤン・フェルメールが、九一歳まで生きて多作だったパブロ・ピカソほどの長寿だったら、世界の画壇の状況は変わっていたことだろう。

政治も術《アート》の一分野として、哲学やオペラ、詩歌、絵画と同じく文明の創設にかかわっている。アメリカ史で偉大な政治芸術家といえば、エイブラハム・リンカーンだ。彼は大統領としては一期四年間だけで、二期目の就任演説を終えてわずか六週間でつまらない怨念の犠牲になって凶弾に倒れた。享年、五六歳だった。丸太小屋に生まれて自己研鑽を積み、ゲティスバーグの歴史的なスピーチ（「アメリカは自由を原点として建国され、人はみな平等であるとの命題に捧げられた国で……人民の、人民による、人民のための政府を目指す」）を残したこの巨人が生き延びていたら、南部一〇州を再統合させるためのアメリカ再建法を含めて、かなり違った方向に進んでいたことだろう。たとえば、フランクリン・デラーノ・ルーズヴェルト大統領は小児マヒという障害を持ちながら、医学の進歩のおかげもあって、スポーツのポロを楽しみながら、四期をまっとうする直前の六三歳まで任務を遂行した。リンカーンも、もっと生きていれば時代の様相も変わっていただろう……という思いがある。

私たちの暮らし方は、昔の人びとと比べるとかなり違っている。平均寿命が延びていることはもちろんだが、肉体的にも快適になっている。私たちが過去の男女の生活ぶりをしのぶためには、かなり想像力を働かせなければならない。アダム・スミスはコリングウッドの自伝が出版される一五〇年も前の著書『道徳感情論』のなかで、文明社会ではお互いに同情心を持っているから、全面戦争に訴えるようなことはあるまいとして、次のように書いている。

> 他人がどのように感じているかを体験することはできないが、特定の状況下でどのような感情を持っているかを推測することはできる。兄は横たわって苦しんでいるが、私たちに苦痛はなく、彼の心情は決して体感できないから、彼の立場になって想像するにとどまる。だが想像することによって、擬似的に彼の立場を推量できる。

これはまさに、コリングウッドが歴史家の取るべき姿勢だと主張する立場と一致している。私は本書の読者にも、同じことを要望したい。つまり過去の人びとの思いを、自らの頭のなかでよみがえらせることだ。私がこの書でねらっている主眼は、何がて、こ、になって文明がこれほど目覚ましく広がり、富を蓄積し、影響力を強め、権力を持つに至ったのかを理解していただくことだ。ただし想像力を発揮して当時の状況になんらかの同情や共感を持たない限り、深い理解は得られない。その際に、ほかの文明の考え方を心のなかに持ち込まなければ、理解はむずかしい。ヨーロッパがその他の文明を隷属ないし従属させるに至った経緯も、知っておく必要がある。その他の文明に住んでいた人たちも、同じく重要な主役なのだから。この本のテーマは、西洋史ではなく世界史だ。そのような状況のなかで、ヨーロッパが制圧していく過程を学ばなければならない。

一九五九年版の百科事典で、フランスの歴史家フェルナン・ブローデルは、「文明」を次のように規定している。

まず、「文化地域」というスペースを持っていなければならない。……そこには文化的な匂いのあるさまざまなもの――たとえば、家屋の造りからその屋根の形や建材まで、あるいは羽つきの矢のバリエーション、いくつかの方言が混じり合い、種々の味覚の料理が食べられ、特異な技術があり、宗教も多彩で、自由に恋愛が楽しめ、市街が整備され、新聞や印刷所もそろっている。つねに多くのグループが併存し、特異な性格があちこちで発揮され、それらが繰り返し長期にわたって展開される。……

ブローデルは、変化について語るより状況を描写するほうが得意だ。最近の風潮としては、歴史家も物語を書くよう期待されているので、私も本書で壮大な物語を語ろうと思う。ある文明が、それ以前の硬直しがちないくつもの文明を超越していった状況を述べる。そのなかに、短い物語やミクロの歴史も盛り込んでいく。だが物語の語り部のような手法を取り入れるばかりでなく、多くの設問も組み込んでいく。「ヨーロッパはどのようにして『その他』を支配するに至ったのか」という疑問は、小さなエピソードくらいでは答えきれない。分析が求められるし、証拠が必要だし、史実とは違う仮定の歴史を考える手法で疑問を呈し、再評価しなければならないことも出てくるだろう。たとえば、私がこれから書いていくように重要なイノベーションがなければ（私が見過ごしているか、低く評価している点があるかもしれないが）、ヨーロッパが「その他」を制圧することはなかったのではなかろうか。異なった状況下では、事態はまったく違ったものになっていて、中国などそれ以外の文化が世界を制覇していたかもしれない。一般通念になっている歴史的な常識に誤りはないなどと自分を欺いてはいけない。これから詳しく検証していくが、ヨーロッパが支配的になっていく状況は、当時の人たちのだれもが当然の成り行きだとは思っていなかったように思える。

ヨーロッパの指導者のなかには、現在の人びとが知っているようにヨーロッパが支配する形に落ち着くのではなく、大敗北の悪夢にさいなまれた者のほうがむしろ多かった。実際の歴史の展開は、小説よりもチェス競技の展開に近い。戯曲よりも、サッカー・ゲームにたとえるほうが適切だ。

だが、すべてが順調に進んだわけではない。西洋文明の優位は揺るぎない、などと本気で断じた著作家などいない。ただし、西洋は盤石ではない、と論じた者がいなかったわけではないが、笑い者にされた。偉大な文明ではどれも同じことがいえるのだが、西洋文明にも二面性がある。高貴な面がある一方で、堕落の要素も内包していた。もっとわかりやすい例をあげれば、スコットランドの詩人ジェームズ・ホッグが一八二四年に書いた小説『悪の誘惑』（邦題）や、ロバート・ルイス・スティーヴンソンの小説『バラントレーの若殿』（邦題。原著は一八八九年）に出てくる対立する兄弟に似ている。企業の競争と独占、科学と迷信、自由と奴隷、治療と殺害、勤労と怠惰などは、ヨーロッパでは極端な対比を見せる。前記二つの小説では、兄弟のうち善良なほうが最後に微笑む。私たちがさらに気を付けなければならないのは、歴史の敗北者を美化することだ。西洋に蹂躙《じゅうりん》されてしまった文明もあるし、平和的ながら押し付けられたり拝借しながら変質させられていったケースもある。これらの場合には弱点がないわけではなく、そうしなければ国民の生活を向上させることができない、という事情があったからだ。もう一つの難点としては、私たちが非西洋の過去の考え方を十分に理解できないことがあげられる。それらが、十分に記録・保存されていなかったことも原因だ。究極的には歴史は主として文明の研究である。書かれた記録がなければ、歴史家としては鏃《やじり》や陶器の断片しか残されていない時代に逆戻りしてしまうことになり、推察すべき材料がないためだ。

フランスの歴史家で政治家だったフランソワ・ギゾー（一七八七〜一八七四）は、「文明の歴史は壮大なもので……すべてを包含する」と述べている。それは学者たちが設定した多くの分野——経済・社会・文化・教養・政治・軍事・世界史など——の垣根を超越したものだ。文明はちっぽけでもなければ短命でもなく、壮大な時間と空間を占拠する。だが、本書は百科事典ではない。したがって、盛り込めなかった部分も数多くある。それに不満な方に対しては、ジャズ・ピアニストのセロニアス・モンクの名言を引用して答えとしよう。

「すべてを（あるいは毎回）、演奏してはいけない。ところどころ、わざと抜かす。……抜かした部分のほうが、演奏した個所より重要な場合だってある」

同感だ。以下、飛ばした音符やコードも多々ある。だが、割愛した意味合いは、それぞれにある。何を除外したかには、中年のスコットランド人である著者の偏見——典型的なヨーロッパ優越主義——があるのだろうか。ないとは言えない。だが、この取捨選択は、西洋の価値を熱心に擁護しようとする人たち——私の出自とはまったく異なっている、たとえば、アマルティア・セン（インドの経済学者でノーベル経済学賞を受賞）、劉暁波《りゅうぎょうは》（中国の民主活動家でノーベル平和賞を受賞）、エルナン・デ・ソト（ペルーの経済学者）および本書に協力してくれた多くの人びとも含め——からも反対されることはあるまい、と期待している。

はじめに――幸せはどこにあるのか*

サミュエル・ジョンソンは、「英語辞典」の第四版では「文明（civilization）」という用語を使わず、「礼儀正しさ（civility）」のみを用いた。彼の言語感覚から判断すると、「文明」という単語は「文明化する（to civilize）」から派生したもので、「礼儀正しさ」から出てきたというよりも、「野蛮さ（barbarity）」の対立概念という意識のほうが強い。

――ジェイムズ・ボズウェル（一七四〇～九五、スコットランドの作家）

文明の定義は……動詞活用のように変化する。……私は文明人だ（civilized）、君はインテリだ（culture）、でも彼は野蛮人（barbarian）だ、のように。

――フェリペ・フェルナンデス＝アルメスト（一九五〇～、イギリスの歴史学者）

イギリスの作家で歴史家でもあったケネス・クラーク（一九〇三〜八三）は、一九六〇年代の末に「文明」というテレビ番組のシリーズを制作したが、彼の脳裏にあった文明は疑いもなく西洋のもので、とくに西ヨーロッパの中世から一九世紀に至るまでの美術や建築が中心だった。このBBCのシリーズは一三本で構成されているが、初回でもイタリア・ラヴェンナのビザンチン文化、イギリス・ヘブリディースのケルト文化、ノルウェーのバイキング、ドイツ・アーヘンのカール大帝（シャルルマーニュ大王）などは意図的に除外されていた。古代ローマの滅亡から一二世紀ルネサンスの中世暗黒時代にかけては、クラークにとって文明の名には値しなかったのだろう。唯一の例外としてはフランスのシャルトル大聖堂があげられるのかもしれないが、これが完成したのは一二六〇年のことだった。クラークが生きていた最後のころには、マンハッタンの摩天楼の影が薄くなってきていた。

クラークのテレビ・シリーズがイギリスで放映されたのは私が五歳のときで、大成功を収めた。それから一〇年ほどの間、英語圏ではこれが文明概念の決定版になり、その象徴としてはフランス・ロワール地方のシャトー群、フィレンツェの宮殿群、システィナ礼拝堂、ヴェルサイユ宮殿などが典型とされた。オランダ共和国の荘厳な建造物の内部や、バロック建築の華やかな正面構造な

＊訳注　原題は「ラセラスの問い」。ラセラスは、サミュエル・ジョンソンの小説に主人公として登場するアビシニア（現エチオピア）の王子。王子は王宮生活に飽き、幸せを求めてエジプトに行くが、幸せを見つけられずに帰国する。（邦題『幸福の探求』岩波書店）

ど、美術史が専門のクラークがトレンドを決定づけた。音楽や文学も、脚光を浴びた。政治や経済も、ときに舞台に登場した。だがクラークの文明論はきわめて視覚的な要素が強く、彼が英雄としてあげたのは、ミケランジェロ、ダヴィンチ、デューラー、コンスタブル、ターナー、ドラクロワなど、美術絵画の重鎮が中心だった。

クラークの名誉のために付け加えておくと、このテレビ・シリーズのサブタイトルには、「私見《パーソナル・ビュー》」とあった。彼自身、偏りがあることは認識していたし、放映された一九六九年当時から物議をかもしていた。キリスト教が普及する以前の世界やオリエントは、ある意味で「文明化されていない世界」と規定されていたからだった。それから四〇年が経った現在では、たとえクラークの私見だといっても、通用しがたくなっている（だれかに対していくらか不快感を与える、と言っても過言ではないだろう）。私は本書ではもっと視野を広げ、比較対照をしながら、大所高所からばかりでなく、地を這って汚れた部分も見ていきたい。私の文明史観では、建造物の脇に立つアーチ状の飛び控え壁もさることながら、下水道にまでも目を配りたい。なぜかといえば、下水設備が完備していなければ河川や井戸がコレラ菌の巣窟になり、死が蔓延してしまうからだ。私も美術の文化価値を軽視するわけではないが、一級の画廊がいくつかあっても、それだけでは文明は成り立たない。文明は、人間が作り出したきわめて複雑な組織だ。絵画、彫刻、建造物は、確かに人目を引く記念碑だ。だがそれらを生み育て、保存した背景にある経済・社会・政治体制などを理解しなければ、全体像はつかめない。

文明《シビライゼーション》という英語の語源はフランス語の「シビリザシオン（開化）」で、一七五二年にフランスの経済学者アン・ロベール・ジャック・テュルゴーが考え出した。その四年後、フランス革命の初期に活躍したミラボー伯ヴィクトル・リケティが、書物のなかではじめて使った。この「はじめに」の冒頭で紹介したように、サミュエル・ジョンソンはこの新語を援用せず、「礼儀正しさ（シビリティ）」を用いた。ジョンソンが考えたようにこの対語が「野蛮（バーバリズム）」だとすれば、彼はロンドンで「礼儀正しい」（そうばかりとは限らず、粗野な面もあっただろうが）暮らしを楽しんだに違いない。英語の「文明《シビライゼーション》」の語源が前記のようなものであることからも推察できるように、これは都市で発達した概念だ。したがって、本書でも都会が主な舞台になる。都市にとっては、その地域を守る城壁とともに法律も重要だった。基本法や習慣（礼儀正しいかどうかは別にして）、住民のマナーは、宮殿に劣らず重要な要素だった。文明は、芸術家のアトリエでも生まれたが、科学者の研究室の産物でもある。土地所有形態の問題もあるが、景観も重要な要素だ。文明の成功度を測る物差しでは、美的な基準もさることながら、むしろ住民たちがどれほど長期にわたって快適な生活を送れるか、が問題になる。生活水準にもさまざまな指標があるが、計量化はむずかしい。一人当たりの収入や、平均寿命などの数値は一五世紀ぐらい以降は推察できるものの、快適指数・清潔度・幸福度などは計測できない。衣類は、どれくらい持っていたのだろうか。労働時間は、どれほどだったのか。給与の範囲で、どのような食品が買えたのか。絵画などの作品によって生活の状況を垣間見ることはできるが、これらの疑問に対する答えは得られない。

ただし、一つの都市だけでは文明は築けない。文明は、人間が創り出した単体の組織としては最大のものだが、特定の帝国よりも漠《ばく》としたものだ。文明は、環境に対する人類の具体的な反応から生まれる面もある。文明では、人間が下水道や住宅を建設し、どのようにして防衛するか、なども肝要だが、文化面も重要だ。場合によっては宗教が果たす役割もあり、特定言語を継承する任務もある。アメリカの歴史学者キャロル・キグリー（一九一〇～七七）は、過去一万年の間に出現した文明を、二〇あまりもあげている。同じくアメリカの歴史学者アダ・ボウズマンは、現代以前の文化として、ヨーロッパ、インド、中国、ビザンチン、イスラムの五つをあげる。アメリカの政治学者マシュー・メルコは一二の文明を列挙しているが、すでに七つ（メソポタミア、エジプト、クレタ、地中海、ビザンチン、中米、アンデス）が消滅したという。残っているのは、中国、日本、インド、イスラム、ヨーロッパの五つだ。イスラエルの社会科学者サミュエル・アイゼンシュタット（一九二三～二〇一〇）は、それにユダヤを加えて六つにしている。それぞれ特異な環境のなかで芽生えたこれら数少ない文明間の交流は、歴史を生み出す重要な原動力だった。文明交流の事例を見て気づくことは、確立された文明は、外部からの影響を受けても、長期にわたって存続するという点だ。フランスの歴史学者フェルナン・ブローデル（一九〇二～八五）は、こう断じている。

「文明史は、最も長い物語だ。……文明は、経済・社会状況が変化しても、ずっと持続していく」

もし一四一一年の時点であなたが世界一周の船旅に出たとすれば、すばらしい東洋の文明を目にすることができたはずだ。明時代の北京では紫禁城（現・故宮）が建設中だったし、蘇州の京杭大運河の改修も進んでいた。中東ではオスマントルコがコンスタンチノープルを包囲して、一四五三年には攻略し、ビザンツ帝国は崩壊する。一四〇五年にはチムールが死んで、中央アジアでは大きな侵略の脅威が消えた。中国・明王朝の永楽帝や、オスマン帝国のムラート二世は胸をなで下ろし、文明の崩壊は避けられた。

一方、一四一一年のヨーロッパの状況はみじめな沈滞期で、黒死病《ペスト》の大災害から立ち直ろうとしているところだった。この疫病は一三四七年から五一年にかけて東に広がり、場所によっては人口が半減し、衛生状態が改善されていなかったため、闘いは続いていた。イギリスではヘンリー四世（在位＝一三九九〜一四一三）の治世下で、彼は不運なリチャード二世から王位を簒奪した。フランスでは、ブルゴーニュ公の支持派と暗殺されたオルレアン公派との間で戦闘が続いていた。英仏百年戦争の火ぶたが、切って落とされるところだった。西ヨーロッパのその他の王国——アラゴン、カスティーユ、ナバラ、ポルトガル、スコットランドなどの王国でも、同じように戦争が絶えなかった。グラナダは、イスラムがなおも統治を続けていた。スコットランド王ジェームズ一世はイギリスの海賊に捕えられて、幽閉された。ヨーロッパで最も繁栄していたのはイタリア北部の都市国家——フィレンツェ、ジェノヴァ、ピサ、シエナ、ヴェネツィアなどだ。一五世紀における北米の状況は大自然のなかでまだ混沌としていたが、中米から南米にかけてはアステカ、マヤ、インカなどの帝国が繁栄し、寺院が空高くそびえ、道路が四通八達《しつうはったつ》していた。当時の世界をざっと眺めて見ると、次の五〇〇〇年間にヨーロッパがその他の世界を支配するなどということは、およそ夢想もできなかったに違いない。

　ところが、そのような事態が現実に起こった。

なんらかの理由によって、一五世紀の末ごろから、ヨーロッパのいくつかの小国が、ラテン語（および少々のギリシャ語）を崩した地方言語を用い、ナザレ生まれのユダヤ人の教えを宗教として押し立て、東洋の数学や天文学や技術を借りながら、一つの文化を築き上げた。もろもろの東洋の偉大な帝国を制圧し、アフリカや南北アメリカ、オーストラリアを配下に収めた。それだけでなく、この地域の人びとをヨーロッパふうの生活様式に転換させてしまった。しかも刀《ソード》より、ことば《ワード》の力によって。

　すべての文明はある意味では似たりよったりだとか、ヨーロッパの文明はユーラシア大陸の東端の文明より優れているとは断定できない、という意見もある。だがこのような比較文明論は、ナンセンスだと言える。西洋文明のように、「その他」を圧倒したケースは、ほかには見当たらない。一五〇〇年の時点で、やがて世界の帝国として君臨する国家群は、地表面積の一割を占めているにすぎなかった。人口にしても、一六パーセントだ。ところが一九一三年になると、西洋の一一の帝国（オーストリア、ベルギー、フランス、ドイツ、イタリア、オランダ、ポルトガル、スペイン、ロシア、イギリス、アメリカ）が、陸地と人口のほぼ五分の三を支配し、世界の経済生産高のなんと四分の三あまり（七九パーセント）を牛耳っていた。イギリス人の平均寿命は、インド人の倍近

1500年時点における将来の西洋の諸帝国

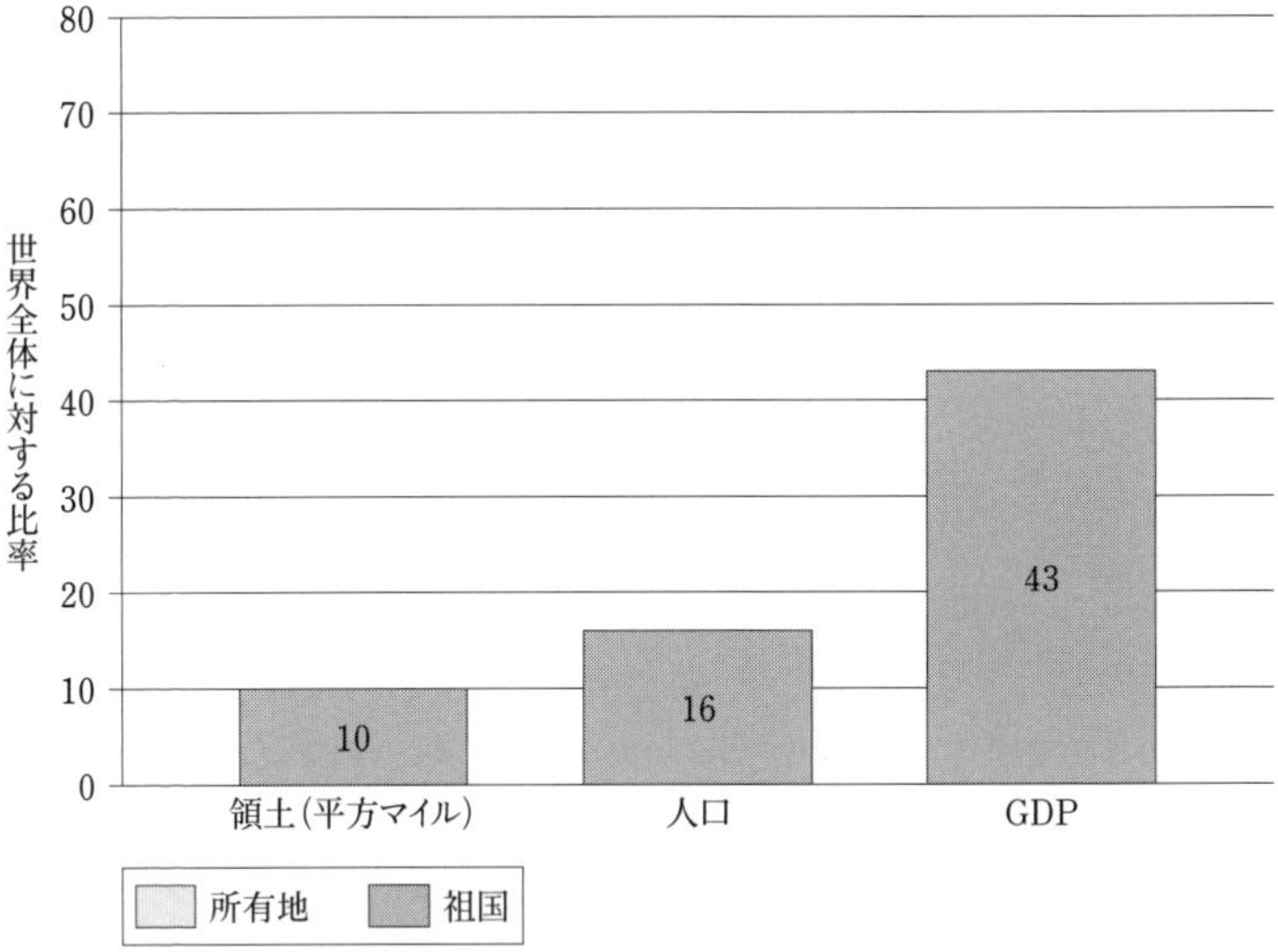

1913年時点における西洋の諸帝国

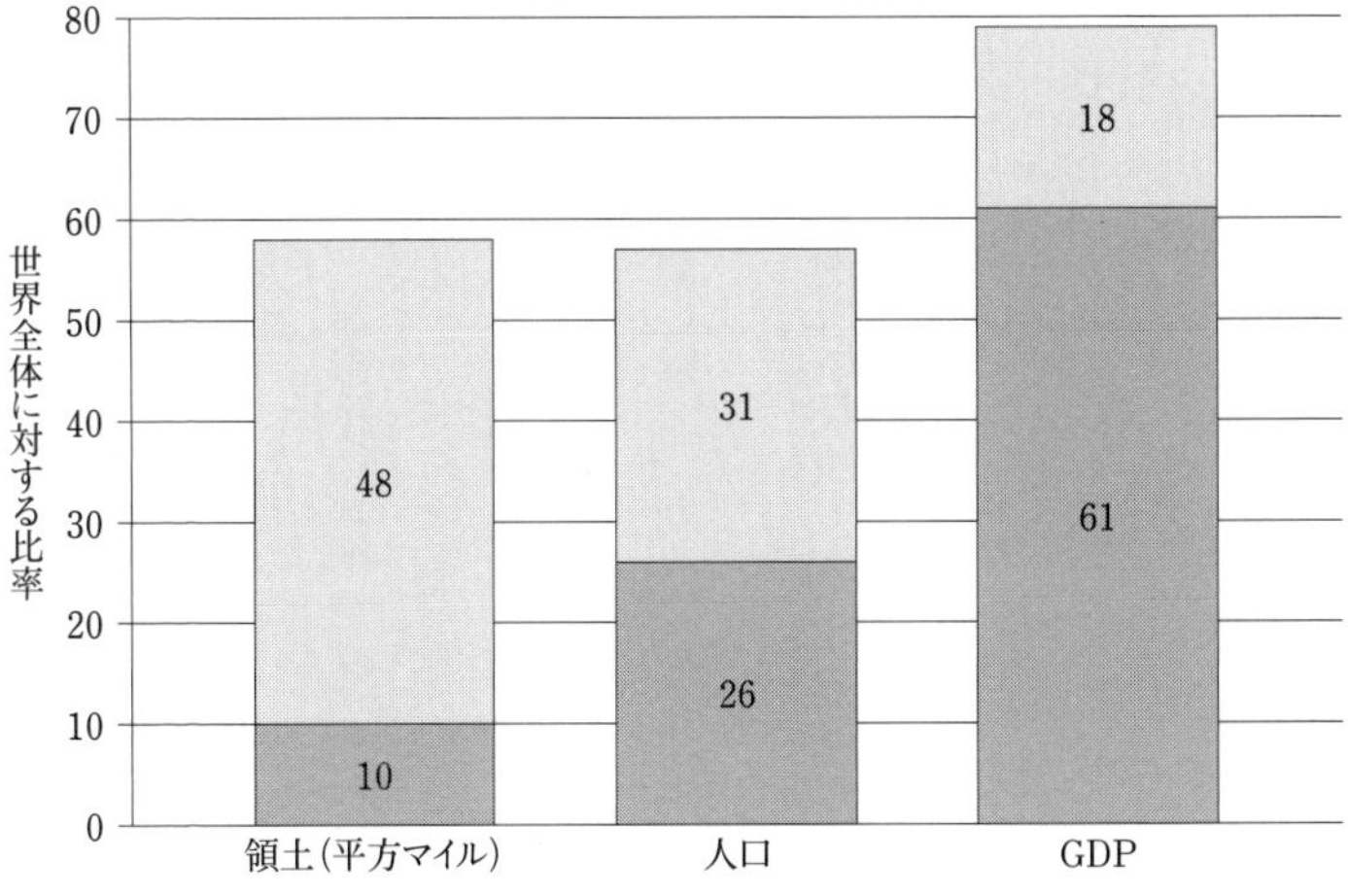

かった。ヨーロッパの生活水準は高く、農村部でも食事が豊かだったために背も高く、兵隊にしても犯罪者にしても体格がよかった。文明とは、これまでも見てきたように、都市で花開く。その意味でも、ヨーロッパは優位にあった。数字がある範囲でいえば、一五〇〇年に世界最大の都市は北京で、人口は六〇万から七〇万の間だった。ヨーロッパで世界一〇大都市に入るのはパリだけで、二〇万人に達しなかった。ロンドンは、おそらく五万くらいだった。都市化はヨーロッパより、むしろ北米・南米のほうが進んでいた。ところが一九〇〇年代に入ると、大きな逆転現象が起きる。当時、世界の一〇大都市に入っている都市は、アジアでは東京だけだった。ロンドンの人口は六五〇万に膨らんで、世界一のメガロポリスに躍進した。ヨーロッパの諸帝国は衰えたものの、優位は保ち続けた。アメリカが台頭してきたため、西と東の格差はさらに開いた。一九九〇年の時点では、平均的なアメリカ人は平均的な中国人の七三倍も豊かだった。

それればかりではなく、二〇世紀後半になって目立ち始めた点は、東西の収入ギャップを埋める唯一の方法として、東の諸国は日本の例にならって西洋の組織ややり方を大幅に取り入れるようになったことだ。したがって、西洋文明はその他の地域でも必須のテンプレートのような形になった。もちろん第二次世界大戦が終わった一九四五年以前にも、西洋以外の地域にはそれぞれの開発モデル、ないしコンピューターの用語を借りれば、異なったオペレーティング・システムがあった。だが最も魅力があったのは、すべてヨーロッパに端を発した三つのイデオロギーだった。つまり、自由主義的な資本主義、国家社会主義、ソ連の共産主義だ。国家社会主義は多くの発展途上国で名前を変えて生き残っているにしても、第二次世界大戦によってヨーロッパでは姿を消した。一九八九年から九一年にかけてのソ連帝国の崩壊によって、ヨーロッパでは共産主義も死を迎えた。

世界的な金融危機が起こったことを受けて、アジアの経済システムに目が向けられたことは確かだ。だがいくら比較文化に熱心な論客であっても、明朝中国やムガール帝国の制度に逆戻りしたほうがいい、という論は出てこない。現在、自由市場派と国家介入派の論争の根源にあるのは西洋内部の見解の相違で、アダム・スミス派とジョン・メイナード・ケインズ派の対立ともいえるが、カール・マルクス派もまだ完全に消えたわけではない。三人の出生地——それぞれ、スコットランドのカーコーディ、イギリスのケンブリッジ、ドイツのトリーア——も、それなりの意味がある。実際には世界中の経済システムは西洋流にほぼ統一されているから、スミスが理論づけて推奨したように、市場がほとんどの価格を設定し、貿易の流れや労働力の配分を決定づけている。だがケインズが見通したのに似た形で政府が介入して、ビジネスのサイクルを円滑化し、収入の不平等を減らそうと努力している。

経済分野以外の制度については、有用な議論はあまり期待できない。大学は、世界中どこでも西洋的な基準で運営されている。医学も同様で、高度な研究から日常的な健康管理まで西洋流だ。ニュートン、ダーウィン、アインシュタインらが発見した科学界の真実はたいていの人たちが受け入れていて、たとえ十分に納得していなくても、西洋の薬理学を歓迎し、インフルエンザや気管支炎の徴候に気づくとすぐ、西洋の医薬品に頼りたがる。西洋のマーケティング手法や消費形態、ライフスタイル全般に拒否反応を示す社会は、ほとんど見当たらない。西洋ふうの食べもの、衣類、住宅を愛好する人間は、どこでも増える一方だ。西洋ふうの就業形態――就業時間は午前九時から午後五時までで、週に五日か六日は働き、年間で二、三週の休暇を取る、というパターンが国際的な標準になった。ヨーロッパの宣教師たちが布教を図ったキリスト教は、人類の三分の一まで広がり、とくに人口が稠密《ちゅうみつ》な地域で成果をあげた。ヨーロッパで台頭してきた無神論の風潮も、同じく広まりつつある。

年を経るごとに、世界中の多くの人びとが西洋人と同じような消費傾向を示すようになり、同じような教育を受け、同じように健康的な（あるいは不健康的な）生活を送るようになり、同じように祈り（あるいは祈らなくなり）、世界中どこへ行ってもハンバーガーがあり、ブンゼン灯があり、バンドエイド、野球帽、聖書がある。これらの存在からは、ほとんど逃れることができない。政治制度だけが、各国で固有の独自性を保っている。国民の意を受けずに法の支配の形態を取らない国家もあって、個人の権利が無視されている場合もある。政治イデオロギーを重んじる国もあれば、二〇世紀後半には西洋の標準になっている性の平等や解放にそっぽを向くイスラム過激派の国家もある。

だが改めて言うまでもなく、西洋文明が圧倒的にベストというような風潮が一五〇〇年ごろから広まったのは、「ヨーロッパ中心主義」ないし「(反) 東洋主義《オリエンタリズム》」のためではない。すると問題は、どうしてそのようなことが起きたのか、という点になる。一五世紀以後、対外的に伸張する勢いを持っていた東洋のすぐれた帝国を押しのけて、西ヨーロッパの文明が覇権を握ることができたのは、なぜなのだろうか。もちろん、システィナ礼拝堂が美しかったからだけではない。

最もイージーでよく言われる理屈は、「西洋は帝国主義のおかげでその他の地域を制圧した」という単純なロジックだ。ヨーロッパ帝国主義の許しがたい道義的な責任に、憤然と怒りをぶちまける人びとも少なくない。不道徳な行為があったことは事実で、本書でも触れる。植民地化にもさまざまな形態があって、入植しての支配もあったし、遠隔操作の搾取方式もあった。その方法論の違いによって、長期的なインパクトは異なる。だが、西洋が支配するに至った経緯は、帝国の行動だけでは説明しきれない。マルクス＝レーニン主義者たちが非難する帝国主義は、もっと前から存在していた。実際、アジアの諸帝国は一六世紀にも、大きな権力と版図を手にしていた。そのころハプスブルク帝国のカール五世はスペインからネーデルラント、ドイツまでを支配下に収めてはいたものの、内部は四分五裂の状態だった。宗教改革によって、ヨーロッパでは一世紀あまりにわたっていくつもの宗教戦争が続発した。

一六世紀に世界旅行をした人なら、東西のコントラストに気づかないはずがない。スレイマン大帝（在位＝一五二〇〜六六）治世下のオスマン帝国は、アナトリア、エジプト、アラビア、メソポタミア、イエメンを支配し、版図をバルカン半島からハンガリーにまで広げていた。一五二九年には、ウィーンの城門まで包囲した。その東側では、アッバス一世（在位＝一五八七〜一六二九）が統治するサファヴィー朝が、領土をイスファハンからタブリーズ、カンダハルにまで広げていたし、ムガール帝国のアクバル大帝（在位＝一五五六〜一六〇五）は、デリーからベンガルまでのインド北部を支配していた。中国の明朝は、万里の長城に守られて、安泰だった。万暦帝（在位＝一五七二〜一六二〇）の王宮を訪れたヨーロッパ人のなかに、皇帝の死後三〇年で明朝は滅びると予測する者などほとんどいなかった。一五五〇年代の末、フランドルの外交官でトルコに滞在していたオジエ・ギスラン・デ・ビュスベックは、トルコからオランダにチューリップを持ち帰ったことで有名だが、彼はイスタンブールからの報告として、オスマントルコの「巨万の富」に対してヨーロッパの存在の頼りなさを、いらだちながら比較している。

確かに一六世紀には、ヨーロッパは海外においてかなりひどいことをやっていた。ポルトガルやオランダの海のあらくれ男たちは、東洋の諸帝国に対して文明人らしからぬ行動を取っていたように思える。歴代の中華帝国に対して、悪名高い日本の倭寇《わこう》水軍より忌むべき蛮行をやってきた。ヨーロッパがアジアで手に入れたかったのは、インドの繊維製品や中国の陶器以外に何があったのだろうか。

一六八三年になって、オスマントルコはハプスブルク帝国の城門であるウィーンをふたたび包囲し、投降とイスラムへの改宗を迫った。だがハプスブルクがこの包囲網を打ち破ったあと、キリスト教世界は中部ヨーロッパから東部ヨーロッパにかけて、わずかずつ巻き返しを図り、ヨーロッパの帝国はバルカン半島からボスポラス海峡に至るまで、東洋の帝国主義に対して地歩を挽回した。

だがヨーロッパの帝国が東洋の帝国と肩を並べられるようになるまでには、長い期間を要した。ヨーロッパとその他の地域の「大いなる格差」が現れていくのは、さらにゆっくりとしたものだった。南北両アメリカの物質的な格差は、一九世紀の半ばまではそれほど歴然とはしていなかった。アフリカが沿岸部だけでなく内陸部までヨーロッパに支配されたのは、二〇世紀に入ってからだった。

ヨーロッパが台頭してきた理由は帝国主義の帰結だという聞き飽きた説明では納得できない、というのであれば、何人かの学者が主張しているように、ヨーロッパは単に幸運に恵まれただけなのだろうか。ユーラシア大陸西端の地理的環境では気候がよかったため、多面的な発展が可能だったのだろうか。栄養分のある砂糖キビが豊かに実るカリブ海の島に、ヨーロッパ人はたまたま行き当たっただけなのだろうか。ヨーロッパは、中国が手に入れられなかった新世界の幻の土地を運よく入手できたために躍進できたのだろうか。あるいはジョークめいた理屈だが、中国の炭鉱はヨーロッパより採掘しにくく、運搬もしにくかったからなのか。あるいは、中国は自らの成功の虜《とりこ》になり、膨大な人口に十分なカロリーを供給して「高度な均衡」を維持するための農業従事者が足りなくなった、などの屁理屈もある。イギリスで最初に産業革命が起こったのは、衛生状態が悪くて疾病がはびこり、平均寿命がきわめて低かったため、豊かで精力的な少数派が遺伝子を残せる確率を高められたからなのだろうか。

不滅の英語辞書編集者サミュエル・ジョンソンは、一七五九年に刊行した『幸福の探求』（邦題。岩波書店）のなかで、西洋が優位に立った従来の理由づけをすべて否定して、アビシニアのラセラス王子に次のような疑問を呈させている。

いったいどのようにして……ヨーロッパはこれほど強力になり得たのだろうか。ヨーロッパ人は交易や征服のためにアジアやアフリカをたやすく訪れることができるのに、アジア人やアフリカ人がなぜヨーロッパの沿岸や農園や港湾を侵略して植民地を築けないのだろうか。どうしてヨーロッパの王室に、自分たちの法律で枠をはめることができないのだろう。反対向きの風が吹いても、よさそうなものなのに。

それに対して、哲学者のイムラックが答える。

彼らがわれわれより強い権力を持っているのは、彼らのほうがもっと利口で、たくさん知識を持っているためで、だから無知なわれわれを支配しているのです。これは、世の常です。私たちが家畜を支配しているのと同じです。では、どうして彼らの知識がわれわれより優れているのか、その理由はわかりません。天なる神の思《おぼ》し召しなのでしょう。

知識は確かに力になり得て、それが優れた航海技術であるとか、採鉱技術、新兵器、医療などであれば、優位に立てる。だがヨーロッパ人は、その他の人たちと比べて格段に優れた知識を持っていたのだろうか。確かに一七五九年の時点では、そう断言できただろう。一六五〇年から二世紀半の間に成し遂げられた科学的な革新は、ほぼヨーロッパが独占している。だが、一五〇〇年の時点ではどうだったのだろうか。これから詳しく見ていくが、中国の技術、インドの数学、アラブの天文学は、何世紀にもわたって世界をリードしていた。

そうなると、何かもっと漠とした文化的な差異が作用して、ヨーロッパが東洋を圧倒して躍進したのだろうか。ドイツの社会学者マックス・ヴェーバー（一八六四～一九二〇）は、そう主張している。ヨーロッパには、さまざまな異能の士がいた。たとえば中世のイギリスは優れた個人主義者、ヒューマニズムに徹した者、プロテスタントの道徳主義者などを輩出した。農民の遺言を集めた者もいるし、地中海沿岸の商人たちの出納帳を収集して分析した者もいる。王室におけるエチケットのルールをまとめた者もいる。アメリカの歴史学者デイヴィッド・ランデス（一九二四～）は著書『「強国」論』（邦題。三笠書房）のなかで、次のように述べている。

「西ヨーロッパでは、自発的な知的探求の姿勢が世界をリードしているし、科学的に実証する手法や研究の合理化およびその普及が一般化している」

だが彼も、ヨーロッパが繁栄した理由にはそれ以上の何かがあることを認めている。彼があげている要素は、金融面の仲介機能やすぐれた政府だ。

制度や組織は、いうまでもなくある意味では文化の産物だ。だがそれは規範を公式化したもので、制度や組織はしばしば文化の姿を正しく反映する。それは、忌むべき行動ではなく、称賛すべき行動の指針を明確に示している。この点を実証するかのように、二〇世紀には好適な事例が図らずも試されることになった。たとえば、二つのドイツ（東と西）、朝鮮半島の二つの国家（北朝鮮と韓国）、二つの中国（本土の中華人民共和国と台湾）が、まったく異なった政治体制のもとで歴史を歩んできた。その結果はきわめて衝撃的なもので、教訓は明白だった。これらの分裂国家は、ほぼ同じ民族で共通の文化を持っているものの、異なった制度と組織のもとで暮らしたため、行動形態にも直ちに違いが出た。

一五〇〇年代において、ユーラシア大陸の西端と東端では、それほど大きな懸隔《けんかく》はなかった、というのが現在の歴史学者たちにほぼ共通した認識だ。どちらの地域でも、早くから農業が定着し、市場経済に基づいた交易が始まり、都市を中心にした国家が誕生した。だが制度・組織のうえで、二つの地域には決定的な違いがあった。中国では一枚岩の帝国が堅固な地歩を築いていたが、ヨーロッパでは群雄割拠の様相を呈していた。ジャレド・ダイアモンドは著書『銃・病原菌・鉄』（邦題。草思社）のなかで、ユーラシア大陸がなぜほかの地域より優れていたのかを説明している。だが彼は一九九九年の論文「豊かになるために」において、ユーラシア大陸の西端がなぜほかの地域よりも先頭を走ることができるようになったのかについて、さらに明確な答えを出した。彼の答えは、ユーラシア東端の平原に君臨した東洋の一枚岩の帝国は、改革の気運を押さえ込んでしまったから、というものだ。それに反して、山がちで河川によって区分されたユーラシア大陸の西端では、多くの王国や都市国家が林立し、互いに創造的な競争に励み、交流も盛んになったからだ、と主張する。
なかなか、含蓄に富んだ分析だ。だが、これでもまだ説明しきれてはいない。一六三〇年代に、フランス・ロレーヌ地方の版画家ジャック・カロは、「戦争の悲惨さ」という二つのシリーズで、宗教対立の危険性を「その他の地域」に訴えるかのように描写した。一七世紀の前半、ヨーロッパの小国同士、あるいは小国の内部では対立が激化し、ヨーロッパ中部の人口は大幅に減少した。イギリスに対する攻撃は一世紀あまりも続き（百年戦争）、お互いに疲弊した。政治的に分裂していると、このような衝突が起こりがちだ。旧ユーゴスラビアの住民に尋ねてみれば、よくわかる。ヨーロッパが勢いを増したのは、競争によって切磋琢磨したことが一つの要因で、それについては第1章で触れる。

私は本書で、ヨーロッパがその他の地域に対する優位性を確立して覇権を獲得した要因を、次の六つの面に新たにくくり直してみた。それを単純化すると、次のようになる。

①競争（コンペティション）
②科学（サイエンス）
③所有権（プロパティ・ライツ）
④医学（メディスン）

⑤消費社会（コンスーマー・ソサエティ）
⑥労働倫理（ワーク・エシック）

現代のコンピューター用語を援用すれば、これらの六点はカギとなるキラーアプリケーションだともいえる。つまり、ユーラシア大陸の西端に誕生した少数民族が、過去五〇〇年にわたって世界を制覇してきた重要な要素だ。

読者からは、すぐに反論が寄せられるに違いない。ヨーロッパがのし上がってきた重要な要素である資本主義、自由、民主主義などの要素が欠けている（その意味では『銃・病原菌・鉄』の要素も欠落している）。だが、以下の要点をまずお読みいただきたい。

①競争　ヨーロッパでは、政治面でも経済面でも分権的な状況になっていた。そのおかげで、国民国家にとっても資本主義にとっても、なんらの制約も受けずに高みを目指して発展することができた。

②科学　自然界を研究し、理解し、究極的には変革を加えていくやり方が、ひいてはヨーロッパが軍事面でもその他の地域に対して優位に立つことを可能にした。

③所有権　法の支配によって個人が財産を所有する権利を守り、相互に起こる紛争を平和裏に解決する。それによって、国民を代表する政府が安定的に機能する基礎が築かれる。

④医学　科学の一分野だが、健康面における著しい改善に貢献し、平均寿命を延ばした。ヨーロッパで始まったが、植民地にも広まった。

⑤消費社会　生活の物質面を充実させるため、衣類など消費物資の生産と消費が経済面で中心的な役割を果たすようになった。このような状況がなければ、産業革命は持続できなかった。

⑥労働倫理　道徳的な枠組みで、社会活動の規範となるもので、その基盤は主としてキリスト教プロテスタントの思想に基づいている。右の五項目によってできたダイナミックで安定さを欠く社会を結び付けるうえで、接着剤のような役割を果たした。

誤解しないでいただきたいのだが、これは「ヨーロッパの勝利」を歌い上げる自己満足的な論理ではない。私が示したいのは、ヨーロッパが膨大なその他の地域を征服して植民地化できたのは、ヨーロッパが圧倒的に優位にあったからではなく、そのライバルであるその他の地域が弱かったという幸運な状況に恵まれたためだった、という点だ。たとえば一六四〇年代に明朝の中国では金融・財政危機が訪れ、気候変動があって疫病も流行し、反乱も起きた。これは、ヨーロッパとは無関係なできごとだった。また、オスマン帝国の政治・軍事力が衰えたとき、この事態は国内では不安定要因にはなったものの、外部にはそれほどのインパクトは与えなかった。南米が苦しんでいるときに、北米の政治体制は堅固になりつつあった。しかし、シモン・ボリーバルが南米で「ラテンアメリカ合衆国」を作れなかったのは、北米のせいではない。

重要なことは、西洋とその他の地域の間に、制度・組織の違いがあった点だ。西ヨーロッパが中国に追い付くことができた大きな原因の一つは、ヨーロッパでは政治・経済面で熾烈な競争があったおかげだ。オーストリア、プロイセン、のちにはロシアも政治・軍事面で台頭してきた。キリスト教世界では科学革命が起こったが、イスラム世界では起こらなかった。北米の旧イギリス植民地が南米よりはるかにうまくやってのけられた理由は、イギリスから北米に植民してきた人びとは、祖国のイギリスとは完全に異なった所有権の考え方や政治形態を持っていたのに対して、南米はスペインやポルトガルを範にとって、まるで違うパターンを取った（北米はオープンアクセス方式で、ヨーロッパのようなエリートによる独占的利益追求型ではなかった）。ヨーロッパの諸帝国がアフリカに浸透できたのは、彼らがマキシム銃と呼ぶマシンガンを持っていたためだけではなく、アフリカ人もやられる熱帯病に対するワクチンを発明したおかげだった。

もう一つ、西洋で早い時期に産業革命が始動したことも、制度・組織の利点を反映していた。イギリスでは、蒸気機関が発明されて工場生産が一般化するよりはるか前から、大量消費社会の下地ができていた。産業技術が世界中に普及したあとも、ヨーロッパとその他の地域の格差は歴然と残った。それどころか、差はむしろ広がった。綿紡績や紡織機《ぼうしょく》が普及したため、欧米のほうが生産性は高かった。したがって欧米の紡績業者のほうが、東洋の同業者より早く富を蓄積できた。その資本を公衆衛生や公共教育へ投資すれば、大きな見返りが期待できた。このような流れが一般化しなかった場所では、貧しさから脱却できなかった。本書では、そのような違いを追いかける。なぜこのような差異が生じ、どうしてそれが大きな問題になったのか。

ここまで私は、ヨーロッパや欧米を意味する「西洋《ウェスト》」、あるいは「西洋の《ウェスターン》」などの用語を、それほど厳密に定義せずに使ってきた。だが私が「西洋文明」というときに、どのような概念規定をしているのかを、はっきりさせておかなければならない。大戦後に好んで使われたワスプ（WASP＝白人のアングロサクソンでプロテスタント）の男性というエリートのシンボルは欧米を指し（あるいは「自由世界」を意味し）た。その地域はそれほど広範囲ではなく、間違いなくロンドンからアメリカ・マサチューセッツ州レキシントン、おそらくはフランスのストラスブールからサンフランシスコまでをカバーする。一九四五年、戦場から帰還したばかりの兵士たちの第一言語は英語で、次がやや頼りなげなフランス語だった。一九五〇年代、六〇年代にヨーロッパの統合が進み、西洋クラブの面積は広がった。いまや、北海沿岸の低地帯《ローカントリー》（ベルギー、オランダ、ルクセンブルク）、フランス、ドイツ、イタリア、ポルトガル、スカンジナヴィア諸国、スペインもすべて西洋に包含される。ギリシャも、事実上メンバーだ。宗教的にはキリスト教とはいってもギリシャ正教だが、私たちは古代ギリシャ時代に哲学などで大いに恩恵を受けているし、最近の信用不安でギリシャはEUに大きな借りができた形で、私たちの仲間になっている。

では、地中海沿岸の東部や南部もヨーロッパの一部だと考えていいのだろうか。広域に考えれば、ペロポネソス半島北部のバルカン半島ばかりでなく、北アフリカからトルコのアナトリア地方までを含み、人類最初の文明が発祥したエジプトやメソポタミアまで加えてもいいのだろうか。また、北米と同時期にヨーロッパ人によって植民された、同じ西半球に属する南米は、西洋の仲間だといえるのだろうか。ロシアは、どうなのだろう。ヨーロッパ側のロシアは、本当に西洋の一部なのだろうか。ウラル山脈を越えた東側は東洋の一部だと考えていいのだろうか。冷戦の当時、ソ連および衛星諸国は「東欧ブロック」と呼ばれていた。だがソ連は基本的に、アメリカと同じく西洋文明に育《はぐく》まれたといえる部分が確かにある。そのイデオロギーは、ナショナリズムや奴隷反対、女性参政権と同様にイギリス・ヴィクトリア王朝時代にルーツがあり、大英図書館の円形閲覧室で誕生したものだ。ソ連の地理的広さは、アメリカへの入植と同様に、ヨーロッパの領土拡張や植民地主義の産物である。中央アジアでも、南米と同じく、ヨーロッパ人は非ヨーロッパ人を支配し始めた。その意味では、一九九一年に起こったソ連・東欧の崩壊は、ヨーロッパ帝国の完全な終焉を意味した。だが最近の西洋文明の定義として大きな影響力を持ったサミュエル・ハンチントンの著作(『文明の衝突』)では、ロシアを除外しているし、ギリシャ正教を信奉する国ぐにも排除している。彼の西洋の概念は、ヨーロッパの西部と中部(東方正教会の東方地域を除く)、北米(メキシコを除く)、オーストラレーシア(オーストラリアとニュージーランド)のみで、ギリシャ、イスラエル、ルーマニア、ウクライナなどは除外されている。カリブ海諸国は、アメリカ・フロリダ州と同じくヨーロッパ人が多いのだが、やはり外されている。

そうしてみると、「西洋《ウエスト》」という概念には、地理的な区分では片づかない何かがある。規範、行動、制度・組織の基準もあるのだが、その境界線はきわめて曖昧《あいまい》だ。西洋の定義には、まだ熟考すべき余地が残されている。アジアも、たとえば明治維新以後の日本のように、西洋の基準を満たし、衣服やビジネスのやり方も西洋流にすれば西洋の一員になれるのだろうか。そして、いまほかのアジア諸国もその道をたどっているのだろうか。かつて、資本主義の「世界システム」が中心の西洋と周辺のその他に永続的な分業を強いているというのが流行った時期があった。だが、全世界の人びとの外見やライフスタイルがみな西洋化したらどうなるのか。あるいはハンチントンが予測して話題になったように、中国文明やイスラム文明が強引な手法で勢いを盛り返すのだろうか。彼らが西洋的な要素を取り入れるとしても、表面的なものだけで、深みには欠けるのだろうか。そのような疑問点に、これから答えていこう。

もう一つの問題は、分裂していることが西洋文明の特徴の一つに思えることだ。二〇〇〇年代に入った直後に、アメリカの評論家の多くが、「大西洋の溝が広がりつつある」事態に懸念を表明し始めた。冷戦時代に築かれたアメリカと西ヨーロッパを結びつけていた共通の価値観の絆がほころび始めたからだった。ヘンリー・キッシンジャーがアメリカ国務長官だったころ(一九七〇年代半ば)、アメリカの政治家がヨーロッパと話したいと思えばキッシンジャーに電話すべきだったが、当時よりも欧米間の溝が広がってきているのであれば、だれが西洋文明を代表して電話を受けるのか、さらに難しくなる。だがアメリカと「古いヨーロッパ」の溝は、宗教やイデオロギーに、あるいは文明そのものの意味に関して展開された過去の大分裂と比べれば、それほど大きなものではない。第一次世界大戦当時、ドイツは「英仏の安っぽい物質文明《シビライゼーション》より高度な文化《クルトゥル》を勝ち取るため戦争に訴える」と豪語した。この二つの用語の区別は、とくにトマス・マンとジグムント・フロイトが定義したものだといわれる。だが、この区別を確認することはむずかしい。ドイツは大戦の初期にベルギーのルーヴェン大学を焼き払い、ベルギーの民間人を即決で処刑していったからだ。気位の高いイギリス人は、ドイツ人などは文明の匂いさえ知らない野蛮なフン族じゃないか、と鼻で笑うところもあり、戦勝記念勲章には「文明のための偉大な戦争」と記した。一九一八年当時には西洋文明は一枚岩ではなかったが、いまでも状況はそれほど変わっていないと思われる。

最後にもう一点、西洋文明はかつて衰退して、ひところは地に堕ちたこともわきまえておいたほうがいい。古代ローマの遺跡はヨーロッパ、北アフリカ、中東の全域に広がり、往時をしのばせている。西洋文明の最初のバージョンを「西洋文明1・0」とでも名づければ、それはナイル川渓谷からユーフラテス・ティグリス両河川の合流地点に及ぶ「肥沃な三日月地帯」で興り、アテネ民主主義と古代ローマ帝国という二つの巨峰がそびえ立った。私たちの文明の基本要素になっている、民主主義をはじめ、体育、数学、民法、幾何学、古代建築、現代英語の膨大な単語などを、私たちはこれら古代西洋文明に依拠している。古代ローマ帝国は、最盛期には驚くほどすぐれたシステムを持っていた。穀物、各種製品、通貨が流通していて、その範囲は北のイングランド北部から、南はナイル川の上流地帯にまで及んでいた。各種の学問が盛んだったし、法は整備され、医学も進んでいて、ローマのトラヤヌスのフォルムのような市場もあった。ところがこのときの西洋文明は衰退し始め、急速に衰えて五世紀には消滅した。蛮族の侵入と、内部対立が原因だ。わずか一世代のうちに帝国の広大な都ローマは消えてなくなり、水路橋は崩壊し、すばらしかった市場も無人になった。古代西洋の知恵のすべてが雲散霧消したかに思えたが、ビザンティウム（のちのイスタンブール）の図書館司書、アイルランドの修道僧、ローマ・カトリックの教皇や聖職者、そして忘れてはならないが、アッバス朝のカリフがこれらの知恵を残してくれた。このような遺産がなければ、イタリア・ルネサンスという形で西洋文明が再興することは考えられなかった。

では次の「西洋文明2・0」バージョンも、同じような運命をたどるのだろうか。人口動態に関しては、西洋はこれまでもずっと少数派の状態が続いていたが、現在は明らかな縮小期に入っている。かつて国際経済は欧米が牛耳っていたが、いまでは中国が二〇年以内に追いつくかもしれない状況だし、ひょっとすると一〇年で肩を並べるかもしれない。ブラジル、インドも、すぐそのあとを追っている。西洋の「ハードパワー（他国を強制し得る軍事力や経済力）」は、広域中東圏（イラクやアフガニスタンを含む）の処理で難渋している。一九八〇年代以後の開発途上国に対する自由主義経済の施策として合意された「ワシントン・コンセンサス」も、同じくうまく進んでいない。二〇〇七年に始まった国際的な金融危機は、借金をして住宅を手に入れる方式を強調することで、消費社会の核心に潜む基本的な欠陥を露呈したように思える。かつて西洋で重要な美徳とされた倹約というプロテスタンティズムの倫理など、どこかに吹っ飛んでしまった。反面、西洋のエリートたちはだれもがこぞって、来たるべき環境の黙示録に戦々恐々しているような状態だ。

さらに問題なのは、西洋文明が自ら自信を失っているらしい徴候が見えることだ。一九六三年にスタンフォード大学から始まったことだが、学部学生向けの伝統的な「西洋文明史」という講座がなくなった。学校でも、西洋が世界を制覇したという誇らしげな主旨の授業は影を潜めた。だが、教育専門家たちが「ニュー・ヒストリー」の名において知識よりも「歴史を学ぶ技術《ヒストリカル・スキルズ》」を持ち上げたおかげで、しかもカリキュラム改革の予期しなかったあおりも食らい、イギリスでは中学を終えるまでに、西洋史はごく断片的にしか学ばれなくなった。たとえば、ヘンリー八世にヒトラー、マーチン・ルーサー・キング・ジュニアについてはほんのちょっとだけ、という具合だ。イギリスで歴史専攻のある有名大学の一年生を対象に調査したところ、無敵艦隊が活躍したころのイギリス国王の名前を知っていた学生は、三四パーセントにすぎなかった。ボーア戦争がどこで起こったのかを知っていたのは三一パーセントだけで、ワーテルローの戦いでイギリス軍を指揮したのはだれかを知っていたのは一六パーセントで、しかもネルソンと答えたものが正解のウェリントンの倍もあった。一九世紀のイギリス首相の名前を一人しかあげられなかった者が、一一パーセントもいた。イギリスの一一歳から一八歳の若者を対象にした調査では、一七パーセントがヘイスティングスの戦いで戦闘に参加したのはオリヴァー・クロムウェルだと思っていた（訳注＝イングランド軍を指揮して戦死したのは、ハロルド二世）し、二五パーセントが第一次世界大戦の起こった世紀を間違っていた。英語圏全般についていえることだが、自分たちの文化よりもほかの文化について学ぶべきだという考え方が優勢になっている。一九七七年に宇宙空間に打ち上げられた探査機ボイジャーに搭載されていた音楽再生装置には二七曲が収録されていたが、西洋の作曲家の作品は一〇曲だけで、バッハ、モーツアルト、ベートーベンの作品だけでなく、ルイ・アームストロング、チャック・ベリー、ブラインド・ウィリー・ジョンソンらの曲も含まれていた。大英博物館の館長が二〇一〇年に出した世界史の一〇〇項目のなかに含まれている西洋文明のものは、せいぜい三〇項目にすぎない。

だが、西暦一五〇〇年以後に世界各地の文明がどれほど西洋に従属するようになっていったかを軽視する文明史では見過ごされている重要な点があり、これは詳細に説明されなければならない。二番目の千年紀の後半である一五〇〇年以降は、西洋の優越性がきわめて顕著な大前提になっていて、この点が現代史の中核だ。これがおそらく、歴史学者たちが挑戦して解決しなければならない懸案の謎だ。単に、好奇心を満たすためだけではない。西洋が隆盛を誇ることのできた真因を解明できてはじめて、その衰退と滅亡がどれほど目前に迫っているかを、ある程度正確に読むことができるからだ。

第1章　競争

中国は長いこと停滞したままの状態、という感じだ。中国はおそらくずっと以前から、富や法、制度・組織などですでに名声を得ていたと思われる。だが数々の賛辞を得たにしても、それは西洋の法や制度・組織や、土壌や気候、状況に与えられた称賛に比べれば控えめなものだった。外国との交易を否定して嫌悪しがちな国家、そして外国の船舶が入港できる貿易港を一つか二つに限定している国であれば、異なった法や制度・組織を持った国とは対等なビジネスはやっていけない。……もっと盛んに外国との交易を進めていれば、中国の製造業はもっと潤ったはずだし、産業も活性化したに違いない。中国はより優れた航海技術を持っていれば、諸外国が持つ機械類も作ることができ、産業も興せたはずだ。　――アダム・スミス（一七二三～九〇、イギリスの経済学者）

ヨーロッパ諸国は小さいのに、どうして強いのだろうか。われわれは大きな国なのに、なぜ弱いのだろうか。……われわれがこれら野蛮人から学ぶことがあるとすれば、……堅固な軍艦と効果的な銃だけだ。
――馮桂芬《ふうけいふん》（一八〇九～七四、清朝の思想家）

二つの河川

北京の中心部にある紫禁城（現・故宮）は、一〇〇万人あまりの労働力を動員して建設された。建材は、中国の帝国領内のあらゆる場所から集められた。紫禁城には一〇〇〇棟もの建造物があり、その装飾品も贅を尽くしていて、明朝の栄華を象徴している。紫禁城は、かつての最も偉大な文明の遺物だ。だが同時に、どのような文明でも永遠に続くことはないことを思い起こさせてくれる。一七七六年の時点でも、アダム・スミスは、中国はヨーロッパのどこと比べても豊かだし、土壌は肥えていて最も良く耕作され、国民は勤勉で人口も世界で最も稠密《ちょうみつ》だ、と記している。だがスミスは同時に、中国は長い期間、停滞したままだとも指摘している。その点は、正鵠を射ている。紫禁城が建設されたのは一四〇六年から一四二〇年の間だが、それから一世紀も経たないうちに東洋の衰退は始まったと思われている。西ヨーロッパでは貧しい小国がひしめいていて対立を繰り返していたが、一五〇〇年から五〇〇年の間は領土拡張の波が止むことなく続き、だれも押しとどめることができなかった。その間、強力だった東洋の諸帝国は停滞したままで、やがて西洋の支配下に入ってしまう。

ヨーロッパが絶えず前進していた一方で、東洋はなぜ衰退への道をたどったのだろうか。スミスの答えは、あらまし次のようなものだ。——中国は、外国との交易を推し進めなかった。競争によるメリットを排し、国際的な生産分業に参加できなかった。だが、別の解釈もある。モンテスキュー男爵シャルル・ドゥ・セコンダ（一六八九～一七五五）は、一七四〇年代に書かれた著作（『法の精神』）のなかで、次のように指摘している。——中国の膨大な人口をコントロールするための「計画的な圧政」が東アジアの衰退を招いたとして、こう述べている。

私の理論は、以下のように要約できる。アジアはほぼ、温帯には属していない。トルコ、ペルシャ、インド、朝鮮、日本などに見られるように、寒い冬から一気に暑い夏に入る。それに対してヨーロッパでは、おおむね温帯だ。近隣諸国も似たような気候で、それほどの違いはない。アジアでは強国が弱小国を戦争で打ち破り、勇敢で活発な国が軟弱な国を制圧し、征服者と非征服者に分化する。だがヨーロッパでは、強い者同士が対決する。勇敢な第三国は、どちらかの陣営に加担する。アジアの弱さ、ヨーロッパの強さはそこに根源があり、ヨーロッパが自由に振る舞い、アジアが服従する理由もそこに起因する。このような見方を、私はまだ聞いたことがない。

その後ヨーロッパでは、西洋の技術が東洋を打ち負かしたという論調が主流になった。技術のなかでも、産業革命を引き起こしたような大発明がモノを言っている。この点は、イギリスの植民地行政官マッカートニー伯爵（一七三七〜一八〇六）が一七九三年に中国を訪問して大いに失望し、後述するような一文を残している。二〇世紀に入ってから有力になった論旨としては、儒教思想が革新を阻んだ、という説明がある。だがこれらの立論は、いずれも間違っていた。私が先にあげた六つのキラーアプリケーションのうち最初のもの――つまり西洋が持っていて東洋に欠けていたのは、十分な通商が欠けていたためではなく、気候や技術、哲学などの問題でもない。アダム・スミスがこの章の冒頭に引用した部分で明確に峻別《しゅんべつ》していたように、制度や組織に問題の根元がある。

もしあなたが、一四二〇年に二つの河川――テムズ川と揚子江（長江）を旅したら、あまりにも対照的でびっくりしたことだろう。

揚子江は長江の下流の名称で、長江は南京と北京を結び、北にはさらに八〇〇キロ（全長六三〇〇キロ）も伸び、南は浙江省・杭州に及ぶ。この河川の中央部を横切って、一七九四キロにも及ぶ京杭《けいこう》大運河がある。紀元前七世紀から工事が始められ、一〇世紀には閘水門《こうすいもん》も建設され、宝帯橋《ほうたいきょう》など立派な橋もできた。大運河は明時代に入って永楽帝（在位＝一四〇二〜二四）の時代に修復されて黄河とも連結され、年間一万二〇〇〇隻の穀物運送船が運河を行き来するようになった。運河の維持管理に、五万人近くが動員された。西洋の運河として有名なのは、ヴェネツィアの大運河だ。だがヴェネツィア出身の大旅行家マルコ・ポーロが一二七〇年代に中国を訪れ、揚子江の水上交通が盛んなのを見て驚嘆し、次のように記している。

この大河を行き交っている船はきわめて多く、実際に目にしない限りは信じがたいだろう。運ばれる物資の量も、想像を絶している。川幅も広いから、まるで大海原を航行しているような感じを受ける。

中国の大運河は、国内交易の大動脈として機能しただけではない。宮廷政府は五か所の穀倉地帯で穀物を安い時期に仕入れ、高くなったら売るという操作をしていたが、その作業が容易になった。一四二〇年ごろ、南京はおそらく世界最大の都市だった。人口は、五〇万から一〇〇万の間だったと見られている。何世紀にもわたって、絹と綿産業の中心地だった。明・永楽帝の時代には、学問の中心でもあった。明の歴代皇帝たちは、中途半端なことはやらず、やることは徹底的にやった。永楽帝は学問の集大成を編纂するにあたって二〇〇〇人の学者を動員し、一万一〇〇〇巻あまりの書物にまとめた（訳注＝「永楽大典」「四書大全」「五経大全」など）。それを凌駕する世界最大の百科辞典が作られたのは六〇〇年後、二〇〇七年にウィキペディアができたときだ。

だが永楽帝は、南京では満足できなかった。もっと北のほうに、さらに壮麗な新首都を建設したいと考えて、北京（当時は大都）を選んだ。一四二〇年には紫禁城が完成し、中国は文句なく世界で最も進んだ文明を築き上げた。

揚子江と比べて、一五世紀初頭のテムズ川はさえない河川だった。ロンドンの港は確かに活況を呈していて、ヨーロッパ大陸との交易の玄関口だった。有名なロンドン市長リチャード（ディック）・ウィティントンは、ウールを輸出する繊維商人として財をなした人物だった。イギリスではフランスとの（百年）戦争のために、人や物資を運ぶための造船業が活況を呈していた。シャドウェルやラトクリフなどの内陸部にある泥だらけの乾ドックで、船の修理をやっているありさまだった。そしてロンドン塔は、紫禁城以上に禁じられて近寄りがたい場所だった。

中国からやってきた者がロンドンの光景を見ても、それほど強い印象は受けなかったことだろう。ロンドン塔は不細工な建造物で、数多くの大広間を持った紫禁城の荘厳さとは比べものにならなかったからだ。ロンドン橋の橋桁《はしげた》は、宝帯橋と比べると見栄えがせず、やぼったい。またイギリスの航海術は未熟だったから、船といえばテムズ川を行き来するとか、イギリス海峡を横断する程度だった。その範囲なら、見慣れた海岸線が望めたからだ。イギリス人にとっても中国人にとっても、両国間を船で往来することなど想像もできなかった。

ヘンリー五世（在位＝一四一三〜二二）は、アジャンクールの戦いなどでフランス軍を撃破したあと一四二一年にロンドンに凱旋したが、当時のロンドンは大都会の南京とは比べものにならない小さな町だった。明朝の太祖・洪武帝《こうぶてい》（朱元璋《しゅげんしょう》）は、首都・大都（現・北京）の周囲に何キロにも及ぶ長い城壁をめぐらせるのに二〇年あまりをかけた。いくつもの門はいずれも巨大で、一つの門

王国同士のはてしない戦争。百年戦争でまたしても対決するイギリスとフランス

に三〇〇〇人の兵士が駐留した。門は堅固に建造され、ほとんどが現存している。それに比べると、中世に作られたロンドンの城壁は延長五キロにも満たず、いまではほとんど残っていない。

一五世紀の基準でいえば、明朝の中国は割に暮らしやすいところだった。明朝初期には厳格な封建的秩序が確立されたが、国内の交易が盛んになるにつれて、規制は緩み始めた。蘇州にはいまでも往時のすぐれた建造物が残っていて、旧市街の中心部には緑豊かな運河と瀟洒《しょうしゃ》な遊歩道が見られる。イギリスの都会は、それとは対照的だ。黒死病と呼ばれたペスト菌感染症がノミの媒介によって猛威を振るい、一三四九年にはロンドンにもその魔の手が延びた。ロンドンの人口は四万人ほどに減少し、南京の一〇分の一以下だった。ペストのほかにもチフス、赤痢、天然痘が流行していて、ロンドンのあらゆるところで死が待ち受けていた。下水施設もなかったから、悪臭プンプンだった。ところが南京では糞尿は系統的に集められ、肥料として水田に撒かれた。ディック・ウィティントンは一三九七年から亡くなる一四二三年まで四回にわたってロンドン市長を勤めたが、当時のロンドンの街路は、色こそ似ているが黄金には遠く及ばないもので舗装が施されたままだった。

かつてイギリスの子どもたちは、ヘンリー五世は英国史のなかでも傑出した英雄だと学校で教えられ、二代前の評判のよろしくなかったリチャード二世（在位＝一三七七～九九）と対比された。シェークスピアの戯曲「リチャード二世」では、「糞尿島《セプティック・アイル》」とは似ても似つかない、「王が治める島《セプタード・アイル》（ブリテン島）」を統治する君主になっている。文豪シェークスピアは、こう褒め讃えた。

「もう一つのエデンの園とでも言うべき、パラダイスのような国／自然が築いた天然の要塞／疫病も寄せつけない……」

ところが実際のイギリスは、一五四〇年から一八〇〇年における出生時の平均余命がなんと哀れにも三七歳で、ロンドンでは二〇歳台だった。イギリスの乳児のうち五人に一人は、最初の誕生日を迎える前に死んでいた。ロンドンでは、三人に一人の割合だった。ヘンリー五世にしても、王座に就いたのが二六歳で、三五歳で赤痢のために崩御している。このように、人びとはごく短命で、若死にしていた。

　戦争は絶えまなく続き、フランスとの戦いも恒常化していた。フランスとの戦闘が途絶えているときには、イングランドはウェールズ、スコットランド、アイルランドと内輪で戦っていた。ケルト人との戦いが止むと、王位を争う内戦が始まる。ヘンリー五世の父ヘンリー四世（在位＝一三九九～一四一三）は王位を簒奪《さんだつ》したし、ヘンリー五世のあとを継いだ息子のヘンリー六世（在位＝一四二二～六一、および一四七〇～七一）は、三〇年も続いたバラ戦争のおかげで王位を失った。この戦争で四人の国王が相次いで王座を追われ、四〇人もの貴族が戦死したり処刑されたりした。一三三〇年から一四七九年の間に死んだ貴族の四分の一は暴力沙汰によるもので、殺人は日常茶飯事だった。一四世紀の資料によると、オックスフォードにおける殺人率は一〇万人当たり一〇〇人を上回った。ロンドンの殺人率は一〇万人当たり五〇人だから、いくらか安心できた。現在、殺人率が最悪なのは南アフリカで一〇万人当たり六九人、以下コロンビアの五三人、ジャマイカ三四人と続く。一九八〇年代のデトロイトもかなりひどく、一〇万人当たり四五人だった。

　この時期のイギリスの社会状況を、政治思想家トマス・ホッブズ（一五八八～一六七九）はのちに、「社会の絆に欠け、貧しく、汚く、粗野で、すべてが不十分」で、惨めな状態だったと評した。ノーフォークに住む裕福なパストン家も、安泰ではなかった。ジョン・パストン（一四二一～六六）の妻マーガレットは、グレシャムのマナハウス（カイスター城）の正当な所有権を主張したが、前の所有者の相続人から文字通り押し出された。この城はサー・ジョン・ファストルフからパスト

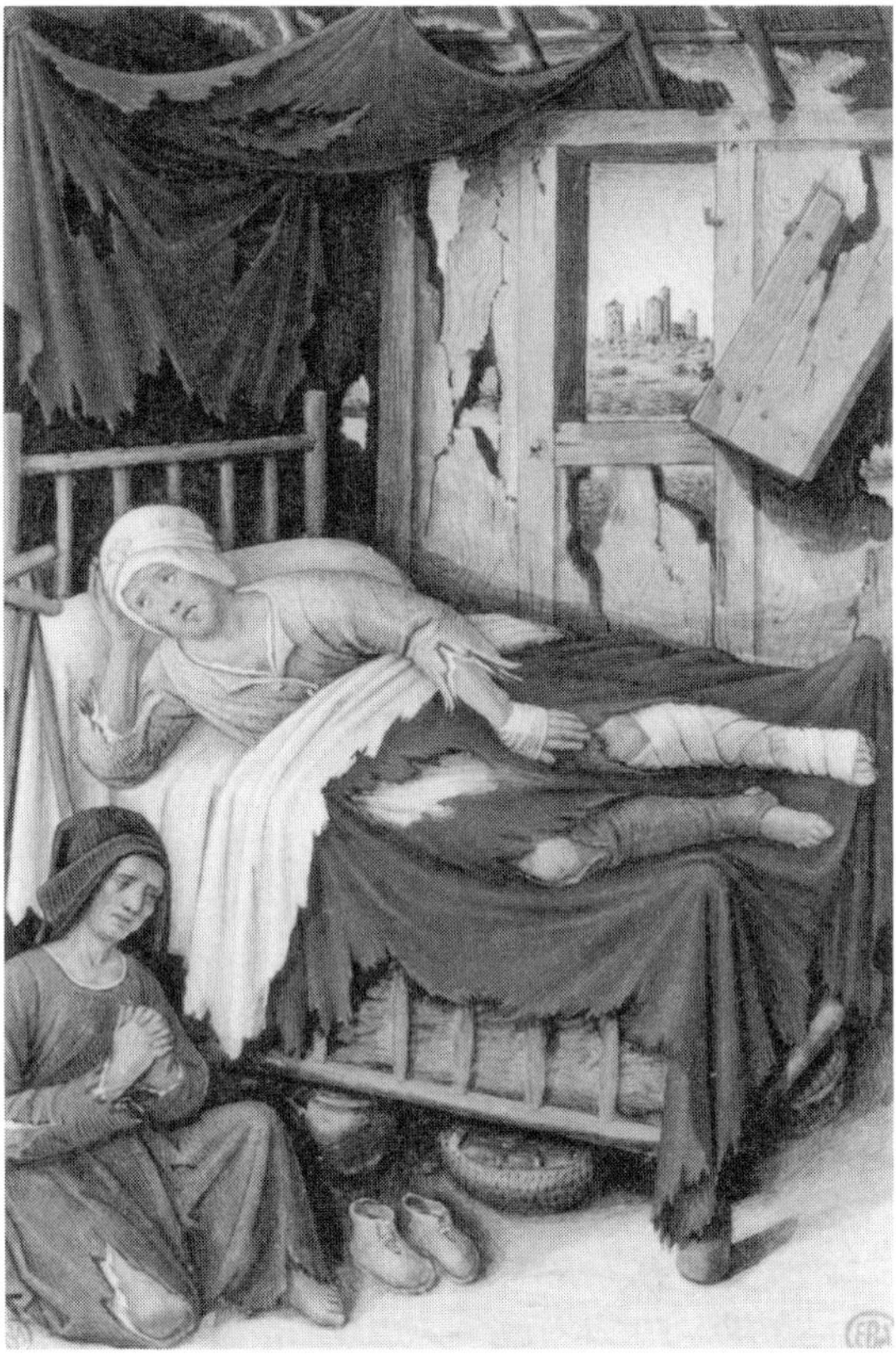

ジャン・ブルディション「社会の四つの状態――貧窮」1500 年ごろ

ンに委譲された財産だったが、ジョン・パストンが亡くなると、すぐにノーフォーク公爵に包囲され、一七年間も占拠された。このように理不尽なことがあったにしても、イギリスはヨーロッパのなかでは繁栄していたほうだし、戦争も少ないほうだった。フランスの日常生活はもっと不潔で暴力事件も多く、寿命は短かった。東欧では、状況はさらに悪かった。一八世紀の初頭になっても、フランス人の一日当たりのカロリー摂取量は一六六〇カロリーで必要最低限、現在のヨーロッパの平均摂取量のおよそ半分だ。フランス革命以前のフランス人の身長は、一六二センチ足らずだった。ヨーロッパ大陸の中世における殺人率のデータが残っているが、それによるとフランスはイギリスより悪く、イタリアと肩を並べていた。イタリアは芸術家も数多く輩出しているが、暗殺の多さでも名高い。

西ヨーロッパが優位に立てたのは、こすからく立ち回ることができたおかげだ、という説がよく聞かれる。一般的にヨーロッパでは死亡率が高く、とくに貧しい層では著しかった。それを踏み台にして、金持ちはいっそう豊かになったという論だ。確かに黒死病《ペスト》で人口が激減したために、一人当たりの所得は急上昇した。働き手が少なくなったため、生き延びた者の給与は上がった。またイギリス富裕階級の子弟は、成人するまで生き延びられる確率が、貧しい層より高かった。だがこのように奇妙な人口動態の特色は、西洋と東洋の大きな懸隔《けんかく》を説明する材料にはならない。現在でも、中世イギリスのようにみじめで、疫病が猛威を振るい、飢餓がはびこり、戦争が荒れ狂い、殺人が平均寿命を縮め、金持ちだけが長生きできるような国家が存在する。アフガニスタン、ハイチ、ソ

ピーテル・ブリューゲル（父）「死の勝利」1562年ごろ

マリアなどの国は、先進国のような恩恵を受けていない。これから詳細に見ていくが、ヨーロッパは死の恐怖を乗り越えて大きく前進し、繁栄と権力を手にしたのだった。

現在の学者も読者も、中世において死がどのように受け取られていたかを知っておく必要がある。フランドル（ネーデルラント）の画家ピーテル・ブリューゲル（父）（一五二五？〜六九）の傑作「死の勝利」は、もちろん写実的な絵画ではないが、苦悶死による破滅の状況は想像だけの産物ではない。ガイコツ軍団が支配する土地で、王は横たわって死にかけている。王室の財宝など、持っていても役に立たない。近くの死体を、イヌがむさぼり食っている。遠景には、絞首台に二人の男がブラ下がり、荷台には四人の遺体が積まれ、もう一人が首をはねられるところだ。軍勢が衝突し、家々が燃え、船が沈みかけている。手前では、老若男女が追い立てられ、兵士も市民も狭くて四角いトンネルに押し込まれている。だれも、地獄からは逃れられない。吟遊詩人が愛人に歌いかけているが、彼も死をまぬがれそうにない。この天才画家も四〇代のはじめに亡くなっていて、本書の著者である現在の私より若死にだ。

それから一世紀後、イタリアの画家サルヴァトル・ロサは、死の瞬間《メメント・モリ》を描いた作品としては最も有名だともいえる「人間の脆弱さ」という作品を残した。彼の郷里ナポリを一六五五年に襲った伝染病の猛威にヒントを得たもの、と言われる。この疾病のおかげでロサは幼い息子ロサルヴォ、兄、妹とその夫および彼らの五人の子どもを失ったといわれる。死の天使がロサの妻の背後にぼんやり姿を現し、やっと字を覚えようとしていた息子の命を奪おうとしている。傷心の気持ちが、キャンバスに記された八つのラテン語の単語に集約されている。

「受胎は罪だ／誕生は苦痛だ／人生は苦難だ／死は避けがたい」

中世ヨーロッパの暮らしを、これ以上、簡潔に要約することはできない。

宦官とユニコーン

東洋がすぐれていたという状況は、どのようにしたら検証できるのだろうか。まずアジアの農業は、ヨーロッパと比べて生産性がかなり高かった。東アジアでは、一エーカー（一二〇〇坪あまり）の農地があれば、一家を養うのに十分だった。稲作には効率のよさという利点があった。イギリスの農家は平均二〇エーカーの畑を持っていて、東アジアが西ヨーロッパより多くの人口を養うことができたのは、この点からも納得できる。東洋の稲作技術は進んでいて、多くの人びとの生活を支えることができた。明朝のある詩人は、人びとが満足して暮らす、夕焼けに染まった田園風景を、次のように描写した。

夕闇が迫る小道の向こうに、質素な戸口がほの見える。曲がりくねった径《みち》が、入り江までつながる。……一〇軒の家が寄り添って、何世代も前から集落を作っている。各戸から立ち上る炊《かし》ぎの煙が撚り合わさって、遠くからも眺められる。これが日常の風景で、人びとは助け合う。息子が西側の家の戸主になり、隣の娘が嫁ぐ。肌寒い秋風が神社の砂ぼこりを巻き上げ、畑の祖先の霊のために子ブタと神酒《みき》が奉納される。氏子が模疑紙幣を燃やし、少年たちが銅鑼《どら》を鳴らす。霧が降りてサトウキビ畑を静かに覆い、タロ芋畑にこぬか雨が注ぐ。社《やしろ》から戻った人びとは筵《むしろ》を延べ、おしゃべりに興じる。ほろ酔い気分で。……

だがこのように牧歌的な描写だけでは、すべては語り尽くせない。ヨーロッパの人びとは、その後も皇帝制度の中国は改革に拒絶反応を示す停滞社会だ、と評し続けてきた。ドイツの社会学者マックス・ヴェーバーは、『儒教と道教』（一九一五）のなかで、儒教の合理性は、「世界に合理的に対応すること」であって、ヨーロッパで考えられているような、「世界を合理的に支配しよう」ということではない、と分析した。この見方には、中国の哲学者・馮友蘭《ふうゆうらん》も『中国哲学史』（一九三四）のなかで賛同している。また、ケンブリッジ大学の科学史学者ジョゼフ・ニーダム（一九〇〇〜九五）は一九四九年以降の中国の毛沢東の政策に同情を示し、何巻にも及ぶ『中国の科学と文明』で同じ意見を述べている。このような見方は、馮にとってもニーダムにとっても魅力的だった。とくにニーダムは毛路線を支持していたから、明朝のはるか以前から中国が技術革新を図って世界制覇を目指していたなどということは、とても思い及ばなかったに違いない。

水の流れを利用した水時計をだれが最初に設計したのか、はっきりした記録はない。エジプト人なのか、バビロニア人なのか、中国人なのか、定かではない。だが一〇八六年に、中国人の蘇頌《そしょう》が雁木《がんぎ》を使った世界で最初の機械時計を発明したという記録がある。高さが一メートル二〇センチほどの、精巧な木製の装置だ。時間を告げるばかりでなく、太陽・月・惑星の動きまで表示できた。マルコ・ポーロは中国を訪れ、一二七二年に完成したばかりのこの機械時計塔を、北部のダドゥで見た。イギリスで天体の運行に基づいた時計ができたのは、それから一世紀も後のことで、ノーリッジ、セント・アルバンズ、サルズベリーの大聖堂に設置された。

活字印刷の元祖は、一五世紀のドイツだというのが定説になっている。だが実際には、中国で一一世紀に発明されている。紙も、ヨーロッパでお目見えするよりはるか以前に中国で作られた。紙幣も中国で発明されたし、壁紙やトイレットペーパーも中国が先鞭を付けた。

種まき機械は、一七〇一年にイギリス人の農学者ジェスロ・タルが発明したとされているが、それより二〇〇〇年も前に中国で発明されていた。一八世紀のイギリス農業革命の主役だったロザラム鋤《すき》は、持ち手が湾曲した金属製の道具だが、中国の王振は一三一三年に著した『農業論』で、ヨーロッパでは知られていなかった道具類を数多く紹介している。産業革命も、実は中国が先取りしている。鉄鉱石用の溶鉱炉は、一七〇九年にイギリスのコールブルックデールに作られたものが最初ではなく、紀元前二〇〇年より前に中国で作られている。世界最古の鋼鉄製の吊り橋は、イギリスで建設されたものではなく、中国で作られた。紀元六五年に建設されたものの一部が、いまでも雲南省に残っている。一七八八年におけるイギリスの鉄鋼生産レベルは、一〇七八年の中国より劣っていた。中国は、繊維産業でもリードしていた。紡ぎ車や絹糸紡績を発明したのは中国人で、一三世紀にはイタリアに輸出している。中国人の最大の発明品である火薬は、花火のためだけに使われたわけではない。明朝の一四世紀に焦玉と劉基が著した『魔法の火薬』には、地雷や水中地雷、ロケット、火薬入りの大砲用弾丸のことなどが記されている。

そのほかにも中国人が発明したものとしては、化学殺虫剤、釣り具のリール、マッチ、磁気コンパス、トランプ、歯ブラシ、一輪手押し車などがある。ゴルフはスコットランドで始まったとだれもが思っているが、宋時代（九六〇～一二七九）の『東軒録』によると、捶丸《チュイワン》という遊びがあって、一〇種類の棒で鞠《まり》を打って点数を競った。現在のクラブのように、ドライバーや各種ウッドのような区別があり、ヒスイや金がはめ込まれていた。つまり、当時もやはり富裕階級の遊びだった。

中国の球技「捶丸《チュイワン》」（故宮博物院〔紫禁城〕）

さらに、もう一つ揺るぎない事例もある。一四〇〇年代に入ってから、中国は大きな技術革新を成し遂げた。それによって、明の永楽帝は中国を支配するだけでなく、「天下の世界すべて」を制覇することも可能な状況が生まれた。

現在の南京には、中国で最も有名な航海者・鄭和《ていわ》が指揮した往時の船舶の実物大模型が飾られている。全長一二〇メートルで、クリストファー・コロンブスが一四九二年に大西洋を横断して新世界を「発見」したときに乗船していたサンタ・マリア号の五倍近い。しかも鄭和が率いていたのは、三〇〇隻の外洋帆船の大艦隊だった。何本ものマストが立ち、船体はいくつものセクションに分かれていて、もしなんらかの原因で船底に穴が空いても、全体の沈没は免れる設計になっていた。一五世紀にヨーロッパで建造された船舶で、これほど大きいものはなかった。鄭和の艦隊の乗員は二万八〇〇〇人で、ヨーロッパでこれほどの規模の艦隊が編成されたのは、第一次世界大戦になってからだ。

司令官の鄭和は、数奇な運命をたどった男だった。一一歳のとき、明朝の開祖・洪武帝（朱元璋）に捕えられた。当時の習慣に従って彼も去勢されて宦官になり、帝の四番目の息子・朱棣（のちに三代・永楽帝）の侍従に任じられた。鄭和はみごとに任務を果たしたため、永楽帝は鄭和に世界の海洋を探査する役目を与えた。

一四〇五年から二四年にかけて、鄭和は六回の大航海をおこなったが、その航跡は驚嘆するほど広範囲に及んでいる。鄭和提督が訪問した地域としては、タイ、スマトラ、ジャワ、当時は大きな港だったインドのカリカット（現ケララ州コシコデ）、テマセク（現シンガポール）、マラッカ、セイロン（現スリランカ）、インド・オリッサのカタック、ホルムズ海峡、アデン、紅海、ジェッダに及んでいる。これら一連の大遠征航海は、永楽帝の前任者・建文帝の指示だったとされるが、建文帝は突如として消息が不明になり、印璽《いんじ》も消えた（永楽帝が政敵を殺害したことをうやむやにするためか、王座に就いたことを正当化するためだったのかどうかは不明）。いずれにしても、行方不明の皇帝を探し出す努力はなされなかった。

鄭和の最後の航海（一四三〇〜三三）は大小六一隻の船団で構成されていて、「ホルムズ海峡および近隣諸国を探索し、さまざまな色の絹地、ヘンプシルクを購入する」よう命じられていた。副官たちはさらに、陶磁器、鉄の大釜、各種の土産、弾薬、紙、油脂、ロウなども仕入れるよう指示された。これは、通常の交易だとも思えた。インド洋の国ぐにの商人が欲しがる品々（陶磁器、絹、ジャコウ）を輸出し、中国に持ち帰りたい物品（コショウ、真珠、貴石、象牙、医薬用のサイの角など）を輸入した。だがのちにアダム・スミスが分析したような、単なる交易ではなかった。もう少し後世ふうに言えば、中国皇帝の意図は、「蛮族の国ぐにに赴いて土産品をバラまき、力を見せ

明朝の永楽帝（国立故宮博物院，台湾）

つける」ことだった。永楽帝が土産の見返りとして期待したのは、中国の近隣諸国がおこなっていたような進貢で、それによって皇帝を公式にあがめ、叩頭してひざまずくことだった。これほどの大艦隊を誇る皇帝となれば、その前にひれ伏すのが道理だ。

鄭和の航海のうち三回は、アフリカ東岸に到達している。ただし、それほど長くは滞在していない。三〇人ほどの地元首長が船に招待され、「宇宙を支配する」明朝皇帝の存在を教えられた。マリンディ（現ケニア）のスルタンは、キリンなど珍しい手土産を携えた代表団を中国に送り、永楽帝が自ら南京の宮殿城門まで出迎えて謁見した。キリンは、「完璧な徳、完璧な治世、そして帝国および宇宙の調和を象徴」する神話上のユニコーンとしてあがめられた。

だが一四二四年になると、調和はほころびた。永楽帝が崩御し、それとともに海外進出の野望も潰《つい》えた。鄭和の遠征もにわかに中断され、一四三二年から翌三三年にかけて、短いインド洋航海が復活しただけだった。「海禁令」が出され、一五〇〇年以後は、二本以上のマストを持つ大型船を建造したものは、死刑に処せられることになった。鄭和の航海日誌などの記録は、すべて破棄された。鄭和が亡くなると、遺体は海中に投棄されたものと思われる。

なぜ、このような決定が下されたのだろうか。財政が逼迫《ひっぱく》したためなのか、それとも宮廷内で政争が激しくなったためなのだろうか。あるいは、安南（現ヴェトナム）との戦争経費が思いのほかかさんで余裕がなくなったのか。別に考えられるのは、儒教の学者たちが、鄭和の持ち帰ったキリンなどの珍品に異議を唱えただけなのだろうか。真因は、永遠の謎だ。だが、中国が内を向き始めたことは疑いない。

月を目指したアポロ宇宙船と同じく、鄭和の大航海は富と高度技術を世界に見せつけた。中国人の宦官が一四一六年にアフリカ東岸に到着したことは、アメリカの宇宙船が一九六九年に月面着陸した偉業に比肩できる。だが外洋探検を突然中止することで、永楽帝の後継者たちがその経済的利

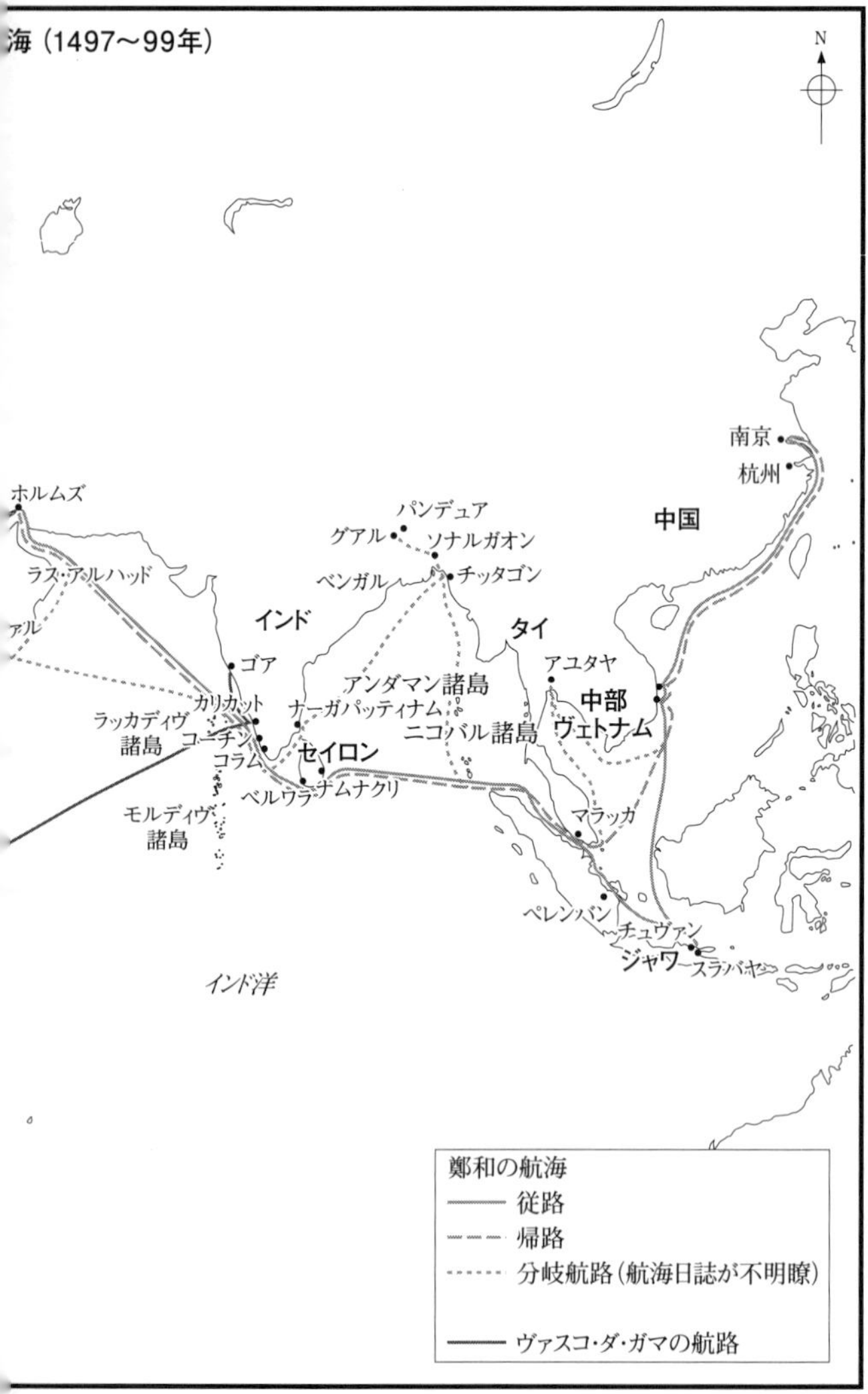

海（1497～99年）
N
ホルムズ
ラス・アルハッド
アル
ゴア
カリカット
ラッカディヴ諸島
コーチン
コラム
モルディヴ諸島
ベルワラ
ナムナクリ
ナーガパッティナム
セイロン
インド
ベンガル
グアル
パンデュア
ソナルガオン
チッタゴン
アンダマン諸島
ニコバル諸島
タイ
アユタヤ
中部ヴェトナム
マラッカ
パレンバン
チュヴァン
ジャワ
スラバヤ
中国
南京
杭州
インド洋
鄭和の航海
従路
帰路
分岐航路（航海日誌が不明瞭）
ヴァスコ・ダ・ガマの航路

鄭和の7回目（最後）の航海（1430〜33年）とヴァスコ・ダ・ガマの最

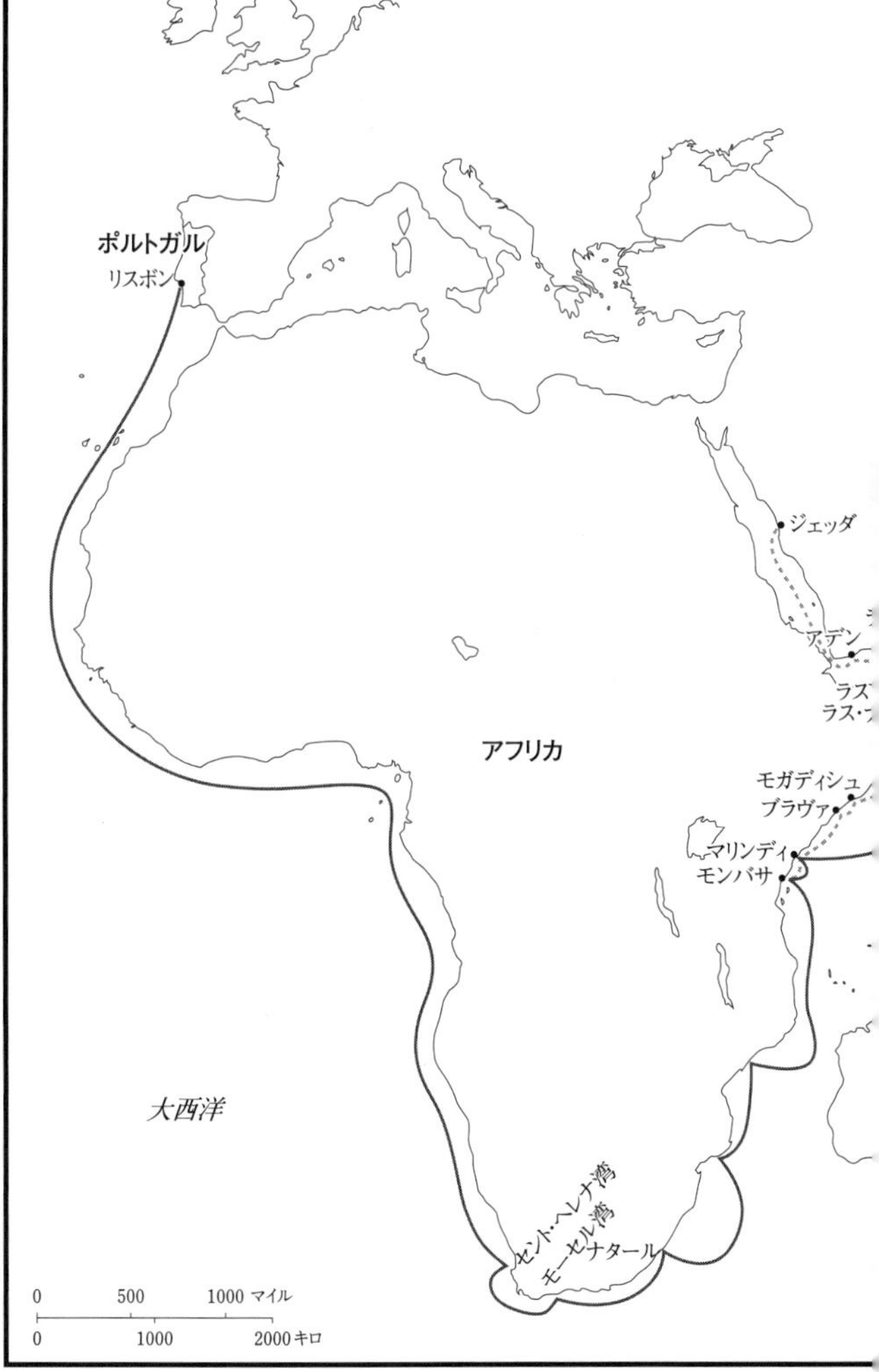

マリンディのスルタンから中国への貢ぎもの――キリン（静海寺，中国）

益を台無しにしたことは確かである。
だが、ユーラシア大陸の反対側の端っこにあったヨーロッパの小帝国からの航海の意義は、まったく別の次元で考えるべき壮挙になった。

香料合戦《スパイス・レース》

強風が吹きすさぶリスボン港を見下ろす小高い丘カステロ・デ・サン・ジョルジェで、ポルトガルの新王マヌエルは、ヴァスコ・ダ・ガマに命令を与え、四隻の船団で航海に旅立たせた。船内装備は鄭和の船舶「宝船《ほうせん》」に匹敵するものだったかもしれないが、乗員はわずか一七〇人にすぎなかった。ガマの任務は香料《スパイス》を見つけることで、これが成功すればヨーロッパが世界で優位に立てると期待された。

香料を具体的にいえば、シナモン、クローブ、メース、ナツメグだ。これらを料理に加えればバツグンに味がよくなるが、ヨーロッパでは栽培できないので、みなノドから手が出るほど欲しがった。香料を得たあとの帰路は、海路でインド洋を経て紅海に至るルートを通り、次に陸路でアラビアとアナトリアを経由すると何世紀にもわたって相場が決まっていた。ところが一五世紀の半ばまで、ヨーロッパに富を運び込む最後の関門を、トルコとヴェネツィアががっちり押さえていた。そのためポルトガルは、つねに別のルートを模索していた。できることなら、アフリカの西岸に沿って南下し、喜望峰を回ってインド洋に出る方法だ。それが可能なら、商売ははるかに有利になる。もう一人のポルトガル人バルトロメウ・ディアスは、一四八八年に喜望峰を回ったものの、乗組員たちの反対で引き返さざるを得なくなった。その七年後、ダ・ガマがやっとインドに達する海路の全行程に成功した。

マヌエル王の命令は、ヨーロッパ文明が海外に進出するうえで、きわめて大きな役割を果たしたといえる。これから見ていくように、ヨーロッパはその他の地域に対していくつかの利点を持っていた。だが歴史を動かし始めた原動力は、大航海時代の幕が切って落とされ、熾烈な競争が始まったことだ。喜望峰回りの航路を確立し、ヨーロッパの国王や君主に財宝をもたらしたこと自体は、ヨーロッパにとってそれほど画期的なできごとではない。他国を出し抜いて、経済・政治面で優位に立つための競争にこそ、大きな意味があった。ダ・ガマが航路を開発したために、ポルトガルはヴェネツィアを打ち負かすことができた。一五世紀の大航海時代の競争は、ヨーロッパにとって現代の宇宙開発のスペース・レースのようなもので、それはいわば香料合戦《スパイス・レース》だった。

ダ・ガマの船団が出航したのは、一四九七年七月八日。彼らポルトガル人の一行がアフリカ南端の喜望峰を回ったのは、その四か月後だった。彼らは、国王のためにどのように珍奇な動物を持ち帰ろうか、などということは考えなかった。彼らが気がかりだったことは、これまで他国がなし得なかった香料獲得の新ルートを開発することだけだった。目的は交易であり、貢ぎものではなかった。

一四九八年二月、鄭和より八二年も遅れて、ダ・ガマもやっとマリンディに到達した。中国人たちは若干の陶器をここに置いていったが、そのほか末裔たちも残した。パテ島の付近で船が難破して二〇人ほどの中国人が岸に泳ぎ着いて定住し、アフリカの女性と結婚して中国のカゴ編みや養蚕《ようさん》技術を教えた。だがポルトガル人はそれとは違って、マリンディが交易の拠点として将来性があることをすぐに見抜いた。ダ・ガマはインド人商人たちと話を進めるうちに、カリカットへの航路の過程で、モンスーンの風をうまく利用できることを学んだ。

交易に熱心だったポルトガル人とそこに着目しなかった中国人の差は、それだけではない。リスボンからやってきた連中は無謀で、蛮勇を振るった。鄭和にはほとんど見られない、勇ましい行動だ。ポルトガルから持ち運んできた品々を見ても驚嘆しないカリカット王の様子を見て不満だったダ・ガマは、一六人の漁師を人質に取った。彼はさらに、一五隻を連ねたインドへの二回目の航海ではカリカットを砲撃し、拿捕《だほ》した漁船の乗組員たちに暴行を加えた。またあるときは、メッカに向かう客船を停止させ、乗員を閉じ込めたまま放火したともいう。

ポルトガル人たちが暴挙に出たのは、喜望峰回りの新しいルートを開発したので、激しい抵抗に遭うに違いないと危惧したからだった。つまり、報復を受ける前に先制攻撃をしておくべきだと信じたのだった。ポルトガル領インドの第二代総督アフォンソ・デ・アルブケルケは、一五一三年に国王あての報告書で、誇らしげにこう書いている。

「われわれの船が近づくという噂が広まると、現地人の舟影は見当たらなくなり、鳥たちさえも

香料合戦の勝者ヴァスコ・ダ・ガマの墓（リスボンのサント・ジェロニモス修道院）

水面近くを飛ばなくなりました」

だが相手によっては、大砲や刀剣による威嚇もあまり効果がなかった。ダ・ガマの最初の航海では、乗組員の半数が生きて祖国に戻ることができなかった。モンスーンの強風のなか、風に逆らってアフリカに向かったという事情もあるが、それだけではない。出港時には四隻の船団だったが、リスボンに帰着できたのは半分の二隻。ダ・ガマは一五二四年、インドへ三回目の航海中、マラリアで命を落とした。彼の遺骨は本国に帰還し、リスボンにあるサント・ジェロニモス修道院の墓地に手厚く葬られている。ダ・ガマに続くポルトガルの航海者たちは、インドを越えてさらに東に進み、中国にまで達した。中国人はそれまで、遠方のヨーロッパ人たちを蛮族とみなし、さげすむほどではなかったにしても、無関心を装っていればよかった。ところが香料獲得競争が激化してくると、ヨーロッパ人は中国の門戸にまでやってくるようになった。ちょっと付け加えておきたい、面白い事実がある。明時代の中国は、紙幣の代わりに労働力で支払う習慣をなくさせようとして、大量の硬貨を作るために銀を欲しがっていたが、ポルトガルはその銀を豊富に持っていた。

ポルトガルは一五五七年に珠江デルタにあるマカオにやって来て関門を建て、こう記した。「われらが偉大さを畏敬し、われらが徳をあがめよ」。一五八六年の時点では、マカオは重要な交易拠点になっていて、ポルトガル王室からも都市として認められ、「神の名における都市」と名づけられた。これはヨーロッパが中国に設置した最初の商業拠点で、以後は同類のものが続々とできた。

ポルトガルの詩人ルイス・デ・カモンイスは、反逆のカドで祖国を追放されてしばらくマカオに住み、ポルトガルの海洋進出を賛美した詩集「ルジアダス」を出版した。彼はポルトガルのような小国――人口は中国の一パーセント以下――が、いったいなぜアジア諸帝国との交易を牛耳ろうという野望を持てるのか、と驚嘆する。ポルトガルの船団はアフリカ、アラビア、インドに進出して各地に交易拠点を築き、マラッカ海峡を通過して香料諸島と結び、マカオ以東にまで地球上のネックレスのように国際ネットワークを作り上げた。カモンイスは、こう書いている。

「われわれはもっと多くの世界を発見しようと努力し、実際に新世界を見つけた」

ポルトガルが海外進出で成果をあげている状況を見て、ヨーロッパのほかの国ぐにが指をくわえているはずもなかった。スペインは新世界の探索ですでに一歩を先んじていたし（第3章参照）、フィリピンに拠点を築いて、ここを経由してメキシコの銀を中国に輸出していた。一四九五年のトルデシリャス条約（西経四六度三七分で、両国の新領土を分割）によって、イベリア半島のこの両国が何十年にもわたって世界を二分し、大いなる自信を持って世界を制覇することになった。だがさらに、オランダが香料のための新しいルートの開発競争に割り込んできた。そして一六〇〇年代の半ばには、オランダが喜望峰回りの船腹数や輸送量でポルトガルを凌駕した。さらに、フランスも競争に加わった。

さて、イギリスはどうか。中世におけるイギリスの領土的な野望はフランスより遠方には及んでいなかったらしく、商業的な欲望といえば、せいぜいフランドル地方に羊毛を売ることくらいではなかったのではないかと思われる。だが仇敵のスペインやフランスが海外で巨万の富を得ている状況のなかで、イギリスもただボンヤリすわっているわけにはいかず、ほどなく海外通商の競争に加わった。一四九六年、ジョン・キャボットがブリストルを出発して大西洋を横断した（訳注＝イギリスの探検隊を率いていたが、彼はイタリア人ジョヴァンニ・カボート）。一五五三年には、ヒュー・ウィロビーとリチャード・チャンセラーが、北東航路を捜し求めてデプトフォードを出航した。ウィロビーは探検の最中に凍死したが、チャンセラーは白海沿岸のアルハンゲリスクに到達し、陸路モスクワに入った。イワン雷帝の時代だった。チャンセラーはロンドンに帰るとすぐ、モスコヴィー社を設立した（この会社の正式名称は、「未知の地域・自治領・島嶼を発見し商業冒険をおこなうためのミステリー会社」)。具体的な事業内容は、ロシアとの交易だった。王室の援助を受けて、似たようなプロジェクトがいくつも進められた。大西洋横断ばかりでなく、香料ルート周辺地域の開発にも取り組んだ。一七世紀の半ばまでには、ベルファストからボストンまで、ベンガルからバハマまで、交易は花盛りになった。

国際競争は、熾烈をきわめた。だが、ここで疑問が残る。ヨーロッパは中国と違って、どうしてこれほどまで商売に熱をあげたのだろうか。ヴァスコ・ダ・ガマはなぜカネに妄執して、そのために原住民を殺したりしたのだろうか。

中世ヨーロッパの地図を見れば、答えのヒントが隠されている。文字通り数百もの国ぐにがひしめき合っていることがわかる。海洋探検を目指す王国もあれば、バルチック海やアドリア海に面してはリューベックからヴェネツィアまで、多数の都市国家が存在した。一四世紀のヨーロッパには、一〇〇〇に達する国ぐにが林立していた。それから二世紀が経っても、なんとか独立を保っている国が五〇〇ほどもあった。なぜ、このような状況になったのだろうか。簡単に言ってしまえば、地形のせいだ。中国には三本の大河(黄河、揚子江、珠江)があり、すべて西から東に向かって流れている。ヨーロッパでは、多くの河川があちこちの方角に向かって流れているし、アルプスやピレネーの山脈も同一方向ではないし、ドイツやポーランドの深い森や沼も一様ではない。中国にモンゴル人が攻め入ることは、それほど困難ではなかった。ところがヨーロッパでは、騎馬軍団が侵攻することが容易ではなく、結束して防衛に当たる必要性も弱かった。チムール帝の後になると、ヨーロッパが侵攻される危険性は低くなったが、その理由は定かではない。ロシアの防衛が堅固だったためかもしれないし、モンゴルのウマたちが草原《ステップ》の草を好んだせいかもしれない。

これまでも見てきたように、ヨーロッパでは対立が激しかった。一七世紀半ばにドイツで起こった三十年戦争を見ただけでも、そのすさまじさがわかる。一〇あまりのヨーロッパの大国で戦闘地域の前線にあたる地域に住んでいた者は、一五五〇年から一六五〇年の一〇〇年間の三分の二あまりは、戦争に巻き込まれて辛酸をなめ続けた。スペインは一五〇〇年から一七九九年までのほぼ三〇〇年間のうち、八一パーセントの期間は外国と戦争をやっていた。イギリスの戦争期間は五三パーセント、フランスは五二パーセントだった。このように絶え間のない戦争は、思いがけず三つの利点を生んだ。まず、軍事技術の改革を促進した。地上では、大砲の火力が増して操作が簡単になるに伴って防塞《ぼうさい》技術も向上し、町づくりは堅固なものになった。ドイツ南部ゼーハイムの北タンネンブルクで残骸になっている「泥棒男爵」の居城の運命が、過去のシンボルだ。この城は一三九九年に、ヨーロッパではじめて砲弾を受けて崩壊した。

外洋船は、戦略上あまり大型化されなかった。そのほうが得策だと考えられたためだ。地中海のガレー船のデザインは、基本的には古代ローマ時代のものと変わっていない。一五世紀末、ポルトガルのカラベル船は、二本マストの帆船で横帆を張り、スピードがあり、砲撃力も強く、うまくバランスが取れていた。すばやい方向転換が可能で、鄭和の巨大なジャンク船団より破壊力で勝っていた。一五〇一年にフランスが船の両側の一区画に大砲を並べる方式を考案し、ヨーロッパの戦艦は浮かぶ要塞になった。もし鄭和の船団とヴァスコ・ダ・ガマの船団が対決したら、ポルトガル側が木造の中国船の船腹に穴を開けて沈没させたことだろう。ポルトガル船団は、インド洋でも小型で俊敏なアラブのダウ帆船を簡単に蹴散らかした。もっとも明の船団も一五二一年に、ポルトガルのカラベル船をインド洋のタマオで沈めたことがあるが。

ほとんど戦争が止むことがなかったヨーロッパの二つ目の利点は、競い合う国家が切磋琢磨し、交易でたっぷり巧みに稼ぎ、戦費をまかなったことだ。一五二〇年から一六三〇年までの間に、イギリスとフランスの君主が税として国民から徴収した銀をグラム単位で比較すると、ともに中国の皇帝を上回っていた。一三世紀のイタリアを手始めに、ヨーロッパ諸国は政府が借金する慣例が定着し、それがやがて現代の債権市場に発展していく。政府が借金するなどという風習は、明代の中国ではおよそ考えられなかった。中国がヨーロッパを真似てこの習慣を導入したのは、一九世紀の末になってからだった。もう一つ世界の経済システムを大きく変えたのは、オランダが始めたもので、株式会社に独占貿易権を与え、その見返りとして利益を分配させる方式だ。ライバル国の海外事業の下請けまで引き受ける。オランダ東インド会社は一六〇二年に設立され、イギリスもそれをまねてイギリス東インド会社を作ったが、これは株式資本に基づいた最初の会社だといえる。売買可能な株に分割し、理事たちの判断によって現金で配当を払った。このように驚くべきダイナミックな組織は、東洋には出現しなかった。このシステムのおかげで王室の財源は潤ったが、初期近代国家において王室の権威は相対的に低下した。新たな階級として、銀行マンや債権保有者、企業を動かす経営者など、金融を司る階層が台頭して定着してきたためだ。

対立が激化していた時期のヨーロッパでは、どの君主も競争相手の海外探検にストップをかけられるほどの権威は持っていなかった。一六世紀から一七世紀にかけて、オスマントルコが東ヨーロッパを繰り返し脅かしたころでも、ポルトガルに対して海外探検を中断して当面の敵に対処せよ、などと説得できる君主などいなかった。それどころか、ヨーロッパの君主たちはこぞって通商を奨励し、ライバル国との植民地獲得の征服合戦に狂奔した。

ルターの宗教改革(一五一七)がドイツで吹き荒れてから一世紀あまりが経ってもヨーロッパでは宗教戦争が続き、人びとの生活に多大な影響を与えてきた(第2章参照)。プロテスタントとローマ・カトリックの間で流血の対決が繰り返されたほかにも、ユダヤ人の迫害も周期的に各地で頻発した。しかし、これらは、好ましい副作用ももたらした。一四九二年、ユダヤ人はカスティリヤとアラゴンから異教徒として追放された。その当初、追い出されたユダヤ人の多くがオスマン帝国に身を潜めた。だが一五〇九年から、ヴェネツィアにユダヤ人のコミュニティができ始めた。また一五六六年にはオランダがスペインによる支配(プロテスタント弾圧)に反旗をひるがえし、ユトレヒト同盟を結成し、アムステルダムは宗教面で寛容な姿勢を打ち出した。一六八五年にプロテスタントのユグノー派がフランスから追放されると、彼らはイギリス、オランダ、スイスなどに移住した。宗教的な情熱は、海外進出の大航海時代の風潮をさらに煽った。ポルトガルのエンリケ航海王子は航海者たちに探検を推奨し、アフリカ沿岸の探索に熱意を示した。プレスター・ジョンという伝説のキリスト教王国の聖人を捜すことも重要な目的で、トルコを打ち負かすのに彼が助力してくれるのではないか、という期待感もあった。さらにヴァスコ・ダ・ガマはインドのカリカット王に、関税の撤廃と並んでイスラム教徒を追放すること、メッカに向かう船舶から略奪する施策を取ること、を強く求めた。

つまり、政治的に分裂状態にあったヨーロッパの特性は、中国帝国の環境とはおよそ似ても似つかない状況だった。ヨーロッパではつねに虎視眈々《こしたんたん》、遠隔の地におけるチャンス——経済的・領土的・宗教的——をねらっていた。これは「分割統治」の典型だ、と指摘する人がいるかもしれない。ただしこの場合は皮肉なことに、ヨーロッパ諸国がお互いに領土を分割して世界制覇を目指したのだった。ヨーロッパでは、「スモール・イズ・ビューティフル」の状況が功を奏していた。それが、競争をもたらしたからだ。競争は国家間だけでなく、国内でも激しかった。

ヘンリー五世は、イングランドの国王であるとともに、ウェールズの国王でもあり、フランスの国王も兼ねていた。そう自認していたし、表向きはその通りだった。だが実際にはイギリスの農村部では大貴族たちが実権を握っていた。かつてジョン王（在位＝一一九九〜一二一六）に特許状マグナ・カルタの調印を迫った貴族の末裔たち、あるいは何千人にもおよぶ上流階級の地主、無数の宗教・無宗教団体などだ。ヘンリー八世の時代まで、教会は政府の管轄下にはなかった。都市は、それぞれ独立した自治体だった。さらに重要なことは、国家の商業の中心都市は、ほぼ完全に独立した行政単位になっていた。ヨーロッパは国家の寄せ集めであるばかりでなく、貴族や聖職者、町人たちが保持する地所の集合体でもあった。

ロンドン市自治体《コーポレーション》の起源や機能は、一二世紀までさかのぼることができる。言い換えれば、ロンドン市長、州長官、市の参事会員、市議会、同業組合員、名誉市民などの職能は、八〇〇年あまりの歴史を持っている。このロンドン市自治体は、この種の独立自治体組織のさきがけの一つで、現在の会社組織《コーポレーション》の嚆矢《こうし》であり、民主主義の先駆けだともいえる。

一一三〇年代という早い時期に、ヘンリー一世（在位＝一一〇〇〜三五）はロンドンの在住者に州長官や司法責任者を選ぶ権利を与え、「地元を取り仕切る」よう、取り計らった。司法や財政の執行者は、王室ないしほかの権力者からなんの規制も受けなかった。一一九一年にリチャード一世（在位＝一一八九〜九九）は、十字軍を率いて聖地エルサレムを目指した。彼はロンドン市長の公選を認め、この権利はジョン王も一二一五年に追認した。したがって、ロンドンは王室を畏《おそ》れる必然性がなくなった。ロンドン市長のトマス・フィッツ・トマスは、シモン・デ・モンフォール伯爵が一二六三年から二年間、ヘンリー三世（在位＝一二一六〜七二）に反旗をひるがえした際に、肩入れした。逆に一三一九年、ロンドン市が布地取引に際して外国商人の特権に枠を課そうとしたとき、こんどはエドワード二世（在位＝一三〇七〜二七）が市当局と対立した。このように王室が応じなかったため、「ロンドンの騒擾《そうじょう》」が発生し、ロジャー・モーティマー伯爵が主張する国王の退位に同調する者が勢いを得た。エドワード三世（在位＝一三二七〜七七）の時代になると、形勢はロンドン側に不利になった。イタリアやハンザ同盟に加盟する商人たちがロンドンに拠点を築いてイギリス王室に低利の資金を用立てるようになり、この状況はリチャード二世（在位＝一三七七〜九九、退位を迫られて殺害される）の時代まで続いたからだ。だがロンドンっ子たちは、王室に対する冷淡な姿勢を崩さなかった。一三八一年のワット・タイラーらの農民の反乱、一三八八年の訴追派貴族の行動などにも、それが示されている。一三九二年、国王はロンドンが持つ特権と自由を剝奪した。だが五年後、ロンドン市長ウィティントンが交渉した結果、一万ポンドという巨額の「贈与」をもらって手打ち式がおこなわれ、ロンドンは以前の特権を取り戻した。都市の自治を維持しておくためには、王室に対する貸付や寄付が不可欠だった。ロンドンの財政が潤うにつれて、その額も増えた。ウィティントン市長がヘンリー四世（在位＝一三九九〜一四一三）に用立てた額は少なくとも二万四〇〇〇ポンドに達するし、その息子ヘンリー五世に対しては七五〇〇ポンドほどを都合した。

ロンドンは、王室と権力争いをしていただけでなく、内部でも角逐があった。活発に活動する産業の多くは、中世に創業されている。織物業は一一三〇年、パン屋は一一五五年、魚屋は一二七二年、金細工師、マーチャント・テイラー（訳注＝リネンを使った衣服・防具の仕立て屋）、皮革商は、いずれも一三二七年、服地屋は一三六四年、反物商は一三八四年、食品雑貨店は一四二八年に始まっている。これら同業組合のギルドは、それぞれの職種分野ではかなりの力を持っており、したがって政治力も発揮できた。エドワード三世は、自分はリネン製防具ギルド（のちのマーチャント・テイラー）の「仲間」だと自慢したほどだ。一六〇七年までに、マーチャント・テイラーは名誉会員として七人の国王、一人の女王、王子と公爵が一七人、伯爵夫人・公爵夫人・男爵夫人が九人、貴族や大司教などの知識人など二〇〇人も名前を連ねるようになった。当時のロンドンの職人や商人を代表する組織としては、以下の一二の職種があり、勢力が強い順番に並べると次のようになる。――織物商、食品雑貨商、服地屋、魚屋、金細工師、皮革師、マーチャント・テイラー、紳士用装飾品商、乾物商、金物屋、ワイン商、洋服仕立て屋。これらの職種は現在ではそれほど重きをなしていないが、当時は重要だった。最盛期には、友好的というより、競り合ってけんか腰だった。

さまざまな要素があるにしても、国家間、あるいは国家の内部や都市のなかでさえ、社会の多様なレベルで激しい競争があったことが、ヨーロッパで機械時計などの技術改良がすみやかに進み、広がっていった要因の一つだと言えるだろう。セント・アルバンズ寺院の南側翼廊には、一三三〇年代にウォリンフォードのリチャードが、かなり精巧な機械時計を設置していた。これは月の運行とそれに伴う潮の干満、その他の天体の動きも表示していた。毎正時には、独特な鐘の音が時刻を知らせた（その音から、クロック、クロッケ、グロッケ、クロッチェなどの呼び名が生まれた）。一五世紀にヨーロッパで作られたゼンマイ仕掛けの時計は、中国の水時計より正確だったばかりでなく、王室天文学者が独占していたわけではなく、広く普及させようという風潮があった。たとえばある町で大聖堂が時計塔を設置すれば、近くの教会でも競って時計を備えなければならないようなムードがあった。フランスでは一六八五年（訳注＝この年に「ナントの勅令」が廃止され、カトリックが中心になった）以後、プロテスタントの時計屋は敬遠され、スイスが喜んで時計製作を引き受けた。さらに軍事技術が競り合いながら進歩するのに伴って、さまざまな製品の精度や小型化、優雅さも改善された。一六世紀の末にイエズス会の宣教師マテオ・リッチがヨーロッパの時計を持って中国を訪れたころには、ヨーロッパ産の時計は中国のものより格段にすぐれていて、中国人たちを驚かせた。一六〇二年、マテオ・リッチは中国・明朝の萬暦帝（在位＝一五七二〜一六二〇）から要請されて、紙に描かれた世界地図を献上した。中国はど真ん中に位置していたが、中国の技術はすでに地図の隅に押しやられている、とマテオ・リッチは感じたに違いない。

ヨーロッパ製の時計はきわめて精巧に作られていたため、測定や行動計画を立てる際の指針になったし、時計（そしてのちには携帯用の懐中時計を含め）はほかの発明品ともども、ヨーロッパや西洋の文明の発展に貢献した。各人が時間を意識するようになるにしたがって、東洋の優位は影が薄くなっていった。

ヨーロッパがパッチワークのキルトのように寄せ集めだったのに対し、東アジアの政治体制は一枚の巨大な単色の毛布だった。中国がいくぶんなりとも気にする競争相手があるとすれば、北方のモンゴル族、東方の日本くらいだった。中国の最初の皇帝とされている秦の始皇帝（在位＝紀元前二二一〜二一〇）は、北からの大きな脅威を感じて、壮大な万里の長城を建設した。ヨーロッパでは、ハドリアヌスの時代（訳注＝ローマ皇帝で、一二二年にイングランドに長城を作った）からエーリヒ・ホーネッカー（訳注＝東ドイツの議長で、ベルリンの壁を作った）も、これほどのスケールのものは作り出していない。中国の大運河も大規模工事の典型で、マルクス主義者の中国研究家カール・フィットヴォーゲルも、東洋の独裁体制のもとで作られた大水利工事だ、と称賛している。

北京の紫禁城は、一枚岩の中国権力が作り出したもう一つの記念碑だ。その広大な敷地面積と特質を体感するには、歩いて太和門《たいわもん》をくぐり、龍の玉座が安置されている太和殿《たいわでん》に至り、皇帝の私室・中和殿《ちゅうわでん》を見学するのが標準だ。さらに、公務員になるための科挙の試験（後述）の最終段階がおこなわれる、保和殿《ほわでん》に進む。「和《ハーモニー》」ということばが、揺るぎない一枚岩の皇室の権威を象徴している。

万里の長城と同じく、紫禁城のように大規模な建造物は一五世紀のヨーロッパには見られなかった。もちろん、ロンドンにもない。王室や聖職者を含む上院議員、下院議員、ロンドン市自治体、同業組合などの間で、権力が細分化されていたからだ。それぞれが自らの聖域を主張し合うのだが、いずれも東洋の基準と比べるときわめて規模が小さい。さらにヨーロッパのどの王国においても、伝統的な地主や聖職者の連合体が国を運営し、そのメンバーは王室の意向によって選ばれ（あるいは無情にも資格を剝奪され）た。一方の中国では、儒教的なトップダウン型の官僚機構が整備されており、世界でも希有なほど厳格な科挙の試験によって人材が登用された。宮廷の役人になるためには、過酷な試験の難関を三回も突破しなければならない。特別にしつらえられた試験場の一つは現在でも南京に残っているが、高い壁でさえぎられた区画のなかに、列車のトイレほどの狭い空間

明・仁宗帝時代の科挙の試験

が何千も並んでいる。ヨーロッパからのある旅行者は、次のように記している。

　レンガで仕切られた小さな区画は、奥行き一メートル一〇センチ、幅一メートル、高さ一七〇センチ。石でできた、イスと机が置かれている。試験は二日間にわたっておこなわれ、監視塔に陣取った兵士たちが、受験者たちを見張っている。……許されている動きといえば、係官が食べものと水を補給し、排泄物を処理することだけだ。受験者は疲れたら、狭い空間で仮眠を取る。だがそれぞれの区画には煌々《こうこう》と明かりがともっているから、おそらくすぐに筆を握り直さなければなるまい。……すさまじいプレッシャーのために、発狂する者も出る。

小部屋に二晩三日も閉じ込められていれば、最も有能で意思の強い者が選抜されるに違いない。だが儒教の四書五経を暗唱しておかなければならなかったし、四三万一二八六もの漢字を熟知している必要があった。さらに、一四八七年に考案された八股文《はっこぶん》という特殊な文体で答案を書かなければならなかった。この試験は画一性を重んじ、注意深さを計ることはできた。競争率はきわめて高かったが、改革を促進するものではなかったし、変化を助長するものでもなかった。中国文明の根幹にある漢字は、保守的なエリートを育てたかもしれないが、一般市民にはあまり活躍の場を与えなかった。ヨーロッパ各地――イタリア、フランス、スペイン、ポルトガル、イギリスの内部では市民が激しく競い合っていたのとは好対照だ。こちらでは、幅広い市民がさまざまなレベルの学校に通って、エリートの文芸作品などの業績に学ぶことができた。

孔子は、こう喝破している。

「庶民は、尋常でないことに驚く。賢人は、当たり前のことに心を動かされる」

だが明時代の中国では、すべて当たり前のことが起こるだけで、新しいことはほとんど何も出現しなかった。

二流の王国

文明とは、複雑なものだ。何世紀にもわたって権力と繁栄のなかで花を咲かせながら、突然に転んで混乱を引き起こしたりする。

中国で明朝が興ったのは、一三六八年だった。朱元璋が洪武帝と改名して玉座に就き、それからほぼ三〇〇年にわたって、これまで見てきたように、明はどの分野を取っても世界で最も優れた文明を誇ってきた。だが一七世紀の半ばになると、車輪が外れてがたつき始めた。これは決して、初期の安定状況を誇張するための表現ではない。永楽帝は、戦乱の最中に父・洪武帝を引き継いで帝位に就いたが、それは正当な後継者である兄の息子から簒奪した結果だった。だが一七世紀の半ばに起こった危機は、大規模な破綻だった。政治的な内紛に加えて、財政危機が追い打ちをかけた。銀を購入する余力がなくなったために、税収分の実価も目減りした。さらに異常気象で飢饉が発生し、疫病も蔓延した。国内で反乱が起こり、国外からは侵略を受けた。一六四四年、北京は反乱軍の指導者・李自成の軍勢に占領された。明朝の最後の皇帝（第一七代、崇禎帝）は、王朝の終焉を恥じて自害した。儒教の安定した治世が無政府状態の混乱に落ち込んでいくまでに、一〇年ちょっとしかかからなかった。

明朝が崩壊したあとには、惨憺たる状況が待ち受けていた。一五八〇年から一六五〇年までの間に、内戦と疫病のために中国の人口は三五パーセントないし四〇パーセント減少したといわれる。明朝が凋落した原因は、どこにあったのだろうか。中国のように人口が稠密な国にとっては、内向きになってしまったことが致命的だった。明のシステムは、かなり高いレベルで均衡状態を作り上げた。それは外から眺めるとすばらしいように見えたが、国内的には脆弱だった。農村部では驚くほど多くの人口を養うことができたが、それが可能だったのは、社会秩序が固定化されてなんら改革がなされていない状況が前提だった。つまり、一種の落とし穴が隠されていた。そのような環境では、何か些細な不具合が起こっただけで、落とし穴に落ちたまま口が閉ざされてしまいかねない。外部からの資源は、何も届かない。確かに、明朝の中国では国内の通商は盛んで、豪華な贅沢品などは活発に取引されていた、という学術論文もある。だが最近の研究によると、明時代を通じて個人所得は停滞したままで、資本ストックはむしろ減少していたという。

それに対するイギリスの状況を見ると、一七世紀末から人口が増え始め、海外への拡張が進んだため、マルサスの人口論では説明しがたい状況になってきた。大西洋をまたぐ交易が盛んになって、ジャガイモや砂糖のように栄養価の高い食品が大量に持ち込まれるようになった。一エーカーの農地でサトウキビを栽培すれば、小麦畑一二エーカー分のエネルギーが得られた。タラやニシンも、大量に入手できるようになった。植民地が、大量の人口を吸収してくれた。時間が経つとともに、このような状況は生産性を向上させ、収入を高め、栄養摂取が改善され、身長も伸びた。

イギリスと同じ島国で、ユーラシア大陸の反対の沿岸に並ぶ群島である日本の運命と比較しなが

イギリスの中国に対する一人当たり国内総生産比率（単位＝倍，1000～2008年）

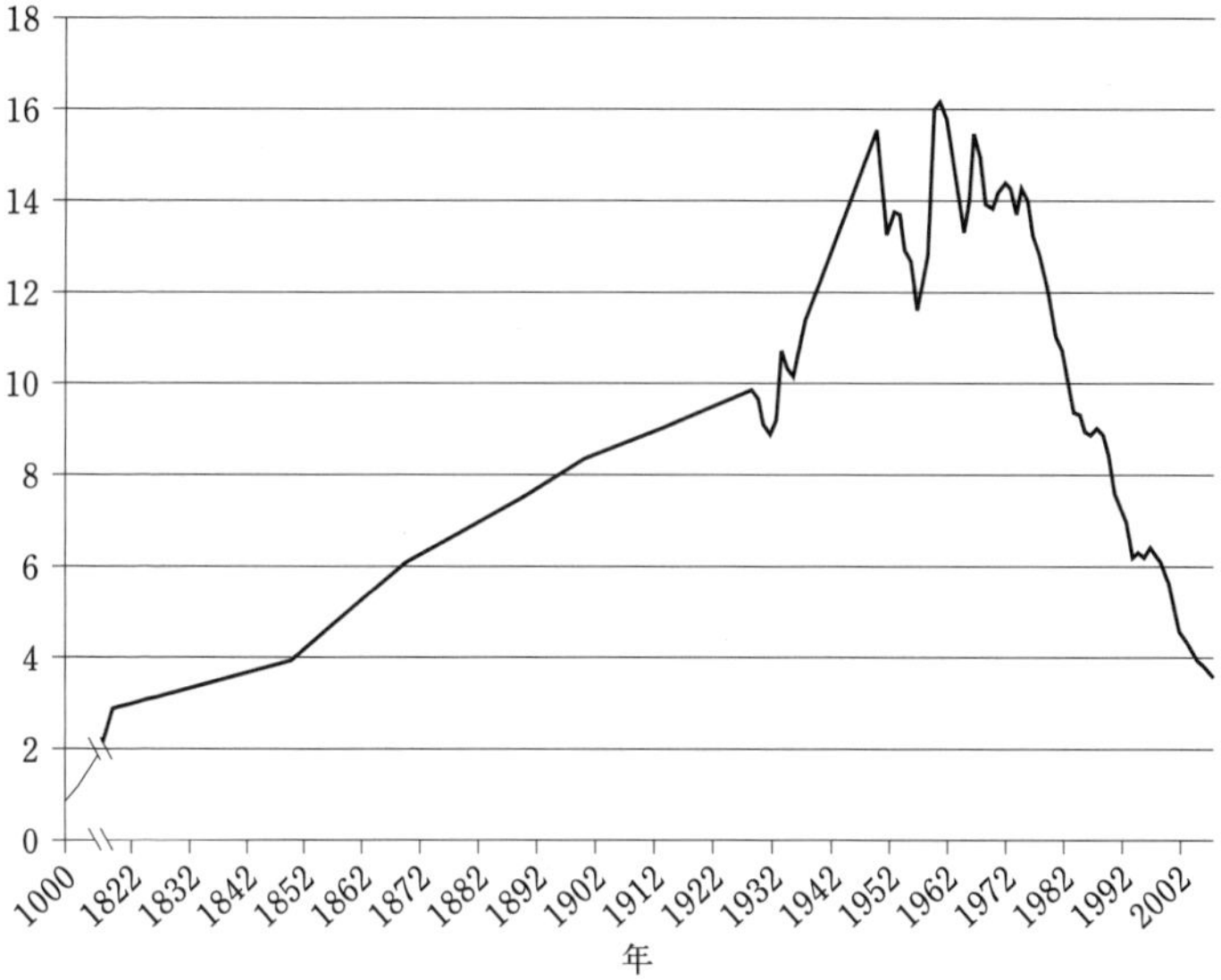

ら、考えてみよう。イギリスは海外に進出して「イギリスによる世界制覇」の基礎を作り始めたのだが、日本は正反対の道を選んだ。徳川幕府は一六四〇（寛永一七）年以後、厳格な鎖国政策を敷いた。外部世界との接触は、全面的に禁じられた。国際的には通商が盛んになり、移民が増えるなかで、日本はそのような恩恵を受け損ない、大きなダメージを受けた。一八世紀の末、イギリス農民の二八パーセントあまりは動物性食品を食べていたが、日本の農民の九五パーセントは、単一の穀物（ほとんどはコメ）を食べて暮らしていた。このような栄養の差が、一六〇〇年以後の身長の差になって現れた。一八世紀におけるイギリス人囚人の平均身長は一七一センチだったが、同時期の

日本の兵士の平均は一五七センチにすぎなかった。そのころ西洋人と東洋人が並んで見つめ合うと、お互いの目線は水平ではなかった。

総括すれば、産業革命が始まるかなり前から、小国イギリスは通商や植民地化の面で、偉大な東洋の諸文明に先んじていた。中国や日本のように外国との通商を絶ち、コメの生産に努力を結集していると、人口が増えるにつれて収入が減り、栄養価も減少して、身長も生産性も下がる。収量が思わしくなく、栽培がうまくいかなかった年には、悲劇が起こる。イギリス人は、薬草の面でも恵まれていた。長いことアルコール飲料を飲む習慣があったが、一七世紀になるとアメリカからタバコがもたらされ、アラビアからはコーヒー、中国からは茶が入ってきて、大酒飲みは目覚めさせられた。喫茶店では、コーヒーをするだけではなく、株の取引やおしゃべりも大きな役割を果たした。中国人は巣窟でアヘンを吸って無気力になっていたが、これをもたらしたのは、ほかならぬイギリス東インド会社だった。

アダム・スミスは中国が「停滞状況」にあることに気づいたが、ヨーロッパの評論家のだれもが同じように着目していたわけではない。一六九七年、ドイツの哲学者で数学者のライプニッツは、自室のドアに「中国知識の情報室」という張り紙をしようか、と語っていたほどで、彼は著作『中国最新情報』のなかで、次のように述べている。

「われわれが東洋に宣教師を送って宗教について説明したごとく、中国はヨーロッパに布教団を派遣して、自然神学の目的や勉学方法について教えて欲しい」

フランスの思想家ヴォルテールは、一七六四年にこう記している。

「中国の長所に圧倒される必要もないが、中国帝国のシステムは世界で最も優れたものだ」

その二年後、フランスの重農主義者フランソワ・ケネーは著書『中国の専制政治』のなかで、中国が経済の中心に農業を据えている点を高く評価している。

一方イギリスでは、商業や工業には熱心だが中国を理想化したがらない者たちが、中国の停滞とは無関係ながら、自分たちの政府を遠回しに批判し始めた。一七九三年、植民地行政官だったマカートニー伯爵は、代表団を率いて清の六代皇帝・乾隆帝（在位＝一七三五〜九六）に謁見し、通商の再開を迫ったが、成果をあげられなかった。マカートニーは叩頭《こうとう》の儀礼こそ拒否したが、しかるべき貢ぎものは準備していた。「真似のできないほど大きくて精巧なガラスのレンズを備えた」ドイツ製のプラネタリウム、望遠鏡、経緯儀、空気ポンプ、各種の電気機械を持参し、科学の原理を説明した。だが八〇代だった皇帝はそれほど感動せず、ヨーロッパ文明にそれほど畏敬の念は持たなかった。マカートニーは、次のように報告している。

もし皇帝が科学に興味を持っていたにしても、いまや完全に情熱は失せてしまった。……中国人は科学に無知なため、すべて投げ捨てられてしまった。大使が去るとすぐ、夏の宮殿「圓明園」の材木小屋に収納されてしまったそうだ。イギリスの工芸家たちが制作した精巧な作品も、似たような運命に遭った。このような仕打ちは、嫉妬心から生じるものなのだろうか。……こうした行動は国策に基づくものと思われ、新しいものは導入したくない、という理念に基づいているように思われる。

皇帝はさらにイギリス国王ジョージ三世（在位＝一七六〇～一八二〇）にも否定的な言辞の書簡を投げつけ、こう喝破した。

「われわれには、なんら足りないものはない。奇妙な他国の物品など、必要ない。貴国の製品は、いっさい不要だ」

マカートニーの中国門戸開放の工作は失敗に終わった。これはヨーロッパが一五〇〇年から推し進めてきた、世界の権力を東から西に移そうという動きを決定づけるような、象徴的な事例だった。中国はかつて数多くの発明をしてきたのだが、いまや二流の王国になり下がってしまった。そのため、他国の発明品をことさらに嫌悪するのだろう。かつて中国人が発明した時計がお里帰りしたものの、ヨーロッパで大幅に改善されたもので、かつてのゼンマイと歯車のものよりかなり正確な機械になっていた。現在、故宮には歴代皇帝の時計コレクションを展示した部屋がある。乾隆帝は貢ぎものを拒否したが、前任者たちはかなり熱心に時計を集めていた。そのほとんどがヨーロッパ製、ないしは中国に滞在していたヨーロッパ人が制作したものだ。

西洋が優位に立っている状況が実証されたのは、一八四二年六月のことだった。貯蔵してあった

マカートニー伯爵は乾隆帝に西洋文明を紹介するが徒労に終わる（画：ジェームズ・ギルレイ）

アヘンを愛国心に燃えた中国の役人が処分し、イギリスは二一〇〇万ドル分を直ちに銀貨で弁償するよう迫った。イギリスは報復手段として海軍の小型砲艦を揚子江から大運河に進め、五つの港をイギリスのために開港し、香港を割譲するよう要求した。皮肉なことだが必然的な成り行きとして、南京の静海寺で最初の「不平等条約」が締結された。この仏教寺院は鄭和と海の女神・天妃を祀ったものので、女神は四世紀あまりも前に鄭和と彼の船団の遠征航海を見守ってくれたものだった。

現在、中国はふたたび大型の船舶を建造している。世界を周航できる大型船で、中国製品のコンテナを満載して外国に運び、絶えず成長を続ける産業経済を支えるために必要な材料を持ち帰ってくる。私が二〇一〇年六月に上海の大造船所を訪れたときには、びっくりするほどの大型船を建造していた。私が少年時代に見た故郷グラスゴー（スコットランド）のドックなどは、これと比べるとちっぽけなものだ。浙江省温州の工場では、一〇万着もの洋服を縫製し、何百万本ものボールペンを生産していた。揚子江を激しく行き来する船には、石炭やセメント、鉱石などが山積みされている。競争とか、企業、市場、貿易などは、かつて中国が背を向けてきたものだ。だが、現在の状況は違う。鄭和はひところ中国の海外進出のシンボルだったが、長いこと忘れ去られていた。その鄭和が、ふたたび英雄視されている。毛沢東後の経済改革に偉大な足跡を残した鄧小平は、次のように述べている。

いまの世界で開発を目指そうとするなら、門戸を閉ざしていては目的を果たせない。われわれは苦い経験を味わっていて、先輩たちはその苦みを知っている。明朝初期の永楽帝の時代に、鄭和はヨーロッパの大洋まで出かけていった。そのころのわが国は、開かれていた。だが永楽帝が亡くなったあと、明朝は衰退に向かった。中国は侵略された。明の中期からアヘン戦争までの三〇〇年間、中国は孤立していて、貧しく、遅れた国に成り下がり、暗黒と無知のなかに埋もれた。門戸を閉じておくという選択肢は、考えられない。

歴史的な言辞としては、納得のいくものだ（アダム・スミスの論に、きわめて近い点が目を引く）。

三〇年前に、半世紀のうちに中国が世界最大規模の経済大国になる、などと言ったら、夢想家だと笑いものにされて相手にされなかったことだろう。逆に一四二〇年の時点で、やがて西ヨーロッパがアジア全体を支配するようになるだろうだとか、五〇〇年のうちにイギリス人の収入は平均的な中国人と比べて九倍にもなる、などと予言したら、非現実的な話にもほどがある、と一笑に付されたに違いない。このような状況をもたらした原因は、西ヨーロッパにおける激烈な競争のおかげであり、東アジアでは専制政治が停滞をもたらしたためにほかならない。

第2章　科　学

私は科学になみなみならぬ興味を覚えているようなポーズを取っていたが、そのうち本当にその分野にのめり込んでいった。……私は事務屋をやめ、……祖国を離れる決意をして、しかるべき口実もこしらえた。国王にも仕えていたが、ヨーロッパの科学に精通したくて、私が旅をすれば国王のお役にも立てる、とうそぶいた。

——モンテスキュー（一六八九〜一七五五、フランスの哲学者）

砂地のブランデンブルク（ドイツ）がこのように力を持つに至った理由を考えてみることには、意義がある。その力を高めるために費やされてきた労力は、ルイ一四世におけるよりも大きい。

——ヴォルテール（一六九四〜一七七八、フランスの哲学者）

包　囲

七世紀にアラビアの砂漠でイスラム教が興って以来、西と東の激突が繰り返されてきた。預言者ムハンマド（マホメット）の教義に賛同する者たちは、イエス（キリスト）の支持者たちに聖戦《ジハード》を挑み、後者は十字軍の手で聖地を奪還しようと、一〇九五年から一二七二年の間に九回にわたって攻撃を繰り返し、スペインとポルトガルの国土回復《レコンキスタ》に邁進した。過去三〇〇年の間、押しつ戻りつしたものの、文明の衝突では西側がつねに勝利を収めてきた。その主な原因は、西洋が科学の面で優位に立っていたためだった。だが、このような状態がずっと続いていたわけではない。

預言者ムハンマドの後継者たちがイスラム国家を建国した八世紀の半ばまでに、イスラム勢力はスペインから北アフリカ全域、アラビアの中心地を通ってシリアを北上し、コーカサス地方を包含して、さらに東はペルシャからアフガニスタンまで版図を広げ、トレド（スペイン）からカブール（アフガニスタン）までを制覇した。だがこれは、宗教的な情熱だけではなかった。アッバス朝は、科学の面でも最先端を走っていた。九世紀に第五代カリフのハルン・アル・ラシッド（在位＝七八六～八〇九）がバグダッドに設立した「知恵の館《バイタル・ヒクマ》」では、アリストテレスなどの著作がアラビア語に訳されていた。さらに続くカリフたちが、文化面で大きな貢献をした。カリフのアルワリード・ビン・アブデル・マレクが七〇七年にダマスカスに建設した「患者の場《ビマリスタン》」は、世界で最初の病院ではないかと言われ、患者を収容するだけでなく、治療もおこなった。また八五九年にフェズ（モロッコ）には、アルカラウィン大学が設立された。古代ギリシャを根元とするインドの「ムスリム数学者」財団は、「代数《アルジェブラ》」の概念を確立したが、この単語はアラビア語の「アルジェブル（復元）」に由来している。これは、数学や幾何学から発展した考え方だった。代数に関する最初の教科書として、八二〇年ごろにペルシャの学者ムハマド・イブン・ムサ・アルクワリズミがアラビア語で著した『復元と均衡に基づく計算要覧』がある。世界で最初の本格的な実験科学者だと考えられているアブ・アリ・アルハサン・イブン・アルハサン・イブン・アルハイサム（九六五?〜一〇三九）も、ムスリムだ。彼は七巻からなる『視覚の本』をまとめ、「ものが見えるのは、目から光を発するからだ」という、それまでの通説を覆した。アルハイサムはさらに、適切な角度で光を投射すれば壁を透過することも可能であること、星は堅固な固体であるとは限らないことも突き止めた。彼はさらに、ピンホール・カメラを発明した。いまでも、子どもたちが学校で視覚について学ぶときに使う道具だ。一三世紀後半のペルシャの学者カマル・アルディン・アルファリーシは、彼の研究を虹の研究に役立てた。西洋は、中世イスラム世界にかなりの恩義を受けている。古くからの知識を伝えてくれたし、地図作成・薬品・哲学などの新しい知識、さらに数学や視覚についても教えてくれた。一三世紀のイギリスの思想家ロジャー・ベーコンは、「哲学の根元はムスリム世界にある」と述べている。

ではどうして、イスラム世界が科学の各分野でヨーロッパに遅れを取るようになったのだろうか。また、科学革命はどのようにして、西洋文明が軍事面で、あるいは世界制覇を実現する学問の分野で、助けになったのだろうか。これらの疑問に答えるために、私たちは三世紀ほど時間をさかのぼらなければならない。そのころイスラム帝国は、ヨーロッパの安全保障にとって、かなりの脅威になっていた。

一五二九年に続いて一六八三年にも、オスマントルコ軍はウィーンの入り口にまで迫った。指揮を取っていたのは、スルタン・メフメト四世（在位＝一六四八〜八七）の大宰相カラ・ムスタファ・キョプリュリュだった。

アナトリアを拠点として、ビザンツ帝国の後釜にすわったオスマントルコは、一四五三年にコンスタンチノープルを制圧して以来、イスラム世界のリーダーだった。だが、アッバス朝時代のように東にまでは勢力を延ばしてはいなかった。それでも、ビザンツ帝国時代にはキリスト教の勢力下にあった黒海のボスフォラス海峡の両岸、ブルガリア、セルビア、ハンガリーにまでイスラムの影響力を浸透させることには成功した。ベオグラード（ユーゴから現セルビア領）は一五二一年にイスラムの手に落ちたし、ブダ（ブダペストの一部）も一五四一年にイスラムの支配下に入った。オスマントルコは海軍力も強く、一五二二年にはロードス島（ギリシャ）もイスラムの前に屈した。ウィーンやマルタ島はなんとか呑み込まれずにすんだが、オスマントルコの勢力圏はバグダッドやバスラ（ともにイラク）、コーカサスのヴァンから紅海入り口のアデンまで、バーバリ海岸と呼ばれる地中海のアフリカ沿岸ではアルジェからトリポリまで、広範囲に及んだ。したがって、スレイマン大帝が、次のように豪語したのもあながち大仰なホラとばかりだとも言えなかった。

「余は、スルタンのなかのスルタンである。君主の中の君主である。地上の君主たちに、王冠を載せて歩いておる。あたかも、神が地上に落とした影のような存在である」

イスタンブールにある、彼の名を冠したモスクが、スルタンの偉大さを永遠に伝えている。あまり知られていない史実かもしれないが、スレイマン大帝は医学校「ダルティブ」も創設している。彼は多くの法律を作ったし、詩人としての才能もあった。スレイマンは宗教的な力に加えて政治・経済の権力も合わせて（モノの値段を決める権限も持っていた）発揮できた。スレイマンの目から見れば、神聖ローマ帝国のカール五世（在位＝一五一九〜五六）などは「せいぜいウィーンの王さま」にすぎなかったし、ポルトガル商人の海外進出は海賊行為もどきだった。スレイマンがスルタンの地位にある限り、オスマントルコがインド洋でもポルトガルを打ち負かして、覇権を握ることが可能かとも思えた。

一六世紀末のフランドルの外交官オジエ・ギスラン・デ・ビュスベックの目から見ると、ハプスブルク家とオスマン帝国は、次のように両極端な対比を見せていた。

このように完全に異なったシステムの体制が衝突した場合、いったいどのような結果になるのか、考えただけでもぞっとする。一方が勝てば他方が破れ、ともに平和裏に共存できるとは思えない。イスラム帝国は膨大な資産を持っているし、資源も無限に保有している。武器の使い方にも習熟している。兵士たちも百戦錬磨で負け知らず。苦難にも忍耐強く立ち向かい、団結し、秩序よく、規律正しく、油断も見せない。対するわがほうは財政も乏しく、生活は贅沢、資源は使い果たし、戦闘意欲は低く、兵士たちは粗野だし統率も取れていない。それに欲深いから、お互いにケンカが絶えず、訓練も行き届いていないため、乱暴沙汰に発展しがちだ。酔っぱらいが横行している。それに何しろ相手は無敵だし、こちらは勝ち方を知らない。これでは、勝敗の帰趨は明白ではないか。

一七世紀に、オスマン帝国はさらに版図を拡大した。クレタ島は、一六六九年に征服された。スルタンの勢力圏は、ウクライナ西部にまで及んだ。オスマンは、海軍力も強い。一六八三年に起きたできごとは、西洋では長いこと恐怖感とともに語り継がれてきた。神聖ローマ帝国のレオポルト一世（在位＝一六五八〜一七〇五）は、一六六四年にハプスブルク帝国とオスマン帝国の間で取り交わされたヴァシュヴァールの和平協定を楯に抵抗したが、聞き入れてもらえなかった。本当に恐ろしいのはフランスのルイ一四世のほうだ、と自らに言い聞かせたが、なんの役にも立たなかった。

一六八二年の夏、スルタンは行動を開始した。ハンガリーで叛徒《はんと》イムレ・トコリが王位を簒奪したとき、スルタンはそれを合法と認める代わりに、オスマン帝国が宗主権を握ることを承認させた。その年の冬、オスマン軍の大部隊がアドリアノープルに集結し、ベオグラードに向けて進軍した。一六八三年六月になると、ハプスブルク領内に侵入した。七月はじめには、ジェールを占領した。

ウィーンでは、レオポルト一世がうろたえていた。町の防衛体制はお粗末だったし、自警団も疫病のあおりを受けて激減していた。シャルル・ド・ロレーヌが率いるハプスブルクの軍団も、オスマンの進撃を阻止できなかった。イスタンブールに駐在するレオポルト一世の外交使節は、「トルコ軍は恐るるに足らず」という、根拠のない楽観的な報告を送っていた。

一六八三年七月一三日、「恐るるに足ら」ないはずの、六万のイニチェリ親衛歩兵軍団とシパーヒー騎馬軍団、それにバルカン各地や怖いもの知らずのタタール人など八万の支援の軍勢が、ウィーンのいくつもの城門周辺に蝟集《いしゅう》した。総指揮はカラ・ムスタファ・キョプリュリュ大宰相（愛称「カラ」は黒いの意。肌が黒かったわけではなく、腹黒い残忍な性格だったため）で、彼は一六七四年にポーランドの都市を占領したとき、囚人たちの生皮を剥いだ。城門周辺に野営したカラ・ムスタファは、ハプスブルク側に選択を迫った。

イスラムに帰依《きえ》してスルタンのもとで平和に暮らすか、城塞を開け渡してスルタンのもとでクリスチャンとして生きるかだ。あるいは、どちらもイヤなら、荷物をまとめて去ることだ。もし剛情に抵抗するのなら、死に至るか、完全に破壊されるか、奴隷になるかのいずれかの運命は避けられない。

かつてビザンツ帝国を征服したムスリム軍団が古代ローマ帝国の末裔であるキリスト教徒たちを

苦しめている状況を知ったヨーロッパ中部では警鐘が鳴らされ、熱心な信者たちを集めて神のお告げを求める集会も各地で開かれた。ウィーンのシュテファン大聖堂の壁に残されている落書きのなかに、当時のムードを思い起こさせる、次のような一句がある。「ムハンマドのイヌよ、自分んちに帰れ」。だがレオポルトの強がりにも限界があり、面子《めんつ》としては潔《いさぎよ》しとはしなかったが、進言を受け入れ、保身のためにウィーンを離れた。

オスマン軍が野営を続けていたのは、自信があった証拠だったとも言える。大宰相カラ・ムスタファは、豪華なテントの前に庭をしつらえて花を植えていたほどだ。これは、いくら長引いても、ウィーンの人間どもを兵糧攻めにしてやるぞ、いずれ降伏してくるに違いあるまい、という意思表示だった。オスマン兵士たちが打ち鳴らすケスという大太鼓の、聞き慣れない恐ろしげな大音響が響きわたっていた。この音は、トンネルや壕を掘る音をかき消す効果があった。七月二五日に大地雷が爆発して、最初の防衛線が破壊された。次の大爆発によって、外堀が破壊されて内部への突撃路が開かれた。九月四日、中央部の防御線が突破できそうな気配になった。

だがこの最終段階になって、カラ・ムスタファは二の足を踏んだ。秋の気配が忍び寄っていた。オスマン帝国の本国から遠く離れすぎて、連絡網がうまく機能しなくなっていた。物資の補給も、滞《とどこお》り始めた。大宰相は、もしウィーンを占領できても次にどのような手を打つべきか明確に描けていなかった。そのとまどっている間に、レオポルトは援軍を動員する手はずを整える余裕ができた。ポーランド王国と相互防衛協定を結び、ヤン三世ソビェスキー国王（在位＝一六七四〜九六）

オスマントルコ軍の包囲網からウィーンを救うヤン三世ソビエスキー国王の軍（ウィーン・ミュージアム）

は六万の兵からなるポーランド＝ドイツ連合軍を編成して、ウィーンに向かった。ソビェスキーは権力の最盛期を過ぎていたが、ここでもうひと花、咲かせようと考えた。この軍隊は寄せ集めで、ポーランド人、バイエルン人、フランク人、サクソン人、それにハプスブルク家傘下の兵までも含めた多国籍混成軍。ウィーンに向かう足どりも遅かった。指揮官に土地勘が欠けていたことも、一因だ。だが一六八三年九月一二日の早朝、砲撃を合図に、ウィーン側の反撃が開始された。オスマン軍は、分断された。ウィーンに突入しようとする兵士がいるかと思えば、後方からやって来るポーランド軍に抵抗を試みる兵士もいた。カラ・ムスタファは、ウィーンへつながる道筋を十分に確保していなかった。ある目撃談によれば、早朝五時、ソビェスキーの騎馬軍団は、ウィーンを見下ろすカーレンベルクの丘から、「火砕流の黒い塊のように斜面を滑り降り、すべてを呑み込みながら、オスマン軍の野営地に総攻撃をかけた」。壮烈な戦いが展開されたが、あっけなく決着がついた。ソビェスキーがカラ・ムスタファのテントに入ったとき、なかはすでに無人だった。ウィーンの包囲は、終焉した。

ウィーンの救世主と褒めそやされたソビェスキーは得意満面で、シーザーの有名なことばを真似て、こう言った。「来た、見た、神が加護してくれた」。オスマン軍の大砲は戦利品として溶かされ、シュテファン大聖堂の新しい鐘として鋳直され、そこには六人のトルコ人の顔が浮き彫りにされていた。カラ・ムスタファ大宰相は退却の途中ハンガリーのエステルゴムに来たところで、大敗北の責任を取らされ、スルタンの命令によって処刑された。伝統的な手法に則《のっと》り、絹糸による絞殺だった。

ウィーンが救われたことを受けて、いくつもの逸話が誕生した。トルコの国旗には三日月が描かれているので、人びとは好んでクロワッサンを食べた。トルコ人たちが残していったコーヒーをもとに、ウィーンではじめてのカフェがお目見えし、カプチーノが生まれた。トルコの打楽器（シンバル、トライアングル、バスドラム）が、オーストリアの軍楽隊でも使われるようになった。だがこの事件の歴史的な意味合いは、それよりもはるかに大きい。オスマン帝国にとっては、ウィーン攻略のこの二度目の失敗が、凋落の始まりだった。版図を拡大しすぎて通信・兵站線がうまく機能しなくなったことが、長期的には悲劇を生んだ。各地で戦闘が続き、オスマン軍が壊滅的な大打撃を被ったのは、一六九七年、サヴォイ家のオイゲン王子とのゼンタ（現セルビア領）における長期の戦闘においてだった。オスマン軍は、かつてスレイマン大帝が占領したヨーロッパの領土から、ほぼ完全に駆逐された。一六九九年にオスマン帝国とヨーロッパ諸国の間で締結されたカルロヴィッツ条約によって、スルタンはハンガリーとトランシルヴァニア（現ルーマニア中心部）の領土をすべて放棄する、という屈辱を味わった。

ウィーンの包囲は、何世紀にも及ぶキリスト教とイスラムの対立における一つの転換点だったばかりでなく、西洋がそれを撃破したことによって優位に立った。一六八三年、戦場における戦力はほぼ互角に思え、優劣は決めがたかった。タタール（現タタールスタン共和国）は、双方に加担した。モルダヴィア（現モルドヴァ共和国）やワラキア（現ルーマニア領）はキリスト教国だったが、トルコの支配下にあったため、オスマン軍側に立って参戦しなければならなかった。当時の戦闘シーンを描いた絵画や版画を見ても、両軍の区別は軍服以外ほとんど見分けがつかない。重要なのは、包囲の時期だった。一七世紀の末のヨーロッパでは、二つの重要な面で変化が加速していた。「自然哲学」（科学《サイエンス》を、当時はそう呼んでいた）と、政治理論だ。一六八三年以後、自然と政府に対するヨーロッパ人の考え方は大幅に変化し、一六八七年にアイザック・ニュートンは、万有引力の法則を含む『自然哲学の数学的諸原理《プリンキピア》』を発表した。その三年後、ニュートンの友人だったジョン・ロックが『統治二論』を著した。もし西洋が東洋より決定的に傑出していた面をあげるとすれば、このように深遠な知識が組織的に追求されてきた点だ。

一六八三年以後、オスマントルコが長期的に退潮していった原因は、経済面にあったわけではな

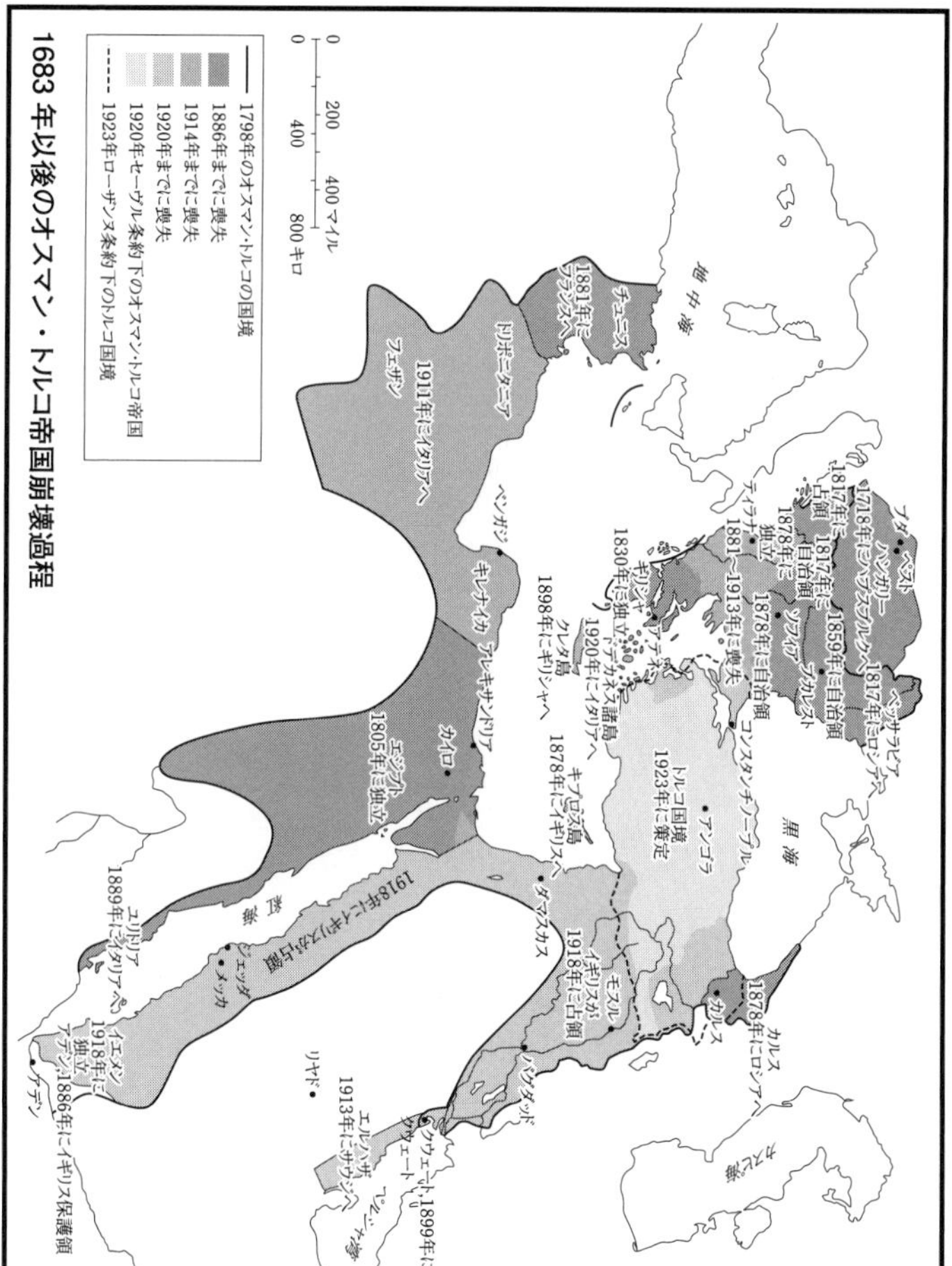
1683年以後のオスマン・トルコ帝国崩壊過程
1798年のオスマン・トルコの国境
1886年までに喪失
1914年までに喪失
1920年までに喪失
1920年セーヴル条約下のオスマン・トルコ帝国
1923年ローザンヌ条約下のトルコ国境
0 200 400 マイル
0 400 800 キロ
地中海
黒海
紅海
カスピ海
ペルシャ湾
インド洋
チュニス 1881年にフランスへ
トリポリタニア 1911年にイタリアへ
フェザン
ベンガジ
キレナイカ
アレキサンドリア
カイロ
エジプト 1805年に独立
ブダペスト
1718年にハプスブルクへ
ハンガリー
ベッサラビア 1817年にロシアへ
1859年に自治領
ブカレスト
ソフィア
1878年に自治領
1817年に自治領
1878年に独立
1817年に占領
ティラナ
1881～1913年に喪失
ギリシャ
アテネ
1830年に独立
ドデカネス諸島 1920年にイタリアへ
クレタ島 1898年にギリシャへ
キプロス島 1878年にイギリスへ
コンスタンチノープル
アンゴラ
トルコ国境 1923年に策定
カルス 1878年にロシアへ
カルス
モスル
イギリスが1918年に占領
ダマスカス
1918年にイギリスが占領
バグダッド
クウェート
クウェート 1899年にイギリス保護領
リヤド
エルハサ 1913年にサウジへ
ジェッダ
メッカ
エリトリア 1889年にイタリアへ
イエメン 1918年に独立
アデン
アデン 1886年にイギリス保護領
N

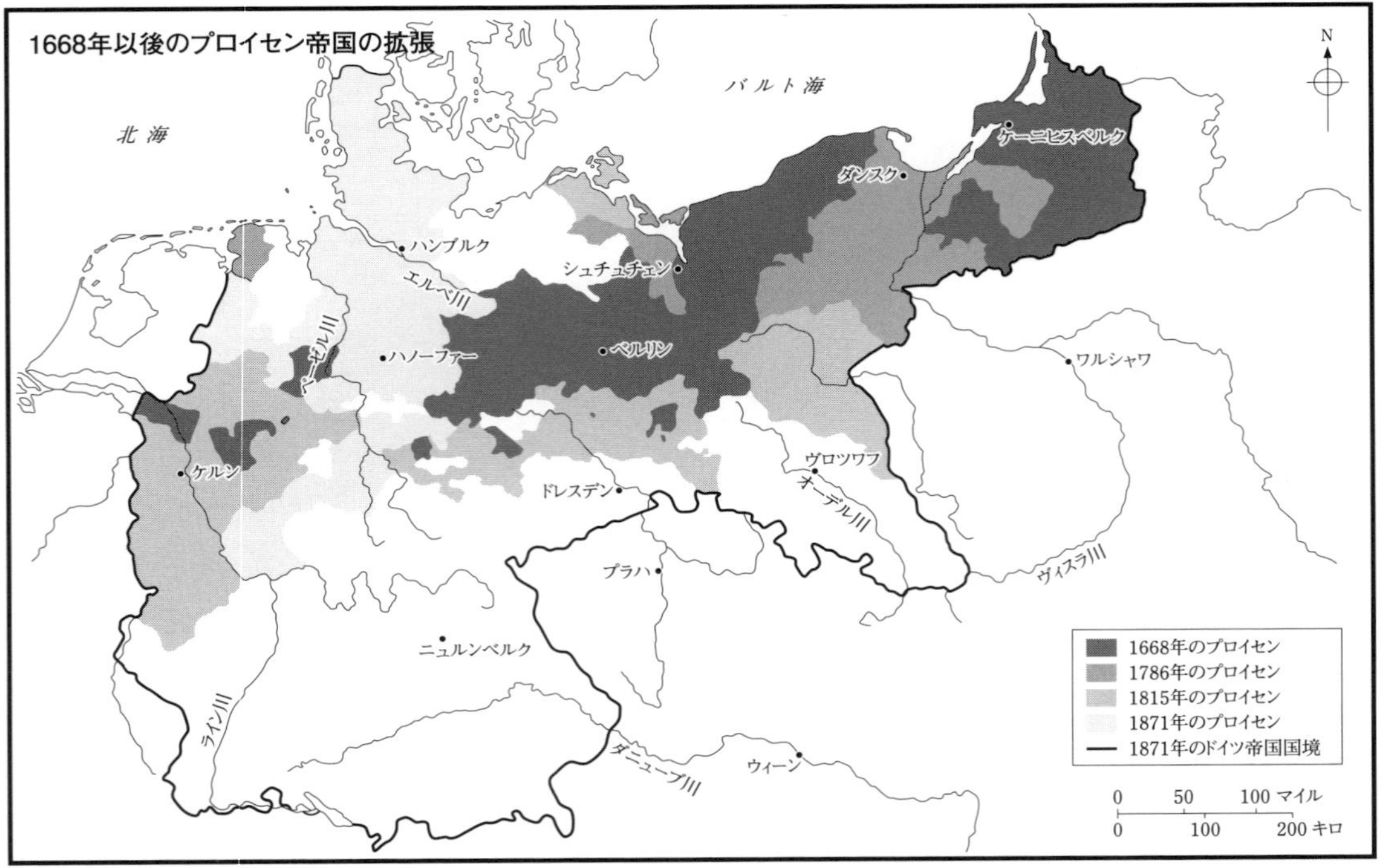
1668年以後のプロイセン帝国の拡張
北海
バルト海
N
ケーニヒスベルク
ダンツク
ハンブルク
シュチュチェン
エルベ川
ヴェーゼル川
ハノーファー
ベルリン
ワルシャワ
ケルン
ヴロツワフ
オーデル川
ドレスデン
プラハ
ヴィスラ川
ニュルンベルク
ライン川
ダニューブ川
ウィーン
1668年のプロイセン
1786年のプロイセン
1815年のプロイセン
1871年のプロイセン
1871年のドイツ帝国国境
0 50 100 マイル
0 100 200 キロ

い。イスタンブールの豊かさは、近隣の中部ヨーロッパ諸都市と比べても、決してひけを取らない。国際的な商取引の面でも、のちの工業化においても、遅れを取っていたわけではない。前の章で述べた中国の凋落原因は、イスラムには適応できない。経済面における競争はたっぷりあったし、オスマン帝国にも自治権を持ったギルド的な商業組織が存在した。オスマンは対外的にも、サファヴィー朝やムガール帝国と張り合っていた。オスマン帝国が衰退の道をたどったのは、西洋の軍事力が強力になったためでもない。詳細に調べてみると、西洋が軍事的に優位に立ったのは、科学を兵器に応用したためであり、政府に合理性を導入したためだ。すでに見てきたように、一五世紀に西洋が中国より圧倒的に優位な立場に立てたのは、政治・経済における激しい競争がプラスに作用したためだった。一八世紀になると、西洋は火力の優位さと並んで知力の面でも上回るようになった。

顕微鏡図鑑《ミクログラフィア》

ヨーロッパがたどった科学革命への道や啓蒙時代への道程は、決して平坦でまっすぐなものではなかった。むしろ、長い苦難の道のりだったと言える。その起源は、教会と国家を分離するキリスト教の教義に根ざしている。「シーザーのものはシーザーに返せ。神のものは神に返せ」（マタイの福音書、二二章）という思想は、「コーラン」が教える、預言者に伝えられる神の掟はイスラム教の権力者の解釈に委ねられる、という考え方とは、かなり隔たりがある。キリスト教世界では世俗と聖職の間に明確な区別があって、五世紀の聖職者・聖アウグスティヌスの著作『神の国』によって早くも教示された（古代ローマの「人間の国」とは対照的だ）。したがって歴代のヨーロッパの為政者たちは、ローマ教皇庁が政治に口出しするのを煙たがった。そのため、教皇グレゴリウス七世（在位＝一〇七三～八五）が聖職者任命の権限を主張するまで、世俗的な権力は教皇を飾りものにしようと企図してきた。

一五〇〇年以前のヨーロッパは、さまざまな苦難にさいなまれはしたものの、無知の暗黒時代ではなかった。古典的な学問がルネサンス期にはよみがえったが、それにはイスラム社会と接触したことによるものも少なからずあった。重要な革新が、いくつも見られた。一二世紀には多声音楽《ポリフォニー》が誕生し、ヨーロッパの音楽史は革命的な変化を遂げた。また、イギリスの神学者で科学者のロバート・グロステスト（一一七五～一二五三）は実験方法の重要性を主張し、のち一三世紀に哲学者ロジャー・ベーコンからも支持された。一四一三年ごろ、イタリアの建築家フィリッポ・ブルネレスキが、絵画に遠近法を導入した。最初の小説とも言われる、作者不詳の『ラサリーリョ・デ・トルメスの生涯』は、一五〇〇年に発表された。だがルネサンスより根本的な変化をもたらしたのは、一五一七年の宗教改革と、それ以降にヨーロッパで起こったキリスト教の影響力低下だ。これを促進させた要因として、産業革命以前の技術革新としては画期的だった印刷の発明がある。先の第1章で述べたように、印刷技術は中国が発明したのかもしれない。だがグーテンベルクのように金属の活字を組み合わせて文章を綴っていく、柔軟で拡張可能な方式は、中国にはなかった。グーテンベルク自身も言っているように、「押し型と活字の、バランスと調和が取れた機能」のおかげで、パンフレットや本を迅速かつ大量に作ることができるようになった。あまりにも強力な技術だったため、独占することはできず（グーテンベルク自身は望んだかもしれないが）、たちまち広まった。ほんの二、三年のうちに、マインツで発祥した技術は世界各地に飛び火した。イギリスではウィリアム・カクストンが導入したし、ケルンには一四六四年、以下スイスのバーゼル（一四六八）、ローマ（一四六七）、ヴェネツィア（一四六九）、ニュルンベルク、ユトレヒト、パリ（いずれも一四七〇）、フィレンツェ、ミラノ、ナポリ（いずれも一四七一）、アウクスブルク（一四七二）、ブダペスト、リヨン、バレンシア（いずれも一四七三）、クラクフ、ブルージュ（ともに一四七四）、リューベック、ヴロツワフ（ブレスラウ）（ともに一四七五）、ウェストミンスター、ドイツのロストック（ともに一四七六）、ジュネーヴ、イタリア・シチリア島のパレルモとメッシナ（いずれも一四七八）、ロンドン（一四八〇）、アントワープ、ライプチヒ（ともに一四八一）、デンマークのオーデンセ（一四八二）、ストックホルム（一四八三）へと伝播《でんぱ》した。ドイツだけで、一五〇〇年の時点で二〇〇か所あまりの印刷所があり、一五一八年には印刷された書物の数は一五〇点に達し、一五一九年には二六〇点、一五二〇年には五七〇点、一五二四年には九九〇点と急増した。

だれよりもこの恩恵をこうむったのは、マルティン・ルターだった。彼が書物をラテン語ではなくドイツ語で書いた、ということだけが理由ではない。最初の試みとして、彼はウィッテンベルクの印刷技師ヨハン・グルネンブルクと相談し、『ドイツ神学』の序文や、七つの懺悔詩をドイツ語で書いて刷ってみた。ドイツ語は広く普及していて、カトリック教会に対する批判の書も、よく捌《は》けた。ルターの最も有名な著作で、罪を償う者に免罪符を売ることを非難した『九五の論文』は、最初のうちは売り出されず、ヴィッテンベルク城教会の扉に張り出された。しかしやがて印刷して本の形にし、大量に販売された。ルターが言いたかったことは、「見かけではなく、信仰心こそが取るべき姿勢であり、人間を自由にし、救ってくれる」という点だった。「だれもがつねに聖職者にふさわしい神の子であり、他人のために祈り、お互いに神について教え合う」のが望ましい、ということだ。このように「独学であっても、信者であればだれもが聖職者」という考え方は、きわめて大胆な見方だった。だがなんといっても、印刷媒体に力があった。ヤン・フスがローマ教皇に挑戦した一四一五年には、異端者として焚刑《ふんけい》に処せられたものだった。それから長い年月が経ったわけではないのに、ルターのパンフレットはたちまちドイツ中に広まった。しかも、カール五世のヴォルムス勅令によってルターは異端者とされ、ルターの本を所持することが禁じられて焚書処分が命じられていたにもかかわらず、止めることができなかった。ルターは説教や執筆を止めず、一五一七年三月から二〇年の夏にかけて、約三七〇もの版が重ねられた。一つの版が一〇〇〇部前後だったとしても、三〇万部を下らない冊数が流布されたことになる。一五二一年から四五年の間に出た宗教改革支持の書物の約半数が、ルターの著作だった。

新しい印刷メディアの普及によって、個人がそれぞれ本を所有して読み、お互いに教え合うことを可能にし、宗教改革のメッセージを伝播する役割も果たした。また、西洋優位のほかの側面についてもいえることだが、商業面における競争原理も見逃せない。ルター自身は、「出版社は利益優先で、民衆のことを考えず、下劣な貪欲ぶりむきだしだ」と非難している。たしかに、印刷所や出版社はどこも潤った。一六世紀を通じて、印刷所のある都市のほうが、印刷所がない都市と比べると、早く成長した。

　印刷技術はルターの思想だけでなく、聖書の教義も広めた。イギリスでマシュー・ティンダルの英訳新約聖書がはじめて印刷されたのは一五二六年で、それによって文字が読める一般の人びとも自分で聖書に接することができるようになった。宗教面で保守的な人たちは、印刷機など「悪魔の発明」だとけなすかもしれないし、手書きの筆写だけが勉強の方法で、司書だけが図書館の鍵を持っていた時代を懐かしんだかもしれない。だが、そのような時代は永遠に去った。ヘンリー八世（在位＝一五〇九～四七）の側近トマス・モアがすぐに見抜いたように、たとえ宗教改革に反対する者でも、印刷技術に反旗をひるがえすことはできなかった。カルヴァン派のジュネーヴ聖書（一五六〇）がスコットランドやイングランドに流布されるのを防ごうと思えば、それに代わるべき「公式な」欽定訳を制定するしかなかった。ジェームズ六世（スコットランド王としては在位＝一五六七～一六二五、イングランド王ジェームズ一世としては在位＝一六〇三～二五）は、三度目の試みで欽定訳を確立した。印刷技術の普及によって、古代の哲学書も広く知れわたるようになった。アリストテレスの『霊魂について《デ・アニマ》』は、現代語訳で一五〇九年に出版されたし、宗教改革以前の人文主義者であるニコラウス・マルシャルク（ドイツの言語学者、一四七〇～一五二五）や、ゲオルグ・ジブタス（ドイツの詩人、一四八〇〜一五二〇）なども、改めて紹介された。一五〇〇年の時点で、科学・数学の書物が一〇〇〇点あまりも印刷・出版されていた。例をあげると、一四一七年に発見された、紀元前の古代ローマの詩人・哲学者ルクレティウスの『ものの本性について』、同じく古代ローマの医師ケルススがギリシャ医学をまとめた『医学論』、アルキメデスの著作のラテン語版も印刷された。イタリアでは、実用的に役立つ数学や商業の知識を広める著作が数多く出版された。たとえば、『トレヴィーゾの計算法』（一四七八）、ルカ・パチオリの『簿記論』（一四九四）などだ。

オスマントルコに対する反発が強かったこの時代は、反ローマ教皇のムードも強く、そのような時代相として特筆すべき点は、コーランがラテン語に翻訳され、バーゼルの印刷業者ヨハネス・オポリヌスの手で刊行されたことだった。一五四二年、バーゼルの市議会はこれを発禁処分にし、市場に出回った本を回収したが、そのときルターはオポリヌスを弁護して、次のような手紙を書き送った。

預言者ムハンマドやトルコ人に対する不当な措置に対してなんらの手も打てないとなれば、慚愧《ざんき》の念に堪えない。これは、コーランをキリスト教社会に白昼堂々持ち込むより大きな害を、武器より強力にイスラム社会に与える。私たちが、コーランを忌み嫌い、ここにはウソやおとぎ話ばかりが書かれているとして見下し、……逆にイエスを礼賛し、キリスト教徒を持ち上げ、トルコ人を足蹴にすれば、悪魔をそそのかすようなものではあるまいか。本は自由に流布させるべきで、禁じてはいけない。……癒すためには、傷口を切り開かなければならない。

結果的に、コーランのラテン語訳は一五四三年に公認され、二回も増し刷りされ、七年後には別の版も出た。宗教改革のあとにヨーロッパの心が広く開かれた状況を、これほど明確に示す事例はない。

だが当然ながら、出版された書籍のすべてが人類の知識に貢献したともいえない。一六、一七世紀の出版物のなかには、かなりのマイナス効果をもたらした本もあった。たとえば、一四四八年から一六六九年まで、二九回も版を重ねた『魔女に与える鉄槌』がある。これは魔女狩りを正当化しようという主旨の本で、そのためヨーロッパ各地で一万二〇〇〇人から四万五〇〇〇人の女性が血祭りに上げられたという。クリストファー・マーロウの戯曲『フォースタス博士』の初演は一五九二年で、主人公の博士は二四年間の絶対権力と快楽と引き替えに、納得のうえで自らの魂を悪魔に売る。

彼のおかげで、私は世界の帝王になれた
大気のなかに人をつなげた橋を架け、
大海原を渡る

アフリカ沿岸につながる丘を作り
スペインと地つづきにする
いずれもわが帝国領だ
帝王はそこには住まないが、権限を与えて……

それから七〇年後の一六六五年、トマス・フックは『顕微鏡図鑑《ミクログラフィア》』を出版し、科学的経験主義を称賛して、次のように述べた。

望遠鏡のおかげで、遠くのものまでよく見えるようになった。次に顕微鏡によって、肉眼で見えないようなものまで追求できるようになった。遠近双方の事物が視覚に捕えられるようになったため、人間は多くの事象を知ることができるようになった。天体の状況がわかってきて、おびただしい数の恒星が発見されたし、その軌道や構成物質も把握できるようになった。いずれも、それまでの天文学者が知らないことばかりだった。それだけでなく、足元の地球についても、それまで未知のことが新たにわかってきた。……自然の謎の仕組みも少しずつ解明できてきたし、したがって破壊してはいけないものもわかってきた。議論の結果、最高の頭脳が思いついたことが実行に移され、新たな歴史・実験・作業が積み重ねられていった。知識という禁断の木の実を味わった人類は、はじめは倒れてしまったものの、その貴重さを感じ取ってなんとかウマの尻にしがみつき、その味わいを知って自然の知識を得ると、それは禁断の実ではないことに気づいた。そこを出発点としてさまざまな発明をなしとげ、新たな科学が確立され、古いものは改善され、サビはこそげ落とされた。

フックは顕微鏡観察で「細胞」という単語を使い、それまでの概念を一変した。自然界は時間・空間ともに新たに規定し直され、人類は認識を改めた。

科学革命は、天体の動きや動物の血流の知識と歩調を合わせて進んだと言えるだろう。だがフックの『顕微鏡図鑑』によって、科学には新しいフロンティアが誕生し、それまで人間の目では見えなかったことを明らかにした。だが新しい科学がもたらしたものは、正確な観察だけではない。ガリレオが先鞭を付けたことは、システマティックな実験と、数学的な裏づけの同定だ。アイザック・ニュートンやゴットフリート・ライプニッツが微積分の計算を導入し、数学の可能性は大いに広げられた。科学革命は、同時に哲学の革命も生んだ。ルネ・デカルトやバールーフ・スピノザは、知覚や理性に関する旧来の理論から脱却した。知性の面におけるこのような大改革が、現代的な解剖・天文・生物学・化学・地学・幾何学・数学・機械工学・物理学などにも波及的な効果をもたらしたといっても過言ではない。アメリカの政治学者チャールズ・マレー（一九四三〜）は、科学史における画期的な発明を三六九項目も列挙した。そのうち三八パーセントが一五三〇年から一七八九年の科学革命の時代にもたらされたものだ。そのうち最も重要な二九項目を抜き書きしてみよう。

・一五三〇年　スイスの医師パラケルスス（一四九三?〜一五四一）は、化学を生理学や病理学の分野に応用した。
・一五四三年　ニコラウス・コペルニクスが、太陽の周囲を惑星が回る太陽系宇宙に関する『天体の回転について』を発表。
・同　年　ベルギーの解剖学者アンドレアス・ヴェルサリウスが、『人体の構造』を発表。
・一五四六年　アグリコーラ（本名＝ゲオルグ・バウアー）が『発掘物の本性について』で鉱物を分類し、「化石」という単語も世に出した。
・一五七二年　ティコ・ブラーエ（デンマークの天文学者）は、ヨーロッパではじめて超新星を観測して記録した。
・一五八九年　ガリレオは、落下物体の実験を踏まえて『動きについて』を著し、実験方法に革新をもたらした。
・一六〇〇年　イギリスの物理学者ウィリアム・ギルバートは著書『磁気——磁石および磁性体ならびに大磁石としての地球』で、地球の磁力と電気の特性を説明した。
・一六〇四年　ガリレオが自由落下物の落下距離は経過時間の二乗に比例することを発見。
・一六〇八年　オランダのレンズ職人ハンス・リッペルスハイが望遠鏡を発明し、同じくオランダの眼鏡職人ツァハリアス・ヤンセンが顕微鏡を発明した。

・一六〇九年　ガリレオが天体望遠鏡を使って、はじめて夜空を観測。
・一六一〇年　ガリレオが木星に四つの衛星があることを発見。地球は宇宙の中心ではない、と推測。
・一六一四年　イギリスの数学者ジョン・ネイピアが著書『すばらしい対数表の使い方』で、対数の概念を導入。
・一六二八年　イギリスの医学者ウィリアム・ハーヴェイが、『動物の心臓ならびに血液の運動に関する解剖学的研究』を著し、血液の循環を解明。
・一六三七年　ルネ・デカルトは、『方法序説』の付録として「幾何学」をまとめ、分析幾何学を導入した。
・一六三八年　ガリレオは『新科学論議』で、近代的な機械工学を創始した。
・一六四〇年　ピエール・デ・フェルマーが、整数論を発表。
・一六五四年　フェルマーとブレーズ・パスカルが、確率論の基礎を築く。
・一六六一年　イギリスの科学者ロバート・ボイルは『懐疑的化学者』で、元素と化学分析を規定。
・一六六二年　ボイルが、「容器に入れられた気体の体積は、圧力に反比例する」という「ボイルの法則」を発表。
・一六六九年　アイザック・ニュートンが『無限級数の解析』を発表。ゴットフリート・ライプニッツ以来の微積分を改善した。

・一六七六年　オランダの生物学者アントニー・ファン・レーウェンフックが、顕微鏡ではじめて細菌を観察。
・一六八七年　ニュートンは、『自然哲学の数学的諸原理』で、万有引力の法則と運動の法則を解明。
・一七三五年　スウェーデンの生物学者カール・リンネは、『自然の体系』で、生物の属・種などを分類した。
・一七三八年　スイスの物理学者ダニエル・ベルヌーイは著書『水力学』によって、流体の流れや気体の運動に関するベルヌーイの原則を明らかにした。
・一七四六年　フランスの博物学者ジャン・エティエンヌ・ゲタールは、最初の地質図を作った。
・一七五五年　ジョゼフ・ブラックは、二酸化炭素を特定した。
・一七七五年　フランスの化学者アントワーヌ・ラヴォアジエが、燃焼とは酸素との結合であることを実証。
・一七八五年　イギリスの地質学者ジェームズ・ハットンが、地質は自然現象の累積によるという斉一説を主張。
・一七八九年　ラヴォアジエは、『化学要論』で、保存則を明らかにした。

一六〇〇年代の半ばまでに、科学知識は急速に広まった。それは、一世紀前の宗教改革でプロテスタント思想が急速に普及した現象と似ていた。印刷物が普及するとともに、信頼できる郵便事業も拡張されたため、現代とは比べものにならないにしても、かつては学者同士だけだった情報ネットワークが、大幅な広がりを見せた。概念的な枠組みというパラダイムが変化する場合にはつねに起こることだが、インテリからの強力な反発があった。激しい抵抗は、内部でも起こった。ニュートンは、錬金術に没入してしまった。フックは食欲不振に陥って脱却できず、自殺しかけた。科学の新しい側面とキリスト教の教義とが相容れないと悩む者もあったが、多くの人にとって宗教は捨てがたかった。だがこれが知的な革命であることは否定できなかったし、前に起こった宗教改革より大きな変化で、激震を生んだ。科学研究の大原則（発見したことに関する見解の相違が論争を呼ぶとか、最初に論文を印刷物にした者に栄誉が与えられる、など）が確立された。フランスの哲学者で優れた著述家でもあったフランソワ＝マリー・アルエ（ペンネームのヴォルテールのほうが、はるかに有名）は若いころ、数学者のピエール＝ルイ・モロー・デ・モーペルテュイが一七三二年に『天体形状論』を書いた直後、彼に宛てた手紙で、「あなたの最初の手紙は私にニュートン教の洗礼を与えてくれました。二番目のは堅信を与えてくれました。あなたの秘跡に感謝します」と記しているが、これは皮肉。だが、新しい科学の啓示状況を伝えている。

「ヨーロッパ中心主義」を非難する者は、これは唾棄《だき》すべき偏見だとして憤慨するかもしれない。だが科学革命はいくら科学的に考えても、ヨーロッパ中心主義にならざるを得ない。科学界で業績を残した者の八割は、グラスゴー、コペンハーゲン、クラクフ、ナポリ、マルセイユ、プリマスを結ぶ六角形のなかで活躍した。それ以外の者も、この範囲からほぼ一五〇キロ圏内だ。これに比べて、同じ時期にオスマントルコにおける科学的な進歩といえば、なきに等しい。この大差を生んだ理由として最も納得のできる説明は、ムスリム世界においては宗教が絶対的な統治権を持っていたからだ、というものだ。一一世紀の終わりごろ、影響力を持つイスラム教のリーダーたちは、古代ギリシャの哲学はコーランの教えと合致しない、と述べていた。神が御心にしたがって意のままにおこなうべきことを、人間が代行するなどもってのほかだ、という。イスラムの聖法学者アブ・ハミド・アルガザーリ（一〇五八〜一一一一）は、著書『哲学者の自己矛盾』のなかで、「外国の科学に首を突っ込むと宗教上の信条を放棄せざるを得ず、敬虔さを犠牲にしなければならないことが一般的だ」と述べている。宗教指導者の発言の影響力は大きいから、古い哲学を学ぶことは下火になり、書物は焼かれ、自由な思考をする者は迫害された。ヨーロッパの大学で学問の門戸が広げられつつあった時代に、イスラムの高等教育機関マドラサは、ほぼ神学の研究だけに没頭した。イスラム世界では、印刷技術にも抵抗があった。オスマントルコでは、手書きが神聖視された。実用的な印刷よりも、書道的な飾り文字が珍重された。「学者のインクは、殉教者の血よりも神聖だ」、と言われた。一五一五年、スルタンのセリム一世（在位＝一五一二〜二〇）は、「印刷に関わった者は死刑」という布告を出した。イスラムはこのような形で科学の進歩に背を向けたため、惨憺《さんたん》たる結果を招いた。かつてはヨーロッパの学者たちにアイディアや刺激を与えたムスリムの科学者だったが、やがて最新の研究から遠ざけられてしまった。科学革命がネットワークの産物だったとすれば、オスマン帝国は完全にその網の目から外されていた。ヨーロッパの本で中東の言語に翻訳された本といえば、梅毒の治療法に関する医学書が一点あるだけだった。

このようなイスラム科学の衰退を象徴するのが、一五七〇年代に建設された天文台の運命だ。これは大博物学者タキユディン・アルラシッド（タキ・アルディン）が、イスタンブールに設置したものだ。彼は一五二一年にシリアで生まれ、ダマスカスとカイロで教育を受けた。タキユディンは有能な科学者で、天文学・数学・視覚に関する論文を数多く書いている。彼はかなり正確な私物の天文時計を制作し、蒸気力の実験までおこなっている。スルタンの天文学顧問をやっていたため、一五七〇年代の半ばには天文台を建設する許可を得た。新しい天文台は先端的な機能を持ち、デンマーク人ティコ・ブラーエが建設した有名なウラニボリ天文台と、肩を並べられるほどのものだった。だが一五七七年九月一一日にイスタンブール上空で彗星が観測され、その占星術的な解釈が原因で、天文台の命運が決まった。ある説によると、タキユディンはオスマントルコの戦勝を予知するものとしたが、当時の宗教界の指導者シーク・アルイスラム・カディザデがスルタンに奏上し、タキユディンは宇宙の秘密をあばこうとしているとして、首をはねられた（訳注＝息子に暗殺された、という説もある）と伝えられる。サマルカンド（チムール帝国）の君主ウルグ・ベグが天文表で神を冒瀆したのと同じことだ、という理由だった。一五八〇年、完成して五年も経たないタキユディンの天文台は、スルタンの命によって破壊された。それから一八六八年まで、イスタンブールには天文台がなかった。このようにして、イスラムの宗教関係者はオスマン帝国が科学面で前進するのを妨げ続けてきた。その時期、ヨーロッパのキリスト教会は、疑問解決への制約を緩め続けた。ヨーロッパの進歩は、イスタンブールでは単なる「虚栄心」だとして退けられた。かつてイスラムであがめられた「知恵の館」の科学的遺産は、信心という雲の彼方に隠れてしまった。一九世紀のはじめになっても、新技術学校の主任教授フセイン・リフキ・タマニは、生徒たちにこう教えていた。

「宇宙の姿は半円形で、その中心に地球がある。……太陽と月は地球の周りを、黄道帯に乗って回っている」

一七世紀も後半になり、オスマン帝国の歴代スルタンたちは相変わらず惰眠をむさぼっていたが、ヨーロッパ各地の為政者たちはだれもが科学を奨励した。宗教界から疑義の声があがっても、揺るぎはなかった。グレシャム大学が創設されて二年後の一六六二年七月、「自然に関する知識を増進するためのロンドン王立協会」が、国王チャールズ二世（在位＝一六六〇～八五）から認可を受けた。その目的は、「理数系の実験学習を振興する」機構の基礎づくりだった。この組織の初期の歴史をまとめた資料によると、創設当時の様子は次のようなものだった。

さまざまな宗教や国籍、職業の人たちを意図的にバラつかせて、集めた。そうしなければ、目的を達成できないと思えたからだ。幅広い人材を求める組織だと公言していたから、イギリス人、スコットランド人、アイルランド人、カトリックもプロテスタントも包含していなければならなかった。つまり、人知を結集したものだ。さまざまな国籍の人間を加えたことで、将来に向けての利点が生まれた。このような構成のおかげで、すべての階層の人びとの知性が結集され、この協会は世界の銀行ともなり、自由港にもなった。

その四年後、パリにも同様の王室科学アカデミーができた。最初は地図作成センターとしてスタートしたが、これがヨーロッパ中のモデルになった。イギリスの協会設立に中心的な役割を果たしたのは、クリストファー・レン（建築家・数学者・科学者・天文学者）だった。チャールズ二世は一六七五年、グリニッチに天文台を建設するようレンに命じた。そのとき国王は、この事業がどんな結果をもたらすか想像していなかったに違いないが、真の科学は国家の命運を決定づける重大事であることをやがて悟る。

ロンドン王立協会が重要な存在だといえるのは、これが王室の支援を受けたからだけではなく、新しい科学コミュニティーが誕生した点にある。この組織を通じて専門家たちはアイディアを出し合い、問題点をみなで討議し、切磋《せっさ》琢磨《たくま》した。たとえば、引力の法則に関しても、ニュートンの業績はそれ以前のフックの努力を踏まえたもので、その支えがなければ「万有引力の法則」は生まれなかった。新たに科学研究の中心となった協会で、ニュートンは一七〇三年に会長になった。研究がすべて、共同作業である必要はない。当時もいまも、科学者たちは野心に燃えながら研究を続け、他人のために真理を追究しているわけではない。だが新たな研究成果は発表する必要があり、知識の蓄積も重要だ。その過程では、論争も起こる。ニュートンとフックは、引力の逆二乗法則をどちらが先に発見したかについて、激しく言い争った。ライプニッツが、「引力などオカルト的なものだ」とけなしたため、ニュートンはここでも強烈に反論した。ヨーロッパ大陸の形而上学的考え方と、イギリスの実験的実践主義の間には、断層のような知的な懸隔《けんかく》があるといわれる。イギリスには実験に基づく実証主義があり、根気よく観察が続けられた。それによる技術進歩がなければ、産業革命など起こらなかったに違いない（第5章参照）。ニュートンの法則の伝統はトマス・ニューコーメンに引きつがれた。ニューコーメンが考案した蒸気エンジンを応用した機械は、まず一七一五年にイギリス・ホワイトヘイヴンの炭鉱で、坑内の水をかい出すために使われた。これは単純だが、役立つ機械だった。発明したニューコーメンはダートマスの鍛冶屋で、教会の仕事もやっていた。世界の三大技術革新――ジェームズ・ワットの改良型蒸気機関（一七六四）、ジョン・ハリソンの経度測量クロノメーター（一七六一）、リチャード・アークライトの水力紡績機（一七六九）――が、同じ国の人間によって、一〇年のうちに発明されたのは、偶然ではない。

ニュートンが一七二七年三月に亡くなったとき、棺は四日間ウエストミンスター寺院に安置され、その後に葬儀がおこなわれた際には、二人の公爵、三人の伯爵、大法官が棺を担いだ。参列者のなかにはヴォルテールの姿も見られ、高貴な出ではない科学者にこれだけの栄誉が与えられたことに驚嘆し、フランスに帰国してからこう記した。

「数学教授であった人物が偉大な仕事を成し遂げただけで、国民のために尽くした国王でもあるかのように、丁重に葬られる情景を目撃した」

西洋では、科学界と政治が手を組んで前進した。それが最も功を奏したのは、ヴォルテールと親しい間柄にあった、プロイセンのフリードリヒ二世（在位＝一七四〇～八六）だった。

オスマンとフリッツ

ウィーンが包囲されてから七〇年が経った時点で、西洋文明と中東のムスリム世界の間には大きな懸隔が生じたが、その歴史展開に少なからぬ役割を果たした重要人物が二人いる。退潮ぎみのオスマン帝国を率いていたスルタンで、あまり情熱のこもらないオスマン三世（在位＝一七五四～五七）。一方、ポツダムではプロイセン王国のフリードリヒ二世（大王）が改革を推し進め、軍隊の有能さと行政の合理性が高い評価を得ていた。

オスマン帝国を遠くから眺めていると、スレイマン大帝のときとそれほど変わっていない強力な国家であるかのように見えた。だが一七世紀の半ば以降、帝国は構造上の深刻な問題を抱えていた。歳出が税収を上回り、財政状況はひどく逼迫《ひっぱく》していた。新世界から波及したインフレに見舞われ、貨幣の材質が落ちてそれに輪をかけた。物価も高騰した（これらの状況は、ヨーロッパでも似たようなものだった)。メフメト・キョプリュリュ、その息子のアフメト、不運な養子カラ・ムスタファら歴代のスルタンたちに仕えた宮廷の高官たちは、奢侈《しゃし》な出費をなんとか押さえ込もうと躍起になった。たとえば親衛隊の歩兵軍団イニチェリは、遠方の地方を支配下に置いておくために、法で決められたかのように世襲で引き継がれていって経費がかさんだ。腐敗も、蔓延した。外へ向かって分裂しようとする遠心力は、強まっていた。シパーヒーと呼ばれる地主層の力は、弱まりつつあった。アナトリア地方では、ジェラーリーと呼ばれる叛徒たちが、中央政権に楯突いていた。宗教面でも、対立が表面化した。一六世紀の半ばには、カディザーデ・メフメトなど教条主義的な聖職者に対して、スーフィ派の神秘主義者であるシェイフザーデ・エフェンデらが反発した。オスマン帝国の官僚組織は、従来は奴隷によって充当されてきた。奴隷の主な供給源は、戦争で捕虜になったバルカン半島周辺のキリスト教徒たちだったが、登用と昇格は能力よりもワイロとコネで決まり、要領のいい者が優遇された。官吏には役得もあるため希望者が多く、ひんぱんに人事異動がおこなわれた。だがオスマン帝国の資料を追いかけていくと、政府の能率が悪化していった状況がわかる。たとえば、一四五八年の国勢調査のデータはきちんと整備されているが、一六九四年の調査はかなりいい加減で、略語が多用され、バッで消された個所も少なくない。オスマンの当局者たちも、堕落ぶりに気づいてはいたが打つべき手がなく、スレイマン大帝のころの原点に戻るべし、というお念仏しかなかった。

だが最大の弱点は、英邁《えいまい》なスルタンが出なかったことだ。スルタンはひんぱんに代わり、スレイマン大帝が崩御した一五六六年から、一六四八年にメフメト四世が即位するまで、九人がスルタンの座に就いたが、五人が座を追われ、二人が暗殺された。イスラムでは重婚が認められるから、後継者を残すという点では、さして苦労は要らなかった。イギリスのヘンリー八世（在位＝一五〇九～四七）は嫡子を得るために少なくとも六人の妃を娶ったが、二人を処刑し、二人と離婚しなければならなかった。それに対してイスラムのスルタンは、そのように煩雑な手続きは必要なかったが、男性の後継候補者が多いだけに、危険な跡目争いが頻発した。後継者は一人だけなのだから、スルタンになった者を除く後継候補は面倒を起こしかねないので、一六〇七年まではすべて絞殺された。家族愛からは、ほど遠い措置だ。スレイマンの有能な長男ムスタファも、そのような運命に遭った。スルタンの二番目の妃で長男の継母が、自分の息子をスルタンの座に就かせるため、スレイマン大帝のテントのなかでムスタファを殺害して目的を果たした。もう一人の息子バヤジッドも、絞殺された。一五九七年にメフメト三世がスルタンに就くと、彼の兄弟一九人が血祭りに上げられた。一六〇七年以後は長子相続権が確立され、以前のような風習は姿を消した。次男以後の息子たちはハーレムに閉じ込められ、スルタンの大奥や側室たち、それにその子どもたちとともに暮らす習慣が定着した。

当時のハーレムは、「不健康」などという生ぬるいことばなどでは表現できない。オスマン三世は五七歳でスルタンになったが、それ以前の五一年間はハーレムの囚人として生きてきた。やがてスルタンの座に就く可能性がありながら、帝国の状況については、何一つ知らされていなかった。

ハーレムの囚人となったオスマン三世

女に囲まれて辟易《へきえき》し、極度の女嫌いになったため、彼は金属の靴を履いて歩いた。その足音を聞いた女たちは、あわてて姿を消すのが慣わしになった。半世紀あまりにわたって後宮暮らしをしている状況は、権力の座に就く準備としては適切な環境ではない。バルカン半島の北にあるオスマン帝国の王宮生活は、きわめて特異なものだった。

プロイセン国王のフリードリヒ大王は、後進のために一七五二年に記した二つの『政治信条』のうち一つ目で、次のように述べている。

「統治者は、国家のなかでは一人称に当たる。統治者は高い報酬を得るのだから、威厳をもって執務にあたらなければならない。国家の福祉と利益のために、効率よく奮励《ふんれい》努力すべし」

これと同じような理念は、フリードリヒ二世の曽祖父にあたる選帝侯フリードリヒ・ヴィルヘルム(在位＝一六四〇〜八八)が一世紀前にも語っている。彼はブランデンブルク辺境領を、戦乱の辺地から、中部ヨーロッパで最も強固に支配が行き届いた州に築き上げた。財政面でも、広大な領土を効率よく運営し、社会秩序は体制に忠実な地主たちに基づいていた。治安面では、農民軍を訓練して成果をあげた。一七〇一年に息子がプロイセン王として認められたとき、フリードリヒ・ヴィルヘルムは、イギリスの政治思想家トマス・ホッブズによれば絶対君主が無秩序を抑えるのに理想的な面積の領土を治めることになった。それは、若くて引き締まった国家《リヴァイアサン》だった。

プロイセンがオスマン帝国とかなり違っていた点は、フリードリヒ二世お気に入りのポツダムの自宅を見てもわかる。彼自身が設計したもので、宮殿というより別荘という感じだ。彼は「無憂宮《サンスーシー》」と呼んでいたが、「憂いがない」というより「面倒な手入れはしない」放りっぱなし主義で、彼自身はこう言っていた。

「一般国民に興味がないことには、私も関心がない。彼我の関心事に乖離《かいり》があれば、私は国民と国家の利益になるほうを選ぶ」

サンスーシーのデザインは簡素で、これがプロイセン官僚のモデルになった。厳格な自己規制、日常業務の鉄則、腐敗とは無縁な清廉潔白な暮らしぶり――これらが合言葉だった。フリードリヒ二世のサンスーシーにおける使用人はごくわずかで、日常的な使い走りが六人、常勤の家僕が五人、召使が二人。衣装タンスは簡素だったから、衣類係のボーイはおらず、国王の一張羅は、すり切れてシミのついた薄汚れた軍服だった。フリードリヒ二世によれば、いわゆる王さまふうの衣装は、まったく実用的ではない。王冠は、「雨を防げない帽子」にすぎない。トプカプ宮殿に住むスルタンと比べれば、修業僧のような感じだ。妻は一人だけ（エリザベート・クリスティーネ）で、何回も長い別居をして、久しぶりに会うと、「たいそう太ってしまったのう」とのたまった。書かれた記録でも、二人のリーダーの差は歴然としている。プロイセンの閣議の議事録には国王が決定した事項が毎ページのように書かれているが、これも一八世紀のオスマン帝国の状況とは雲泥の差だ。

詩人バイロンは、友人にこう書き記した。

「イギリスでは商売女とか飲酒癖のような悪習がはびこっているし、トルコではホモや喫煙が横行している。つまり、イギリス人は女の子と酒瓶《さかびん》がお好みで、トルコの連中は性倒錯とパイプを愛好している。……」

皮肉なことだが、啓蒙専制君主の始祖と見なされているフリードリヒ二世だが、もし彼が若いころオスマン帝国の宮廷で暮らしていたら、もっと幸福感に満たされていたことだろう。彼はきわめて多感で、おそらくホモセクシャルのインテリで、短気でパレードが好きだった父フリードリヒ・ヴィルヘルム一世（在位＝一七一三〜四〇）の、厳格でときにはサディスティックともいえる教育方針や勉学に耐えながら育ってきた。

父親のほうは酒好きな連中とワイワイ飲むのが好きだったが、息子は歴史や音楽や哲学を好んだ。豪快な父から見れば、息子は「軟弱な少年」に見えたことだろう。確かに乗馬も射撃もやらず、男の子らしい運動が苦手だった。さらに不潔なところもあって、髪を切らず、「アホみたいにカールさせていた」。息子はついにプロイセンから逃亡を試みたが失敗し、父王によってキュストリン要塞に幽閉された。逃亡を幇助《ほうじょ》したハンス・ヘルマン・フォン・カッテは打ち首になり、息子はその様子を直視するよう強要され、カッテの遺体と首は皇太子用の独房のそばに置かれていった。息子は二年間、幽閉生活を送った。

だが結局、息子フリードリヒ二世は父王が築き上げた軍事立国プロイセンの路線を覆すことはできなかった。幽閉を解かれると、ゴルツ連隊の大佐として軍事教練を受けた。プロイセンはヨーロッパのど真ん中に位置してどこからでも攻撃され得るという地理的に脆弱な立場にあったため、軍事力を強化せざるを得なかった。フリードリヒ二世は治世の間に、兵力を即位時点の八万から一九万五〇〇〇まで増強し、ヨーロッパで三番目の軍事大国に仕立て上げた。国民の二九人に一人が軍人という状況で、治世が終わる一七八六年には、人口比では世界最大の軍事国家になっていた。さらに父王もあえてやらなかった領土拡張の戦争まで始めた。一七四〇年に即位して数か月のうちに、オーストリアの豊かなシュレージエンに侵攻して、ヨーロッパ大陸全体がおののいた。かつてはウマの鞍《くら》にしがみつき、軍靴の踵《かかと》を打ち当てる音よりフルートの音《ね》を愛した男が、やがて武力を用い

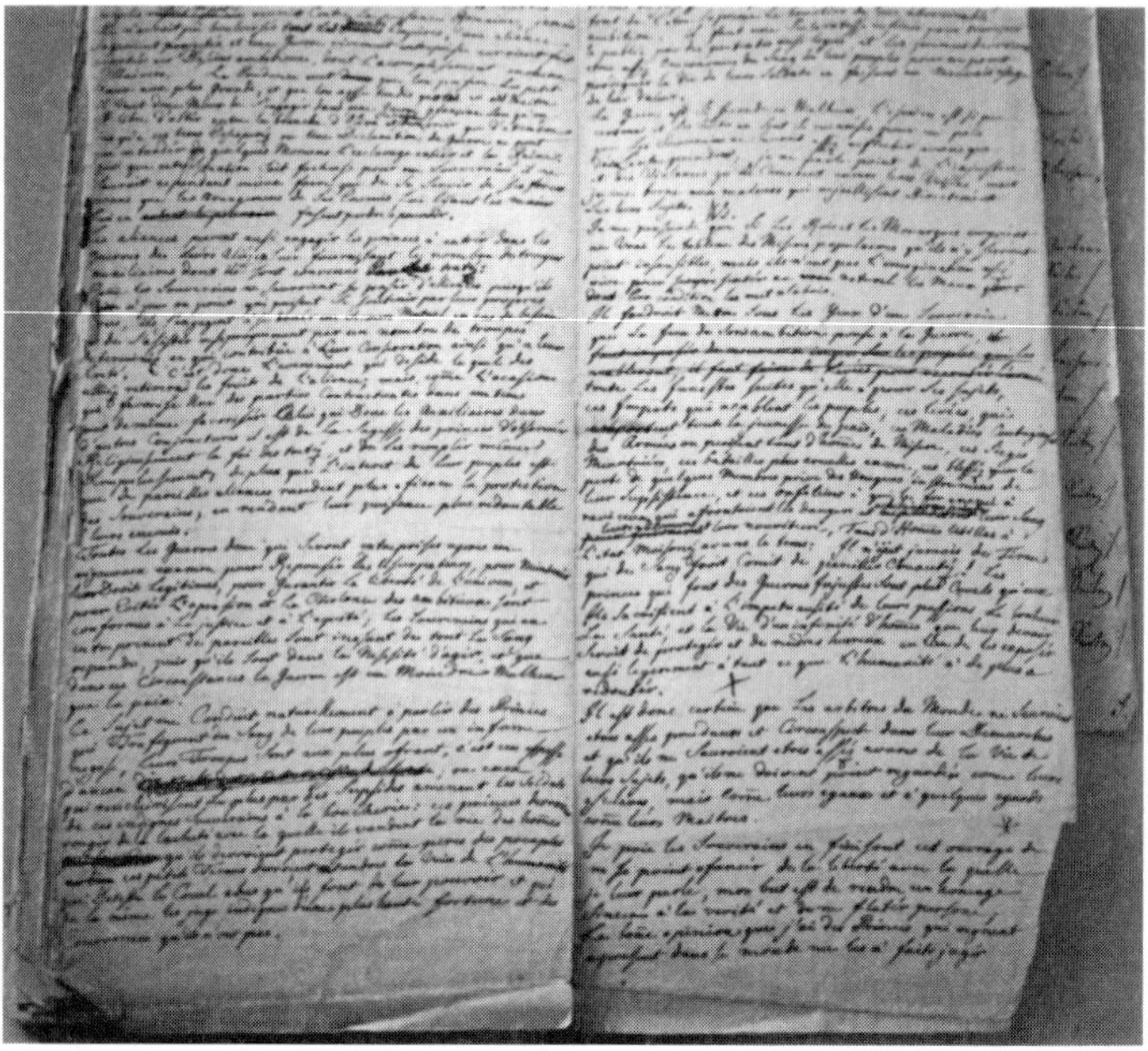

フリードリヒ大王の著作『反マキアヴェリ論』（注釈はヴォルテール）

る芸術家として登場し、「老フリッツ」とか「大王」と呼ばれるようになった。

どのようにして、このように変貌できたのだろうか。ナゾを解くカギの一つは、彼が若いころにまとめた政治哲学書『反マキアヴェリ論』に見られる。フィレンツェの外交官ニッコロ・マキアヴェリの、悪評さくさくの『君主論』に対する反論だった。フリードリヒ大王は、「もしヨーロッパの超大国が国境を越えてあふれ出し、世界を呑み込む気配が濃厚に感じられるような状況になれば、予防のための先制攻撃も許される」と主張した。いわば力の均衡を維持しようというもので、「大国の力が強大になりすぎた場合には、それに対抗するため、いくつかの勢力が連合することが必要」だとした。

「もしオリーブの枝と勝利の月桂樹のどちらかを自由に選べるのであれば、先制攻撃を仕掛けたほうが賢明だ。手をこまねいていれば、やがて奴隷になって滅びてしまいかねないのだから」という論理だ。フリードリヒはのちに、近隣のポーランドをアーティチョーク（チョウセンアザミ）になぞらえ、葉を一枚ずつ剝がされ、オーストリア、プロイセン、ロシアに分割された状況を描写した。したがって、フリードリヒ大王がシュレージエンを押さえたのは「思いつき」ではなく、オスマン帝国が縮小するのに反比例して、冷酷な合理主義にもとづいて新しい形の力を誇示するためだった。

父であるフリードリヒ・ヴィルヘルム一世は、領土内の国民からかなりカネを絞り取って国庫を膨らませ、後継者である息子に八〇〇万ターラー（訳注＝ヨーロッパ中で流通していた銀貨）もの巨額の通貨を残した。息子は、これを領土拡張や第一級の王国にふさわしい首都を建設するために使うことにした。まずベルリンの中心部に、国立歌劇場を建てた。次に、その隣に聖ヘドヴィク大聖堂を建設した。現在の旅行者が眺める限り、ヨーロッパのほかの首都にある歌劇場や大聖堂とさして違っているとは思えない。だが子細に見ると、変わっている点に気づく。ほかの都市のものとは違って、ベルリンの歌劇場は王宮とつながっていない。つまり君主の個人的な楽しみのためではなく、もっと広く国民一般の娯楽のために作られたのだった。大聖堂も、やや変わっている。ルター派の都市にカトリック教会があり、目立たない場所にひっそりと立つのではなく、目抜きの広場に面して堂々とそびえている。大聖堂の柱廊《ちゅうろう》は古代ローマのすべての神を祀ったパンテオン神殿を模したもので、フリードリヒ大王が宗教面で狭量でなかったことを示している。

大王が即位した時点で出されたリベラルな勅令の精神は、いま聞いてもびっくりするほどだ。宗教的な寛容さばかりでなく、表現の自由も保障され、移民の入国にも制約がなかった。一七〇〇年の時点で、ベルリンの人口のほぼ五人に一人はフランスのユグノー派で、フランス人居住区に住んでいた。ザルツブルクのプロテスタントもベルリンに逃げ込んでいたし、異端と見られていたワルドー派やメノー派、スコットランドの長老派、ユダヤ人、カトリック教徒、宗教懐疑論者なども流れ込んでいた。大王は「この国ではだれもが、自分なりの方法によって救いを得ることができる」と公言しており、ムスリムも例外ではなかった。確かにオスマン帝国でも、ユダヤ人やキリスト教徒も自由に住めるという意味では容認されていた。だが彼らの社会的な立場は、中世ヨーロッパのユダヤ人のようなもので、特定の居住区に閉じ込められ、職業にも制約があり、高い税金を払わされているのが常態だった。

自由な空気と多くの外国人がやってきたために、プロイセンではさまざまな文化のブームが起こった。新たな読者層が開拓されたし、討論集会、書店、新聞、科学界なども活発に活動した。だが大王自身はドイツ語が好きではないと公言し、フランス語で書き、ドイツ語をしゃべるのはウマと会話するときだけ、と言われた。だが大王の時代には、ドイツ語の新たな刊行物が数多く世に出た。イマヌエル・カントは一八世紀最大の哲学者として大王の治世下に登場し、著書『純粋理性批判』(一七八一)で、理性の性質と限界を分析した。カントは生涯ケーニヒスベルクのアルベルティーナ大学で研究生活を送り、大王よりも自らに厳しかった。日常生活における散歩の時間は正確に決まっていたので、人びとは彼の行動を見て時刻を合わせたといわれる。大王にとって、偉大な思想家カントがスコットランドの馬具職人の家系に生まれたという出自は問題ではなく、その頭脳が何を生み出しているかこそが重要だった。またカントに劣らないほどの知性の持ち主だった啓蒙思想家モーゼズ・メンデルスゾーン(一七二九〜八六)がユダヤ人であることも、問題ではなかった。キリスト教に関しても、大王は醒めた見方をしていて、次のように喝破している。

「聖書の物語には奇跡や矛盾や荒唐無稽なものが多くて、東洋的な幻想に触発されている。それがヨーロッパに広まり、熱中して飛びついた者もいるし、それに説得されたふりをする者もいれば、信じ込んでしまった者もいる」

この発言には、啓蒙主義的な感じもうかがえるし、科学革命の萌芽もある程度は感じ取れる。そこには、二つの特徴があった。第一に、啓蒙主義的知識人の輪が広がっていった。プロイセンで起こっていることは、ヨーロッパ各地でも目立ち始めていた。識字率が大幅に上がったために書籍、雑誌、新聞の購読者が増え、市場が広がった。識字率の一つの目安は自分の名前が書けるかどうかだが、フランスでは一六八〇年代の二九パーセントから一七八〇年代には四七パーセントに上昇した。ただし女性に限るとかなり低く、一四パーセントが二七パーセントに増えたにとどまった。一七八九年になると、パリでは男性の識字率は約九〇パーセント、女性は八〇パーセントくらいまで上昇した。プロテスタントとカトリックの競争は激しくなり、国の施設は整えられ、都市化が進み、交通網が整備された。このような要因のおかげで、ヨーロッパの人びとは文字をよく読むようになった。一八世紀の啓蒙時代の人びとは、文字や読書によって啓発されただけではない。人びとは、音楽会にもよく出かけた（一七八四年のウィーンにおける、ヴォルフガング・アマデウス・モーツァルトのコンサートなど）。新しい公共劇場や絵画展も増えたし、文化団体やフリーメイソンなどの友愛団体も数多く誕生して賑わった。ドイツの詩人で劇作家のフリードリヒ・シラーは、一七八四年に、次のように記している。

私は、世界市民として文章を綴《つづ》る。市民こそが、私にとっては最も重要だ。彼らの存在こそがまず大前提で、彼らは私の主《あるじ》であり、友人でもある。したがって私は、大衆に味方する。大衆以外に、奉仕すべき者はいない。私が畏れ、尊敬するのは市民だけだ。彼らの偉大さが、私を威圧する。私を制約するのは彼らだけだから、その評決には従わざるを得ない。――そして私が伺いをたてるべき唯一の尊敬すべき対象は、人間の精神だ。

第二点。啓蒙思想家が関心を持っていたのは、自然科学ばかりではなく、社会科学も同様だった。

スコットランドの哲学者デイヴィッド・ヒュームは、それを「人間科学」と呼んだ。啓蒙思想がはたしてどれほど科学的であったかについては、議論の余地がある。とくにフランスでは、経験主義《エンピリシズム》が軽んじられていた。一七世紀の科学者たちは自然界の仕組みを解明することに意欲的だったが、一八世紀の啓蒙主義者が志向したのは、人間社会はどうあるべきか、という点だった。モンテスキュー（一六八九～一七五五）は前にも触れたように、中国の政治文化を決定づけるうえで気象が影響していたと述べていたが、フランスの経済学者フランソワ・ケネー（一六九四～一七七四）は、農業を第一（重農主義）とする経済政策が重要だったと考え、アダム・スミスは中国が外国との交易に消極的だった点が停滞の理由だと指摘した。だがこれらの人びとは、中国に足を運んだことはなかった。イギリスの哲学者ジョン・ロック（一六三二～一七〇四）と、フランスの哲学者クロード・アドリアン・エルヴェシウス（一七一五～七一）は、人間の心は何も書かれていない石版のようなもので、教育と経験によって埋められていく、という点で見解が一致した。だが二人とも、実験によって実証できたわけではない。このような見解は、さまざまな思考をめぐらせ、多くの書物を読んだうえで出された結論だった。

啓蒙主義者たちが容易に得点をあげることができた分野は、信仰や形而上学的なことがらに絡む迷信に合理的な説明を加えて、それを打破することだった。フリードリヒ大王はキリスト教を揶揄《やゆ》することによって、ヴォルテール、デイヴィッド・ヒューム、エドワード・ギボン（イギリスの歴史家）らが、哲学書や歴史書でやんわりと指摘した点を、さらにあからさまに批判した。啓蒙運動が最も効果を現したのは、皮肉を含んだ指摘が功を奏した場合だった。ギボンの『ローマ帝国衰亡史』（第一巻、一五章）やヴォルテールの『キャンディード』は、ライプニッツの「この最善の可能世界では、すべてはみな最善である」ということばを思いきり茶化している。

だが、この啓蒙時代における最大の成果は、アダム・スミスが市民社会のからみ合う制度を分析した著作『道徳感情論』と、同じくスミスが市場経済を論じた『国富論』の二点だろう。この二点が啓蒙主義の著作のなかでもユニークなのは、ともにアダム・スミスが生涯を過ごしたスコットランドのブルジョワ社会を観察して書かれた点にある。スミスが言う市場の「見えざる手」は、伝統的な習慣に根ざした相互信頼に基づくものだったが、フランスの過激な啓蒙主義者は、既存の宗教制度ばかりでなく政治制度にも挑戦しようとしていた。スイス系フランス人ジャン＝ジャック・ルソーは、著書『社会契約論』（一七六二）のなかで、「一般意思」に基づかない政治システムの正当性に疑問を呈している。コンドルセ侯爵マリー・ジャン・アントワーヌ・ニコラ・ド・カリタ（一七四三〜九四）は、著書『黒人奴隷に関する考察』（一七八一）で、強制労働の正当性に疑問を呈した。また、プロイセンの君主がキリスト教信仰を揶揄《やゆ》するような発言ができたのだから、パリの人びとが国王や王妃を激しく非難しても、押しとどめる術《すべ》などないはずだ。啓蒙思想はきわめて広範囲に波及し、高尚なところではカントのケーニヒスベルクから、下はパリの下層社会に至るまで広まった。というのも、パリの貧民街ではシャルル・テヴノー・ドゥ・モランド編集の『ル・ガゼティエ・キュラセ』といういわゆる中傷冊子《リベル》が発行されたからだ。ヴォルテールでさえ、この冊子の下品な政府攻撃には驚嘆した。たとえば、こんな具合だった。

「この冊子は悪魔のようで、君主から一市民に至るまで、侮辱されて怒り心頭に発している」

啓蒙思想は、革命を視野に入れていたにしても、実際に革命を引き起こすまでには至らなかった。なぜかといえば、皮肉なことにもともとこの動きが貴族主導だったためだ。先頭に立って松明《たいまつ》を掲げてきたのは、モンテスキュー男爵、ミラボー侯爵、コンドルセ侯爵、ドルバック男爵などだ。もう少し身分の低い啓蒙主義者は、王室とか貴族のパトロンにすがっていた。たとえば、ヴォルテールはシャトレ公爵夫人、スミスはバクルー公、詩人のフリードリヒ・シラーはヴュルテンベルク公、フランスの啓蒙思想家ドゥニ・ディドロはロシアのエカテリナ二世女王から支援を受けた。

フリードリヒ大王も、ほかのヨーロッパ諸国の君主の例にもれず、インテリたちを宗教その他の束縛から解放したばかりではない。ヴォルテールを、サンスーシー宮殿に招き入れるほど優遇した。一七四〇年六月に、フランスの数学者ピエール・ルイ・モーペルテュイが、ニュートンの仮説「地球は扁平型」を実証したことに感銘し、フリードリヒ大王はモーペルテュイを招聘し、ロンドン王立協会のプロイセン版を創設させた。だがこの構想は、一時は挫折しかかった。第一次シュレージエン戦争でモーペルテュイは不名誉なことに、オーストリアの捕虜になってしまったからだ。だが、計画は継続された。一七四四年一月、フリードリヒ大王のもとでプロイセン科学アカデミーは一年前に発足していた民間の文芸アカデミーを併合し、科学文芸アカデミーに発展した。釈放されたモーペルテュイは、説得されてベルリンに戻り、総裁に就任した。大王はヴォルテールに、こう述懐したという。

「これは、余の人生における最高の征服事業である」

フリードリヒ大王は疑いもなく君主の役割を熟考し、国民の公僕だと認識した。彼の著作『反マキアヴェリ論』は画期的な著作で、次のように述べている。

君主たる者のあるべき姿は、善行を重ね、国家のためにできる限りの貢献をする点にある。……英明な行動を取るだけでは不十分で、野心や栄光を安全に推し進めるだけでも、まだ足りない。さらに……人類の安寧を祈念しなければならない。……偉大な皇太子であっても、一般国民にとって望ましいことを忘れがちだ。……己《おのれ》の野心を満たすために戦争を推進したがる君主は、国民が被る痛ましい結果を直視しなければならない。——税金が国民を苦しめるし、若者が戦争に駆り出され、疫病が蔓延して多くの兵士の生命が奪われる。包囲戦によっても多くの人命が失われるし、激戦地で重傷を負えば、生きる糧《かて》を得る手段もなくなる。敵は、孤児でさえも食いものにしようとするだろう。……敵方は盲目的な激情に駆られて、本来は保護して安寧を図るべき自国民を犠牲にしている。……国民を自らの奴隷とみなして虫けらのように扱っている君主は、自ら墓穴を掘ることになる。だが国民も平等だと考えて敬《うやま》い、その命を大切にする皇太子であれば、国家も財政的に潤う。

フリードリヒが自ら作曲活動をしていた点も、プラスに働いていた。大王は数多くのフルートソナタを作曲していて、清廉なハ長調のソナタは、単なるヨハン・セバスティアン・バッハ（大バッハ）の模倣だとは言いきれない。大王の政治論も、筆のすさびというようなシロウト論議ではない。だが彼が考えていた啓蒙思想と、実際の科学革命の間には、かなりの懸隔があった。イギリスの王立協会は、インテリ集団が自由に交流できるネットワークの中核に存在していたがプロイセンの科学文芸アカデミーは上意下達の仕組みになっていて、絶対君主の仕組みそのものだった。フリードリヒ大王は『政治信条』（一七五二）のなかで、次のように記している。

「ニュートンが引力の仕組みを正確には解明できなかったように、ライプニッツやデカルトと手を組んでも、政治システムを作って維持することは困難だ」

ヴォルテールの自由の精神からすれば、我慢できないことがあった。モーペルテュイが大王の権威をかさに着て、自分の説の権威を高めようとしたとき、ヴォルテールは皮肉を交えて痛烈に戒めた。だが大王はヴォルテールが行きすぎた行動を取ったことに激怒して文書を破棄し、ベルリンを去るよう命じた。

もう少し従順だった人間も、当然いた。カントは哲学者として有名になる前は天文学者だった。彼は一七五四年にプロイセン科学文芸アカデミーの賞を受けて世間の注目を浴びた。研究テーマは、地球の自転を遅らせる表面摩擦に関するものだった。彼は受賞を喜び、論文のなかで、「啓蒙とは、もっと学んで賢くなれ！　ということだ」と述べたが、大王に対して反抗的な姿勢は見せず、次のように書いている。

自ら啓蒙された人たちだけが、そして訓練の行き届いた大規模な軍隊だけが、国民の平和をしっかり維持できるし、こう断言できる。「議論を尽くしたうえで、こうと決めたことには従う」。共和政体では、このようにはいかない。市民に多くの自由が与えられているほうが思想の自由にとっては大いにプラスになると思われるが、そこにはなんらかの制限が課せられるのが当然だ。むしろ、市民の自由に枠がはめられているほうが、才能を目いっぱい羽ばたかせるには好都合だ。

プロイセンでおこなわれていた啓蒙運動の基本は、思考するのは自由だが、行動に移すとなると制約が加えられる、というものだった。しかも自由な思考といっても、あくまで国家にとってプラスになる範囲に限られる。たとえば、外国からの移民はプロイセンの経済にプラスをもたらした。税収が増え、そのおかげで規模の大きな軍隊が維持できる。そうなれば侵略をおこなって領土を増やせるし、それがまたアカデミックな研究をうながして、戦略上でもプラスになる。新たな知識によって自然界の事象が解明されるし、天体の動きのナゾも解ける。それらが、国家の興亡に関わってくるからだ。

ポツダムは、いまではベルリンの郊外となって冴えない存在だ。夏は埃っぽいし、冬は陰鬱だ。町のたたずまいは、東ドイツ時代の「現存する社会主義」を思い出させるようなやぼったいアパートが立ち並ぶ。だがフリードリヒ大王時代には、ポツダムの住民の大部分は兵隊で、大部分の建物は軍関係のものだった。いま映画博物館になっている建物はかつてオレンジの苗を育てる温室だったが、やがて騎馬隊の馬小屋に転用された。町の中心部を歩いていると、むかしの軍の孤児院やパレード用の練兵場、もと乗馬学校などに出くわす。リンデン通りとシャーロッテン通りとの交差点には軍にちなんだ装飾がふんだんに残され、営倉跡がある。民間住宅も、兵隊の下宿にするため最上階を付け足した家屋が多い。

ポツダムはプロイセンを戯画化したような、縮図の町だともいえる。フリードリヒ大王の軍副官だったゲオルク・ハインリヒ・フォン・ベレンホルストは、冗談めかしてこう評したことがある。「プロイセンは軍隊を持つ国家ではなく、いわば軍隊が国家を持っていて、そこに軍部が駐在している」のだ

軍隊はもはや、君主国家の権力が使う道具以上の存在になり、プロイセン社会の一部に分かちがたく組み込まれていた。地主は軍の将校として期待されていたし、壮健な若い農民は外人傭兵の代わりになった。プロイセンは軍隊であり、軍隊がプロイセンだった。フリードリヒ大王の治世が終わるころには、プロイセンの人口の三パーセントあまりが軍関連の仕事に就いており、これは当時

フランス軍の歩兵一人当たりの射撃回数（1600～1750 年）

おおよその時期	自動小銃一丁当たりの発射回数（1 分間）	歩兵一人当たりの自動小銃の数	歩兵一人当たりの発射回数（1 分間）	備考
1600 年（「歩兵一人当たりの自動小銃の数」は 1620 年）	0.50	0.40	0.20	火縄銃で 1 分に 1 発。不発率は 0.5。
1700 年	0.67	1.00	0.67	火打ち石銃では 1 分に 1 発。不発率は 0.33。銃剣は、撃ち手の負担を減らした。
1750 年	2.00	1.00	2.00	火打ち石銃では 1 分に 3 発。込め矢や包薬を使用。不発率は 0.33。

のフランスやオーストリアの倍以上の比率だった。

プロイセン軍が成果をあげたのは、演習と鍛錬のたまものだと広く信じられている。その意味において、フリードリヒ大王は一七世紀の優れた戦略家だったオランダ総督オラニエ公マウリッツ（在位＝一六一八～二五）や、スウェーデン国王グスタフ二世（在位＝一六一一～三二）の継承者だといえる。ブルーの軍服を着たプロイセンの歩兵たちが進軍するときは、まるで機械仕掛けの兵隊が動いているかのようで、一分に九〇歩のペースと決められていた。敵軍に近づいたときには、七〇歩に落とす。一七五七年一二月のロイテン（当時はシュレージエン領、現ポーランド領）の戦いが起きたのは、プロイセンの存在そのものが三つの大国――フランス、オーストリア、ロシアの同盟によって脅かされていたときだ。通常の作戦通り、プロイセンの歩兵軍団は長く展開したオーストリア軍の隊列の南側を横から攻撃して驚かせ、北上を続けた。散りぢりになったオーストリア軍は再結集を図ったが、動きの速いプロイセン軍はさらに恐ろしい大砲で追撃した。砲撃のねらいは正確で、一糸乱れぬ行動とともに、プロイセン歩兵軍団の新しい伝説ができあがった。

フリードリヒ大王は即位したころ、大砲など経費のムダだとして退けていたが、次第にその価値を認識するようになり、次のように論じた。

「私たちが戦う相手は、いまや兵士だけとは限らない。これからの戦闘は、大砲同士の決闘になる可能性があることを頭に入れておく必要がある。……」

ロイテンの戦いでプロイセン軍が動員した兵器類は、野砲が六三門、榴弾砲《りゅうだんほう》が八門、不吉なうなり声をあげるため「ブルンマー」（「うなる人」の意）と呼ばれた重量五キロほどの銃一〇丁など。のちにフリードリヒが導入した騎砲兵は、すぐにヨーロッパ諸国が真似て標準的なものになった。のちにナポレオン・ボナパルトが大戦果をあげることができたのも、騎砲兵ですばやく集中攻撃を加えることができたおかげだった。

これらの兵器は、科学の知識を軍事力に応用した例だ。各国が競って改革・前進に取り組んだ結果、西洋とその他の地域との格差はますます広がった。だがそれらを推進したヒーローたちは、おおむね歴史の舞台裏に隠れている。

イギリスの科学者ベンジャミン・ロビンス（一七〇七〜五一）は、全身が頭脳のような人物だった。大学に進学するチャンスはなかったが、独学で数学を学んで家庭教師になった。二一歳で王立協会の会員になり、東インド会社の砲兵隊将校に登用され、工兵担当に選任された。一七四〇年代のはじめ、ロビンスは大砲にニュートン物理学を応用し、微分方程式を用いて砲弾という高速飛行物体の弾道における空気抵抗をはじめて正確に計算した（ガリレオもできなかった）。ロビンスは一七四二年にイギリスで発表した『砲術の新原則』で、自らの細かな観察結果に加えて、ボイルの法則やニュートンの『自然哲学の数学的諸原理《プリンキピア》』（求心力の影響下における物体移動の分析）の三九番目の命題に基づいて弾丸が銃口を離れる瞬間のスピードを計算した。次に自らが発明した弾道振り子を使って空気抵抗の影響を示した。飛行物体の重さの一二〇倍もの力が働くため、ガリレオが計算したより大きな弾道のゆがみが生じる。ロビンスは科学者としてはじめて、マスケット銃の弾丸は飛行中に回転するため、ねらった標的から外れることを指摘した。彼はその論旨に沿った論文「ライフル銃身の性質と利点」を一七四七年に王立協会で読み上げ、その年、同協会から名誉あるコプリ・メダルの賞を与えられた。——彼は「弾丸は卵形が望ましく、銃身の内部にらせん状の溝を彫ると弾丸の弾道が安定する」と提案し、それが評価されたためだ。次のような論文の結論を読むと、ロビンスが戦争の戦略や科学を応用することを重視していたことがわかる。

どのような状況にあっても、銃身内部に溝を彫った施条《じじょう》銃の性質にはメリットがあり、この優れた兵器が全軍に普及して巧みに操作できれば、何にもまして敵方に対し圧倒的に有利な立場に立てる。

正確で優れた大砲が導入されるにつれて、従来のように入り組んだ城塞の価値は低くなった。訓練の行き届いた歩兵連隊でさえ、重要性は減った。

フリードリヒ大王がロビンスの『砲術の新原則』をドイツ語に翻訳させるのに、三年かかった。翻訳したレオナード・オイラーは優れた数学者で、銃口から発射された弾丸の初速、上昇角度、飛行速度、頂点の高さ、飛翔時間などを計算して付録に付け加えた。一七五一年には、フランス語訳も出た。この時代には、その他の軍事改革も進んだ。なかでも特筆すべき人物は、リヒテンシュタイン大公のヨーゼフ・ヴェンツェル（訳注＝大砲の改良と訓練法の改善に取り組んだ）、フランスのグリボヴァル将軍（訳注＝一二インチ臼砲《きゅうほう》を発明）だ。だが一八世紀における弾道革命の中核は、やはりロビンスだった。西洋は科学というキラーアプリケーションを使って大砲の正確さを改善し、恐るべき殺戮兵器を作り出したのだが、平和教会のクエーカー教徒として生まれたロビンスにとって、それはおどろくべき成果だった。

ロビンスがもたらした弾道革命の恩恵を、オスマン帝国は享受しなかった。もっと基本的な、ニュートンの物体移動の法則さえ学ばなかった。一六世紀には、オスマン帝国の国立大砲鋳造工場が生産する大砲に、ヨーロッパ製の大砲は太刀打ちできなかった。だが一七世紀になると、状況に変

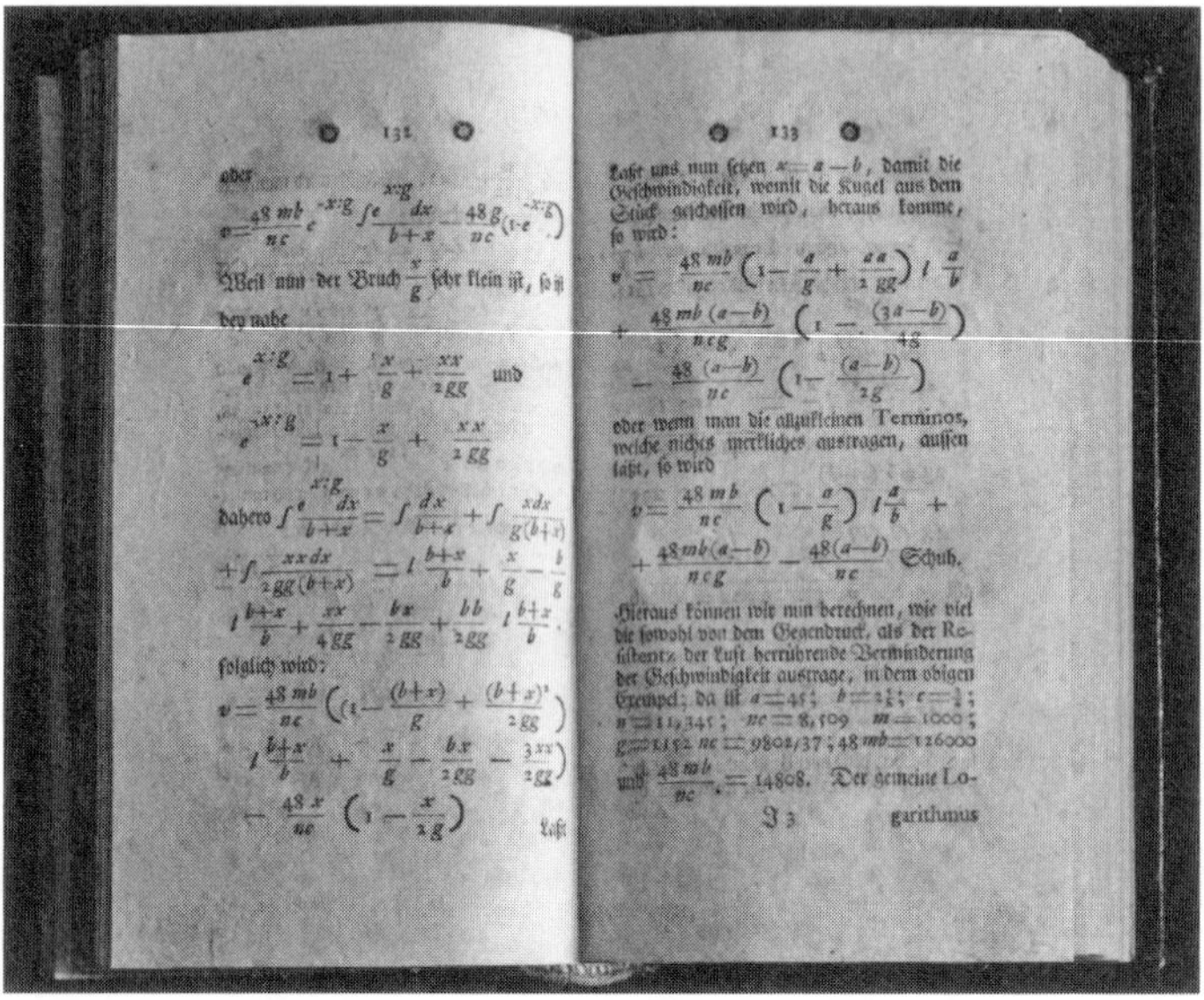

ベンジャミン・ロビンス『砲術の新原則』のドイツ語版

化が現れた。ハプスブルク王朝の優れた軍事戦略家だったライモンド・モンテクッコリは、一六六四年にスイスのザンクト・ゴッタード峠でオスマン軍を追い返し次のような感想を述べた。

「（トルコ軍の）巨大な大砲は、標的に弾丸が当たれば大きな被害を与えられるが、動かすのが大変だし、弾丸をこめるのにも照準を定めるにも、ひどく時間がかかる。……それに比べてわが軍の大砲は、もっと扱いやすく移動も簡単だし、効率がいいので、トルコ軍のものに勝っている」

それから二世紀の間、格差は広がる一方だった。西洋諸国は、知識面でも兵器改良の面でも、一七四一年に創設されたウーリッジ工兵大砲アカデミーなどを通じて軍事技術に磨きをかけ続けた。一八〇七年にイギリスのサー・ジョン・ダックワースの大隊がダーダネルス海峡でトルコと対峙したとき、トルコ軍は近づいてくる戦艦に向かって、石の弾丸を当てずっぽうに撃ってくるだけだった。

オスマン帝国再建計画

モンテスキューの作品に、書簡形式の小説『ペルシャ人の手紙』（一七二一）がある。二人のムスリムが、トルコを経てフランスに至る発見の旅の物語だ。ウスベクは西に向かう旅の途中で、「オスマン帝国の弱点に気づいて驚き」、その感想を手紙に書いて送る。彼は、さらに続ける。「あの野蛮人どもはすべての芸術を廃してしまい、戦争もその例外ではない。ヨーロッパの諸国が日ごとに洗練されていくのに対して、連中は原始的な無知の状態にとどまっている。戦争で新しい技術を導入しようなどとは考えないし、新技術にもとづいた攻撃を一〇〇〇回も受けてから、やっと気づく始末だ」

この小説では、旅を通じてヨーロッパが軍事的な優位に立っている理由が探られているが、これは実際に起こっていた状況を踏まえている。一七二一年にルイ一五世治下のフランスに派遣されたイルミスキズ・セレビ・メフメトの任務は、「城塞や工場など、フランス文明全般を視察し、取り入れるべきものがあれば報告すべし」だった。彼は、フランス兵学校と練兵場のすばらしさに驚嘆して書き送った。

そのころになるとオスマン帝国は、西洋から学ばなければならない点があることを認識していた。トランシルヴァニアのキリスト教信者の家に生まれてオスマン帝国の官吏になった博物学者イブラヒム・ミュテフェリッカは、一七三二年にスルタンのマハムド一世に「国家の政治のための合理的な基本点」をまとめて上申した。その骨子は、多くのムスリムが抱いている疑問点に正面から取り組んだものだった。――「過去にはムスリム国家と比べて弱かったキリスト教国家が、どうして近代になってから世界の多くの領土を制覇するようになり、かつての常勝軍団オスマン帝国を打ち破れるようになったのか」。ミュテフェリッカは、幅広い答えを用意している。彼はイギリスやオランダの議会制度を例にあげているし、キリスト教国がアメリカや極東に進出している状況にも言及している。さらに、オスマン帝国はイスラムの教義に基づいたシャリアに従っているが、ヨーロッパ諸国は「理にかなった合理性」を基盤にした法や規則を持っているとも述べている。だがなんといっても問題なのは軍事力のギャップで、これをなんとかして埋めなければならないとして、次のように提案している。

ムスリム社会も将来に向かっての洞察力を持って行動し、ヨーロッパの新しい方法論や組織、戦略や戦術、作戦になじまなければならない。……トルコ人は法と秩序を守る面で世界に冠たる民族であることは、知識人であればだれもが知っている。われわれが軍事学を学んで応用できれば、トルコに楯突く敵などいなくなるだろう。

ミュテフェリッカの論旨は、明快だ。オスマン帝国が大国の地位を保とうとするのであれば、科学革命が必須だし、啓蒙運動も不可欠だ。彼はそれを実践するため、一七二七年に印刷機をオスマン帝国に導入した。その翌年にはアラビア語の活字を使った最初の書物である『ヴァンクル辞典』を刊行し、一七三二年には英語やラテン語の作品を集めて『啓蒙運動の魅力』という本を出した。

一七五七年一二月二日、オスマン帝国の外交官アフメド・レスミ・エフェンディは、イスタンブールを発ってウィーンに赴き、ムスタファ三世（在位＝一七五七〜七四）が新しいスルタンになったことを報告した。この使節団は、一六八三年にカラ・ムスタファ大宰相が率いた遠征軍とはまるで性質を異《こと》にしていた。レスミにも軍人は随行していたが、一〇〇人を超える代表団の一部にすぎなかった。レスミの任務はハプスブルク家の牙城であるウィーンを包囲することではなく、ヨーロッパから学ぶためだった。そこで一五三日間を過ごしたあと、彼は二四五ページに及ぶ詳細な報告書を作成した。一七六三年には、レスミはベルリンにも派遣された。彼は、オーストリアよりも、プロイセンから強いインパクトを受けた。フリードリヒ大王の衣服には感心しなかったが（普段着のようで汚れていた）、彼が国政に取り組む姿勢には感銘を受け、宗教に対して偏見を持たない姿勢、プロイセンの数々の経済発展の成果にも目を見張った。

オスマンの使節たちは、ヨーロッパに対する軽蔑の念を捨て去った。実際、優越感こそがオスマ

・レスミ・エフェンディ（1763年）

ン改革にとって支障のひとつになっていた。レスミは軌道を修正しようと躍起になったが、むなしい結果に終わった。イスタンブールではみなが彼を支援してくれたわけではなかった。レスミはオスマン帝国の行政・軍事を直接・間接に非難したためか、有能な役人でありながら大宰相にはなれなかった。ヨーロッパ各国政府のすぐれた面を評価することはできても、それをモデルにオスマン帝国のシステムを改革していけるかどうかは別問題だった。

　スルタンに専門的な助言を

ベルリンに到着するオスマン帝国

するため、ヨーロッパのエキスパートたちが何人もイスタンブールに招聘《しょうへい》された。フランス軍将校でボネヴェル伯爵だったクロード・アレクサンドルは、地雷敷設や大砲移送、砲兵隊についてオスマン軍にアドバイスするためにやって来た。ハンガリー生まれのフランス軍人フランソワ・ドゥ・トット男爵は、イスタンブールの要塞建設のための顧問として呼ばれた。ボスフォラス海峡を船で通過しながら観察すると、要塞はかなり旧式で、しかも設置場所もよくなかった。したがって、敵船が来襲した際に砲撃で向かい撃つにも、いくら新式の大砲でも射程距離が足りなかった。彼の回想録には、こう書かれている。

「防衛のための砦というより、包囲されたときの残骸であるかのように見えた」

トットはフランス軍のモデルを参考にしてトルコ軍の砲兵部隊の中核を作り、そこでスコットランド人のキャンベル・ムスタファが士官たちに数学を教えた。ドゥ・トットはさらに大砲工廠《こうしょう》を作り、移動野戦砲隊の設立を目論んだ。

だがこのような改革案は、繰り返し政治的な反対に遭って実現しなかった。とくに、フランスの高名な将校アルベール・デュバイエが設立した新規軍は、イニチェリと呼ばれる近衛隊に一八〇七年に葬り去られた。オスマン軍は、高級将校の私利私欲のために存在しているかのような趣があった。実戦ではもろくも連敗続きで、国内の反乱を鎮圧する力さえおぼつかなかった。「タンジマート」と呼ばれる帝国の再建計画が進行し始めたのは、スルタンのマフムド二世（在位＝一八〇八～三九）や続くアブドゥルメジド（在位＝一八三九～六一）が改革反対派と正面衝突しながらも、それを抑圧できるようになってからだった。

一八二六年六月一一日、イニチェリの兵舎の近くにある広大な練兵場では、二〇〇人の兵隊たちがヨーロッパふうの軍服を着て行進の訓練をしていた。それから二日後、二万人のイニチェリが、「異教徒による軍事訓練など、まっぴらだ」と抗議行動を始めた。彼らはピラフの大釜をあてつけにひっくり返し、トプカプ宮殿までデモ行進を始めようと画策した。マフムド二世は、ここで強攻策に転じた。イニチェリを皆殺しにするか、さもなければイスタンブールが壊滅するしかない。その二つの選択肢しかなかった。スルタンは、周到に準備を整えた。砲兵隊など信頼の置ける中核部隊の忠誠心を確かめたうえで、照準をイニチェリの兵営に合わせた。大混乱が起こった。数百人もの死者が出た。六月一七日、イニチェリは解体された。

ヨーロッパふうに変えられたのは、軍服だけではなかった。兵隊の行進も、新たなリズムに改変された。オスマン帝国軍の軍楽隊総指揮官に、ジュゼッペ・ドニゼッティ（「ランメルモールのルチア」などを作った有名なオペラ作曲家ガエターノ・ドニゼッティの兄）が任命された。彼はスルタンのために二つの国歌を献上したが、どちらもきわめてイタリアふうなメロディだった。さらに、ヨーロッパふうの軍楽隊の創設にも力を貸し、ロッシーニのオペラ序曲などを演奏させた。かつてウィーンを包囲したとき、相手方にアラーの神の恐ろしさを伝えて震撼させた陣太鼓は禁じられた。一八三六年一二月、フランスの新聞『ル・メネストレル』は、次のように報じた。

イスタンブールでは、古来のトルコの音楽が禁じられて悶死《もんし》した。スルタンのマフムド二世はイタリア音楽がお好みで、それを軍隊にも取り入れた。……スルタンはとりわけピアノを愛好されるので、側近の女性たちのために、何台ものピアノをウィーンから取り寄せた。だが、演奏されたことがあるのかどうか疑問だ。だれも、ピアノに近づいた形跡さえ見えないからだ。

この改革時代を象徴する建造物を残したのは、マフムド二世を継いでスルタンになった息子のアブドゥルメジド（在位＝一八三九〜六一）だ。彼は一八四三年から五六年にかけて、ドルマバフチェ宮殿を建設した。少なくとも二八五部屋、四四のホール、六八か所のトイレ、六つの公共浴場を備え、一四トンの金を使って天井に金箔をあしらい、そこから三六個のシャンデリアを吊るした。水晶で光り輝く湾曲の階段の上部には、最も大きな式典の間がある。床には一二〇平方メートルの一枚カーペットが敷かれ、一つが四トンもあるシャンデリアが飾られていた。まるで、ニューヨークのグランドセントラル駅と、パリのオペラ座を合体させたかのような威容だ。

それ以外のものもすべて、二〇〇年にもわたって惰眠をむさぼってきた後に、科学革命を取り入れたものだった。一八三八年に発表された政府の公式報告では、西洋の知識が重要であることを認めて、こう記している。

「宗教に関する知識は世界を救済したが、科学は現世で人間を完成に近づけるうえで貢献している」

だがアカデミー・フランセーズをモデルにした「知識会議」が設立されたのは、一八五一年になってからだった。会員になる資格としては、科学に対して造詣が深く、なんらかのヨーロッパ言語に精通していなければならなかった。その一〇年後には、「オスマン科学協会」が組織された。その当時イスタンブールの西に工業団地のような施設が誕生し、軍服や兵器が生産されるようになった。オスマン帝国には、本気で西洋に向かって門戸を開こうとしている気配が感じられた。イギリスの東洋学者ジェームズ・レッドハウスは、一七歳のとき無賃乗船で旅に出て、やがてオスマン軍の海軍工兵学校で教師を務めることになった。彼は何十年にもわたって苦労しながら英語の著作をトルコ語に訳し、英―トルコ語辞典を編纂し、英語の文法や会話集をまとめ、オスマン人にヨーロッパの知識を伝え、さらにヨーロッパの人びとには不評なトルコをよく理解させるうえでの橋渡しに貢献した。一八七八年、アハメド・ミドハットは『真実の通訳者』という新聞を創設し、自らの体験記「一八八九年のヨーロッパ旅行」を連載した。これはパリ万国博のルポが中心で、とくに「機械の館」が印象深かったらしい。

オスマン帝国の高官のなかでも、レシト・パシャ、アリ・パシャ、ミドハット・パシャらの大宰相が懸命に努力したにもかかわらず、オスマン帝国の政府中枢では改革につながる基礎作りの面では成果をあげられなかった。新しい軍隊や新しい軍服、新しい国歌や新しい宮殿は立派だったかもしれない。だがそれらを支える新しい税制が整備されていなかったため、フランスやイギリスからの借金に依存しなければならなかった。したがって、歳入があってもヨーロッパ債権者への利子払いに追われ、崩壊しかかっている帝国を守るための費用は捻出できなかった。一八二〇年代にはギリシャの攻撃を受け、一八七八年には（諸外国との条約によって）バルカン半島の広大な領土を失った。オスマン帝国は末期的な症状になり、カイメと呼ばれる紙幣を乱発したが、簡単に偽造できるお粗末な通貨だった。ヨーロッパ債権者への支払い額は、さらに膨らんだ。スラヴ圏ではナショナリズムの風潮が高まり、大国の力の論理がまかり通っていた。スルタンの権力に枠をはめようという憲法改正の動きが高まったが、ミドハット・パシャは国外追放になり、アブドルハミド二世（在位＝一八七六〜一九〇九）は、かえって絶対君主の姿勢を強化した。

ドルマバフチェ宮殿にいくつもある大きなホールのある一角に、きわめてユニークな時計が安置されている。この時計には温度計、気圧計、カレンダーも付いている。これはエジプト総督から、スルタンに贈られたものだ。銘板には、アラビア語で、こう書かれている。「あなたにとっての一分は一時間に匹敵するほど貴重で、あなたの一時間は一〇〇年にも相当するものでありますように」。このスーパー時計は、東洋の技術を結集した傑作かと思える。だが実際にはオーストリア製で、ヴィルヘルム・キルシュの作品だ。このようなヨーロッパ技術の輸入品では、オスマン地付きの近代化にはつながらない。トルコが必要としているのは新しい宮殿ではなく、新しい憲法であり、新たなアルファベットであり、新しい国家だった。これらすべてを成し遂げたのは、ほぼ一人の男、ケマル・アタテュルクの業績だった。彼が野心的に目指したのは、トルコにおけるフリードリヒ大王とでもいえるものだった。

イスタンブールからエルサレムへ

「星の王子さま」のふるさとはB６１２という小惑星だ、と私は信じている。そう信じるだけの、理由があるからだ。この星は、天体望遠鏡でも一回しか観測されたことがない。一九〇九年のことで、観測したのはトルコ人の天文学者だ。この天文学者は、新発見を国際天文学会議で誇らしげに報告した。だが彼はトルコの民族衣装を着ていたため、だれも彼の発言を信用しなかった。……だが小惑星Ｂ６１２にとっては運がよかったのだが、トルコの改革者アタテュルクはトルコの民族衣装を法律で強く禁じ、背広を着用させた。そこでくだんの天文学者は背広姿で、発見した小惑星の報告を一九二〇年に改めて繰り返し、こんどは首尾よく認められた。

アントワーヌ・ドゥ・サン＝テグジュペリの『星の王子さま』の物語のなかでは、トルコがそれとなく笑いものにされている。トルコは確かに第一次世界大戦のあと、衣服をヨーロッパふうに変えた。日本が明治維新のあと、洋服に変えたのに似ている（第5章参照）。だがそれだけのことで、実質的な変化があるものだろうか。具体的に言えば、それによってトルコが科学面で西洋諸国と肩を並べることができたのだろうか。

ムスタファ・ケマル（アタテュルク）は、プロイセンのフリードリヒ大王とは異なって、名門の生まれではない。ケマルはオスマン軍にいたころ飲み助の女たらしだったが、コルマール・フライヘル・フォン・デア・ゴルツ（ゴルツ・パシャ）の監督下にあった軍が一八八〇年代から九〇年代のはじめにかけて再編された際に、目をかけられた。ゴルツは、フリードリヒ大王が作り上げたプロイセンの申し子のような人物だ。東プロイセンで農民兵士の息子として生まれ、軍では勇敢さと頭のよさで元帥にまで昇進した。ケマルはドイツ式の作戦に習熟し、一九一五年のガリポリの戦いでその理論を実践し、イギリスの侵入軍に対してトルコを防衛することに成功した。第一次世界大戦後オスマン帝国が崩壊し、ギリシャ軍がアナトリア地方に進軍してきたが、ケマルは断固として反撃し、新しいトルコ共和国の父（アタテュルク）と自称した。ケマルは、首都をイスタンブールからアナトリアの中心地アンカラに移した。だが、アタテュルクの新生トルコが、西側のヨーロッパを向くことは明らかだった。「トルコは何世紀にもわたって東から西に向かって歩み続けている」と、彼は語っている。彼はさらにフランスの作家モーリス・ペルノー（一八七五〜一九四八）に、こう尋ねている。「文明をめざして西洋化した国でなければ、ひとつの国として認められないのではないか？」

アタテュルクが目指したトルコ近代化の目玉は、彼が自ら推し進めたアルファベット文字の導入だった。イスラム国家の象徴としてアラビア語は適切だったかもしれないが、トルコ語の音声を表現するには不便だった。したがって、国民の識字率は低かった。アタテュルクの文字改革運動は、一九二八年八月のある晩、かつてはトプカプ宮殿の一部だったギュルハネ公園におけるスピーチを口火として始まった。招集された大群衆を前に、アタテュルクはまず尋ねた。

「トルコ語が読めるだれかに、この文章を読み上げてもらえないか？」

一人が手を上げて紙を受け取ったが、明らかに当惑した表情で口ごもった。そこでアタテュルクは聴衆たちに訴えた。

「この若者がとまどったのは、トルコ語を表記できるアルファベットを知らないためだ」

彼は別の者に、その紙を渡した。そこで、次のような一文をなめらかに朗読した。

トルコ語という豊かで響きのいいことばが、これからはトルコ語にふさわしい文字を使って表記できるようになる。これまで何世紀にもわたって、わけのわからない記号を使ってきたため、大きな負担になってきた。これからはヨーロッパのアルファベットを使った、新しいトルコ語の表記に早急に習熟しなければならない。……これは愛国的な行動であり、国民の義務だ。……国民の識字率が一割か二割で、残りの八割か九割が文盲だというのは、恥ずかしいことだ。……このような過ちは、是正しなければならない。……わが国は、新たな表記法を導入することによって、国民の心意気と地理的な立地に基づいて、文明社会に属していることを示さなければならない。

トルコを二〇世紀に向けて一気に飛躍させるためにアタテュルクが意図した文化革命は、文字のアルファベット化だけではなかった。男女の衣服も、西洋化した。フェズと呼ばれるトルコ帽やターバンは、ヨーロッパふうの帽子に取って代わられた。女性のベールも、歓迎されなくなった。ヨーロッパのカレンダーも導入された。年号も西暦に変えられた。だがアタテュルクの改革のなかで最大の変革は、国家の運営を宗教界の権威から切り離し、世俗国家にした点だった。一九二四年三月には、カリフ統治制を撤廃した。その一か月後には宗教法廷を閉鎖し、シャリアというイスラムの教義に基づいた宗教法に代わって、スイスを見習った民法が導入された。アタテュルクがトルコを進歩させるうえで最も恐れたのは、科学の分野に宗教が介入してくることだった。アタテュルクはスイス・ジュネーヴ大学のアルベール・マルシェから助言を受けたうえで、従来は宗教界のイマムが牛耳っていた科学の家《ダリユルフリユヌン》という科学機関に替えて、ヨーロッパ式のイスタンブール大学を設立した。やがて、ドイツの国家社会主義党（ナチス）政権を嫌ったユダヤ人や左派のインテリたちが一〇〇人もこの大学にやってくることになった。アンカラ大学の本部建物の壁に、アタテュルクはこう記している。

「森羅万象──文明も生命も成功も、それらすべてに導いてくれるのは知識と科学だ。知識と科学以外のものに導いてもらおうなどと考えれば、無頓着や無知、異常をもたらすだけだ」

オスマン帝国が崩壊し、トルコの中核は世俗的な方向に振れたが、図らずも第一次世界大戦が勃発し、トルコは科学革命や啓蒙運動の面で打撃を受けた。だがイギリスは勝利を確たるものにしようと考え、スルタンに反対する勢力を結集する工作を始めた。対象にされたのは、アラブ人とユダヤ人だった。アラブ人に対して、イギリスはいずれ独立した王国への道を約束した。ユダヤ人に対しては、パレスチナの地にユダヤ人の国家を建設すると約束した。だがこの二つは、相容れない二律背反であることが、次第に明らかになってきた。

エルサレムは三つの宗教（キリスト教、イスラム教、ユダヤ教）のいずれにとっても聖地だが、現在の姿は一六八三年ごろのウィーンに類似している。ともに、西洋文明の最先端にある、要塞都市だ。ユダヤ人国家イスラエルは一九四八年五月に建国されたが、ユダヤ人だけの国家というより、西洋の前哨地点だとイスラエル人自身も考えていた。アラブ諸国に囲まれているが、イスラエルはエルサレムを首都だと主張している。だが四方をアラブに包囲されていて、存在自体が脅威にさらされている。イスラエルが占領しているガザ地区はヨルダン川西岸地域と並んで、いまはハマスが実効支配しているが、近隣のレバノン、イランから東のほうはサウジアラビアまでヒズボラの影響力が強い。エジプトやシリアのイスラム原理主義者は、イスラエルの見方によれば、反政府活動の面で一定の成果をあげている。トルコは伝統的に親イスラエルだったが、現在では教条主義の方向に向かいつつあり、反シオニズムの風潮が強まりつつある。外交政策では、「ネオ・オスマン」の傾向が見られる。したがってイスラエル人は、一六八三年にウィーンが味わった四面楚歌の心境に陥っている。したがって問題点は、イスラエルのような西洋社会にとって、敵と対峙するのに科学がどれくらい有用なキラーアプリケーションであり続けるか、ということだ。

イスラエルは小国ながら、科学技術の改革では最先端に立って目覚ましい成果をあげてきた。一九八〇年から二〇〇〇年までの間にイスラエルが取得した特許件数は七六五二件もあるが、アラブ諸国は合わせて三六七件にすぎない。二〇〇八年だけをとっても、イスラエルは九五九一件の新しい特許を登録している。イランは五〇件だけで、世界中のムスリム国家を合わせても五六五七件で、イスラエル一国にはるかに及ばない。人口比の科学者・技術者の数ではイスラエルが世界一だし、論文の数でも人口比では世界一。民間の研究開発費は、GDP（国内総生産）に占める比率としては世界最大だ。ドイツ系ユダヤ人の銀行マンであるジーグムント・ヴァーブルクは、六日戦争（第三次中東戦争、一九六七年）のころ、イスラエルを一八世紀のプロイセンになぞらえたが、それは外れていない（ヴァーブルクはとくに、ヴァイツマン科学研究所に強い印象を受けた。この研究所は一九三三年にすぐれた化学者ハイム・ヴァイツマンが設立したもので、彼はのちにイスラエルの初代大統領になった）。周囲が敵だらけであれば、戦略的に生き延びるためには科学の力を借りなければならない。科学と安全保障の有機的な結び付きを見たいのなら、エルサレム中心部にある警察の監視管理室に勝るものはない。市内の目抜き通りには閉回路のテレビカメラが備え付けられていて、警察が監視・記録し、テロリストの疑いがあると見れば拘束する。

だが最近になって、科学面のギャップがやっと縮まりそうな気配を見せている。イスラム共和国であるイランは、このところ二つの科学フェスティバルを主宰している。一つは、基礎科学を中心にした国際カラズミ・フェスティバル、もう一つがラジ医科学研究フェスティバルだ。後者は、基礎医学と臨床の高いレベルの研究促進をねらっている。また、イラン政府は最近、一五〇〇億リアル（約一七五〇万ドル）の予算で新しく天文台を建設する。これは、天文・天体物理学研究計画の一端だ。イランはイスラムのシャリアを厳格に守っているにもかかわらず、驚くべきことに科学・技術関係の学生の約七割が女性だ。私は昨年、サウジアラビアがスポンサーになっている、ロンドン西方にあるムスリムの女子学校を訪ねた。女性が勉学することに反対する雰囲気は、薄れている。それ自体は歓迎すべきことだ。だが問題は、新たに増える知識をどのように利用するか、だ。

二〇〇六年四月一一日に、イランのマハムード・アフマディネジャド大統領は、ウランの濃縮に成功した、と発表した。それ以来、イランは外国からの経済制裁の脅しにもめげず、長年の夢である核保有国への道を歩んでいる。科学振興のポーズは、ひたすら核エネルギーのためだったのかもしれない。アフマディネジャド大統領が核兵器を所有する野心を抱いていることは、公然の秘密だ。だが、イスラム圏で最初の核保有国にはなれない。パキスタンは核技術者アブドル・カディール・カーン博士のおかげで、何年も前から核兵器の拡散を推進してきた。私が本書を執筆している時点では、イランの核武装に対してイスラエルが軍事的にどのような対応策を取るのかは不明だ。

ウィーンがイスラムに包囲されてから三世紀が過ぎた現在、西洋がいぜんとして科学面で優位を保っていけるのか、それに基づいた軍事面でも圧倒できるのかどうか、定かではない。あるいは、この疑問点は、次のように言い換えたほうがいいのかもしれない。——非西洋諸国は、西洋が優位に立てた理由の方程式——つまり、私有財産の権利、法の支配、真の代議政治——を拒否した形のままで、西洋の科学的な知識だけをダウンロードして利益を得ることができると考えているのだろうか。

第3章 所有権

自由とは……彼がそのもとにある法の許す範囲内で、自分の一身、行動、財産および全所有を処分し、このようにして、自分の思うままに振舞う自由であり、その点で、他人の恣意に服するのではなく……それ故、人々が国家として結合し、……大きなまた主たる目的は、その所有の維持にある。

——ジョン・ロック（一六三二〜一七〇四、イギリスの哲学者）
（『市民政府論』鵜飼信成・訳）

われわれは、強奪者スペイン人の恥ずべき子孫だ。彼らはここに来て金銀を奪い、被征服者と交わった。そうして生まれた私生児と、アフリカから送られた奴隷の子孫がのちに交わった。このような人種の混交と、過去の道徳に関する歴史を鑑みれば、指導者の上に法を置き、民の上に原則を設けることが果たして許されるものだろうか。

——シモン・ボリーバル（一七八三〜一八三〇）

新世界

　この地域は、新しい世界だった。だが、ヨーロッパのものになる運命にあった。大西洋を渡って、広大なアメリカ大陸を手に入れたのは、ヨーロッパ人だ。アメリカ大陸は、マルティン・ヴァルトゼーミュラーのヴァルトゼーミュラー地図が登場する一五〇七年以前は地図にさえ載っておらず、アメリカの名称は、探検家アメリゴ・ヴェスプッチの名を取って後世に名づけられた。海を渡ってキリスト教を広め、黄金と土地を競って奪い合い、アメリカ大陸全土を征服しようと試みたのは、ヨーロッパの王国、とりわけスペインとイギリスだった。ヨーロッパが支配的な立場に立つことができた最大の理由は、アメリカ大陸の発見（カリブ海諸島も含む）だと考える歴史家は多い。イギリスの現代の歴史学者フェリペ・フェルナンデス＝アルメストによると、こうだ。「新世界の発見がなければ、ヨーロッパは後進的なままで、東洋から技術を移入し、文化を伝え受け、富を移動させるだけの、ユーラシア大陸の一地域でしかなかった」可能性もあり、さらにはアメリカという「ゴースト・エーカー（訳注＝海外の食糧庫）」と、そこで働くアフリカからの奴隷がなければ、「ヨーロッパの奇跡」や、産業革命も起きなかっただろう、という考察も出てくる。ところが、新世界が大きく発展する前からヨーロッパでは経済・科学両面の進歩がすでに見られたことを考えれば、このような主張は大げさではないかと思える。アメリカ大陸の征服と植民地化の本当の意義は、それが歴史上、最大の自然実験だったという点にある。イギリス文化は北米に、スペインとポルトガルの文化は南米にと、二つの西洋文化を輸出し、さまざまな人種と新開地に押しつけ、どちらがうまくいくか、試してみようというテストでもあった。

勝負は、まったく一方的だった。四世紀が経った現在、世界を見回してみれば、西洋文明の最大勢力がアメリカ合衆国であることに異を唱える者はいないだろう。ごく最近まで、ラテンアメリカはアングロアメリカに大きく遅れを取っていた。どのようにして、そしてなぜ、このような事態になったのだろうか。北米のほうが土地は肥沃で、金や石油という天然資源に恵まれていたからとか、河川の位置や気候が幸いしたから、あるいは、地理的にヨーロッパに近かったから、などの意見もある。だがそのような理由はいずれも、北米が成功を収めたカギではない。また、スペインやポルトガルに、東洋の帝国と同じような欠点があったわけでもない。スペインは中国と違って、一五〇〇年以降の世界交易のブームに早くから参加している。またオスマン帝国と違い、早くから科学革命にも熱意を持っていた。北米と南米の大きな違いは、理念にあった。つまり、どのように巧みに自らを統治するか、という理念だ。「民主主義」という名のもとで選挙さえ実施すれば、どの国でも民主主義を取り入れられると勘違いする者もいる。だが実際は、建物にたとえれば民主主義は柱の上に乗せる仕上げの冠石だ。建物の基盤は法の支配であり、より正確には、代議制の立憲政治によって保証される、個人の自由の尊厳と、所有権の保証だ。

「文明という単語ほど、曖昧に使われていることばはない」と言い放ったのは、最も偉大なアングロサクソン人とも言える、ウィンストン・チャーチルだ。彼は、文明が瀕死の状態に追い詰められていると考えていた。「文明とは何を意味するのか」――彼の答えは、西洋とその他の世界の政治的な相違点を最も的確に定義して、次のように述べている。

文明が意味するものは、市民の意見に基づいた社会だ。暴力とか、軍部や独裁者の掟、戦況や戦略、暴力や圧政によって動かされるのではなく、法を制定する議会と、法が長きにわたって保持されるよう、独立した法廷が勝る状況を指す。それが文明であり、そのような土壌では、国民に自由と安息と文化が保証される。健全な文明が確立されている国では不安がなく、快適な生活が多くの人びとに与えられる。過去の伝統が尊ばれ、賢人や英雄が残した遺産は万人が享受して利用できる豊かな財産になる。

文明の中心的な原則は、憲法で謳われているとおり、支配階級が国民の習慣と意思に従うところにある。……

イギリス貴族とアメリカ人資産家の息子であるチャーチルは、一九三八年にこう表現した。だが、法の支配と立憲政治に基づいた自由と平和という、このきわめてアングロサクソン的な文明の定義は、どこで生まれたのか。そしてそれはなぜ、リオグランデ川以南の中南米では根づかなかったのだろうか。

物語は、二隻の船の話から始まる。一五三二年、エクアドル北部に到着した一方の船は、「ペルー総督」となった人物に率いられ、二〇〇人ほどのスペイン人が乗船していた。彼らの使命は、スペイン国王のためにインカ帝国を征服し、豊富にあると伝えられていた金銀を大量に入手することだった。もう一隻の船カロライナ号は、それから一三八年後の一六七〇年、現在のサウスカロライナ州湾岸の島に到達した。乗船者たちのなかには、よりよい生活へのつつましい希望を胸に、イギリスの耐えがたい貧窮生活に見切りをつけた奉公人たちが含まれていた。

この二隻の船の対比は、二つのアメリカである北米と南米の物語を象徴している。一方は征服者《コンキスタドル》、もう一方は年季奉公人が乗っていた。一方は、マヤの黄金の山をぶんどって一攫千金を夢見ていた。もう一方は、長年の苦労を覚悟しながら、世界で最も魅力的な財産である、すばらしい北米の土地と、法を定める過程に参加できるという見返りがあることを期待していた。自前の不動産を所有できる権利と自分たちの代表を選べる制度、それらが北米の夢だった。

だが最初のうちは、北の貧しいイギリス人ではなく、南のコンキスタドルのほうが優位に立っていたように思える。なんといっても、先に着いたのはスペイン人だったのだから。一六世紀のうちは、アメリカ大陸の植民地化は、イベリア半島の二か国にほぼ任されていた。イギリス人はまだ、ドーヴァー海峡の向こうのカレー（フランス）を手に入れたいと思っていたころ、スペインの探検家たちは南米先住民の大帝国を制覇しつつあった。メキシコでは、一五一九年から二一年の間に、エルナン・コルテスが頑強なアステカ族を制圧した。その一〇年後にペルーでは、フランシスコ・ピサロがアンデスの強大なインカ帝国を倒した。

ピサロは、征服のリスクと成果を正しく見通していた。そのためまず、インカ帝国を制覇するためだけに、一五二四年と二六年、二度の探検をおこなった。二度目の探検で、弱気になった仲間がひるんだとき、ピサロはリスクと見返りの関係を砂に線を描いて説明した。

同志そして友よ、こちら側が死、苦難、飢え、無力、雨、放棄であり、あちら側は快適そのものだ。一方はパナマに退散する貧窮への道、もう一方はペルーに進む富への道だ。よきスペイン人としての道を選ぶがよい。

一五三〇年にパナマから出航した三度目の探検には、ピサロの故郷トルヒーヨの兄弟や親友が中心になり、一八〇人が参加した。ペルー高地に行き着いたときに残っていたのは、騎手六〇人、歩兵九〇人だけだった。彼らの大胆さには、五〇〇年を経たいまでも驚嘆する。彼らが征服を試みた帝国の人口は、五〇〇万人から一〇〇〇万人だったのだから。

だがコンキスタドル側には、見えない味方がいた。それは、ヨーロッパから持ち込んだ、天然痘、インフルエンザ、はしか、チフスなどの病気で、先住民には免疫がなかった。また、ウマや銃、大弓《クロスボー》は、インカ帝国軍のどのような武具よりはるかに勝り、まるで異星人のような恐ろしい印象を与えた。しかもインカ帝国のなかでは、内部分裂が始まっていた。ワイナ・カパック（在位＝一四九三〜一五二七）の死後、息子のアタワルパとワスカルは後継の座を争っていて、国民はこれをインカ帝国の圧政を覆す機会と捉えた。したがって、カハマルカの戦い（一五三二年一一月一四日）は、厳密には「戦い」ではなかった。フランシスコ・ピサロの弟エルナンドが書き残しているところによると、アタワルパはスペイン側の夕食の招待を受け、罠にはまったのだった。

アタワルパは広場の中央に進み、そこで足を止めた。総督（ピサロ）に仕えているドミニコ会士が前に出て、ピサロは住まいで待っており、自分はアタワルパを迎えるために送られたとアタワルパに伝えた。ドミニコ会士は、自分は神父で、キリスト教信者になりたい者に信仰について教えるために遣わされたのだ、と言った。そして持っていた本（聖書）を示し、神について書かれた本だと伝えた。アタワルパは本を渡すよう言い、手に取ると地面に投げつけて答えた。「わが国から奪ったものをすべて返却するまで、私はここを動かない。お前たちが何者で、なんのためにやって来たのか、私にはよくわかっている」。そしてアタワルパは輿《こし》に乗り、何か家来に命じた。家来はざわめき、武器を持つ者が呼ばれた。ドミニコ会士は一刻を争う事態だと、総督に何が起きたかを報告した。総督は私を呼び、合図とともに大砲を撃つよう指揮官に告げ、さらに全軍が集合するようにと伝えた。その通りにことが運び、先住民は武器を持っていなかったために叩きつぶされ、キリスト教徒に危害が及ぶことはなかった。

一六世紀のアンデスの年代記録者ワーマン・ポーマによると、スペイン人は恐怖に陥った先住民を「アリのように」殺したという。

ペルーは、たった一度の戦いで完全に征服されたわけではない。一五三五年にはマンコ・インカ・ユパンキ（またはマンコ・カパック二世、在位＝一五三三～四四）が率いた反乱が起き、一五三六年から一五三九年の間には、さらに大規模な反乱が発生した。また、先住民はヨーロッパ式の戦争にもすばやく対応して、粘り強いゲリラ的な戦いを展開した。一方、スペイン側もたび重なる内輪もめのため支配力が揺らぎ、一五四一年、ピサロは仲間に暗殺された。それから三〇年あまりも経った一五七二年九月、インカの末裔トゥパック・アマルが処刑され、インカ帝国の抵抗は止んだ。

スペイン軍のなかに、セゴビア出身のヘロニモ・デ・アリアーガという若い将校がいた。彼は、ペルーは不可思議ながら魅力的だと考えた。とりわけ、重さ二〇〇トン級の石が完璧に積み上げられた、首都クスコの北にあるサクサイワマン城塞の石組みなど、インカ帝国の建造物のレベルと完成度の高さに舌を巻いた。後にスペイン人がクスコで建てたものの大半は、インカ帝国の建造物の壁や基礎の上に作られた。すぐれた耐震性が評価されたためだ。征服される前のインカ帝国の偉業は、有名な「インカの失われた都市」マチュピチュで偲ぶことができる。アンデス山脈を覆う雲のなかに浮いているようにも見えるこの遺跡は、スペイン人に見つからなかったため、荒らされるこ

スペイン人が発見できなかった都市の廃墟マチュピチュ

ともなかったし、手も加えられなかった。ウルバンバ川のはるか上流に位置し、おそらく一五世紀の半ばに作られたと考えられている。海抜二四三八メートルを超える険しい山の尾根にまるでしがみついているような、不便そうな場所だが、わき水があるし、作物の栽培と家畜の放牧もされていたと思われる段々畑があり、明らかに自給が可能な居住地だった。一九一一年に、アメリカの学者で探検家のハイラム・ビンガムが発見するまで、マチュピチュは西洋世界にまったく知られていなかった。いくら強大だと自負していても、不滅の文明などあり得ないという警告だともいえる。マチュピチュがどのような役割を果たしていたのか、インカ帝国がいつ、なぜこの都市を捨てたのか、まだわかっていない。一つ可能性が高いと思われるのは、イスパニョーラ島（現在ドミニカ共和国とハイチに分割）から、コンキスタドルがやってくるより先に疫病が渡ってきて、人びとが病に倒れ、ゴーストタウン化したという説だ。

スペインがカハマルカで最初にインカ帝国に攻撃を仕掛

けた口実は、キリスト教への改宗を拒否したからというものだった。だがピサロの真のねらいは、改宗ではなく黄金だった。捕われの身となったアタワルパは、自らが閉じ込められていた部屋一杯分の金と二杯分の銀を提供して釈放を求めたが、これはコンキスタドルの欲をさらにかき立てただけだった。きちんと積み上げられた二二カラットの金六〇八七キロ、純銀一万一七九三キロは、当地のスペイン探検隊の各人が一攫千金を実現するのに十分だった。金銀は、なおもあふれるほどあった。スペイン人は、イスパニョーラ島では金を、メキシコ中部のサカテカスでは膨大な銀を見つけ、ポトシ（現ボリビア領）では、世界随一の銀山セロ・リコ（スペイン語で「豊かな丘」の意）を発見した。ペルーには、見渡す限り宝の山があった。ヘロニモ・デ・アリアーガはピサロの財務係として、ペルーの富全体を把握するよう命じられた。一五五〇年までには、およそ一〇〇〇万ペソ分の金がペルーから持ち出された。その半分が略奪したもの、残り半分が採掘したものだった。銀山から掘られる銀の量は着実に増え、一五〇〇年以前には年間約五一トンだったが、一七八〇年までには九一四トン以上に跳ね上がった。あわせると、一五〇〇年から一八〇〇年まで、現在の価値換算でおよそ一三兆ポンドもの金銀などの貴金属が新世界からヨーロッパへ、あるいは太平洋を渡ってアジアへと運ばれた。その大部分が、ペルーの鉱山から持ち出されたものだった。デ・アリアーガも当然、大金持ちになって、ペルーの新都リマに豪華な邸宅を構えた。インカ帝国の寺院跡に中庭が作られたこの屋敷には、その後もデ・アリアーガの子孫たちが住み続けている。現在の住人ゴンサロ・デ・アリアーガは、コンキスタドルの祖先を誇りに思う、と臆することなく語ってい

コンキスタドル，ヘロニモ・デ・アリアーガ

る。

　スペイン人は、新たにすばらしい文明の基礎を築いているかのように見えた。スペイン出身のごく少数の裕福なエリート層が、いくつかの美しい都市から統治した。これらの都市は、またたく間に成長した。一六九二年、ボストンの人口はわずか六〇〇〇人だったが、メキシコシティの人口は一〇万人に達していた。ハーヴァード大学より一〇〇年近くも前に作られたサントドミンゴの大学など、二五校も大学が新設され、地図学や冶金学が進展した。スペイン人は、チリソース、ピーナッツ、ジャガイモ、七面鳥など、中南米の主な食文化をいくつか取り入れた(のちにこれらすべては北米でも取り入れられた)。華美な装飾がほどこされた教会や、世界随一の堂々たる構えの大聖堂が何百も建てられた。建築家フランシスコ・バセラが設計し、フランドルのイエズス会士ファン・バウティスタ・エヒディアーノが一六

六九年に完成させたクスコの大聖堂は、その例だ。先住民たちを改宗させようと、イエズス会士もフランシスコ会士とともに南米に押し寄せた。教会の力は確かに強かったが、最終的な決定権はスペイン国王が握っていた。そして重要な点は、スペイン国王がすべての土地を所有していたところにある。一方、北米の土地所有権は、これとはまったく異なっていた。

自由の地

一六七〇年、サウスカロライナに着岸した最初の船から、若くて貧しいイギリス人のカップルが降り立った。船旅は、悲惨なものだった。ミリセント・ハウはエイブラハム・スミスとともに一六六九年九月、年季奉公の証文に署名して奉公するためにやってきたのだった。次のような証文が残っている。

ロンドンの未婚婦人、私ことミリセント・ハウは、農園またはカロライナの管区において、ロンドンの商人ジョゼフ・ウエスト将官の住み込み奉公人として、忠実かつ従順に仕えることを、この書面の日付において、ここに固く誓うものとする。

一七世紀、チェサピークにやってきたイギリス人の六五から八〇パーセントが、同じような形で

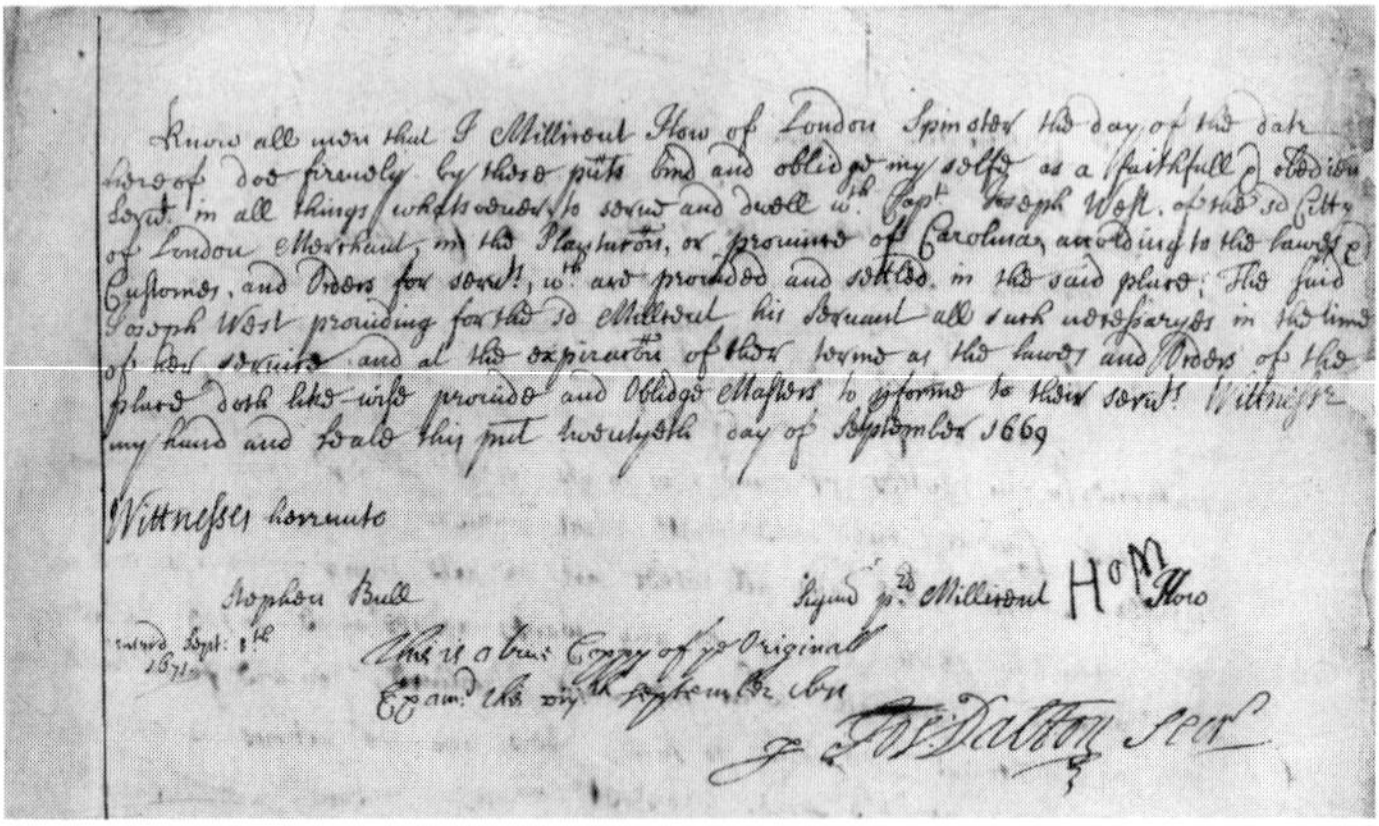

Know all men that I Millicent How of London Spinster the day of the date hereof doe firmely by these pr[esen]ts bind and oblige my selfe as a faithfull & obedient servt in all things whatsoever to serve and dwell wth Capt Joseph West of the sd Citty of London Merchant, in the Plantacon, or province of Carolina, according to the lawes & Customes, and Orders for servts, wch are provided and setled in the said place. The said Joseph West providing for the sd Millicent his servant all such necessaryes in the time of her service and at the expiracon of her terme as the lawes and Orders of the place doth like-wise provide and Oblige Masters to performe to their servts. Witness my hand and seale this pnt twentyeth day of September 1669

Witnesses hereunto

Stephen Bull　　Signed pr Millicent H M How

entred Sept: 1st 1671

This is a true Copy of ye Originall

Exam: this viijth September 1671

Jo: Dalton Secr

「働けば……」。ミリセント・ハウ年季奉公の証文（イギリス国立公文書館，キュー）

アメリカに渡った。つまりこれは例外ではなく、植民地時代のイギリス領アメリカに移民したヨーロッパ人の四分の三は、奉公人としてやってきたのだった。

　これは、ヘロニモ・デ・アリアーガが南米で体験した状況とはまったく異なる。スペイン人は、メキシコとペルーで、文字通り銀の山を発見した。一方、カロライナの海岸で見つけたのは、白く風化した流木の墓場であり、「黄金郷《エルドラド》」にはほど遠かった。北米の入植者は、食べるためにトウモロコシを栽培し、交易のためにタバコを植えた。長年にわたって、イギリス領アメリカ植民地には都会などなく、いくつかの町があるだけで、農地や村の寄せ集めでしかなかった。先住民はそれほど多くなかったが、簡単には服従させられなかった。一六七〇年の時点でも、デ・アリアーガがいた南米は明るい未来の国であり、ミリセント・ハウがやってきた北米は、ロマンと冒険に満ちてはいるが、日陰の国だったと考えても差し支えないだろう。

もしこれが反対だったら、どうなっていただろうか。デ・アリアーガが着いたのがスペイン領カロライナで、ハウとスミスが行き着いたのがイギリス領ペルーだったとしたら。もし「（イギリスの）ヘンリー七世（在位＝一四八五〜一五〇九）がコロンブスの最初の航海で後見人になっていたら」。現代のイギリスの歴史家J・H・エリオットは、ややおどけた調子で次のように続ける。

万が一、（イギリス人の）遠征軍がヘンリー八世のためにメキシコを征服していたら、次のような状況が想像できる。……南米からイギリス王室に流れ込む銀で、金庫は膨れあがり、新大陸の資源を利用するための徹底した帝国的な計画が立てられ、入植者社会と先住民を統治する官僚制度が作られ、議会の影響力は弱まり、南米の銀という資金の裏づけを得た絶対主義的イギリス君主が誕生したことだろう。

つまり、イギリスの植民地が南米であったなら、いまの北米のような状況が生まれたかどうか、定かにはわからないという。

ニューイングランドがメキシコに建設され、ヌエバ・エスパーニャがマサチューセッツに出現していたら、どうなっていただろうか。ペルーの銀山を前にして絶対主義に魅せられたのがカスティーリャではなくイギリスで、北米に共和制の美徳というタネを播いたのがイギリスではなくカスティーリャだったとしたら、どうなっていたのだろうか。身分制議会《コルテス》——近代初期のスペインで見られた、のちの議会に最も近い制度――が、西ヨーロッパで初の立憲君主国を作るうえで貢献するよう発展していったとすれば、どうなっていたか。あるいはアメリカ合衆国《エスタドス・ウニドス》が、イギリス帝国ではなくスペイン帝国の危機をテコにして誕生し、はじめからスペイン語を話していた可能性さえある。このような役割の逆転は、絶対にあり得なかったとも言いきれない。たとえばユトレヒト同盟（のちにネーデルラントの連邦共和国）は、オランダがスペイン統治に反旗をひるがえしたために生まれた。もしかすると――新大陸に金銀があったかどうかにかかわらず――イギリスが議会政治への道を進み、スペインが君主制度への道を歩んだのは、単なる偶然だったのかもしれない。議会があずかり知らないところで望外の歳入があれば、チャールズ一世（在位＝一六二五～四九）は国王親政を続け、イングランド内戦を招くような対立は避けられたかもしれない。反王党派である下院ではピューリタンの勢力が強かったが、一六四〇年には彼らはすでに老齢化していたから、あと数年もすれば勢いが弱まっていた可能性も否定できない。また、オランダの侵攻と政変によってウィリアム三世（在位＝一六八九～一七〇二）が即位したが、イギリスが二度目の絶対主義体制もなんとか乗りきって立憲君主制への道を歩めたかどうかは定かでない。ジェームズ一世（在位＝一六〇三～二五）時代の財政難から、ジェームズ二世（在位＝一六八五～八八）の廃位までの一連のできごとが阻まれた可能性もあり得ただろう。一六八八年の名誉革命は神が定めた王室と議会の歩み寄りだとする、イギリス史に関するホイッグ党の解釈ほど偏ったものはない。名誉革命以降も、スチュアート王朝追放の受益者だったホイッグ党の貴族たちは、スチュアート王朝支持派の反クーデターの危険につねにさらされていた。スチュアート王朝支持派は、ケルト地域の周辺でも強い支持を得ていた。

肝心な点は、一つは新大陸の植民地で当初どのようにして土地が分与されたかであり、もう一つは入植者がヨーロッパから持ち込んだ制度の青写真の、歴史における相対的な重要性だ。もし最初の条件が決定的な要素だとすれば、ペルーに着いたのがイギリス人であるかスペイン人であるかはあまり問題ではない。似たりよったりだろう。なぜかといえば、イギリスもまたインカ帝国から強奪しようという誘惑にかられたことだろうし、簡単に金銀が手に入るという誘惑に屈したはずだからだ。おそらく、スペイン人の入植者も、チェサピーク湾で黄金がまったく見つからなければ、なんらかの工夫をしていたに違いない。だが違いを生んだ決定打が、両国の入植者が持ち込んだそれぞれの制度だとすれば、結果はまったく変わってくる。

一般論で言えば、イギリスの植民地統治は、スペインやポルトガルと比べると、どの地域においてもよりよい経済効果を生んでいる。まったく同じ条件の植民地は存在しないから、この説を実証する方法はないが、たとえばアリゾナ州はメキシコより豊かだし、香港はマニラより富んでいる。したがって、イギリスがメキシコとペルーを植民地化していれば、長期的にはよりよい結果をもたらしたかもしれないし、ひょっとしたらラテンアメリカ合衆国が生まれていた可能性も否定できない。反対に、北米がスペインの植民地になっていたら、割に貧しくて、抗争が絶えない複数の共和国に分割されていたことも考えられる。同じコロンビアという名称でも、アメリカ連邦政府があるコロンビア特別区（首都ワシントン）ではなく、南米コロンビアのような国民国家が複数、存在するようになっていたかもしれない。あるいはコロンビアとベネズエラの対立ではなく、ウィスコンシンとミネソタの両州が反目し続けていた可能性もある。

イギリスは、工業化が始まるずっと以前の一六七〇年の時点で、すでにスペインとは異なっていた。殺人発生率を目安にした暴力件数は、一三〇〇年代から着実に低下した。一六八八年の名誉革命後も、スコットランド北部とアイルランド南部など、ケルト地方を鎮圧するための戦闘はときに起こったが、断続的な内戦の時代は終焉を迎えた。一六四〇年ごろから、イギリスの出生率は着実に増加し、一〇〇〇人当たり二六から、一八〇〇年代の初期には一〇〇〇人当たり四〇とピークを迎えている。「マルサスの罠」の現象は過去にはあったし、その他の地域では引き続き起きていても、イギリスでは発生しなかった。実質賃金は上昇したし、家賃は低下し、識字率は顕著な伸びを見せた。重要な変化としては、大西洋を渡る危険性を冒すのもやぶさかではないと思う者には、国を出るという選択肢が生まれたことだった。一六四〇年代には、実質移民数は早くも一〇万人を超え、一七九〇年代まで、一〇年ごとの移民数は三万人から七万人にのぼった。このように冒険好きな連中は祖国にとって損失だったと考えた者がいるかもしれないが、それは植民地アメリカとヨーロッパ間の交易が栄えることによる相互利益を見落としている短絡的な見方だ。土地は広大だが労働力が足りないアメリカでは、労働力の移入がなによりも生産性の向上に寄与した。さらに、危険を好まずに本国に残った同胞は、移民たちのおかげで自分たちの賃金がわずかに上がり、間接的に利益にあずかれた。

ミリセント・ハウやエイブラハム・スミスのように、一六七〇年ごろにイギリスからアメリカに渡った移民たちは、ほとんど何も持参しなかった。旅費さえも、行き着いた先での労働を抵当《ていとう》にしてまかなっていた。だが彼らは、アメリカの将来にとって大きな意味を持ついくつかの考えを心に秘めていた。一つは、一二世紀からコモンロー裁判所（および大法官裁判所）によって培われてきた所有権の概念だ。二つ目は、戦闘的なプロテスタンティズムだった（クエーカー教徒、カトリック教徒、ユダヤ教徒も東海岸の入植に一定の役割を果たしたことを忘れてはならないが）。三つ目は、正当な課税は議会の承認を得ていなければならないという考え方だった。つまり、国王は、法律によって不平の種を除くことに同意する代わりに、税収を得る。これがイングランド内戦（一六四二〜六〇、国王派と議会派の軍事衝突）の核心でもあった。

カンタベリー大主教ウィリアム・ロードが進める国教会統一への反発と、チャールズ一世の財政改革への反感が相まって、一七世紀半ばのイギリスの危機は、独特な形で発展した。一六二八年には早くも、議会の友国王派は、「権利の請願」において、「何人《なんぴと》も議会の同意なしに贈与、公債、献上金、租税などの金銭的負担を強要されないこと」を要求した。ロード大主教がスコットランド長老派に「祈禱書」を強要しようと試みて失敗に終わり、戦争に突入したとき、チャールズ一世は低姿勢で議会に戻ったが、国王の大権を侵害するような長期議会（一六四〇〜四八）のおこないを受け入れず、一六四二年八月、王旗を掲げて内戦を勃発させた。敗北したチャールズ一世は、一六四九年一月三〇日、断頭刑に処せられた。その後には共和制が生まれたが、共和制が行き着いたところは、古典的な政治学説でいわれるパターン通り、独裁——護国卿オリヴァー・クロムウェルによる——だった。クロムウェルの死によって君主制は回復したが、また同じような問題が発生した。チャールズ二世（在位＝一六六〇〜八五）と彼の弟はカトリック寄りだったため議会の力を弱めようとしているのだろうと疑われたが、それも納得がいく。一六八八年にジェームズ二世が王座を放棄したのは、議会が仕組んだオランダ（オレンジ公ヴィレム三世）による政変だ。権利宣言（一六八九年二月）は、「国王大権に名を借りて、議会の同意なしに、議会が容認する期限よりも長期間、あるいは異なる方法で国王の使用に供するために資金を集めることを違法とする」とし、財政を勝手に左右する方式に終止符を打った。勝手な徴税を終わらせ、政府の歳入・歳出と借り入れを、土地所有者の代表が大多数を占める現体制の監督下に組み入れることにより、名誉革命は「海事・財政複合体」へ発展するための堅固な土台を構築した。一七一四年（断絶してハノーヴァー朝に復帰）ないし一七四五年（ジャコバイトの反乱）にスチュアート朝がふたたび権力を手にしていたとしても、この体制を覆すことはむずかしかっただろう。

だが一七世紀のイギリスで起きたさらに大きな変化は、政治の本質に関わるものだ。議論は、オックスフォード大学出身の二人の男性の間で起きた。一人は同大学のモードリン・ホールのカレッジ、もう一人はクライストチャーチのカレッジで学んだ。前者はデヴォンシア伯爵から、後者はシャフツベリー伯爵からと、ともに貴族の後見を得ている。両者とも、それぞれフランスとオランダという、異国での体験に影響を受けていた。前者はトマス・ホッブズで、彼は自著『リヴァイアサン』（一六五一、永井道雄、上田邦義・訳）に記しているように、一七世紀前半の教訓は明白だった。「自分たちすべてを畏怖させるような共通の権力がないうちは、人間は……各人の各人に対する戦争状態にある」。したがって人間はその義務を「恐怖」によってのみ果たすことになり、権力は強い主権者にゆだねられなければならず、その主権者は、国防、教育、立法、司法の責任を有する、というのが、ホッブズの考え方だ。ここで重要なのは、主権者はどのような民の挑戦にも揺らいではならない、とした点だ。主権者は「契約《カビナント》」によって拘束されるものではなく、「可分」になるわけでもなく、「殺されたり」するものでもない。これは絶対王政を正当化するものではなく（そういう見方もあるが）、むしろその逆で、ホッブズは人間の不完全性への悲観と、強い主権者への疑念もあって、そのころ追放されていたスチュアート朝との関係を、断ち切った。なぜかといえば、ホッブズは、君主ないし議会のいずれもが、主権者になり得ることを明らかにしたからだ（「一個人あるいは合議体」）。したがって彼の考えは、『父権論』の著者サー・ロバート・フィルマーのようなスチュアート朝の信奉派が主張する王権神授説とはかけ離れていた（訳注＝カギかっこ内は、上記訳の引用。以下、同様）。

ジョン・ロックの『市民政府論』（一六九〇、鵜飼信成・訳）に収められた統治に関する二論のうち、第一論はフィルマーへの反論だったが、第二論はホッブズの説に対してより探求的で独創的な問題提起をしたものだ。強硬な君主は、戦争の解決には決してならない。真の自然状態では調和が保たれており、絶対君主は人民の「自由を奪い取ろう」として、社会と争っている。――ロックはそう断じた。人びとは、恐怖を感じながら統治されたいとは思わない。「合理的な人間の集い」として、「自分たち相互の福祉のために協同体」を望むものだ。これを基本にした国家であれば、権力は「市民的社会」から「立法権」にゆだねられる、とロックは論じた。「立法権」の決定は、おおむね国民の総意が反映されている。主権は一元的で分離できないとするホッブズの考えと違って、ロックは裁判官を任命して法を作る責任を持つ「立法権」を重視し、「立法権」から、「執行」と「連合」部門を分けることが好ましいと主張した。さらに顕著なのは、自由に対するホッブズとロックの説の違いだ。ホッブズによれば、「国民の自由は、主権者が……規制した際に、不問に付したことがらにのみある」。このような「法の沈黙」の場合は、主権者が優位に立つことになる。一方、ロックの考えは、次のようにまったく異なっていた。

法のないところ、自由もまたないのだから。……立法権は……是非曲直を裁判するには、……公布された恒常的な法と、公知の授権された裁判官とによらなければならない。……人民の福祉以外の目的を究極の目的としてはならぬ。

自由についてのロックの考えには、かなりユニークな面が見られる。「むしろそれは、彼がそのもとにある法の許す範囲内で、自分の一身、行動、財産および全所有を処分し、このようにして、自分の思うままに振る舞う自由であり、その点で、他人の恣意に服するのではなく……」としており、核心は次の点にある。「それ故、人びとが国家として結合し、……大きなまた主たる目的は、その所有の維持にある」。さらに「立法権」は「何人からも、その所有の一部といえども、その者自身の同意なしに取り上げることはできない」。つまり徴税についても、代表者の大多数の同意がなければならない。これはロックもよく理解していたように、きわめて革新的で、一六八八年の名誉革命後、次のように書いている。

立法権は、ある特定の目的のために行動する信託的権力に過ぎない。立法権がその与えられた信任に違背して行為したと人民が考えた場合には、立法権を排除または変更し得る最高権がいぜんとしてなお人民の手に残されている。

一七七六年以前に刊行された『市民政府論』の北米版は一つしかなく、しかも不完全だったが、ロックの考えは北米の社会・政治の発展に大きな影響を与えた。だが対照的に、独立後のラテンアメリカの政治は、ホッブズのいう無秩序な自然状態と、彼の描いた独裁主権者の粗野な風刺像との間を行ったり来たりする状況だった。

新世界が登場したため、西ヨーロッパの君主には広大な領土が与えられた。新しい入植者――南米のスペイン人、北米のイギリス人——が直面したのは、この新しい膨大な土地をどのように分配すべきか、という問題だった。その答えが、以後の西洋文明のリーダーシップの行く先を決定づけることになる。だが両者が出した答えは、両極端だった。

カロライナに到着した最初の船の船長が浜辺に足をおろしたとき、彼は新世界における制度のひな形を持ち込んだ。その中核は、土地についての考え方だった。『カロライナ憲法草案』(『ロック政治論集』。山田園子、吉村伸夫・共訳)は一六六九年三月、カロライナの「領主」八人の一人であるシャフツベリー伯の書記、ロックその人によって記された。この草案は、採用された事項ばかりでなく、採用されなかった項目も注目に値する。「民主制を大きく前面に押し出すことを避ける」よう強く望んだシャフツベリー伯の意に沿って、ロックはアメリカに世襲貴族と階級社会をもたらす計画をまとめた。パラタイ伯(王権を持つ)、方伯(広大な領土を持つ)、男爵、カジーク(首長)、農奴《リートマン》など、奇妙な階級を作り、大領地の譲渡や分配についても厳しい規定を設けた。また、「金銭、または報酬を懇願するのは、卑しく、恥ずべきことである」として、法律家を禁じようとした。さらにロックが当惑したのは、イングランド教会をカロライナの国教にするという条項(第九六条)を設けるようシャフツベリー伯に強要されたことだった。入植者たちは賢明にもこの大半を無視したが、ロックが掲げた重要な理念の一つは残した。それは、政治的代表制と所有権には関連があるべきだという点だ。第四条は、土地の五分の三は「人びとにゆだねられる」としている。第七一条と七二条は、議会が二年ごとに開かれることを定め、次のように述べている。

自由保有土地五〇〇エーカーを当該管区内に持たない者は、その区内で議員に選ばれない。また、当該管区内で持つ自由保有土地が五〇エーカーに満たない者は、当該議員を選ぶ権利を持たない。

したがって、カロライナの土地がどのように分配されるかがカギを握っていたことになる。カロライナに向けて最初に出発した船は遭難した、と考えられていた時期があった。だが実際は無事に到着していたことがわかり、その段階で、土地の分配を管理するために、「バーベイドス布告」が出された。そこで重要なのは、最低限の土地が保証された点だ。「農作と居住が目的で一六七二年三月二五日以前に到着した自由民とその跡取りたち全員に、一〇〇エーカーの土地が永遠に与えられる……」。だが、これを利用できる自由民が十分にいない場合はどうするのか。そのときは、年季奉公を終えた使用人にも――通常は五、六年で奉公の期間は終わった――土地が与えられた。

ミリセント・ハウとエイブラハム・スミスは、本国イギリスでは苦しい生活を送っていた。アメリカへの船旅は危険に満ちていて、北米植民地へたどり着いても、かなりの人数が最初の一、二年を乗り切れずに命を落としていたことを、おそらく彼らも知っていた。だが、そのリスクを乗り越えるほどの意欲をかきたてた要因があった。イギリスでも所有権は保証されていたが、それは限られた者だけに与えられた特権だった（一四三六年、土地の約四五パーセントは貴族・紳士階級の六〇〇〇ないし一万の家族が保有し、二〇パーセントを教会、五パーセントを王室が所有していた）。だがアメリカでは、最下層の人間でも所有権への第一歩を踏み出すチャンスがあった。これが人頭権の中核であり、人頭権はヴァージニア、メリーランド、ニュージャージー、ペンシルヴァニアの各州でもやがて導入された。土地が潤沢にあり、労働力が足りなかった植民地で、このシステムは理にかなっていた。ロックが『利子・貨幣論』で書いているように、「世界の大半の文明国において、貧富の差は土地が肥沃か不毛かではなく、人数が十分にいるかどうかにかかって」いた。スペインやオランダなどの競合国は、「開拓による改善はおこなわなかった。土を掘り起こし、タネを植えたイギリス人と異なり、東インドで彼らがおこなったのは戦争や交易で、要塞のある町を築き、沿岸に城を建てることだった。それは征服された人びととの交易を独占するためだ」という。イギリス式の植民の形は、帝国主義として経済的によりすぐれていただけではない。植民地に住む狩猟採集民から、土地を収奪することを正当化したのだった。ロックによれば、「ある人が耕し、植え、土地を改良し、開墾し、産物を収穫し得る土地は、その範囲に限って、彼が所有する」。これを解釈すれば、先住民が狩猟に使う場所は、テラ・ヌリウス、つまり無主の土地ということになり、開墾してもいいことになる。これが、土地収用への許可状とでもいえる理屈だった。

最初の入植者がやってきたときから、すべての土地の譲渡取引はノースチャールストン譲渡管理局に記録されている。年季奉公を終えた男女に与えられた狭い土地も、すべて含まれている。ミリ

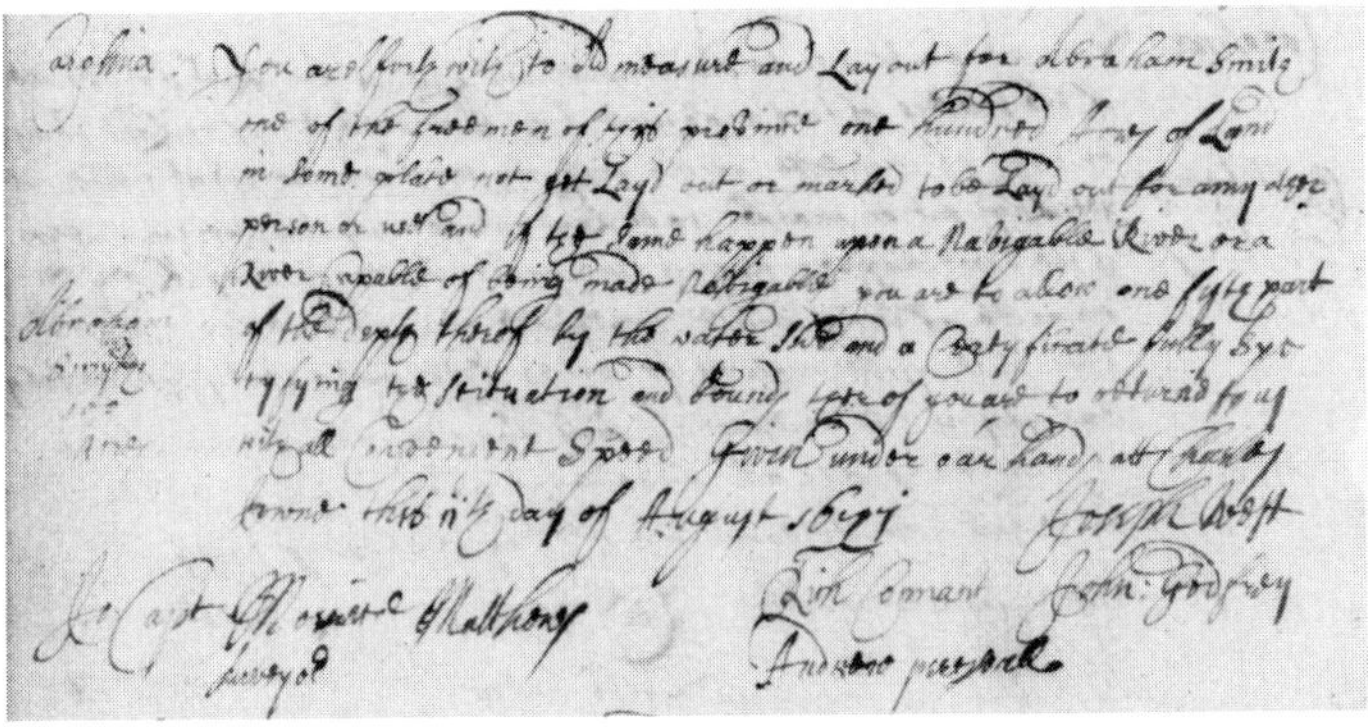
Carolina. You are forthwith to cause to be measured and Lay out for Abraham Smith one of the freemen of this province one hundred acres of Land in some place not yet Layd out or marked to be Layd out for any other person or use and if it shall happen upon a Navigable River or a River capable of being made navigable you are to allow one fifth part of the depth thereof by the water side and a Certificate fully describing the situation and bounds thereof you are to returne to us with all convenient speed. Given under our hands at Charles towne this 11th day of August 1671

Joseph West
[illegible] John Godfrey
[illegible]

To Capt. [illegible] Surveyor

Abraham Smith 100 Acres

「……土地がもらえる」。エイブラハム・スミスの土地証文（イギリス国立公文書館，キュー）

セント・ハウとエイブラハム・スミスにも、一〇〇エーカー（〇・四〇平方キロ）と二七〇エーカーの土地がそれぞれすぐに与えられ、売却してもよしとされた。彼らは経済面ばかりではなく、政治面でもいわばゴールに到着した。ロックは『カロライナ憲法草案』で、政治力を有するのは土地の所有者のみと明記しているからだ。たとえば五〇エーカー以上の土地を所有していたら、エイブラハム・スミスのような男性であれば——ミリセント・ハウなど女性には与えられなかったが——投票権が与えられ、陪審員になることも可能だった。所有地が五〇〇エーカーなら、カロライナ議会の議員や、裁判官になる資格も与えられた。そして特筆すべきことは、選挙民として、陪審員として、あるいは議員として、所有地の面積が最小限でも、その一〇〇倍の広さでも、投票できるのは一票のみだった点だ。

この所有地主の民主主義は、純朴なスタートを切った。カロライナではじめて選出された代表が最初に集まったのは、チャーチ通り一三番地にある、チャールストンのなんら目立たない家の二階だった。だがこのような集まりが、政府の改革をうながす足がかりになった。イギリス国王は、貿易会社に権利を与えることで、アメリカという大国の基礎を築いた。総督は国王が任命したが、入植者は自分たちの代表議会を持つべきだというのが前提だった。そもそも国王の特許状が与えられた特許会社が発端だったことを考えれば、それも当然だった。事実、ヴァージニア議会はすぐに開設され、一六一九年にはじめて会合を開いた。イギリス領アメリカには、マサチューセッツ湾、メリーランド、コネティカット、プリモス、ニューヘイヴン、バーベイドスなど、八か所に議会があった。このような制度は、ラテンアメリカには存在しなかった。

つまりカギになったのは、社会移動の帰結だった。エイブラハム・スミスのような人間がまったく無一文で荒れ地にやってきても、何年か経てば地主になることができ、選挙民にもなれるという事実だ。独立革命直前の時点で、将来の一三州のうち七州において、選挙権を得るには土地を所有するか、財産税の支払いが条件だった。この原則は、場所によっては一八五〇年代まで有効だった。

南米のスペイン植民地では、土地はまったく違う方法で分配された。

一五三四年八月一一日に発令された布告《セデューラ》で、フランシスコ・ピサロは、ヘロニモ・デ・アリアーガと、もう一人のコンキスタドルであるセバスティアン・デ・トーレスに、ルリングアイラスと呼ばれる信託権《エンコミエンダ》を与えた。この委託地は、ペルー・アンデス山脈の、みごとなカジェホン・デ・ワイラス大渓谷にあり、周辺の土地は肥沃で、金銀の山々がつらなっていた。デ・アリアーガにとっての難題は、この資源をどう利用するかだった。その答えは、ジョン・ロックが北米で出した答えとはまったく異なっていた。

当初、デ・アリアーガとトーレスに与えられたのは、土地そのものではなく、そこに住んでいた六〇〇〇人ほどの先住民の労働力だった。土地が広く分配されたカロライナのイギリス領植民地とは異なり、スペイン領アメリカで少数の特権階級に与えられたのは、先住民を搾取する権利だった。先住民はかつて、ミタ制という強制労働の形でインカ帝国のため働かされていた。そしてこんどはスペイン人のために働く羽目になった。これは基本的には貢納制度で、労役の形を取った。土地を耕したり、金銀を掘ったりと、先住民はデ・アリアーガの意のままに働かされた。この制度は一五四二年、レパルティミエント制の導入によって、わずかに変わった。これは先住民の労働力の分配に国王が権限を持つ制度で、信託請負者《エンコメンデロ》による虐待の報告を受けて作られた（トーレスは、残虐な行為を憎まれ、先住民の労働者たちに殺された）。信託権制《エンコミエンダ》は、入植者とその跡継ぎに永遠に与えられたものではなかった。カスティーリャの法律では、土地は国王の所有地だと定められており、土地に区画の仕切りを作ることさえ許されず、世襲制の大農場《アシエンダ》が発展するまでには時間がかかった。最終的には、コンキスタドルは植民地の有閑階級になり、大半の人には、わずかな土地しか与えられなかった。スペイン人移民のなかでも信託請負者《エンコメンデロ》は少数派で、ペルーのスペイン系人口のおそらく五パーセントほどだった。疫病に襲われても、先住民の労働力は割に豊富だったから、痛痒《つうよう》は感じなかった。一七〇〇年の時点で、三大スペイン領植民地の人口密度は、イギリス植民地の数倍だった。したがってスペインは、大勢の年季奉公人を大々的にヨーロッパから連れてくる必要はなかった。むしろ一六世紀初期から、スペイン政府はアメリカ植民地への移民を制限しているほどだ。したがって、スペイン統治下では、イギリス領アメリカの特色だった上向きの社会移動は起こらなかった。

スペインによる統治は、カトリック路線に基づいていたから、その面では必ずしも悪いとはいえなかった。それというのも、信託権制《エンコミエンダ》のもとで先住民がいかに虐待されているか暴露したのは、カトリック系であるドミニコ会士のペドロ・ド・コルドバ師だったからだ。だが基本的には、これも一つの独占形式だった。一方で北米は、多くのプロテスタント宗派がひしめく地になり、イギリス国教への反発が多様性を生んだ。これには暗い部分もあったが(セイラムにおける魔女裁判など)、明らかな利点は、宗教的・政治的自由に取り組む商人と農民の社会が生まれたことだ。『カロライナ憲法草案』第九七条で、ロックは宗教に対する寛容性について、イギリスの責任範囲を明らかにして、次のように記している。

しかし、われらの植民とかかわりのある当地の原住民は、キリスト教にはまったく無知だから、偶像崇拝、無知、または誤りがあるからといって、彼らを排除し、虐待する権利は、われらにはない。他の場所からここへ植民するために移住する人々は、宗教事項について異なった見解を不可避的にもつが、そうした自由は彼らに許されていると彼らは当然考えてよい。および、このことを理由に、われらが彼らを排除するのは穏当ではない。社会の平穏は見解の多様性の中で維持されうるし、すべての人々とのわれらの合意、または契約は、適正かつ忠実に遵守される。その侵犯は、いかなる口実であろうと、全能の神への大きな侮辱なしには、またわれらが表明する真の宗教にたいする大きな恥辱なしにはなされない。さらに、異教徒、ユダヤ人、およびキリスト教の純粋性に異論をもつ他の者たちは、脅かされたり、遠ざけられたりしてはならない。彼らに、キリスト教の教えの真実と穏当性、およびそれを信じる者たちの平穏さと非攻撃性を教える機会が与えられることによって、および善い待遇と説得によって、および福音の掟と意図に合致する柔和さまたは謙虚さという確実な方法によって、彼らは真理を抱き、心底から受け容れるようになる。したがって、何かの宗教で一致する七名またはそれ以上の人間は一つの教会、または信仰集団を構成し、それに対し、彼らは他から区別される名前を付与する。

（『ロック政治論集』収録「カロライナ憲法草案」山田園子、吉村伸夫・共訳。強調は引用者）

ヨーロッパで長年にわたって激しい宗教紛争を経験したのちに、七人だけで本格的な新しい教会を作ることができる社会を構想するのは、かなりの自信がなければできない。北米・南米植民地の市民社会のこのような決定的な違いが、やがて独立を達成した時代に、歴然とした差をもたらした。

南北アメリカの革命

一七七五年の時点で、北米と南米の経済的・社会的な違いはきわだっていたが、どちらもいぜんとして遠く離れた地にいる国王が統治する、いくつかの植民地で構成されていた。だがそれぞれに変化が現れつつあった。

一七七六年七月二日、チャールストンの古い交易所の階段に集まった群衆は、サウスカロライナ政府がイギリスから独立をするという宣言を聞いた。イギリスから独立した例は、これがはじめてだった。それから約四〇年後に、南米のスペイン統治は終焉を迎えた。北の革命は土地所有者の民主的権利の基盤を作り、一〇〇年後には世界で最も豊かな連邦共和国に成長したが、南米の革命は、リオグランデ川以南の大陸全体を、二世紀にもわたって分断と不安定と低開発の状態に据え置くことになった。いったいなぜなのか。

イギリスとスペインの両国とも、一八世紀の後半に危機を経験した。帝国が植民地との貿易に対する規制を強めたことに加えて、七年戦争（一七五六〜六三）で大きな財政負担をこうむったことが、植民地反乱への道を開いた。一七七〇年代にイギリス領アメリカ植民地で起きた反乱に匹敵するような、スペイン領アメリカ植民地の反乱としては、一七八〇年から八三年に起きたトゥパック・アマル二世（ペルー・クスコ）の「アンデスの反乱」と、ヌエバ・グラナダ（コロンビア）で一七八一年に起きたコムネロスの反乱がある。だが、イギリス領アメリカ植民地のうち一三が独立

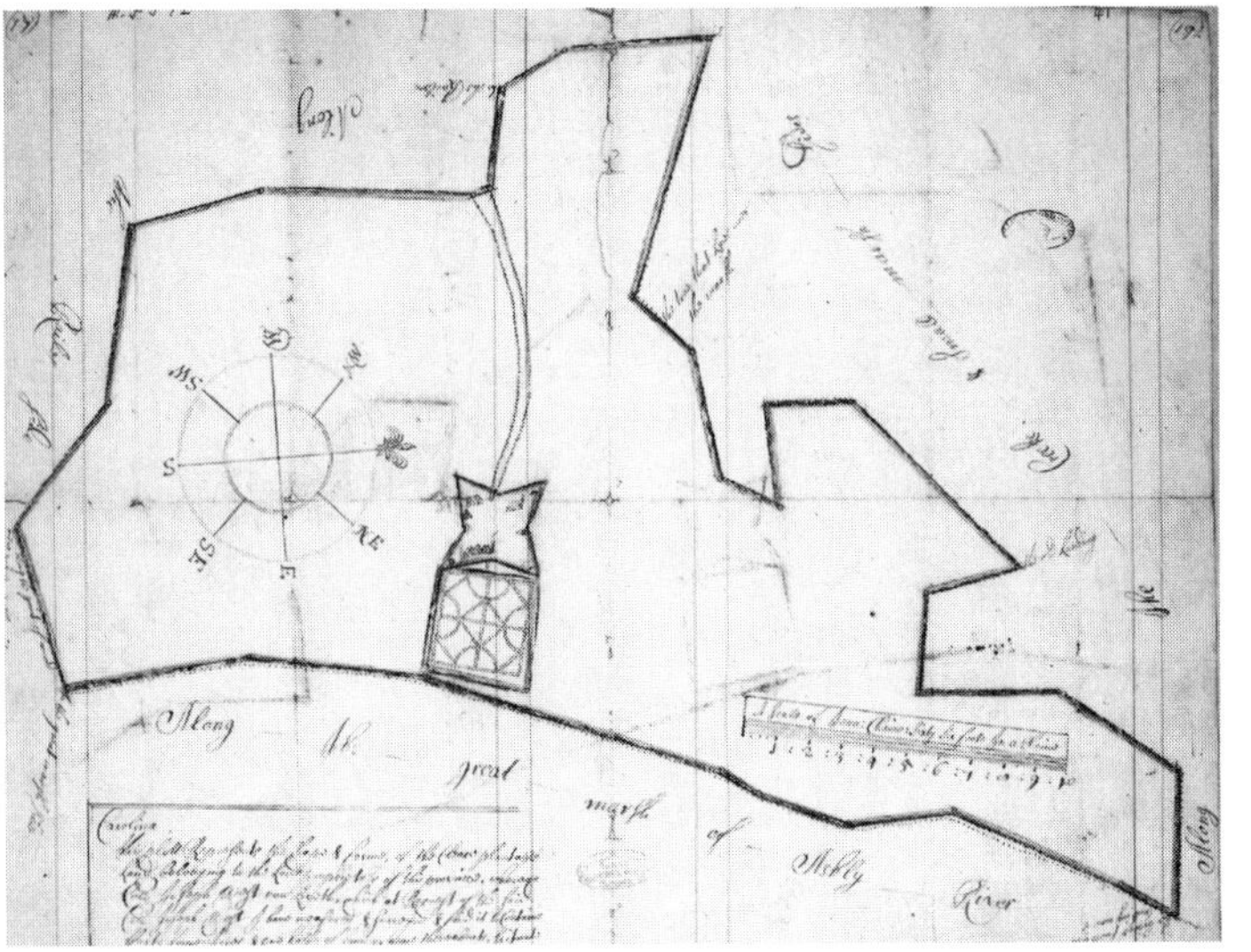

アメリカン・ドリーム――チャールストンの土地（サウスカロライナ歴史協会）

を要求したのは、自由主義に目覚めた商人と農民の社会に対して、帝国権力の押しつけが強まったためだった。まるで一六四〇年代のイングランド内戦を引き継いだかのように見える反乱の要因は、課税と代表制という昔ながらの問題だけではなかった。アメリカの革命では、土地がきわめて重要な役割を果たしたところに意味がある。イギリス本国政府は、アパラチア山脈の西側にこれ以上入植地を広げることを、制限しようとした。それは、入植者の拡大主義的な将来構想である「領土拡張」の理念と真っ向から対立したため、入植者たちは危機感を覚えた。ジョージ・ワシントンのように土地を投機の対象と考えている者にとって、これはとくに重大だった。七年戦争の間、イギリス政府がまとめた先住民との合意を、ワシントンは戦争中だけの方便だと考えた。一七六三年の宣言で先住民にも事実上、土地が与えられたことに、ワシントンは次のように、友人への手紙のなかで包み隠さず驚きを表明している。

この宣言は、先住民を黙らせるため、一時的に講じられた便法としてしか、私は見ることができない（あくまでもわれわれの間だけの話だが）［ワシントンはこの手紙を、将来の同志となるウィリアム・クロフォード宛に、一七六七年に書いている］。数年後、先住民がわれわれの占領に同意したとき、廃棄されなければならないことは言うまでもない。いかなる者であっても……好条件の土地を調べ抜き、ほかの者が入植しないようそれを自分のものとすることを怠れば、それをふたたび手に入れることはできない。もし貴君が土地を見つけられない場合は、私がうまい話を見つけたらすぐに確保し、万難を排して測量し、登記しよう。……私が多くの土地を確保する所存であることは、おそらく貴君も先刻ご承知だろう。貴君にも相当量の土地が手に入る。……ただしこの件に関しては、口外はされぬよう。……土地の入手において、貴君に力添えできる、信頼できる者のみに伝えること。

ワシントンは一七六八年、現在のウエストヴァージニア州のメイソン、パットナム、カノワ郡の一八二平方キロメートルの土地を獲得した。さらに続いて、デラウェア族、ショーニー族、ミンゴ族をオハイオ川以南から強制的に排除したことで得をした。だがワシントンは、一七七四年にイギリス議会が決めたベック法はさらに事態を悪化させたと考えた。フランス領カナダだった植民地が現在のイリノイ、インディアナ、ミシガン、オハイオ、ウィスコンシンの各州、ミネソタ州の一部にまで拡張されただけでなく、フランス系住民がカトリック教を信じる自由を保障したからだ。反抗的なニューイングランドの人びとが、これをボストン茶会事件後に成立した四つの懲罰的法とあわせて、「耐えがたき諸法」としてくくったのもうなずける。

　課税と代表制という最も重要な問題に関して、イギリス政府が時宜を得た譲歩をおこなっていれば、アメリカ独立戦争は避けられたかもしれない。さらに、イギリス軍のハウ司令官やバーゴイン司令官がうまく立ち回っていれば、戦争の結果は違ったものになっていた可能性もある。あるいは、イギリスが外交にもう少し長《た》けていたら、決定的な孤立は防げたのかもしれない。これがアメリカ独立戦争における米仏連合軍の勝利――一七八一年ヨークタウンにおけるイギリスの降伏――を招いた。さらにその後、一三の植民地がひとまとまりにならずに、ばらばらになっていたことも考えられる。アメリカの戦時と戦後の経済状況は、深刻だった。インフレ率は一七七九年に最高となり、年間四〇〇パーセント近くまで上がり、一七七四年から九〇年のうちに、景気の後退で一人当たりの所得は半分に減り、一七九〇年には債務額がGNP（国民総生産）の六二パーセント相当にのぼり、各州は互いに関税を課した。最悪のできごとは、マサチューセッツの農民ダニエル・シェイズらが、税の滞納と個人負債未支払いのために土地を没収され、反乱を起こしたことだ。革命が連合規約（最初の憲法）以降も続いていなければ、北米の運命は南米に似て、統一より分裂への道をたどっていたかもしれない。政治制度を作り上げた憲法として画期的な一七八七年アメリカ合衆国憲法によって、新しい共和政体のための堅固な連邦構造が構築された。これによって、ロックが謳った権力の四つの柱——行政府、二院制の立法府、そして最高裁判所——が実現しただけでなく、一つの市場、一つの貿易政策、一つの通貨、一つの軍、そして資産を超える負債を抱える者に対する破産法（この意義は大きい）ができた。さらに忘れてならないのは、「財産の不法な捜索・押収」から個人を守る、憲法修正第四条が作られたことだ。

要するにこれらの中核をなすのは、土地所有権の問題だった。その意味で、ジョージ・ワシントンは独立戦争で要領よく儲けた者の一人だった。一八〇〇年に執行された彼の遺言状には、ヴァージニア、ペンシルヴァニア、メリーランド、ニューヨーク、ケンタッキー、オハイオバレー、さらにヴァージニアの町アレキサンドリア、ウィンチェスター、バース（現在のウエストヴァージニア州バークレースプリングス）、さらに彼の名前が冠された新しい町の土地、計五万二一九四エーカーがリストアップされていた。アメリカの黎明期ほど、土地と自由の関係の緊密さを浮き彫りにしたものはない。南米の先住民は土地を耕して収穫したが、北米の先住民は土地を失った。

南米でジョージ・ワシントンに比肩できる人物といえば、シモン・ボリーバルがあげられる。ボリーバルもスペインという帝国を倒しはしたが、中南米にラテンアメリカ合衆国を作るには至らなかった。アメリカ独立革命は元イギリス領植民地の団結を実現しただけではない（もちろんカナダ

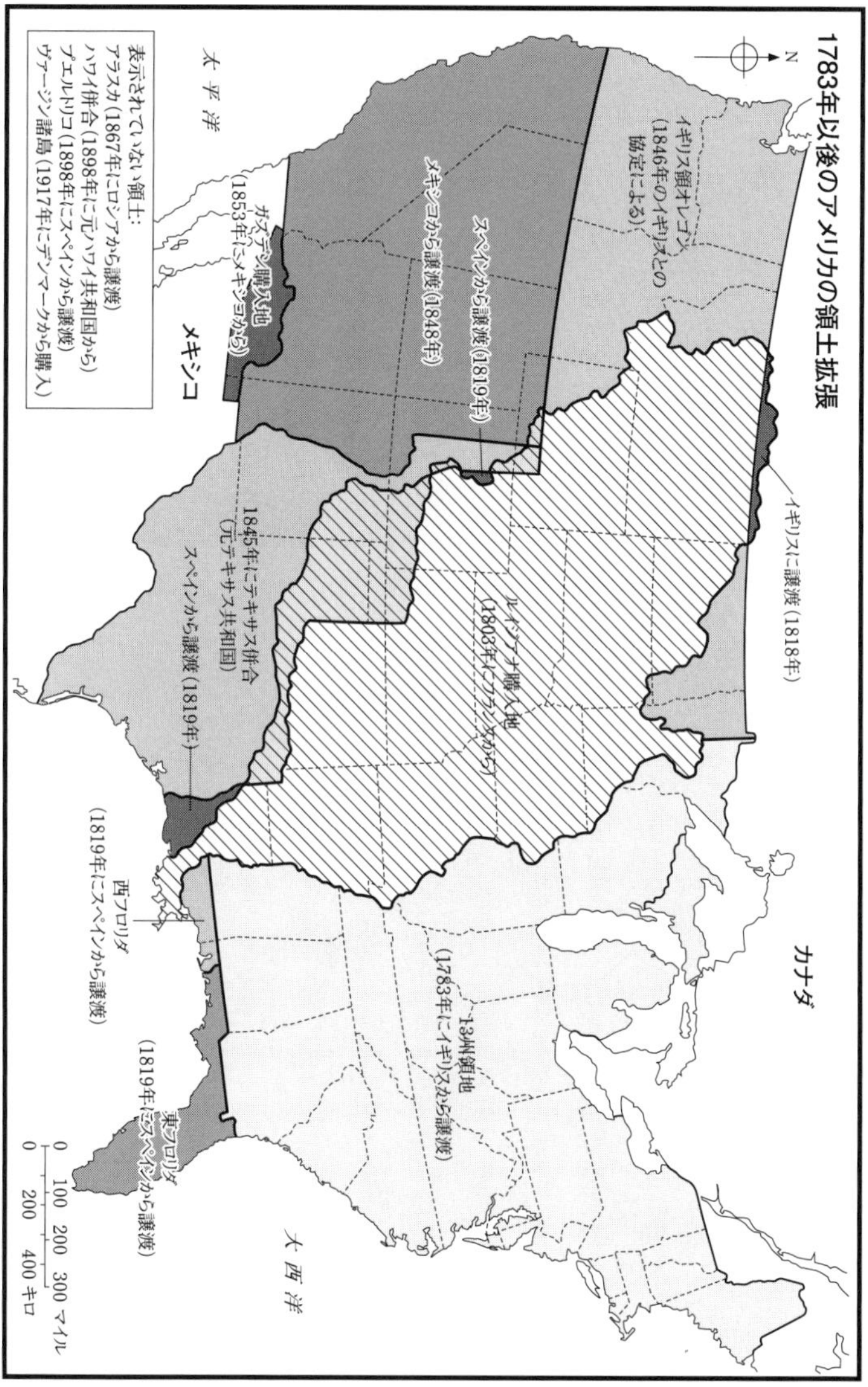
1783年以後のアメリカの領土拡張
N
イギリス領オレゴン
(1846年のイギリスとの協定による)
スペインから譲渡(1819年)
メキシコから譲渡(1848年)
ガズデン購入地
(1853年にメキシコから)
メキシコ
太平洋
表示されていない領土:
アラスカ(1867年にロシアから譲渡)
ハワイ併合(1898年に元ハワイ共和国から)
プエルトリコ(1898年にスペインから譲渡)
ヴァージン諸島(1917年にデンマークから購入)
1845年にテキサス併合
(元テキサス共和国)
スペインから譲渡(1819年)
ルイジアナ購入地
(1803年にフランスから)
イギリスに譲渡(1818年)
カナダ
13州領地
(1783年にイギリスから譲渡)
西フロリダ
(1819年にスペインから譲渡)
東フロリダ
(1819年にスペインから譲渡)
大西洋
0 100 200 300 マイル
0 200 400 キロ

ジョージ・ワシントンになり損ねたシモン・ボリーバルの肖像（画：リカルド・アセヴェド・ベルナル）

とカリブの植民地や、誕生したばかりの国から逃げることを選んだ多くの国王派は、イギリス帝国に忠誠を保ち続けていた）。アメリカは独立によって、比類のない繁栄と力への道を歩み始めた。だが南米は、スペインから独立しても対立、貧困、不平等を抱えたまま停滞を続けた。南米ではなぜ資本主義と民主主義が定着して発展しなかったのか。ある日ハーヴァード大学の同僚に、南米は「西洋」に属するだろうか、と私が尋ねたとき、彼は首を傾《かし》げた。なぜか。端的にいえば、ボリーバルが南米のワシントンになれなかったのは、なぜなのか。

ボリーバルは、一七八三年七月に生まれた。ベネズエラの裕福なカカオ農園の家だったが、一〇歳になる前に孤児になり、一四歳で兵士になっていた。スペインとフランスに留学したが、南米生まれのクレオールを含むすべての外国人が食糧不足のためマドリードから追い出されたため、一八〇四年にはパリに移り住んだ。スペインの統治を慨嘆《がいたん》し、フランス革命後のナポレオン時代（第4章参照）に触発され、一八〇七年にベネズエラに戻った。ボリーバルは、同じような変化が母国でも起きることをすでに夢に描いていた。だが南米に起きた革命は計画性に欠けていた。一八〇八年にナポレオンがスペインを攻撃したのち、権力構造に真空状態ができて、混乱にまぎれて起きた反応にすぎなかった。ボリーバルは二年後、フランスが南米に攻撃を仕掛けてきたときに備えて支援を求めるため、ロンドンに派遣された。支援は得られなかったが、ボリーバルは、筋金入りのベネズエラ独立運動家フランシスコ・デ・ミランダに出会って懇意になった。一八一一年七月、ボリーバルとミランダは帰国し、ベネズエラ第一共和国の設立を宣言した。

だが、この共和国は失敗に終わった。一八一一年の憲法では、地主だけに選挙権が与えられたが、これは北米の場合と異なり、圧倒的多数の人びとには選挙権がないことを意味した。したがって、解放された奴隷（パルドスと呼ばれた）を含む、土地を所有していない者が、王党派の支持に回った。王党派がプエルト・カベッジョの町を勝ち取った後、降伏するミランダにボリーバルは失望し、彼の身柄をスペイン側に引き渡した。ヌエバ・グラナダに逃亡したボリーバルはクレオールたちを結集し、ふたたび独立の機をうかがった。

ベネズエラ第二共和国成立を宣言して、絶対権力者の座についたボリーバルは、「すばらしき闘争《カンパーニャ・アドミラーブル》」と呼ばれる一連の戦いを始め、メリダ、ボゴタ、カラカス、トルヒーヨから王党派を駆逐し、解放者《エル・リベルタドル》と呼ばれるようになった。一八一三年の「容赦なき戦い」宣言は、戦闘が熾烈をきわめたことを示していて、次のように檄《げき》を飛ばしている。

「あらゆる積極的・効果的な手段によって、大義名分のために暴政に反対しないスペイン人は、すべて敵とみなされて罰せられることとし、国家への反逆者として、銃殺隊により全員が処刑されることとする」

囚人の処刑はひんぱんにおこなわれ、一度に八〇〇人が殺されたこともあった。もっとも、ボリーバルは、悪魔《エル・ディアブロ》というあだ名の側近が老齢のスペイン人の首を持って現れたときには、やりすぎだといましめた。だが、恐怖心をあおる数々の強硬手段を取ったにもかかわらず、王党派に離脱する非白人は跡を絶たなかった。一八一二年三月にカラカスを襲い、一万人の犠牲者を出した大地震に教会が便乗して、独立運動に対する非難を強めた。ボリーバルはいつもと同じく、傲然《ごうぜん》とうそぶいた。

「自然がわれわれに刃向かうのであれば、ねじ伏せてわれわれに従わせなければならない」

だが彼の最大の問題は自然災害ではなく、スペイン軍から追い出されてスペインに反旗をひるがえしたホセ・トマス・ボベスだった。先住民、逃亡した奴隷、脱走兵などのならず者を寄せ集めたボベスの「平原児《ジャネーロス》」軍は、自由のための戦闘集団というよりはただの略奪行為に走り、ボリーバルはそれを制圧するのに苦労した。連戦連敗したボリーバルはふたたび逃亡を余儀なくされ、こんどはジャマイカに亡命した。ハイチに短期逗留したボリーバルは、ベネズエラの奴隷解放を戦略の一つに組み入れるべきだ、という信念を強めた。独立の目的を黒人と白人クレオールに訴えられなければ、成功は望めなかった。彼は有色人種《ヘンテ・デ・コロール》を含む、南米のすべての人びとに訴えることにした。

この作戦は、少なくとも一時的には効果があった。多数の者が政治代表制に引かれ、ボリーバルの軍に馳せ参じた。彼らの希望の象徴になったのが、カリブ海のオランダ自治領キュラソー出身で、スペイン商人の息子であり、オランダ人とアフリカ人の混血であるマヌエル・カルロス・ピアルだ。

ピアルのような他民族混血《カスタ》が最高位の将軍に任命されたため、肌の色に関係なく南米の人びとすべてを解放するという主張にボリーバルが誠実であることが証明された。一方、国王の復権に対するスペインの支持は弱まっていた。一八二〇年、「アメリカの再植民地化」のために送られる予定でカディスに結集していた一万四〇〇〇人が、大規模な反乱を起こした。これは、王党派の将軍パブロ・モリーヨにとっては痛手だった。彼は、崩壊しつつあるスペイン帝国を建て直すという、報われない役目を負っていた。

情勢は、ボリーバルに有利に展開し始めた。だがまだ必要な戦争は数知れず残っていた。ボリーバルは、外国に兵力の支援を求めた。意外なことに、これに応じたのはイギリスだった。

カラカスの中心地にある、ベネズエラ建国者の名前が彫られた荘厳な記念碑に、ブラウン、マグレガー、ファーガソン、オコナー、オリアリー、ロバートソンなどイギリス系の名が刻まれているのには、やや違和感を覚える。これらの名前は、一八一〇年から二五年の間、ラテンアメリカ解放のために戦い、多くは命を落とした多数のイギリスとアイルランド兵士の一つの例だ。

スペイン統治から南米を解放する戦いに、イギリスとアイルランドから総勢約七〇〇〇人が志願した。ワーテルローの戦い（一八一五）後の状況に納得のいかないナポレオン戦争からの古参兵もいたが、大多数（全体の三分の二）は初年兵だった。南米の自由と統一という、ボリーバルが掲げた崇高な目標に触発された者も、当然ながら多かった。一八一五年から、時代は解放の空気に包まれていた。有名なところでは、バイロンなどの理想主義者が、オスマン帝国からのギリシャ独立運動に参加した。だが、ベネズエラに渡った大半の兵士は、北米に初期に渡ったイギリス人たちのように、土地の約束に引かれていた。軍部による兵士への土地の分配が、兵役の報酬として保証されていたためだ。その一人が、イギリス・マンチェスター出身の若い大尉トマス・フェリアだった。フェリアはやがて、ボリーバルのイギリス部隊を指揮することになる。

フェリアが南米で最初に赴《おもむ》いたのは、アンゴストゥーラという町（酒の一種であるビターズの発祥地）だった。ボリーバルが陣地を設営した、オリノコ川に面したけわしい地形にある。フェリアが率いる義勇兵部隊は大西洋岸から太平洋まで、四年間、数々の戦場で戦った。一八一九年八月、ボジャカの戦いの後、トゥンハとボゴタの制圧に加わり、ボリーバルはボゴタでコロンビア共和国の独立を宣言した。軍はさらに北のベネズエラへ向かい、ついに一八二一年六月二四日、プエルト・カベッジョにあるカラボボに到達する。これがボリーバルのベネズエラ侵攻作戦の決戦場になった。共和国軍は六五〇〇人、王党派軍は五〇〇〇人だった。ボリーバルの軍が勝てば、東のカラカスへの道が開けることになる。

ボリーバルは、戦場を見降ろす丘に塹壕を掘っていたスペイン王党派軍の裏を掻くよう、フェリアが率いる部隊六〇〇人に指示した。部隊は目立たない峡谷から近づいたが気づかれてしまい、王党派軍は大砲二門、マスケット銃三〇〇〇丁などで攻撃を仕掛けてきた。フェリアはボリーバルからの援軍を、酷暑のなかでひたすら待った。最終的に進撃の命令が下され、引き続いて繰り広げられた銃剣を振りかざしての戦闘は、南米でも屈指の激戦になった。「力尽きて命が果てそうになるなかでは、英雄的な勇気ばかりでなく、戦い続ける超人的な粘り強さと勇猛な決意が必要だった」という記録がある。敵地を占領したとき、フェリアは致命傷を負っていた。勝利に狂喜乱舞したボリーバルは、イギリス兵たちを「わが国の救世主《サルバドーレス・デ・ミ・パトリア》」と激賞した。

ボリーバルはいまや、ヌエバ・グラナダ、ベネズエラ、キト（現エクアドル領）を合わせた「大コロンビア」の指導者になった。アルゼンチンとチリの解放者ホセ・デ・サン＝マルティンは、政治的指導権をボリーバルの手にゆだねた。一八二五年四月には、ボリーバルの軍はペルーから最後の王党派軍を駆逐し、ペルーの北部はボリーバルの名を冠して、「ボリビア」と名づけられた。次の構想は、大コロンビアとペルー、ボリビアの「アンデス連合」を作ることだった。

だが大コロンビアは、どうして「ラテンアメリカ合衆国」の基盤になり得なかったのか。表面的な答えは、ボリーバルが中央集権化をねらったことと、スペイン崩壊から生まれた権力の真空状態に入り込んだ地域の軍閥《カウディジョ》が抵抗したためだ。だが深い要因は、次の三点に潜んでいる。

第一に、北米の植民地議会では当初から当たり前だった民主的な意思決定の経験を、南米は事実上まったく持ち合わせていなかった。スペイン生まれの「イベリア半島生まれ《ペニンスラール》」にあまりにも権力が集中していたため、南米在住の白人クレオールにはほとんど政治的な責任を任せなかった。ボリーバルは一八一五年、次のように述べている。

われわれは……先住民でもなければヨーロッパ人でもなく、この国の正当な所有者とスペインの強奪者の間に存在する中途半端な人種だ。……われわれはいわば、司法や行政の面で現実から切り離され、疎外されてきた。ごく稀な例を除き、われわれは総督や統治者の立場にはなく、大司教や司教でもなく、外交官でもなかった。軍人としては副官にすぎず、貴族といっても特権は持たなかった。端的にいえば、われわれは判事でも財務官でもなければ、商人でもなかった。

ボリーバルは、ヌエバ・グラナダのクレオールの集会で、内部の派閥争いの実態を見て失望した。彼は一八一二年のカルタヘナ宣言で、「絶望的で……なんらの手も打たずにひたすら忍耐するだけで、……常識のある人間ならば、脆弱で不十分だと長いこと非難してきた体制」や、「夢のような共和国を想像力ででっち上げ、人類は完璧だと考え、政治的な完璧さを追求した善良な空想家」の「犯罪的なほどの寛容性」をこきおろした。さらに、ベネズエラ第一共和国が連邦制を試みたことについては、「自治を認めたために、社会契約が崩れ、国家を無政府状態にした」と非難した。ジャマイカへ二度目の亡命をした際には、「代表制に頼る制度は、われわれの性格、習慣、現在の知識に見合ったものではない」と確信するに至った。カラボボの戦いの二年前、アンゴストゥーラで設立した議会において、ボリーバルは同様の主旨を語っている。

自由によって包み込まれるように育てられ、自由によってのみはぐくまれてきた国だが、……複雑な政府が連邦制のように脆弱な形で、困難で辛い過去を統治できたのは……驚くべきことだ。……

彼は、アメリカ合衆国憲法は「聖人の国」でなければ機能しないと考え、おそらく南米では無理だと判断した。

北米が取る政府の形態が有効であったとしても、イギリス領アメリカとスペイン領アメリカの置かれた立場と特徴の違いに鑑《かんが》みると、私はそれをここで取り入れようとは一瞬たりとも考えない。

つまりボリーバルの夢は、民主主義ではなく独裁制であり、連邦制ではなく中央集権化だった。「なぜかといえば……われわれの民はいまだ自らの権利を十分に行使できないからだ。それは、真の共和国国民としての政治的思慮に欠けているためだ」と、ボリーバルはカルタヘナ宣言で述べている。自らが起草した憲法——三院政の議会など、独特な特徴を持っていた——で、ボリーバルは終身の独裁者であり、後継者を指名する権限を持っていた。彼は、次のように断じている。

「南アメリカは、能力の高い独裁者によってのみ統治できるのだと、私は骨の髄まで確信している。……指導者の上に法律を置き、人間の上に原則を立てることなどできない」

一八二八年に独裁者として全権を掌握したボリーバルの南米では、民主主義に基づいた所有権や、法の支配は存在しないことが明確になった。

第二点は、所有地の分配そのものが不平等だったことだ。なにしろボリーバル家は、四八六平方キロメートル以上に及ぶ、五か所の広大な私有地を所有していた。独立後のベネズエラでは、総人口の一・一パーセントにしかならないわずか一万人のクレオールのエリート層が、土地の大半を所有していた。北米との違いが最も顕著なのは、この点だった。独立後、北米への入植者はさらに簡単に土地を入手できるようになった。それは政府借款(一七八七年から一八〇四年に制定された複数の法律による)や、不法居住者に法的権利を与えた一八四一年の土地先買権法、未開地にある小自作農規模の土地を実質的に無料にした一八六二年のホームステッド(自営農地)法のような法律の結果だ。このような法律は、ラテンアメリカではまったく見られなかった。人口の多い湾岸都市における安価な労働力と地方の広大な所有地を維持したいと考えたグループが、反対したためだ。たとえばメキシコでは、一八七八年から一九〇八年の間、国土の一割あまりが土地開発会社に大区画の形で譲渡された。一九一〇年、メキシコ革命が起きる直前、土地を所有していたのは、地方の世帯主のわずか二・四パーセントだけだった。アルゼンチンの土地所有率はそれよりいくらか多く、ラ・パンパでは一〇パーセント、チュブでは三五パーセントだったが、アメリカとは比べものにならなかった。一九〇〇年、アメリカにおける地方の土地所有率は、七五パーセント弱にのぼっていたからだ。

北米だけが突出していたわけではないことを、強調しておかなければならない。カナダにおける地方の土地所有者率はさらに高く八七パーセント、オーストラリア、ニュージーランド、イギリス領アフリカの一部でも同じような数字だった。つまり、土地所有（白人による）の普及は、アメリカというよりイギリス独特の特徴だったことが確認できる。現在でも、この点が北米と南米の最大の相違点になっている。ペルーでは、一九五八年の時点でも、土地所有者の二パーセントが、耕作可能な土地全体の六九パーセントを所有していた。土地所有者が持っていた土地八三パーセントのうち、四万八五六二平方メートル以下の小区画は六パーセントだけだ。したがって、ボリーバルのために戦い、土地の分配を期待していた志願兵は落胆した。ベネズエラに来た七〇〇〇人のうち、残留したのは五〇〇人だけだった。三〇〇〇人が戦死または病死し、残りはイギリスに戻った。

第三の相違点は、第二点に大きくかかわっているが、人種の多様性と人種間の分裂の度合いが、南米ではかなり高かったことだ。ボリーバルのようなクレオールは、ペニンスラールを心から嫌っていた。それはマサチューセッツにおける「愛国兵」と、「レッドコート」と呼ばれたイギリス兵との間の敵意よりも強かった。また、解放奴隷のパルドスや奴隷が、クレオールに示す反感も強かった。ボリーバルが黒人の支持を得ようとしたのは、人種間の平等を心から信じていたわけではなく、政治的に好都合だったからだ。ボリーバルは、ピアルが混血のカスタたちを率いて白人に反乱を起こそうとしていると疑い、ピアルを逮捕し、脱走、不服従、政府に対する陰謀の容疑で軍法会

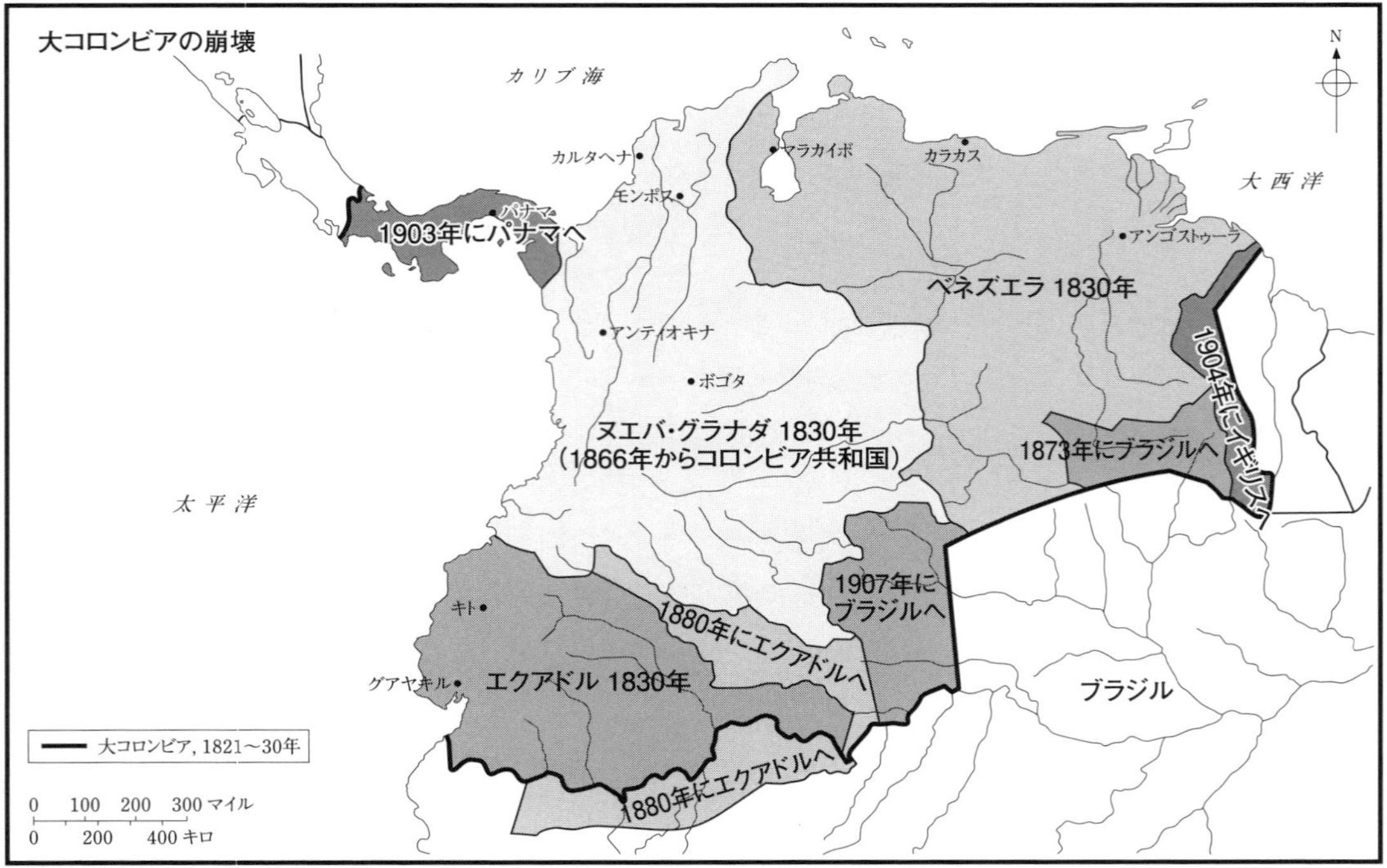
大コロンビアの崩壊
カリブ海
大西洋
太平洋
カルタヘナ
モンポス
パナマ
1903年にパナマへ
マラカイボ
カラカス
アンゴストゥーラ
ベネズエラ 1830年
アンティオキナ
ボゴタ
ヌエバ・グラナダ 1830年
（1866年からコロンビア共和国）
1873年にブラジルへ
1904年にイギリスへ
1907年にブラジルへ
キト
1880年にエクアドルへ
グアヤキル
エクアドル 1830年
ブラジル
1880年にエクアドルへ
大コロンビア，1821～30年
0 100 200 300 マイル
0 200 400 キロ
N

議にかけた。一八一七年一〇月一五日、ピアルはアンゴストゥーラ大聖堂の前で銃殺刑に処され、その銃声は近くにあったボリーバルの執務室にも聞こえた。さらにボリーバルは、政治的権利を先住民に与えようとは夢にも考えなかった。選挙民はすべて識字者でなければならないという憲法の定めによって、彼らを政治から除外した。

南米では北米に比べて、どうして人種間の分断が根深いのかを理解するためには、ボリーバルの時代に見られた両者の大きな相違点を把握することが重要だ。一六五〇年、ブラジルを含む北米と南米の人口の約八割を占めていたのは先住民のネイティブ・アメリカンだった。だが一八二五年になると、この数字は大きく変わり、南米では人口の五九パーセントに落ちたがまだ過半数、ブラジルでは二一パーセントまで減っていた。アメリカとカナダには、ヨーロッパから多数の移民が入植しており、先住民からの土地収用や、「居留地」への移住が軍事力によって割に簡単に進んだ。だが南米では先住民の比率が大きかっただけでなく、移民の数がそれほど多くなかったため、エンコミエンダの信託制では先住民が重要な労働力になった。さらに、のちに触れるように、アフリカ奴隷制度が及ぼした人口動態への影響は、ヨーロッパの植民地によってかなりのばらつきがあった。

結局、ボリーバルの南米統一への夢は実現に至らなかった。ヌエバ・グラナダ、ベネズエラ、エクアドルで反乱が起きたのち、アンデス連合の案は葬り去られ、ベネズエラとキトが分離され、大コロンビアは崩壊した。勝利者は、ボリーバルの以前の同志であり、国民国家としてのベネズエラを前進させた、軍閥《カウディジョ》ホセ・アントニオ・パエスだった。ボリーバルは一八三〇年一二月、結核で亡くなる一か月前に、大統領や総司令官の地位を捨て、最後に悲壮な手紙を書いている。

……私は二〇年間、統治してきた。そこから、わずかながらはっきりわかったことがある。①［南］アメリカはわれわれには統治不可能である。②革命を起こすというのは、大海を耕すに等しい。③アメリカで唯一なし得るのは、出かせぎをすることだけ。④この国は必ずや放逸《ほういつ》な大衆の手に落ち、いつのまにか、あらゆる肌の色と人種の卑小な暴君の手に落ちるだろう。⑤われわれがありとあらゆる犯罪によって滅ぼされ、ひどい蛮行によって消滅した後、ヨーロッパ人はわれわれを征服するにも値しない者だとみなすだろう。⑥原始的な混乱に逆戻りする地域がこの世界にあるとすれば、それは死期を迎えたアメリカだろう。

これは、それから一世紀半にわたるラテンアメリカの歴史を恐ろしいほど正確に予見している。新しく独立した国ぐにには、代議制政治という伝統がなく、土地の分配はきわめて不平等で、経済格差に応じた人種間の分裂が見られた。その結果が、革命、反革命、クーデター、反クーデターの堂々めぐりだ。そして資産のない者はわずかな土地を得るために苦労を重ね、クレオールのエリート層は大農場のアシエンダにしがみついている。民主主義は何回も試みられたが、失敗に終わっている。所有権が取り上げられそうな兆候が少しでもあると、富裕層は軍服を着た軍閥《カウディジョ》に頼り、力づくで現状を維持しようとして、これが経済成長のスピードを遅くしている。

ベネズエラの現大統領で最高司令官《エル・コマンダンテ》のウーゴ・チャベスが、自らを現代のボリーバルと呼ぶのは、偶然ではない。ボリーバルを崇拝するあまり、その霊と話すために二〇一〇年にボリーバルの墓を開いたほどだ（テレビ局のスポットライトを浴びながら）。チャベスは元軍人で、政治にのめり込み、自らの「ボリーバルふう革命」についてひんぱんに熱弁を振るっている。カラカスでは、優雅な髭をたくわえたボリーバルの面長な顔と、粗っぽくてやや小太りのチャベス像が隣り合わせで描かれているポスターや壁画をよく見かける。だが現実のチャベス政権は、まやかしの民主主義だといえる。警察やマスコミは政敵に対する武器として使われ、国内の豊富な油田からの歳入は、輸入価格、給付金、賄賂《わいろ》などに還元する形で大衆の支持を得るための助成金として使われる。アメリカでは法的・政治的価値観の中心になっている所有権は、つねに侵害されている。チャベスはセメント製造業からテレビ局や銀行まで、各種事業を意のままに国営化している。さらに、南米史に登場するほかのいいかげんな独裁者と同じく、法律を軽んじ、一九九九年に最初の選挙に勝つとすぐ、そして最近では二〇〇九年、自らの再選を恒久化するために、任期制限を廃止するなど、憲法を自分の都合のいいように変えている。

憲法ほど、南北二つのアメリカ革命を対比させているものはない。アメリカ憲法は、改正はできるが不可侵だ。一方ベネズエラではこれまで二六もの憲法が制定されたが、いずれも簡単に捨てられた。独立以来、ベネズエラより多くの憲法があったのはドミニカ共和国で（三二回）、ハイチとエクアドルはそれぞれ二四、二〇回で、三位と四位につけている。アメリカ憲法が「人の統治でなく法の統治」を支えているのに反して、ラテンアメリカの憲法は、法の支配を覆すために使われている。

だが、北米のイギリス植民地化が長期的に成功したことを称賛する反面、北米はある特殊な面でラテンアメリカより劣っていることを認めざるを得ない。アメリカの独立後、白人と黒人の人種間の軋轢《あつれき》はきわめて悪化した。アメリカ合衆国憲法にはすぐれた点が数多くあるが、奴隷制度を合法化したことによって、人種間の分断を制度化してしまった。奴隷制度は、いわばアメリカの原罪だ。独立宣言が読み上げられたチャールストンの交易所の階段で、一八〇八年まで奴隷は売られ続けた。奴隷売買を「今後二〇年間、続ける」ことを許可する憲法第一条九節があったためだ。議会のサウスカロライナ代表を決める際には、奴隷——憲法では「その他の者」と表現された——一人は自由人一人の五分の三として数えられる、という規則があった。

大西洋の両側で奴隷制度の廃止が進んでいた時期に、自由の名のもとに起きた最大の革命の成功例が、奴隷の所有者が深く携わった革命だという事実——西洋文明の核心にあるこのパラドックスを、どう解き明かすことができるのだろうか。

ガラ人の運命

もう一つ、別の物語がある。移民としてまったく別々の運命をたどる人びとを南北二つのアメリカに運ぶ、二隻の船の物語だ。ともに、セネガルの小島ゴーラ島から出航した。一方はブラジル北部のバイーア、もう一方はサウスカロライナのチャールストン行きだ。二つの船に乗せられたアフリカの奴隷は、一四五〇年から一八二〇年の間に大西洋を渡った八〇〇万人のうちのごく一例だ。一五〇〇年から一七六〇年の間に、南北アメリカに渡った移民のおよそ三分の二が奴隷で、これは一五八〇年以前の五分の一という比率から激増している。一七〇〇年から一七六〇年は、四分の三近くに達し、ピークを迎えた。

一見すると、奴隷制度は北米と南米に共通する数少ない制度の一つに思える。南部のタバコ農園も、ブラジルのサトウキビ農園《エンジェーニョ》も、アフリカからの奴隷に依存していた。北米のヨーロッパ系年季奉公人や南米の先住民などに比べて、低賃金でよく働くからだ。一七世紀はじめのダオメー王の時代から、アフリカの奴隷売人は、イギリス人でもポルトガル人でも、あるいは古くからの商売相手であるアラビア人でも、奴隷商人には分け隔てなく奴隷を供給した。いずれにしても、サハラ砂漠を横断する奴隷交易の歴史は、二世紀にまでさかのぼる。一五〇〇年、ポルトガル人がベニン（ダオメー）にやってきたころ、奴隷市場はすでに繁盛していた。ゴーラ島の奴隷小屋に収容された奴隷にとっては、乗せられる船の行き先が北米であっても南米であっても、それほど大きな違いはなかったに違いない。航海中に命を落とす確率についても、変わりはなかった（一六パーセントが死亡したという数字があるから、航海中の死亡率はおよそ六人に一人）。

だが、北米と南米で進展した奴隷制度には、重要な違いがあった。奴隷制度は、古代から地中海経済に分かちがたく組み込まれていて、十字軍の時代に甦ったが、そのころイギリスではほぼ消え去っていた。ポルトガルが西アフリカの奴隷市場から地中海への新しい海路を開き、まずマデイラ諸島（一四五五）、次にギニア湾のサントメ（一五〇〇）に、大西洋沿岸ではじめてのサトウキビ農園を作ったころ、農奴制はコモンローの法文からすでに姿を消していた。ブラジルにはじめてアフリカから奴隷が着いたのは一五三八年だが、ベラクルス（現メキシコ領）行きのスペイン船からの略奪品として三五〇人の奴隷がはじめてジェームズタウンに着いた一六一九年まで、将来アメリカ合衆国となる地にアフリカからの奴隷は皆無だった。北米に、サトウキビ農園はなかった。ブラジルのバイーアやペルナンブコのサトウキビ農園《エンジェーニョ》は、奴隷の労働条件が最も過酷な場所だったことは間違いない。産業革命前の砂糖栽培は、きわめて労働集約的だったからだ。ブラジル南部の金山（ミナスジェライスなど）や一九世紀初頭のコーヒー農園も、同じくひどい状況だった。アフリカの奴隷は、アメリカ南部よりもブラジルに多く送られた。そしてブラジルは世界の砂糖生産の中心地になり、カリブ海地域をたちまち追い抜き、一六〇〇年にはすでに年間一万六〇〇〇トン近くを生産していた（サントドミンゴやキューバの生産量が同じレベルに達したのは、後年になってからだ）。やがて経済のパターンは砂糖生産のみから鉱山、コーヒー栽培、簡単な製造業へと多様化したが、奴隷は自由な移民より優先的に受け入れられ、経済部門のほぼすべてにおいて奴隷はごく当たり前の労働形態になっていた。ブラジルにとって奴隷はきわめて重要で、一八二五年には、アフリカ出身者あるいはその子孫が人口の五六パーセントを占めていた。一方、スペイン領アメリカでは二二パーセント、北米では一七パーセントにすぎなかった。英語圏で奴隷交易と奴隷制度が廃止されてからしばらく経っても、ブラジルでは奴隷は影をひそめず、一八二六年にイギリスとブラジルの間で奴隷交易を終焉させる条約が交わされたにもかかわらず、一八〇八年から八八年の八〇年間、ブラジルは一〇〇万人あまりの奴隷を輸入した。一八五〇年代に、イギリス海軍は大西洋で本格的な干渉を始めたが、ブラジルの奴隷人口は一七九三年の二倍に達していた。

南米で革命が始まる前の奴隷は、悲惨をきわめていたわけではない。王室や教会は奴隷の所有権を制限したのと同じく、奴隷がおかれた状態を改善しようと口出しをすることができたし、実行もしたからだ。カトリック教会は、奴隷制度は好意的に見たとしても必要悪だと考えていた。アフリカ人も魂を持つという事実は、変えられなかったからだ。また、南米の農園で働く奴隷は、アメリカ・ヴァージニア州のタバコ農園の奴隷より、奴隷解放権を簡単に手に入れることができた。バイーアでは、奴隷はカネを払って自らを半ば解放状態にすることができた。一八七二年の時点では、ブラジルの黒人とムラートの四分の三は解放されていた。キューバとメキシコでは、奴隷は自らに値段をつけて、分割払いで自由を買い取ることさえできた。さらにブラジルの奴隷は、イギリス領西インド諸島の奴隷より休日が多かったともいわれている（聖人の祝日三五日間と毎日曜日）。奴隷が土地を所有できるようになったのはブラジルが最初で、南米ではそれが一般化した。

もちろん、すべての状況が明るかったわけではない。砂糖の輸出が盛んになったころ、ブラジルのサトウキビ農園では、週七日、一日二〇時間も運営していたところもあり、奴隷たちはこき使われて命を落とす者も少なくなかった。ある農園主は、次のように言っている。

「一年間使うつもりで、奴隷を買う。一年あまりも生き延びる奴隷は少ないが、元手を取り返すうえで、労働力の面で十分に見返りは得られ、利益も十分に出る」

カリブ海地域の場合と同じく、農園主は奴隷の反乱をつねに恐れていて、見せしめのために残忍な行為を続けた。ブラジル農園でよくおこなわれたのは「ノベナス」という罰で、九夜連続してむちで打ち続け、傷に塩と尿を擦り込むリンチだった。一八世紀のミナスジェライスでは、脱走した奴隷の首が道ばたに見せしめのためにさらされていたりした。一八五〇年代の末になっても、ブラジルの奴隷の平均寿命がわずか二三歳であったこともうなずける。持ち主が元金の二倍を稼ぐには、奴隷は五年だけ持ちこたえればよかった。だが反面、ブラジルの奴隷には少なくとも結婚する権利が与えられたが、イギリス（およびオランダ）の法では禁じられていた。ポルトガルとスペインの奴隷規約の過酷さはやがて緩和された。

北米の奴隷所有者は、対象が人間であっても土地であっても、自分の「財産」である限り好きなように扱っていい権利があると考えていた。奴隷人口が増えるにつれて――一七六〇年のピーク時には、イギリス系アメリカ人の約三分の一にあたる数まで増えた――当局は白人の年季奉公人と黒人の奴隷とをますます厳然と区別するようになった。前者の奉公期間はふつう五、六年だが、後者は一生、仕えなければならなかった。一六六三年にメリーランドで制定された法律には、次のように明記されていた。

「植民地における黒人またはほかの奴隷はすべて……一生奉公しなければならない。また、黒人またはほかの奴隷の子はすべて、親と同様、奴隷にならなければならない」

北米の奴隷制度は、その後さらに厳しくなる。一六六九年のヴァージニアの法律では、主人が奴隷を殺しても重罪にはならないと規定された。一七二六年のサウスカロライナの法律には、奴隷は「動産」（のちに「人的動産」）だ、とはっきり書かれている。さらに、体罰は是認されただけでなく、法制化された。そのためカロライナからスペイン領フロリダとの国境を越えて脱走する奴隷が増えた。ここまで逃げのびてカトリックに改宗すれば、自治入植地の一員になることが認められたからだ。これまで見てきたように、イギリス本国で動産奴隷制度は何世紀も前に消えたことを考えると、これは注目に値する進展だといえる。そして、ヨーロッパの制度がアメリカではまったく変わってしまうことも浮き彫りにしている。ヴァージニアのある役人の次のような発言は、この「独特の制度」のむずかしさを

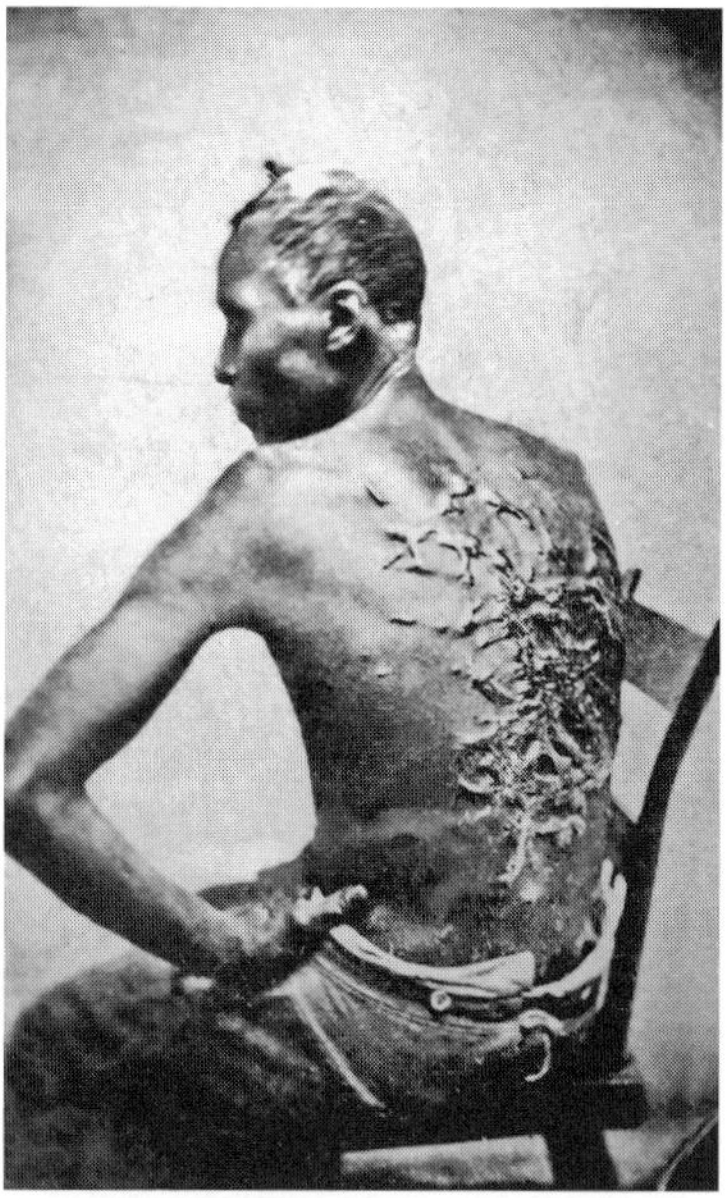
アメリカ奴隷の傷跡（アメリカ国立公文書記録管理局，ワシントン）

捉えている。

「奴隷は財産というだけでなく、理性を持った存在であり、所有権を侵害しない場合は、裁判という人間らしい恩恵を受ける権利がある」

奴隷商人が奴隷制度廃止派の攻撃を受けたのは、極端なケースに限られた。たとえば一七八二年、リヴァプールの船ゾング号の船長が、鎖につながれた奴隷一三三人を、水が不足しているからという理由で生きたまま海に投げ捨てたのは、その一例だ。この船長は最初、保険詐欺で訴えられたが、のちにオラウダ・エクイアーノが、奴隷廃止派のグランヴィル・シャープに本当の罪状を教えた。

北米と南米の最も大きな違いは、北米ではかつて異人種間の結婚を禁止していた点だ。南米では異人種間の結婚を早くから受け入れ、その「雑婚」の結末を複雑なヒエラルキーに分類した（スペイン人男性と先住民女性の子はメスティーソ、白人クレオールと黒人の子はムラート、先住民と黒人の子はサンボ）。ピサロはインカ人の妻イネス・ユパイラズ・ユパンキを娶り、娘フランシスカをもうけた。英語では侮辱的なニュアンスを込めて「混血児《ハーフブリード》」と呼ばれた彼らは、一八一一年にはスペイン領アメリカで人口の三分の一あまりを占めるに至った。これは先住民と同じ比率で、人口の五分の一弱を占める純スペイン系クレオールよりも多かった。一八世紀のブラジルで、主にアフリカ系が労働力を担う農園でムラートはわずか六パーセントだったが、職人・管理職では五分の一を占めていた。ムラートは、本国のポルトガル帝国では下層階級だった。

対照的に、アメリカでは異人種間結婚を禁止する（あるいはその正当性を否定する）方向に力が注がれた。これはある意味では現実に則した北南米の相違点だった。イギリス人がアメリカに移住したときは、家族の女性を連れて行った例が多かったが、スペイン人とポルトガル人は、男性のみの場合が多かった。たとえば、新大陸行きの乗船者名簿に記録されている一万五〇〇〇人のなかで、一五〇九年から五九年の間に新大陸に出発したスペイン人のうち、女性はわずか一割だ。これがどのような結果をもたらしたか、容易に想像できる。アンドレス・ルイス＝リナレスらの科学者グループは、チリからメキシコまで、ラテンアメリカ七か国のメスティーソ一三人のミトコンドリアDNA鑑定をおこなった。その結果、ラテンアメリカ全体で、多くのヨーロッパ人男性が先住民やアフリカ人女性と結婚したこと（その反対ではなく）が明らかになった。コロンビアのメデジンでは、住民は「純粋な」スペイン系だと一般的にみなされているが、ケーススタディーをおこなったところ、上記の結果が得られた。ある調査では、Y染色体系統（父親からのもの）の約九四パーセントがヨーロッパ系、五パーセントがアフリカ系、わずか一パーセントが先住民であり、ミトコンドリアDNA系統（母親からのもの）の九〇パーセントが先住民、八パーセントがアフリカ系、二パーセントがヨーロッパ系だった。

異人種間の結婚は、北米でまったく見られなかったわけではない。たとえばトマス・ジェファソンは、奴隷の一人と子をもうけた最も有名なアメリカ人だ。植民地時代の末期には、約六万人のムラートがイギリス領アメリカにいた。現在、アフリカ系アメリカ人の五分の一から四分の一のDNAは、ヨーロッパ人にさかのぼることができる。だが、植民地時代の社会観は、「白か黒か」に割

新世界の人種構成（1570～1935年）

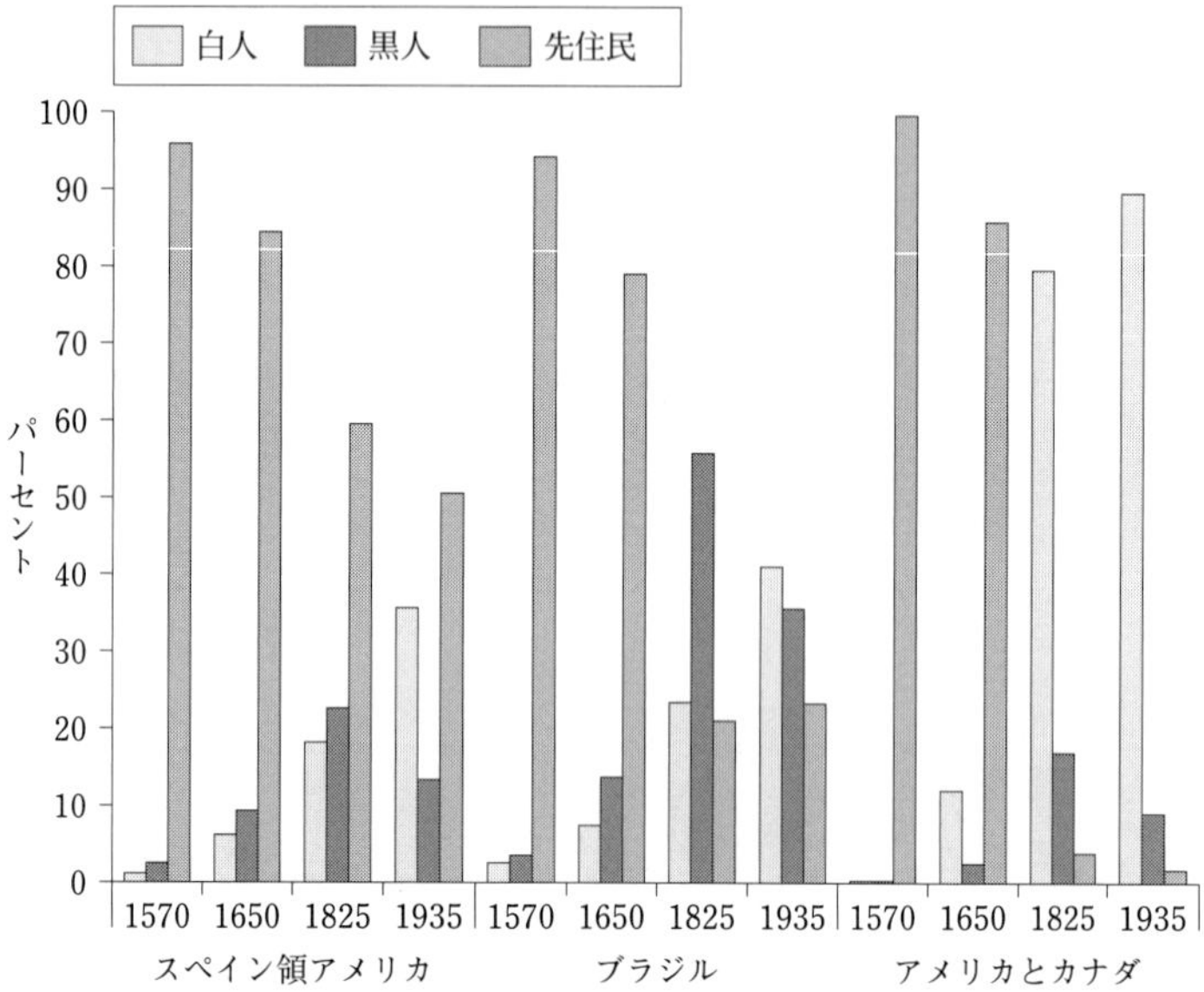

注：混血人口のデータはなし

り切るものだった。アフリカ系アメリカ人の血が「一滴」でも混じっている者は――ヴァージニアでは、黒人の祖父か祖母が一人いても――、肌の色がどれほど白くても、顔つきがいくら白人のようでも、黒人に分類された。異人種間の結婚は、ヴァージニアでは一六三〇年にすでに犯罪とされ、一六六二年には法律で禁じられた。その前年、メリーランド植民地でも同様の法律が可決され、北米のほかの五つの植民地でも制定された。アメリカ建国後の一〇〇年間で、少なくとも三八州で異人種間の結婚が禁止された。一九一五年になっても、二八州でこの種の法律が残り、うち一〇州では、異人種間結婚の禁止を合憲だとした。一九一二年一二月には、異人種間結婚を「恒久的に」禁止するためにアメリカ憲法を修正しようとする試みさえあった。

このように、アフリカ出身の奴隷は、行き先によって大きく運命が変わった。南米に行き着いた者は、人種のるつぼに巻き込まれた。そして男性の奴隷には、最初の何年か過酷な労働を乗り越えられれば自由を手に入れるチャンスがあり、女性の奴隷は混血の子どもを産む確率が高かった。一方、北米に行き着いた者は、白人と黒人の間に厳しい一線が引かれた社会に入った。

先に述べたように、所有財産をカロライナの政治の基盤としたのは、ジョン・ロックだ。だが彼が考えていた財産とは、土地だけではない。『カロライナ憲法草案』の第一一〇条には、「カロライナのいかなる自由人も、彼の黒人奴隷がどのような見解または宗教を持とうと、その者に絶対的な権限を有する」と明記されている。ロックは、人間を所有することは、土地の所有と同じく、植民地にとって重要だと考えた。奴隷は、土地を所有することも投票することも許されなかった。その後の政策立案者にも、この考え方が踏襲され、一七四〇年のサウスカロライナ奴隷条例の第一〇節では、白人の同行なしに家屋や農園外にいる奴隷を見つけた白人に、その奴隷を拘留・尋問する権利が与えられている。第三六節は、とくに土曜の夜、日曜、祝日には奴隷が農園を離れることを禁じており、これに反した奴隷は、「中程度のむち打ち」の刑を受ける、としている。第四五節は、白人が奴隷に読み書きを教えることを禁じている。

このような法律が及ぼした影響の大きさは、アメリカの一部でいまでも垣間見られる。サウスカロライナ州のサンディ島からフロリダ州のアメリア島まで広がるガラ沿岸に住む人びとの文化には、独特の方言、食、音楽が見られる。「ガラ」は「アンゴラ」の訛《なま》りで、ガラ沿岸住民の祖先はアンゴラから来たと考える人類学者もいて、その可能性もある。一七世紀の半ばからアメリカに連れてこられた全奴隷のきわめて多く——おそらく四四パーセント——が、アンゴラと呼ばれている地域(現アンゴラ共和国とカメルーンからコンゴ川の北岸までの地域)から来ているからだ。チャールストンを通過した奴隷の三分の一はアンゴラ出身で、その多くがンドンゴ王国のムブンドゥ(現ザンビア領)から連れてこられた。王国の王を意味するンゴラが、現在のアンゴラの地名の由来だ。アンゴラ出身の奴隷は、ブラジルからバハマ、南北二つのカロライナまで、南北両アメリカ大陸全体に広がった。

サウスカロライナにアンゴラの名残——キンブンドゥー語も含めて——が見られることには、大きな意味がある。ここに住む人びとは、アンゴラから連れてこられた奴隷の直系の子孫で、その遺伝子を薄める要素はあまりなかったことになる。ガラ文化が存続している事実は、サウスカロライナのような州で異人種間結婚が避けられた明らかな証拠だ。対照的に、南米に送られたアンゴラ人が、奴隷の身分から逃げられる可能性はかなり高かった。たとえばブラジルのペルナンブコから逃げ出した奴隷は、リトル・アンゴラ(またはキロンボ)という独立入植地をブラジル北東部のアラゴアス州パルマレスの奥深いジャングルに作った。ガンガ・ズンバと呼ばれる選挙で選ばれた首長のもとで、ひところ人口一万人あまりになったこの小さな王国は、一六〇〇年代の早い時期に建国され、一六九四年にポルトガル軍に制圧された。だが北米では、一八二二年にチャールストンで主人ないし白人《バクラ》に対する反乱を計画したアンゴラ人の奴隷で「ガラ人」のジャック・プリチャードはこれとまったく異なる運命をたどり、絞首刑になった。皮肉にも、「自由の国」アメリカに住む二割ほどの者にとって、アメリカは「永久に自由になれない国」だった。このような奴隷制度は、リオグランデ川以北の北米で受け継がれていった。

もちろん最終的には、自由をタテマエとする社会でなじまなかった奴隷制度は、賛成派の南部と反対派の北部との南北戦争で解決されるしかなかった。南部が北部を負かすことができる必須条件は、イギリス海軍が南部を支援した場合だけで、それは絶対にあり得なかった。この戦争で奴隷制度は収束したが、それから一世紀あまりも、多くのアメリカ人は、白人と黒人との区別がアメリカを繁栄させたのだと信じてやまなかった。一八二〇年代という早い時期に、エドワード・エベレットは「ノース・アメリカン・レビュー」誌に、次のように書いている。

われわれは、南米の状況についてはなんの関心もない。共感もしないし、政治的な共感の基盤も共有できない。かいいいいいかいか、われわれとはそもそも出自が違う。……われわれがいくら条約を作っても、行政官を送っても、金を貸しても、彼らの「ボリーバル」を「ワシントン」に変えることは不可能だ。

のちの世代の白人至上主義者は、ラテンアメリカの「混血」人たちが貧困（そしていうまでもなくあるケースでは共産主義）にあえぐ一方で、アメリカが繁栄した理由は、人種隔離のおかげだとしている。

「いまこそ人種隔離を！　明日も人種隔離を！　永遠に人種隔離を！」のスローガンのもと、アラバマ州知事ジョージ・ウォーレスは一九六三年の時点でも、人種隔離がアメリカのサクセス・ストーリーの要《かなめ》だと、就任演説で次のように述べている。

わが国は一枚岩で構成されるわけではなく、……複数の単位の集合体だ。……自由を愛した建国の父たちが州を作ったのは、そのためだ。その形で各州に権利と力を分散し、中央集権にならないようにした。……

したがって人種の面でも、……それぞれの人種はその枠組みのなかで教え、……指導し、……発展し、……ほかの人種から相応の手助けを受ける自由を持つ。これが、建国の父たちが与えた偉大なる自由だ。……しかし共産主義の信奉者が言うように一枚岩になってしまったら、……われわれの人生を豊かにするもの、……われわれが発展する自由は永遠に奪われる。そしてわれわれは、一つの強大な政府のもと、……雑種だけの一単位になってしまい、すべてを結集できても……結局は何も達成できなくなってしまう。

このような主張は、多くの有権者を引きつけた。一九六八年、ウォーレスが大統領選に出馬したとき、一〇〇〇万（全体の一三・五パーセント）の有権者が、彼とアメリカ独立党に投票した。

だが、アメリカの成功は人種隔離によるものだという考えはナンセンスだ。ベネズエラやブラジルに比べてアメリカが繁栄し安定していたのは、ウォーレスが主張したように、異人種間の結婚が法的に禁じられ、居住地や、病院、学校、大学、職場、公園、プール、レストラン、そして墓地でさえも白人と黒人が分けられたから――ではなく、この考えは、まったく正しくない。北米が南米より成功したのは、富の集中と権威主義というスペイン式より、所有権と民主主義の普及というイギリス式のほうがうまくいったからにほかならない。奴隷制度と人種隔離は、成功に不可欠な条件であるどころか、アメリカの発展にとって大きな壁になった。その面影は、いまだに痛ましいほど社会現象に反映されている。一〇代の妊娠、学業面の不成績、ドラッグの乱用、高い犯罪者投獄率などの問題で、きわめて多くのアフリカ系アメリカ人の地域社会がいまも苦しんでいる。

現在のアメリカ大統領は、アフリカ人の父と白人の母を持つ、ボリーバルの時代だったらカスタと呼ばれたに違いない人物だ。そして彼は、典型的なスコットランド・アイルランド系で、戦争の勲章つきの英雄（ジョン・マケイン）を相手に、ヴァージニア州においてさえ勝利をおさめた。これは、私がはじめてアメリカ南部を訪れた三〇年前には想像さえできなかった状況だ。たとえば一九六七年の時点でも、まだ一六州が異人種間結婚を法的に禁じていたことを私たちは忘れがちだ。

一九六七年のラヴィング対ヴァージニア州事件と呼ばれる裁判で、最高裁判所が異人種間の結婚を禁じるのは違憲という判決を下してはじめて、状況は激変した。もっとも、テネシー州は一九七八年三月まで、ミシシッピ州は一九八七年一二月まで、憲法に抵触する関連条項を廃止しなかった。いずれにしても、それ以来、アメリカでの人種感情は変化し、かつての人種差別用語や思想は、いまや公に目にすることはない。

一方、アメリカの都市の様相は、南米の状況に日増しに似てきている。メキシコをはじめとしてラテンアメリカ諸国から移民が絶え間なく押し寄せてきている現状から判断すると、あと四〇年もたてば非ヒスパニック系の白人が、アメリカ人口のマイノリティになる気配だ。そのころには、法でそう定められないとしても、実質的に英語とスペイン語の二か国語が使われるようになっていることだろう。さらにアメリカ社会では、これまでにないほど人種混合が進んでいる。アメリカの国勢調査では、「黒人」「白人」「先住民」「アジア人または太平洋諸島系」と、四つの「人種」のカテゴリーを設けている。これによれば、アメリカの子ども二〇人に一人が、両親が同じ人種カテゴリーに属さない混血になっている。異人種間結婚の件数は、一九九〇年から二〇〇〇年の間に四倍になり、約一五〇〇万人に達した。この事実を考えると、バラク・オバマが二〇〇八年大統領選に勝ったことは、驚くべきことではない。

一方、世界で最もダイナミックな経済を展開している国の一つは、多人種国家のブラジルだ。ブラジルが成功しているカギは――ブラジルは世界で最も不平等な社会の一つだが――多くの国民に土地を所有しカネを稼ぐ機会を与えて、長年の懸案だった改革を実行したことだ。一世紀あまりにわたって、保護主義や輸入制限などを政府主導で進めた結果、ラテンアメリカの大半——残念ながらベネズエラは例外——は、一九八〇年代以降、民営化、外貨導入、輸出振興により、成長率が高まっている。ラテンアメリカ経済がハイパーインフレーションと債務不履行の間を行ったり来たりする時代は、過去のものになったようだ。一九五〇年、南米のＧＤＰはアメリカの五分の一以下だったが、いまでは三分の一にまで近づいている。

征服と植民地化のプロセスが始まってから五〇〇年後、北米と南米の間の大きな懸隔《けんかく》は、埋まりつつある。西半球全体で、単一のアメリカ文明が生まれようとしている。ボリーバルの汎アメリカの夢が、ようやく叶う方向に向かっている。

だがこれは、先走った表現かもしれない。人種差別が激しく吹き荒れたのは、一九世紀ではなく二〇世紀前半だったからだ。では、西洋が他国と関わる際、なぜ人種が最大の関心事になったのか。それを理解するためには、アフリカに目を向けなければならない。当時、ヨーロッパの帝国主義が拡張するうえで焦点になったのはアフリカだった。チャーチルは本章の冒頭で紹介したスピーチで——彼の帝国主義者としてのキャリアはスーダンと南アフリカで始まった——、帝国を拡張した世代の者にとってさまざまな意味で核心となった問いを提示している。「大英帝国で自由と秩序と寛容な文明を形成した原理が、この不安定な世界をまとめるにあたっても役立つのではないだろうか」。彼が理解する文明は、北米のようなイギリスの統治下ではうまく根づいた。オーストラリアの荒れ地でも繁栄したではないか。アフリカでも、できないはずはない。

ヨーロッパの四か国は、アメリカという異国の地に自国の文明を定着させようとしたが、その成果は大きく異なった（南米のギアナと「ニューアムステルダム（のちのニューヨーク）」のオランダを入れれば五か国、サンバルテルミ島のスウェーデンを入れれば六か国、ヴァージン諸島のデンマークを入れれば七か国、アラスカとカリフォルニアのロシア入植地を入れれば八か国になるが）。アフリカでは、競争相手が多かった。そしてその競争において、イギリスの最大のライバルだったのは、アメリカではすっかり打ちのめされたフランスだった。

第4章　医学

まず、「文明」ということばの意味について考えてみよう。文明の本来の姿は、その文明のもとで生きる人びとが、日常生活において身体的な幸福を享受できるかどうかが問題になる。……いまヨーロッパの人びとは、一〇〇年前より快適な家に住んでいる。……かつて彼らは、けものの皮をまとい、ヤリを武器にしていた。いま、彼らは長ズボンをはき、……ヤリの代わりに拳銃を持っている。……むかし彼らは、農地を手作業で耕していた。いまでは、蒸気エンジンを使って広い農地を一人で機械で耕し、大きな富を築くことができる。……むかし人びとは、馬車で旅をした。いまは、一日に六五〇キロもの距離を列車で高速移動する。……いにしえには、人びとは腕力で肉弾戦をやったが、いまでは大砲を使えば、丘の上から一人で何千もの命を絶つことができる。……かつては想像もできなかったような病が現れ、医師たちは治療法の発見に取り組み、病院が増えた。これは、文明の試練だ。……これ以上、例をあげる必要はない。……

このような文明は、辛抱強く待っているうちに自滅する。マホメットの教えによれば、これは悪魔の文明だ。ヒンズー教では暗黒時代と言う。……文明は、避けて通らなければならない。

――マハトマ・ガンディー（一八六九～一九四八）

フランスが生んだ人びと（ロベスピエールやデカルトなど）は、人類に大きく貢献した。彼らの不幸を願う権利は、私にはない。

――セネガルの学生

バークの予言

一九世紀の半ばから二〇世紀の半ばにかけて、西洋はその他の地域を支配した。それは、帝国の時代であるとともに、帝国主義の時代でもあった。帝国主義とは、非西洋国のためになるという口実で、帝国自体のために、公式あるいは非公式な支配を正当化して、国外に領土を拡張する考え方だ。帝国の拡張は、余剰人口の「生存圏」を確保することはもちろん、競争国が関税で囲い込むことのできない輸出市場を保持し、本国より大きな投資の見返りが見込まれる場を創ることだった。また帝国の本国では、産業時代の社会的な対立を母国への愛国心に燃え立たせることによって、国内の強大な利益団体の対立を懐柔するという、政治的な意味合いもあった。それは一方で、これまで見てきた、西洋特有の制度全体を指すときによく使われることば、「文明」の普及を意味した。つまり、市場経済、科学革命、表裏一体の私的所有権と代議政治などだ。さらに帝国の拡張に伴って、キリスト教が普及した。領土拡張のプロセスで、宣教師は商人や軍人と並んで重要な役割を果たしたからだ（第6章参照）。

ヨーロッパにおける最大の帝国は、イギリスだった。カナダ最北端のグラントランドから、南米ガイアナの焼け付くような沿岸都市ジョージタウン、南極大陸のグレアムランド、ナイル川上流のニャンザ（現ケニア領）、ザンベジ（現ザンビア領）を越えたケープタウン、ペルシャ湾からベンガル湾までのインド全土、ビルマ（現ミャンマー）とボルネオ、シンガポールからシドニーまで、無数の小さな島などを含む広大な領土で、スコットランド人のピンクの肌は熱帯の太陽に灼かれて真っ赤になった。第一次世界大戦の直前には、イギリス帝国の領土は全陸地面積のおよそ四分の一、人口も世界人口の四分の一を占めていた。世界の航路と国際電信網も牛耳り、これに比肩できる国はなかった。だがイギリスは、決して唯一の帝国ではなかった。フランスは革命とナポレオン戦争で多大の人命を失ったが、ワーテルローにおける敗戦から一五年も経たないうちに、領土拡張に手を染め始めた。レユニオン島、カリブ海のガダループ島、マルティニーク島など、昔からのサトウキビの産地をはじめ、交易拠点だったレユニオン島のサンルイやセネガル・ダカール沖のゴーラ島、さらに北アフリカ、西アフリカ、中部アフリカ、インド洋、インドシナ、ポリネシアで新しく領土を手に入れ、それらの地域を含めると、一九一三年の時点で、フランス帝国の領土は世界の九パー

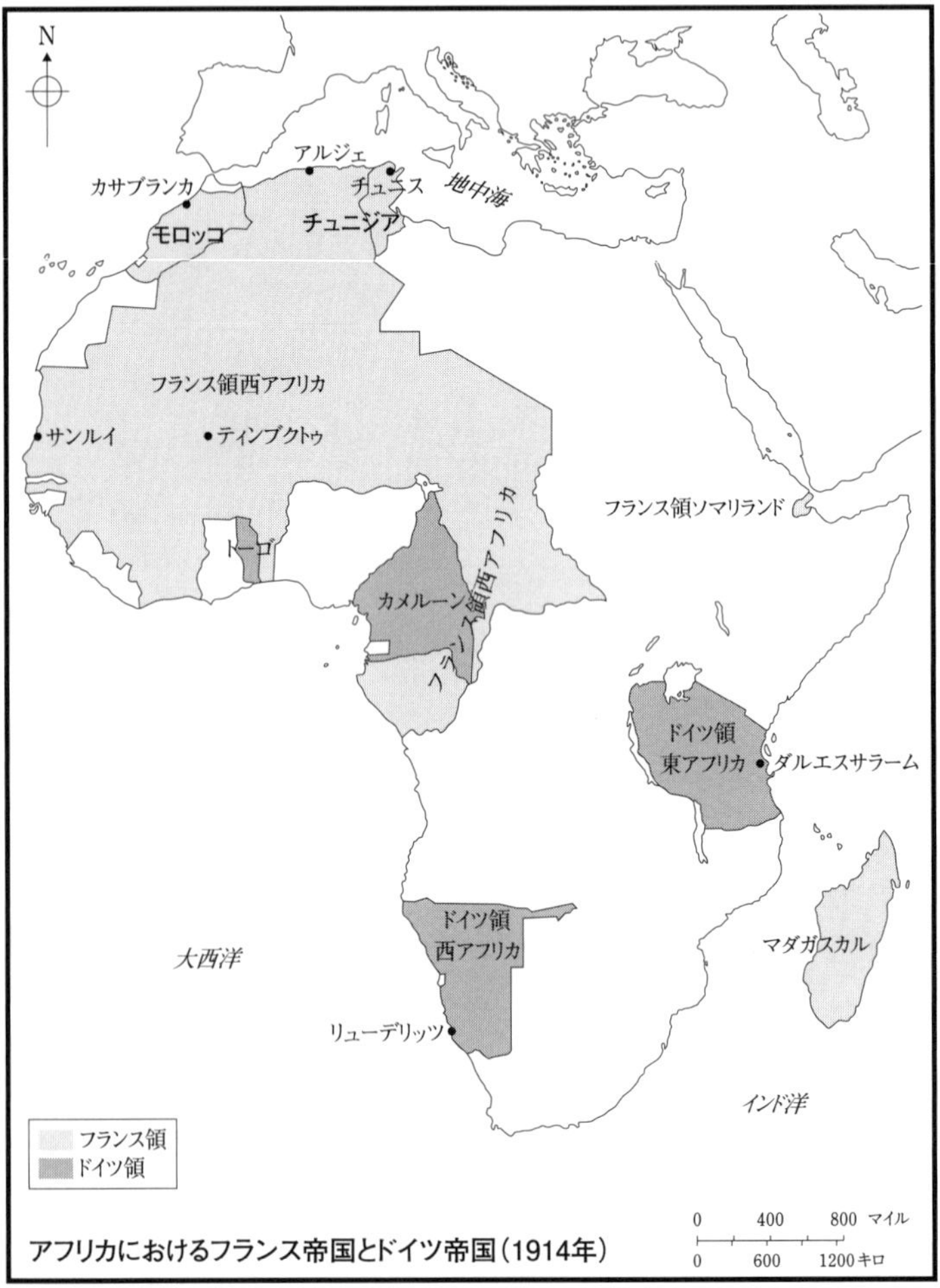

アフリカにおけるフランス帝国とドイツ帝国（1914年）

セント弱を占めていた。ベルギー、ドイツ、イタリアも植民地を広げ、ポルトガルとスペインはそれまでに獲得した植民地の多くを維持していた。一方、ロシアは海よりも陸上を進み、コーカサス、シベリア、中央アジアにまで領土を拡張した。オーストリアのハプスブルク家も、一八六六年、プロイセンによってドイツから追い出された後、南のバルカン半島に領土を広げた。かつては植民地だった国アメリカも、プエルトリコやフィリピン、ハワイなど、太平洋上の諸島まで獲得した。

一九一三年には、西洋の帝国は世界を席巻していた。全陸地面積のわずか一割しか占めない一一か国が、世界の半分あまりを支配するようになった。推計で世界人口の約五七パーセントが帝国の領土に住んでいて、世界経済の総生産高のおよそ五分の四を生み出していた。その当時から、帝国の行動は厳しい批判にさらされていた。「帝国主義」ということばは、民族主義者、自由主義者、社会主義者のいずれからも、罵倒の対象にされた。文明を輸出しているという帝国の主張を、批判派は痛烈にこき下ろした。インドの民族主義指導者マハトマ・ガンディーは西洋文明について意見を尋ねられたとき、西洋が文明化されるのはいいことだ、と冗談で答えたと言われている。一九〇八年の著作『インドの自治』では、西洋文明は「病」であってやがて「破滅」するとまで表現している。アメリカを代表する反帝国主義者マーク・トウェインは、一八九七年にお得意の皮肉を込めてこう書いている。

「フランス文明という奇妙なしろものを押しつければニューギニアなどが進歩するという考え方に対しては、マダガスカルを持ってきてフランス文明の上にかぶせてしまえば、おあいこになるだろう」

ボルシェヴィキの指導者ウラジーミル・レーニンは、帝国主義は「資本主義が行き着いた最高の段階」であり、それは独占体の銀行が「原材料、資本輸出、影響力、すなわち利益をもたらす取引、利権、独占利益など」を求めた結果だと、やはり皮肉を込めて述べている。レーニンは帝国主義を「寄生的」、「破滅目前」、「瀕死の資本主義」だと見なしている。これが、現在でも帝国主義時代に対するおおむね共通した見解だ。大半の西洋の学校や大学でも、中東の紛争からサハラ以南のアフリカの貧困まで、現今の問題のほぼすべての原因は帝国主義にあると見なしている。ジンバブエのロバート・ムガベ大統領のように強欲な独裁者にとっては、都合のいい口実だろう。

だが、「ボトム・ビリオン」――世界の最貧層一〇億人――がいま暮らしている悲惨な状況を、過去の植民地主義のせいにすることはむずかしくなってきた。アフリカの経済開発を昔から阻んでいるのは、環境的・地理的な壁だ。植民地独立後の統治者は、何人かの例外を除いて、独立の前も後も植民地統治者よりすぐれていたとは言えず、逆にひどいケースが大半だ。そして今日、文明化の使命といっても以前とはまったく異なる使命――政府・非政府機関による援助――は、巨額の援助にもかかわらず、期待されていたレベルにはまるで達していない。アイヴィーリーグ系大学の経済学者やアイルランドのロックスターがどれほど努力しても、アフリカは西洋からの供与や、資源の代価に頼って、従属状態にある。もちろん、わずかな進展もある。とくに携帯電話が安くなったおかげで、アフリカの人びとははじめて、効率的で安価な銀行サービスまでケータイを使って利用できるようになった。また、きれいな水が現在より広い範囲で普及中だ。だが、アフリカの多くの国ぐにで見られる劣悪な統治システムを含め成長を妨げる壁は大きい。セネガルの首都ダカールにそびえる、最悪の社会主義リアリズムを示す巨大でグロテスクなセネガル人男女の像は、その象徴だ（製作したのは北朝鮮の国営企業）。中国がアフリカの主要な投資国になっても、問題は解決しない。中国はむしろ、アフリカの鉱物資源と引き替えに、喜んでインフラ投資に励もうとしている。相手が軍人の独裁者や、腐敗しきった泥棒的な収奪政治家や呆《ぼ》けた独裁者であっても（あるいはそのすべてでも）いとわない。西側諸国の政府や非政府機関は、援助の条件としてアフリカの政治改善を求めるが、新参の中華帝国に足をすくわれた。

外国の利他主義と搾取がアフリカで展開されたのは、これがはじめてではない。すでに見てきたように、ヨーロッパ人は一九世紀にさまざまな動機を抱いてアフリカにやってきた。カネが欲しかった者や、栄光を求めた者。投資や強奪のために来た者。布教のため、あるいは定住するために来た者。だがほとんどだれもが、ちょうど援助機関がいま考えているように、西洋文明の利点を「暗黒大陸」に与えることは可能で、そうすべきだ、と堅く信じていた。西洋諸国は邪悪で搾取にばかり熱心で、「文明」の対極にある行動しか取らなかったと非難する前に、文明化の使命も少なからず果たしていたことを理解しておかなければならない。

ヨーロッパがもたらした最もすぐれた「キラーアプリケーション」は何だったのか。それは、「殺人《キラー》」どころか、人間の寿命を二倍に伸ばした近代医学だ。禁欲的な聖者ガンディーは、西洋文明の「医師軍団」を軽蔑していた。一九三一年にロンドンでインタビューされたとき、西洋文明は進歩を「物質的」な基準だけで判断し、「病の征服」はその一つだと答えている。だが、西洋医学のおかげで生き長らえた何百万人もの人びとにとって、精神的な清浄さと、生き延びることのどちらを選びたいか尋ねれば、その選択はむずかしくないだろう。一八〇〇年ごろ、世界の出生時における平均余命はわずか二八・五歳だった。それから二世紀が経った二〇〇一年には、二倍あまりの六六・六歳になった。このような改善が見られたのは、帝国の大都市だけに限らない。植民地時代の統治者はナチスやスターリンと倫理的には同じだと主張したいがために、飢饉や内戦を集団殺戮や強制収容所とつねに混同したがる歴史家がいる。彼らは、植民地時代とそれ以後、西洋医学が世界の寿命延長に大きな影響を及ぼした事実について、よく考えてみる必要がある。

寿命が持続的に伸び始めた「健康の変遷期」が始まった時期は、明らかだ。西ヨーロッパでは一七七〇年代から一八九〇年代の間、まずデンマークから始まり、スペインがしんがりだった。第一次世界大戦の直前には、公衆保健衛生が向上したおかげで、チフスとコレラは事実上ヨーロッパから消え、ジフテリアと破傷風はワクチンで抑えられるようになった。現代のアジア諸国のうち、記録が残っている二三か国では、一つの例外を除いて、健康の変遷期は一八九〇年代から一九五〇年代の間に起きた。アフリカでは、四三か国のうち二か国を除いて、一九二〇年代から五〇年代の間に起きた。アジアとアフリカのほぼすべての国で、ヨーロッパの植民統治が終わる前に、寿命が伸び

イギリス、アメリカ、インド、中国の出生時の平均余命（1725～1990年）

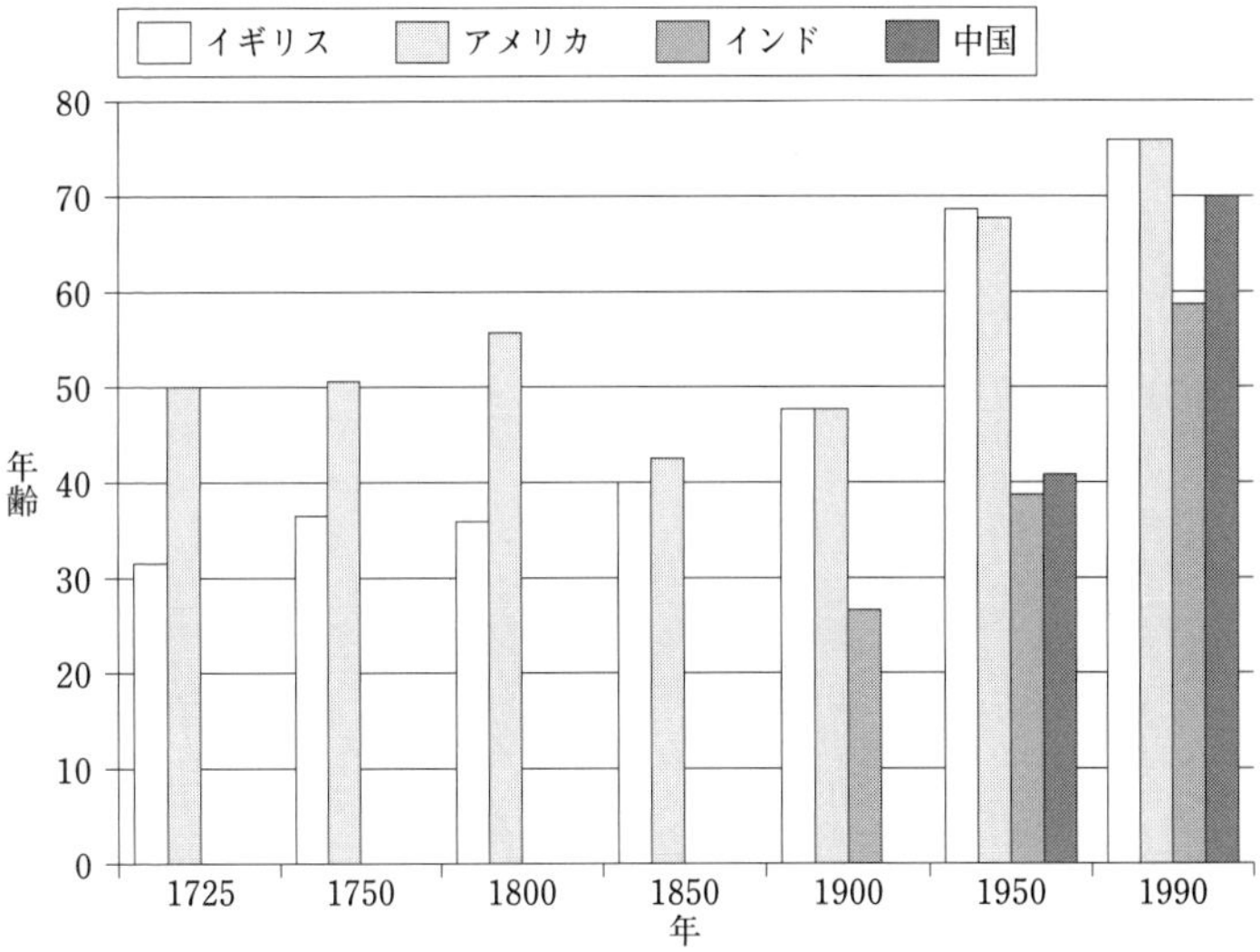

始めたことになる。実際、アフリカ人の寿命は、独立した後に逆に短くなっている。大きな原因はエイズの大流行だが、それだけではない。一八〇〇年代の早い時期に政治的に独立したラテンアメリカ諸国で、寿命の伸びが芳しくなかったことも注目に値する。平均寿命が伸びたタイミングは、とりわけ興味深い。抗生剤（とくに結核治療薬のストレプトマイシン）や、殺虫剤DDT、帝国時代に発明された天然痘や黄熱病のワクチンが使われるようになった時期より前だからだ（以下を参照）。これは、広い範囲で公衆衛生面の改善が続き、糞便による疾患、マラリア、さらに結核の死亡者数さえも低下したことを示している。イギリス植民地のジャマイカも同様で、セイロン（現スリランカ）、エジプト、ケニア、

ローデシア、トリニダード、ウガンダでも、ほぼ同時期に改善が見られた。これから見るように、フランス植民地でも同じだった。アフリカ固有の致死的な熱帯病の数々に、西洋の科学者と衛生当局は取り組み続けた。これは、帝国主義がなければあり得なかった。アイルランドの劇作家で才人のジョージ・バーナード・ショーは、ガンディーに対して的を射た反論を出している。

この一世紀、文明は細菌性の発熱による病気を一掃してきた。かつて蔓延したチフスは消え、ペストやコレラは衛生という名の封鎖手段によって前線で食い止められた。……感染症の危険性と予防法に対する理解は、以前より高まっている。……現在、肺病患者はハンセン病患者と並んでつまはじきにされ、肩身が狭い。……感染の恐怖が強いため、医者の話から判断すると唯一の科学的な対策は、患者を近くのドブにうち捨てて遠くから石炭酸を掛け、その場で火葬することだとも思える。だが、恐れがすぐれた治療法と衛生対策を生んだ。したがって、病に対する一連の勝利という成果が得られた。

帝国ばかりでなく、植民地の人びともこの勝利の恩恵を受けた。

面白い展開は、一九世紀の後半から二〇世紀前半にかけて、医学にも暗い面があった点だ。病原菌との戦いが起きたのは、人種的には退化するという根拠のない脅威とのエセ科学的な戦いが起きたのと同じ時期だった。そして一九一四年、「文明のための偉大な戦争」と謳われた西洋帝国間の戦争（第一次世界大戦）で、世界で最も絶望的な「暗黒」大陸は、アフリカではないことが判明した。

帝国はおおむね、遅れた国に文明をもたらすという平和的な意図を表向きには主張した。なかでも、フランスほど「文明化の使命」という表現を好んだ国はない。それがなぜなのかを理解するためには、まずフランス革命とアメリカ革命（独立戦争）の大きな違いを理解する必要がある。この違いを最初に把握したのは、イギリス・ホイッグ党の下院議員エドマンド・バークだった。バークは、アイルランド南部のペイルにあるプロテスタント入植地出身の偉大な政治家で、哲学者だ。入植者の「代表なき課税」に対する反発に強く共感してアメリカ独立戦争を支持し、マサチューセッツへの課税をめぐって起きた最初の危機へのノース卿の対応は間違いだった、と指摘した。ところがフランス革命の勃発については、まったく正反対の反応を示した。『フランス革命の省察』（一七九〇）で、バークはこう書いている。

「さりとてそれを理由として、ある狂人が、保護的拘禁と、健康に良い彼の独房の暗闇から脱走して光明と自由の享受を取り戻した時に、私は彼を本気で祝福すべきでしょうか。脱獄した追剝や人殺しに向って、彼の自然権の恢復を祝ってやらねばならないのでしょうか」（『フランス革命の省察』半沢孝麿・訳）。

これが書かれたのは、一七九〇年一一月一日だ。バークはフランス革命の暴力的な特徴を、驚くほど早くから言い当てたことになる。

一七八九年に政治的な連鎖反応が始まったのは、フランスがアメリカ独立革命に巻き込まれたために急激に発生した慢性的な金融危機の結果だ。一七一九年から二〇年のミシシッピ開発バブルという手ひどい失敗による金融危機以来、フランスの金融制度はイギリスより大幅に遅れた。紙幣を印刷する中央銀行や、国家財政を安定させるための国債売買ができる流動性のある債券市場も存在しなかった。税制は、ほぼ民営化されていた。フランス王室は、国債を売る代わりに役所を売り、国民の税で肥えた寄生虫を生み出した。シャルル・ド・カロンヌ、ロメニー・ド・ブリエンヌ、ジャック・ネッケルなど、有能な財務総監が改革を試みたが失敗に終わった。簡単な解決策は、ルイ一六世（在位＝一七七四〜九二）が国債の債務不履行に踏み切ることだった。だがそのためには、大量の関連書類とイギリス政府が国債に払った額の二倍の資金が必要だった。王は合意を得ようと努力したものの、名士会の議論は収拾がつかなかった。法官たちは、問題を起こすばかりだった。ついに一七八八年八月、ルイ一六世は三部会を召集せざるを得なくなった。この召集は一六一四年以来はじめてで、一七世紀の制度を復活させれば、一七世紀的な危機を引き起こすことを国王は予測すべきだった。

当初、フランス革命はいわばイングランド内戦からピューリタニズムだけを引き算したようなものだった。三部会の召集は、ミラボー伯やラファイエット侯が先導者になって、不満を持つ貴族に鬱憤を晴らす機会を与えた。イギリスと同じように、下院が力を増し、一七八九年六月一七日、第三身分（平民）は、「国民議会」の発足を宣言した。その三日後、有名なテニス球戯場の誓いで、フランスが新しい憲法を制定するまで解散しない決意を表明した。ここまではいわば、一六四〇年にイギリスで起きた長期議会のフランス版だ。ところが新しい政治のルールを作る段階になると、革命家は明らかにアメリカ的な表現を取り入れた。一七八九年八月二七日、フランスの人権宣言の次のような項目に目を通して驚いた者は、フィラデルフィアにはいなかったはずだ。

二項目　人の、時効によって消滅することのない自然的な諸権利……諸権利とは、自由、所有、安全および圧制への抵抗である。……
一〇項目　何人も、……たとえ宗教上のものであっても、その意見について不安を持たないようにされなければならない。……
一七項目　所有は、神聖かつ不可侵の権利であり、何人も、……それを奪われない。……
（『改定版　解説世界憲法集』樋口陽一・吉田善明・編）

では、なぜエドマンド・バークは、一七九〇年二月一日の熱烈なスピーチをはじめとして、この革命に猛烈に反発したのか。彼は、次のように述べている。

フランス人が温和で合法的な王政に叛逆するのを経験しました。それも、最も不法な簒奪者、最も血に餓えた専制君主に対してかつて立ち上ったと言われる如何なる民衆にも見られなかった程の狂気、狼藉、攻撃性を発揮しての叛逆でした。彼らフランス人は、譲歩に対するに抵抗を以てし、……彼らの一撃は、慈悲と恩顧と義務免除を差し出す手を目指して下されたのです。……彼らは成功のまさにその中に、罰を受けました。法は覆えされ、法廷は瓦解し、産業は活力を失い、通商は途絶し、歳入は納められないにも拘らず民衆は貧困化し、教会は略奪され、聖職者身分は救済されず、市民と軍隊双方における無秩序がこの王国の基本法となりました。人間に関することもすべて公債という偶像のため犠牲とされ、結果は国家の破産でした。そして最後の仕上げが、新米で頼りなくてよろよろしている権力が発行する紙幣だったのです。……帝国を支えるべく通貨として差し出した……

（前掲『フランス革命の省察』）

バークがこれを書いたのが一七九三年であることを知れば、不思議ではない。だがフランス革命が起きて一年以内に、その本質を理解していたことは、特筆すべきだ。彼は、何を見抜いたのだろうか。その答えは、ルソーにある。

ジャン＝ジャック・ルソーの『社会契約論』（一七六二）は、西洋文明が生み出した最も危険な一冊だといえる。ルソーは、人間は「高貴な野蛮人」であり、権力に従うことを好まないという。人間がただ一つ従うことができるのは、「人民」と「一般意志」による主権で、ルソーによればその一般意志は絶対的でなければならず、治安当局者も立法者も、それにかしずかなければならない。派閥抗争があってはならず、キリスト教も分派行動（いわば宗教の世俗からの分立）は許されない。自由は評価すべきものだが、ルソーにとっては道徳的な美徳のほうが重要だ。「一般意志」は、美徳を重んじたものでなければならない。フランス人権宣言と照合すると、現代の読者はバークが何に驚いたかが判然とするだろう。

> 六項目　法律は、一般意思の表明である。……
> 一〇項目　何人も、その意見の表明が法律によって定められた公の株序を乱さない限り、たとえ宗教上のものであっても、その意見について不安を持たないようにされなければならない。……
> 一七項目　所有は、神聖かつ不可侵の権利であり、何人も、適法に確認された公の必要が明白にそれを要求する場合、それを奪われない。……
>
> （前掲『改定版　解説世界憲法集』。強調は引用者）

バークが不信を抱いたのは、この強調部分だ。ルソーは「公の株序」と「公の必要性」を最も重視したが、バークはこれを邪悪だと考えた。バークの考えでは、統治者を選ぶにあたって、世襲継承原理は一般意思より信頼できる。そのような型の統治者は、古来の自由を尊重すると思えるからだ。バークは、新しくユニークで抽象的な「自由」よりも、古来の自由のほうを好んだ。貴族は私有財産がもたらす独立を享受できるが、第三身分の平民は、権力によって（また「貨幣所有階級」によって）必ずや腐敗すると思えるからだ。バークはまた、一七八九年一一月に施行された、教会の土地収用——はじめてのきわめて革新的な法——の意義を理解し、アッシニア紙幣は教会の没収地を抵当にしたにすぎない不安定なものなので危険性があると認識していた。バークは、真の社会契約とは、ルソーが言うような高貴な野蛮人と一般意志との契約ではなく、現在と未来の世代間の「組合」だと主張し、すぐれた先見の明によって「教授諸氏」のユートピア的な理想主義に警告を発した。当時のすぐれた予言書でもあった同書で、彼は「その果てに見えるのは絞首台だけ」だと述べている。伝統的な制度を攻撃しても、「有害低劣な寡頭制」を導くだけで、最終的には軍事独裁に陥るだろう、と見通した。以上すべての点で、バークの予言は当たった。

一七九一年九月の憲法は、所有権や、「フランス国王」の不可侵性、結社の権利、信教の自由などを保証したが、二年も経たないうちにすべてが揺らぐことになる。まず教会の所有権がなくなり、次に修道会、ギルド、商業組合の廃止によって、結社の自由が消えた（政治結社は存続し、むしろ盛んになった）。そして一七九二年八月、チュイルリー宮が襲撃され、国王ルイ一六世は幽閉され、特権も剝奪された。国王はこのようにして生き恥をさらしたうえ、王家は王宮を脱出し、北東部国境に近い王党派のモンメディ砦のヴァレンヌに逃げたが（ロシア男爵夫人一行に変装）失敗に終わった。一七九二年九月、新たに民主的な選挙によって国民公会が成立し、大逆処刑の可能性がますます高まった。一七九三年一月二一日におこなわれたルイ一六世の処刑は、チャールズ一世の処刑とはまったく異なった結果をもたらした。国王の処刑は、イギリス革命ではいわば内戦の終楽章だったが、フランス革命では序曲にすぎなかった。その後、ジャコバン派、パリコミューン、さらに公安委員へと権力が引き継がれたからだ。革命派は新しい宗教を武器に、さらなる暴動への決意を固めた。もっとも、これは、西洋で最後の事例ではないが。とにかく、一七九三年一一月一〇日、神の礼拝が禁じられ、「理性教」が創られた。これは近代初の政治的宗教で、聖像、儀式があり、しかも殉教者まで出た。

フランス革命は、当初から暴力的だった。一七八九年七月一四日、民衆が憎んでいたバスティーユ監獄が襲撃され、当該司令官のド・ローネー侯、およびジャック・ド・フレッセル（パリ市長）が断首された。その一週間後、国王の国務長官ジョゼフ＝フランソワ・フォロン・ド・ドゥエと、その義理の息子ベルチエ・ド・ソーヴィニーも殺される。一〇月になると、暴徒たちがベルサイユ宮殿に乱入し、王室の約一〇〇人が殺された。一七九一年には「短剣の日」の事件が起き、シャン・ドゥ・マルスの大虐殺が起きた。一七九二年九月、ブルターニュ、ヴァンデ、ドーフィネでも反革命デモが起き、約一四〇〇人の王党派の囚人が処刑された。だが恐怖政治による虐殺の理由づけには、まだ何かが必要だった。恐怖政治は、革命が自らの子を呑み込むという近代における冷酷な事実を、はじめて浮き彫りにした。

カール・マルクス思想に捕われた世代の歴史家（第5章参照）は、答えを階級対立に求め、革命の原因は、凶作やパンの価格高騰、アンシャンレジームで最もプロレタリアートに近い、サンキュロット（キュロットをはかない無産階級の人びと）の不平に原因があるとした。だがこの解釈は、ブルジョアが貴族社会に対して階級闘争を起こさなかった多くの証拠があるため、成立しない。革命を起こしたのはむしろ、「名士」、ブルジョア、貴族などの特権階級だった。より繊細な解釈は、貴族の知識人だったアレクシ・ド・トクヴィルが示している。彼の主な著作『アメリカのデモクラシー』（一八三五、松本礼二・訳）と『アンシャンレジームと革命』（一八五六）で、トクヴィルは、「フランスはなぜアメリカになり得なかったのか」という問いに、ユニークな答えを出している。

トクヴィルによると、フランスとアメリカの社会には五つの根本的な相違点があり、したがって革命にも相違点があるという。まず、フランスはきわめて中央集権化されていたが、アメリカは当初から地方分権的な連邦国家で、活発な集会文化と市民社会があった。第二に、フランスは法律条文より一般の意志を尊重する傾向にあったが、アメリカは強力な法曹界がこれに抵抗した。第三に、フランス革命は宗教とその支柱だった教会を攻撃したが、アメリカでは派閥による分化傾向が世俗権力の主張を防御する役目を果たした（トクヴィルは宗教に懐疑的だったが、宗教の社会的意義をかなり早い時期から認識していた）。第四に、フランスは無責任な知識人に力を与え過ぎたが、アメリカでは実務家が取り仕切った。第五に、フランスは平等を自由の上に置き、ロックではなくルソーを選んだ。トクヴィルは、これが最も重要な点だと考えた。

『アメリカのデモクラシー』第一三章で、トクヴィルは次のように、まさに核心を突いている。

合衆国の住民は、人生の禍や悩みと戦うのに自分しか頼りにならぬことを生まれたときから学ぶ。社会的権威には疑い深い不安げな視線しかやらず、どうしても必要な場合以外はその力に訴えない。……アメリカでは、政治的目的で結社をつくる自由に制限がない。……すなわち、党派的専制や君主の恣意を妨げるのに、社会状態が民主的な国ほど結社が必要な国はない、という考えがそれである。

（前掲『アメリカのデモクラシー』）

したがって、フランスの共和制が個人の自由を抑圧し、独裁に退化した大きな理由は、フランスの市民社会がアメリカに比べて弱かった点にある。だがトクヴィルは、第六の点を思い出したかのように付け足している。

加えて、わが国（フランス）では戦争が熱烈に好まれるので、国家を転覆するような無分別な試みにおいてさえ、武器を手に死ぬことを名誉と思うのである。

（前掲『アメリカのデモクラシー』）

この点こそが、二つの革命における最大の違いだ。双方とも、生き残るために戦わなければならなかった。だがフランス革命は、規模が大きく、長期にわたり、それが大きな違いを生み出した。

一七九一年七月、神聖ローマ皇帝レオポルト二世（在位＝一七九〇～九二）は、ルイ一六世を救おうと諸君主に呼びかけた。まず、フリードリヒ大王の後継者フリードリヒ・ヴィルヘルム二世（在位＝一七四〇～八六）がこれに応えた。フランスは、革命を確固としたものにするために、命がけで戦わなければならなかった。オーストリア（一七九二年四月）、イギリス、オランダ、スペイン（一七九三年二月）に対する宣戦布告によって、アメリカの独立戦争より大規模で長い対立を招いた。アメリカ国防総省によれば、独立戦争のヤマ場だったヨークタウンの戦い（一七八一）までに、四四三五人のアメリカ植民地軍兵員が命を落とし、六一八八人が負傷したという。米英がふたたび対決した一八一二年戦争の死者は二二六〇人、負傷者は四五〇五人だった。イギリス側の負傷者は、これよりやや少なかった。負傷者の大半が命を落とし、兵士や民間人の多くも戦禍を受けたが、まだ被害は割に小さかったといえる。ブランデイワイン（一七七七）やヨークタウンなど、名高い戦闘のいくつかは、ヨーロッパの基準からいえば小競り合い程度で、ヨークタウンの戦いにおけるアメリカ植民地軍の戦死者数は、八八人にとどまった。フランス革命とナポレオン戦争の死者数ははるかに多く、ある推計によれば、一七九二年から一八一五年までの双方の戦死者数は計三五〇万人に及ぶ。控えめに見積もっても、アメリカと比べて二〇倍ものフランス人が革命のために命を落とした計算になる。しかもこの数字には、国内鎮圧における犠牲者は入っていない。およそ一万七〇〇〇人のフランス人男女がしかるべき法手続きのあと処刑され、一万二〇〇〇人から四万人が裁判もなしにギロチンや絞首台に送られ、王党派が反乱を起こしたヴァンデの反乱（一七九三

～一八〇一）では、鎮圧のために八万人から三〇万人が犠牲になった。フランス革命はさらに、アメリカ革命より大きな経済破綻を招いた。アメリカでも安定したあとにはインフレが起きたが、フランスではハイパーインフレが起き、アッシニア紙幣は紙クズ同然になった。男性全員が戦争に狩り出され、物価や賃金は統制され、市場経済は崩壊した。

このように、フランス革命はバークが予言したとおりに激しい勢いで進行した。一七九三年四月、公安委員会に権力が集中し始めたときから、パリは混乱をきわめていた。まずジャコバン派の一派であるジロンド派（とくに激しく対立したのは山岳派《モンタニャール》）の面々が逮捕され、一〇月三一日に処刑され、次にジョルジョ＝ジャック・ダントンの一派も一七九四年四月六日に断頭台に送られた。最後は、公安委員会の主要人物の番だった。ルソーが謳う共和制の第一人者であるマクシミリアン・ロベスピエールが、当然ながらギロチンに送られた。これら「死の舞踏」の伴奏は、つねにひどく血に飢えた「ラ・マルセイエーズ」だった。そのなかで、「人民の敵」として最も非難された行為は、裏切りだった。戦況が不利になると、この偏執狂的な傾向はさらに強まった。バークが古典的な政治論から予測したように、このような民主制は、必然的に寡頭制に取って代わられるようになり、やがて軍人の独裁に落ち着く。一〇年も経たないうちに、国民公会は総裁政府に（一七九五年一〇月）、総裁政府は第一執政に（一七九九年一一月）、第一執政は皇帝という肩書にすげ替えられた（一八〇四年一二月）。このようにして、ルソーから始まった革命は、ローマ帝国の滅亡と同じ道をたどった。

一八〇五年一二月二日、アウステルリッツの戦いで、総勢七万三二〇〇人のフランス軍が八万五七〇〇人のロシア・オーストリア軍を打ち負かした。これを、ワシントンが率いる一万七六〇〇人の軍勢がコーンウォリスの率いるイギリス兵八三〇〇人を破った、一七八一年のヨークタウンの戦いの軍勢と比較してみよう。アウステルリッツの負傷者数は、ヨークタウンの総兵力数より一万二〇〇〇人も多い。アウステルリッツでは、ロシア軍の三分の一あまりが死傷し、あるいは捕えられた。だがこのときに使われた武器は、半世紀ほど前にフリードリヒ大王の軍がロイテンで使った武器とそれほど変わらない。負傷者の大部分は、移動砲にやられた。目新しかったのは、ナポレオン軍勢の規模の大きさで、技術ではない。一八一二年、フランス軍は七〇万人に膨れ上がった。一八〇〇年からこのときまでに、合わせて一三〇万人のフランス人が徴兵された。約二〇〇万人が、ナポレオンが引き起こした戦争によって命を落とし、その約半数がフランス人で、およそ五人に一人は、一七九〇年から九五年に生まれた若者だった。いろいろな意味で、この革命は自らの子を呑み込んだことになる。

トクヴィルが主張したように、アメリカの市民社会には、フランスよりも民主主義を栄えさせる要素があったのだろうか。中央集権国家フランスは、地方分権のアメリカより、ナポレオン的な人間を生み出しやすかったのだろうか。確かなことはわからない。だが、もしアメリカにも、フランスで一七九一年憲法を吹き飛ばした軍事的・経済的な苦境があったなら、アメリカ憲法がどれだけ長く続いたか考えてみるのは、無意味ではないだろう。

戦闘力

革命が呑み込んだのは、自らの子だけではない。戦争に巻き込まれた者のなかには、子どもたちもたくさんいた。最初の対仏戦争が起きたとき、プロイセン軍の准士官だったカール・フォン・クラウゼヴィッツはまだ一二歳だった。真の軍人で学者にもなったクラウゼヴィッツは、一八〇六年イエナの戦いの壊滅的な敗戦でも生き残った。一八一二年、ロシアとの戦争を目論むフランスに同調することは、拒否した。一八一五年には、リニーの戦いを経験した。フランス革命が戦争を変貌させたことをだれよりも（ナポレオンよりも）理解していたのは、彼だった。死後に発表された名著『戦争論』（一八三二、清水多吉・訳）は、戦争について西洋で書かれた著作で最も重要なものだといえる。同書は時代を超えた書物だが、ナポレオン時代の重要な評論でもある。戦争の規模がなぜ変化し、それが戦争という行為にとって何を意味したかを説明しているからだ。

クラウゼヴィッツは、次のように主張している。

「戦争とは……その当面の目的は、敵を屈服させ……ることである。すなわち戦争は単に一つの政治的行動であるのみならず、実にまた一つの政治的手段でもあり、政治的交渉の継続であり、他の手段による政治的交渉の継続にほかならない」（前掲『戦争論』）

これは、おそらく彼のことばのうち、最も有名で、かつ最も誤訳され、誤解されている個所だろう。だがこれは、彼のことばのなかで最も重要なものだとはいえない。クラウゼヴィッツは、フランス革命の結果、戦場で新たに情熱が盛り上がったと考えていた。明らかにフランスを頭に描いて、彼は「最も文明化した国民といえども、ときとして恐るべき敵対感情をもって相闘うこともあり得る」と書いている。一七九三年（ルイ一六世とマリー・アントワネットが処刑された）以降、戦争は国王の趣味ではなく、「再び……国民の事業」になり、「国民の士気」が動かす「巨大な戦闘力」になったという。クラウゼヴィッツは、ナポレオンの新たな戦闘力をあやつる才能を認め、彼の「勝利と大胆さ」によって、「旧来の全手段が……崩壊」したと断じた。ナポレオンのもと、戦争は「絶対的本質」を実現し、コルシカ島出身の成り上がり者ナポレオンは、「戦争の権化……一方の優勢が敵の崩壊まで衰えなかったような事例」だとしている。だがそのすぐれた統帥力は、彼の軍を推し進めた民衆の精神ほど重要なものではなかった。

クラウゼヴィッツはさらに、戦争は「……三位一体をなしているものである。この三位一体とは、一つに盲目的自然衝動と見なし得る憎悪・敵愾心といった本来的激烈性、二つに戦争を自由な精神活動たらしめる蓋然性・偶然性といった賭の要素、三つに戦争を完全な悟性の所産たらしめる政治的道具としての第二次的性質、以上三側面が一体化したことを言うのである」（同前）と述べている。これは、彼の残した最も有名な定義だ。「敵の戦闘力を壊滅させようとする努力」は、まさにきわめて強い衝動であり、この新たな形の戦争の「嫡男《ちゃくなん》」である。だがクラウゼヴィッツは、こうも警告している。防御はつねに「攻撃形態よりも強力なもの」であり、それは「攻撃力は次第次第に涸渇してゆくもの」だからだ。防御にも、防御固有の難点がある。「戦争におけるすべてのものは非常に単純である。しかしこの極めて単純なものがかえって困難なのである。……困難は……初期の計画は崩され」ることになる。そのため、優秀な最高司令官はつねに四つの点を心にとどめなければならない。第一に「蓋然性の推測」。第二に「できるだけ集中的に行動すべきである」こと。第三に「できるだけ速やかに行動すること」だ（以上のカギカッコ内は、前掲『戦争論』による）。

> それゆえ、あらゆる軍事的行動は、直接的にか間接的にかはともかく、すべて戦闘に関係していないものはない。兵員は、徴集され、衣服を給与され、武装して訓練を受ける、……これらすべてのことは、なすべき場所で、なすべき時に、戦闘することだけを目的としてなされる準備行動にすぎない。

だが何よりも、戦闘力はコントロールされなければならない。したがって、クラウゼヴィッツの言う「絶対的」戦争では政策が優位に立つことが必要で、つまり戦争という手段は外交政策という目的に従属する。これが、『戦争論』の真のメッセージだ。

では、ナポレオンの政策目的とは何だったのか。ある点では、反動的な復古調を呈していたかもしれない。ジャック＝ルイ・ダヴィッドの「ナポレオンの戴冠式」（一八〇四）に描かれた、ノートルダムで皇帝用装束《しょうぞく》の裾の長い外套《がいとう》をまとうナポレオンと、同じルイ・ダヴィッドの「アルプスを越えるナポレオン」（一八〇一）で「世界理性の馬を駆る」（哲学者ヘーゲルのことば）、物語の英雄じみたナポレオンの姿を比べてみよう。この変貌ぶりを当時の代表的音楽家ルートヴィヒ・ファン・ベートーヴェンは忌み嫌って憤り、交響曲第三番の作品名「ボナパルト」を消して、単なる「英雄」に変えた。一八〇四年一二月、自ら皇帝として戴冠したナポレオンは、オーストリア皇帝フランツ二世に神聖ローマ皇帝の地位を放棄させ、その娘と結婚した。一方で一八〇一年、政教条約によってフランスは教皇と和平を結び、ジャコバン派の理性教の残党を駆逐した。

一方、その他の面を見ると、ナポレオンがヨーロッパに築こうとした帝国に時代遅れな面はほとんどなく、まことに革新的だった。フランスを「自然国境」に基づいて拡大し、プロイセンを縮小したばかりでなく、新生スイス連邦を創った。またバルト海からアルプス、イタリア北部の新王国、ワルシャワの新侯国まで広がる、四〇か国から成るライン同盟もドイツ西部に作った。確かにフランスは、これらの国ぐにを配下に置いた。浪費家の末弟ジェロームを名目上のヴェストファーレン王に据え、伊達男の義兄ジョアシャン・ミュラをナポリ王にした。また敗者は勝者に敬意を表し、一七九五年から一八〇四年の間オランダは、一年分の国家収入を超える二億二九〇〇万ギルダーもの巨額をフランスに貢いだ。一八〇六年から〇七年のナポレオン戦争の経費はフランスが負担したが、フランス政府支出の三割にも及んだ。一八〇五年から一二年、イタリア税収の半分はフランスの手に渡った。だがナポレオンは一方で、ヨーロッパを古くからの世襲制領地の集合体から、新しい国民国家の整然としたグループ集団に生まれ変わらせた。さらに、ナポレオン法典によって法体制を根底から築き直し、のちの関係諸国の経済に永続的な効果をもたらした。またフランス統治下では、貴族、聖職者、ギルド、都市部の寡頭制が保持していたさまざまな特権が排除され、法よりも平等が優先されるという原則が確立された。「ヨーロッパの民が一つになれるような、ヨーロッパ全体に共通した制度、法典、司法の体系を望んだ」というナポレオンの後年のことばは決してウソではない。ナポレオンの帝国が長続きしなかったからといって、政治的ビジョンに欠けていたと断じることはできない。ナポレオンにとって、戦争は目的ではなかった。クラウゼヴィッツが洞察したように、それは軍事力によって政策を推進することだった。

ナポレオンが目標とした到達点が、間違っていたわけではない。挫折した原因は、敵の司令官がナポレオンに太刀打ちできなくても、やがて敵の軍勢の総数がナポレオン軍を上回ったところにあった。ロシアの厳冬にやられたというよりも、ロシア軍の奥深くまで相手を引きずり込む撤退作戦や消耗戦に疲弊した（さらにチフスの蔓延も加わった）ナポレオンの「大陸軍」は、一八一三年にはライプチヒで数量的に——とくに馬の頭数で——負けた。一八一五年、プロイセン軍がワーテルローで勝利をおさめたときも、同様の構図だった。だがそれよりかなり前、フランスは海戦でも負けている。一七九八年、ホレーショ・ネルソンはアブキール湾（ナイルの戦い）で、ナポレオン艦隊を両側から巧みに攻撃し、ナポレオンのエジプト征服の夢を打ち砕き、その功績で称号を与えられた。その七年後、ネルソンが率いる二七隻の艦隊は、トラファルガーでフランス・スペイン連合艦隊を「ネルソン・タッチ」で破った。高速で敵艦隊に切り込み、舷側砲《げんそくほう》で一隻目の右舷などに砲弾を見舞い、さらに二隻目の後方と左舷に撃ち込む戦術だ。

海戦でナポレオンが負けたことの意義は、二つある。第一に、フランスが徐々に海外の領土を失うきっかけになった点だ。すでに一七九一年、サトウキビで大きな利益をあげていたサン＝ドマング植民地（現ハイチ領）では、解放奴隷フランソワ＝ドミニク・トゥーサン・〝ルヴェルチュール〟（「ルヴェルチュール」は「開放」の意）が率いる革命が勃発していた。パリのフランス国民議会が、黒人とムラートは解放するが奴隷は解放しない、と決めたことを受けての反乱だった。一七九四年、国民公会が奴隷制度を廃止すると、サン＝ドマングでは人種間の流血の内戦が起きた。内戦は隣のスペイン領サント・ドミンゴにも飛び火し、一八〇二年にトゥーサンが逮捕されてフランスに送還され、ナポレオンが奴隷制度を復活するまで続いた。このハイチ独立革命（一七九一～一八〇四）で、一六万人から三五万人が命を落とした。一年後、フランスは当時ルイジアナと呼ばれた広大な北米の領土（現在のアメリカ・ルイジアナ州とは異なる）二一四万六五八二平方キロメートルを、一五〇〇万ドルのいわば特価でアメリカに売却した（一エーカー当たり三セント足らず）。第二に、より重要な点だが、フランスは財政面での闘いにも負けた。教会の元領地をどれほど売り続けても、新通貨を導入してオランダとイタリアの納税者を絞り上げても、ナポレオンは借り入れ比率を六パーセント以下にできなかった。トラファルガー（一八〇五）からワーテルロー（一八一五）までの期間、フランス政府国債の平均利回りは、イギリスのコンソル公債より二パーセントも高かった。

これが、決定打だった。

重商主義者だったナポレオンは、イギリスの経済力を弱めようとして、大陸とイギリスの交易を禁止した。だがイギリスの商人たちはいち早く、遠方の市場に切り替えて、イギリス海軍が主要航路を確保するよう取り計らった。イギリスがフランスより優位に立てたのは産業化のおかげだと誤解されることもあるが、勝因は鉄と蒸気ではなく、商業と金融にあった。イギリスは単に交易を維持しただけでなく、貿易外収支の経常黒字を、海運、保険、海外投資、帝国としての利益（奴隷貿易や東インド会社によるインドへの課税）から計上できた点が重要だ。一八〇八年から一五年の間、イギリスのサービス部門の黒字は年間一四〇〇万ポンドで、同時期の商品交易の赤字を大きく上回っていた。そのため、イギリスは、膨大な資金を外国に移すことができた。最高時で、年間国民所得の四・四パーセントを、軍事費および同盟国への補助金として送っている。一七九三年から一八一五年の間に、イギリスがヨーロッパにおいてフランスの敵軍に与えた総額は、六五八〇万ポンドにのぼった。株式市場に登場した新しい「時代の寵児《ちょうじ》」は、フランクフルト生まれのユダヤ人、ネイサン・ロスチャイルドだった。財界皇帝と呼ばれたロスチャイルドは、ウェリントン卿およびその同盟者たちに軍資金を提供するキーマンになった。

ナポレオンは、敗北した。フランスは巨額の賠償金を課せられ、肥満体のルイ一八世がブルボン王朝を復活させた。だが革命の夢や、革新的な帝国の理想図は、ナポレオンが一八二一年、南大西洋の孤島セントヘレナ島でおそらく胃ガンで亡くなったときに消えたわけではない。一七八九年の革命は、フランスに比類のない政治劇の台本を与えた。次の一世紀、この「劇」の再演を願う誘惑にはあらがいがたく、一八三〇年（七月革命）、四八年（二月革命）、七一年（パリ・コミューン）にも繰り返し革命が起きた。重要なのは、パリの中心部でバリケードが築かれるたびに、衝撃度は薄まってきたものの、ヨーロッパとヨーロッパの諸帝国に余波が及んだ点だ。人権宣言による革命の「赤い」約束は、黒い僧服に包まれて忘れられたわけではなかった。それは、スタンダールの小説『赤と黒』（一八三〇）に、力強く描かれている。ある意味では、だれでも革命ということばを口にできるし、イメージすることも可能だ。にわかに武器を手にした民間人、半裸の兵士、あちこちに倒れた殉教者――彼らはこれ以降、長いことありふれた図柄になった。

一八四八年の二月革命は広く波紋を呼び、ベルリン、ドレスデン、ハノーヴァー、カールスルーエ、カッセル、ミュンヘン、シュトゥットガルト、ウィーン、ミラノ、ナポリ、トリノ、ヴェネツィアと、さらに広い地域で人びとは街頭に出て騒動を起こした。これは、一八一五年に復活したフランスの王政が表現の自由を制限したことにとくに幻滅した、知識人による連鎖革命だった。代表的な例として、作曲家リヒャルト・ワーグナーとロシアの無政府主義者《アナーキスト》ミハイル・バクーニンが手を組んで、この世界の大紛争をテーマに不敬なオペラ「ナザレのイエス」を企画したことがある、とワーグナーの伝記に書かれている。イギリスは、ヨーロッパのなかで余波を受けなかった数少ない国の一つだった。それはとくに三万五〇〇〇人の兵士、八万五〇〇〇人の特別警察官、一二〇〇人の退役軍人、四〇〇〇人の警官が、チャーティスト派――普通選挙権の推進派――を抑えていたためだ。その結果、一八四八年のロンドンでは流血は見られず、広場で演説がおこなわれるだけにとどまった。

だが、いわゆる「人民の春」が見られたのは、ヨーロッパだけではなかった。一九世紀における多くの西洋的なアイディアと同じように、フランス式の革命はすぐに世界的な現象として波及した。セイロン、ギアナ、ジャマイカ、ニューサウスウェールズ（オーストラリア）、オレンジ自由国（南アフリカ）、パンジャブ（インド）、ヴァン・ディーメンズ島（オーストラリア、現タスマニア）など、イギリス帝国全土で反乱が起きた。さらに目立ったのは、フランス領西アフリカの動きだ。ここではイギリス植民地と違って、大きな政変がパリの革命政府の支持を得た。

これらすべては、フランス帝国主義の最大の特徴を兼ね備えている。それは、永続的な革新性だ。イギリス帝国は、本能的に保守的な方向をたどった。つまり、年を経るごとにイギリス政府は各地元のエリートを優遇するようになり、部族の首長やお飾りの藩王を通じて間接統治を施行するようになった。だがフランスはいぜんとして、ナポレオン法典と缶詰（ナポレオンのもう一つの発明）とともに、自由、平等、博愛は世界中に輸出できる商品だ、という希望を大切に胸に抱いていた。

ほかのすべてのヨーロッパ帝国と同じく、フランス植民地も奴隷制度にある程度、依拠していた。だが一八四八年、フランスの新しい共和制政府は、西アフリカ植民領セネガルを含むフランス帝国全土で奴隷制度を廃止すると宣言した。イギリスはすでにその一五年前に、奴隷制度を廃止している。だが奴隷制度廃止は、フランス領アフリカにおける革命の第一幕にすぎない。続いて、解放奴隷にも投票の権利が与えられると発表された。これはまだ、イギリス植民領では実施されていなかった。フランス帝国全土で成年男子の参政権が導入され、アフリカ人および混血《メティス》（白人は全体のわずか一パーセント）の有権者ほぼ全員が一八四八年一一月の選挙で投票し、国民議会にはじめて有色人種が選出された。だがセネガルからパリに代表を送る権利は一八五二年ナポレオン三世が撤回したため、一八七九年まで中断したが、普通成年男子参政権による四つのコミューン（サンルイ、ゴーラ、リュフィスク、ダカール）議会では選出が続けられた。アフリカ史上、はじめて多人種で構成された民主的議会が開かれたのは、当時の植民地の首都で、ユニオン島のサンルイだった。

当時の人びとは、これがいかに画期的なできごとだったかを理解していた。サンルイを訪問したあるイギリス人は、次のように書いている。

「議会を訪れた者は、黒人の議長がヨーロッパ人の議員に静粛を求める光景をひんぱんに目にすることだろう。……セネガルでは、黒人議員が容赦なく官僚を批判する。イギリス植民地では、先住民がヨーロッパ人官僚に対してこのような厳しい態度を示すことは許されない」

イギリスは本国と同じく、階級を重んじた。最上位には、ヴィクトリア女王が君臨する。その配下にある四億人の臣民は、最下層に属するカルカッタの扇係に至るまで、長い鎖のような身分制度で区分されている。ところが、フランス帝国は違った。

一八四八年ごろの革命シンパたちは、植民地をできるだけ早くフランス化するのが責務だと考えた。アフリカ人は、当時の用語を使えば「同化」される必要があった。フランス人官僚とアフリカ人女性との異人種間結婚《メティサージュ》は、大いに奨励された。このように進歩的な帝国主義を体現したのは、一八五四年にセネガルの総督になったベテラン軍人ルイ・フェデルブだ。フェデルブはサンルイでいくつもの橋や、舗装道路、学校、埠頭、水道、河川の定期連絡船を手がけ、解放奴隷のため、セネガル全土に「自由の村」を造った。一八五七年、解放奴隷を中心にセネガル植民地軍を創設し、セネガル人を軍の雑用係から一人前の歩兵に変身させた。さらに先住民の首長の息子のために、学校を作った。

フェデルブは総督時代の末期に、一五歳のセネガル人女性と結婚している。

セネガル総督ルイ・フェデルブ。文明化の使命《ミシオン・シビリサトリス》の施策を思案する。

「われわれの意図は、清く貴い。われわれの大義は正しい」

もちろん、フェデルブの使命は文明化だけではなく、一八五七年にはこう主張している。

「目的は、なるべく代償の少ない形でこの領土を支配し、商業によって最大の利を引き出すことだ」

彼は、樹液から作られるアラビアゴムやピーナツなどの交易を取り仕切るアフリカ人に対抗して、フランスの影響力を増大させ、セネガルの経済開発《ミザンヴァルール》を達成せよという指示を受けていた。フェデルブの戦略は、フェロ（現ニジェール領）の滝の下流にあるメディン（現マリ領）から、セネガル川沿いに、一連の砦を建設することだった。これは当然、ワーロ（セネガル）のトラルザ・ムーア人、南部のカヨール人、ニジェール中央部のイスラム統治者エルハジ・ウマール・タルなど、それまでセネガルを支配していた権力との対立を引き起こした。エルハジ・ウマール・タルは、のちに隣接するマリにトゥクロール帝国を創った。このような競合相手は、否応なく退却せざるを得なかった。一八五七年、フランス軍はレブ共和国を倒し、首都ンダカールをダカールと改名した。現在、旧総督の白い宮殿ふうの邸宅や、広いフェデルブ通り、焼きたての香りが香ばしいフランスふうのタイルのパン屋や、カフェオレを出すパティセリーなど、首都の中心地はフランス植民地時代を思い起こさせる記念碑の趣が残っている。フランス化を徹底させるために、セネガル全土はフランスと同じく、郡、行政区、小郡に分けられた。一八六五年にフェデルブが退くまでに、サンルイは、フランス人が祖国の成果に誇りを持てるようなたたずまいになっていた。かつての奴隷市場はフランス文化を誇示する場になり、帝国主義の犠牲者になった領土の人びとは、いまやフランス国民として選挙権を持ち、武器を持って軍務に服する民になった。ジャーナリストのガブリエル・シャームは、次のように記している。

狂信と山賊だけがはびこるこの広大な地域において、フランスが……平和と商業と寛容をもたらすのなら、それが間違った力の使い方だとだれが言えるだろうか。……何百万人もの人びとに文明と自由を教えたことは、すぐれた国民を造ったという誇りで満たされるべきだ。

もちろん、フランス帝国主義は、このような誇大宣伝に完全にかなうものとはいえなかった。最大の課題は、フランス本国から有能な官僚を連れてくることだった。志願して西アフリカくんだりまでやってきた者は、フェデルブの後継者の一人が告白したように、往々にして祖国では「札付きとまではいわないまでも、少なくとも食い詰めた者」たちだった。つまり、コソ泥でないとしても、酒びたりだったり破産者だったりした。ある入植者が一八九四年に語っているように、植民地は「社会不適応者の『罪人のよりどころ』で、いわば政治・社会から成る生物体の排泄物の受け入れ先だった」。植民地に向かう者には、「どんな罪を犯して、だれの死体から逃げているのだろう」と言い合ったものだと、植民地学校《エコール・コロニアル》の学長は述べている。植民地の官僚には、先住民に対するむごい扱いで悪評を得た者も数多くいた。たとえばエミール・トクは、一九〇三年のフランス革命記念日を祝うために、一人の囚人を弾薬で吹き飛ばしたという。植民地官僚の大半は、少なくとも一人の植民地学校《エコール・コロニアル》の教師と同じく、先住民はすべて知恵が遅れていると考えていた。先住民法によって、面倒を起こすと判断された先住民には四六種類の罪状のいずれかを適用し、一五日間まで投獄できた。これらの罪状の大半はフランスでは違法でないもので、控訴はできなかった。西アフリカ税制の一部に強制労働が組み込まれていて、ダカールからニジェールまでの鉄道もそのような労役によって建設された。フランス領コンゴでゴム農園の労働者に課された人頭税は、年間一〇〇日の労働だった。税金未納の村からは、人質が取られた。役人のなかには――フランス領スーダンで、複数の殺人罪、最低一件の強姦罪、過度の暴行罪、不正や横領で捕まった役人のように――ジョゼフ・コンラッドの小説『闇の奥』に出てくるクルツを手本にしたような者もいた。たとえばブロカールという役人は、牢の不潔な環境が原因で盲目になった囚人を「憐れんで」斬首にした。このような狂気の極致ともいえるのが、ポール・ヴォレとジュリアン・シャノワーヌのチャド湖への任務（一八九八〜九九）だ。彼らは途中の村々を焼き払い、先住民をしばり首にし、子どもを火で焙《あぶ》った。部下のアフリカ兵士がついに反乱を起こし、二人は殺される。

だがフランス植民地役人のレベルは、やがて明らかに改善された。とくに第一次世界大戦後、植民地学校《エコール・コロニアル》に、より質のいい学生が集まっただけでなく、モーリス・ドラフォスやアンリ・ラブレのように著名な民族学者も加わるようになったからだ。徳の高いジョルジュ・アルディは学長として、文明化の使命《ミシオン・シビリサトリス》に励んだ。フランスは、現地で才能ある者を引きつけ、訓練することにも力を入れた。フェデルブは、アリューン・サルという兵士を少尉に任命したときの演説で、自らの考えを明らかにしている。

> この任命が……意味するところは、われわれの社会階層のなかでより重要な職においても、肌の色はもはや排除の理由になり得ないということだ。……最も実力のある者が、成功をつか

む。文明より無知を執拗に好む者は、社会の下位にとどまるだろう。これは、世界のすべての諸国でも同様だ。

一八八六年、ポルトノヴァ（後のダオメー、ベニン）王の息子と、アジアからの学生一〇人あまりが、植民地学校《エコール・コロニアル》に入学した。一八八九年から一九一四年まで毎年、非フランス人学生およそ二〇人が「先住民枠」で入学している。たとえば一八七二年、古くから奴隷市場の中心地だったゴーラの簡素な家に生まれたブレーズ・ディアーニュのような人物が、植民地の税関で職に就いて昇進できたのは、明らかにフランス的な文明化の使命のおかげだ。このような昇進は、イギリス領アフリカではきわめてむずかしく、想像もできなかった。一九一四年、ディアーニュはフランス国民議会で初の黒人アフリカ人（混血ではない）議員になった。祖父母の代はセネガルの奴隷だったことを考えると、すばらしい躍進ぶりだ。当時のヨーロッパ諸帝国と比べて、フランス帝国が最もリベラルな国だったことは間違いない。ダカールの部落で、ウォロフ族が

白いヒツジに勝った黒いヒツジ。フランス国民議会初の黒人議員ブレーズ・ディアーニュ（フランス国立図書館）

ディアーニュの勝利を祝った「黒いヒツジが白いヒツジを負かした」という歌が、この新しい政治状況を端的に表している。

一方、一九二二年、地球の反対側にあるインドシナのフランス領植民地ではグエン・アイ・クォックが総督に宛てて、フランス帝国主義について大いなる皮肉をこめた称賛を呈している。「閣下」という書き出しのこの手紙を書いたこの人物は、本名をグエン・シンクンという。その流暢なフランス語は、インドシナのフエにある高等学校《リセ》で学んだものだ。

私どもは植民地一般、とくにアンナン人など、先住民を大切に思う閣下のお気持ちをよく存じております。閣下の統治下で、アンナン人はまことの繁栄と幸福を学びました。多くの酒類やアヘンを売る店が全土に増加するようになり、銃撃隊、牢獄、「民主制」、そして近代文明がもたらしたさまざまな道具によって、アンナン人はアジアで最も進んだ民族となり、最も幸福な人間となったのです。このような善政により、私どもは、徴兵や借金、血塗られた圧政、王の廃位と亡命、神聖な場所の冒瀆などを思い及ぶこともないでしょう。

この人物が高等学校《リセ》で学んだのは、フランス語だけではない。彼は「ホー・チミン」というもう一つの名で、後にヴェトナム独立運動を起こす。ホー・チミンはヴェトナム独立宣言で、一七九一年のフランス人権宣言をあてこするように引用している。決戦となったディエン・ビエンフーの戦いを勝利に導いたヴォー・グエンザップ将軍（ホー・チミンと同じ高等学校《リセ》の卒業）は、ナポレオンの戦術を参考にしている。これは、フランスの戸外ゲーム「ブール」やフランスパンとともに、革命という伝統文化を輸出した文明化の使命が必然的に行き着く先だった。独立したコートジヴォワール、ニジェール、ダオメー、マリの大統領や、セネガルの首相がそろってセネガルにあるエコール・ウィリアム・ポンティの卒業生だったのは、偶然ではない。

だがこれらフランスの文明化の使命《ミシオン・シビリサトリス》は、病という強敵に脅され、悩むことになった。サハラ以南のアフリカの広大な一帯は、ヨーロッパ人がほとんど住めないような状況になった。一世紀半前のヨーロッパ人の寿命は、短かった。イギリスの現在の新生児平均余命は七五歳だが、一八五〇年当時はたった四〇歳だった。アフリカでは、新生児死亡率と早死にの率は驚くほど高かった。一九世紀半ば、セネガルの平均余命はおそらく二〇代の前半から半ばだった。こうして、アフリカは西洋文明の第四のキラーアプリケーション——寿命を延ばす近代医学の力——を試す、究極の試験場になった。

一九世紀版「国境なき医師団」

西アフリカは、白人の墓場として知られていた。アフリカ全土で、ヨーロッパの植民地は誕生して間もない時期に早くも消滅する危険にさらされた。その象徴が、ゴーラ島にある、一八七八年に黄熱病で命を落としたフランス人医師二一人の記念碑だ。多くのフランス植民地の役人が熱帯病で倒れ、一八八七年から一九一二年の間に、赴任した役人九八四人のうち一三五人（一六パーセント）が植民地で亡くなっている。引退した植民地役人の寿命は、本国パリの役人と比べると平均して一七年も短かった。一九二九年になっても、フランス領西アフリカで暮らすヨーロッパ人一万六〇〇〇人のおよそ三分の一は、年間平均で一四日間も入院していた。イギリス領アフリカでも、状況は大差なかった。シエラレオネのイギリス兵の死亡率はイギリス帝国のなかでも最悪で、本国の兵士死亡率の三〇倍に達した。このような死亡率の数字が続いていたら、ヨーロッパはアフリカの植民地化をあきらめたに違いない。

フランスも模範的な統治国の例に漏れず、完璧な記録を残している。ダカールにある国立公文書館では、セネガルの黄熱病、ギニアのマラリア、コートジヴォワールのハンセン病と、フランス領西アフリカで報告されたすべての病気の発生事例を、詳しく跡づけている。保健通報、保健法、保健使節と、フランスはまるで保健に取り憑かれていたかのように見える。それも当然で、これらの病を抑える方法がぜひとも必要だったからだ。一九一〇年に、医学者ルバート・ウィリアム・ボイス卿が述懐したように、ヨーロッパ人が熱帯地方に行けるかどうかは、「蚊か人間か」のひとことに要約できた。「帝国主義の未来は、顕微鏡にかかっている」とは、同じく医学者ジョン・L・トッドのことばだ。だが飛躍的な進歩がなし遂げられたのは、塵《ちり》一つない西洋の大学や医薬品会社の実験室ではなかった。

一九〇三年九月、風刺雑誌『パンチ』は、熱帯病の研究者に捧げる、不眠症者の詩を載せている。

勇猛果敢な科学者は
細菌つかまえ隠れ家へ
アフリカ睡眠病菌の
深いジャングルを突き進み
最後の頼みを聞いてくれ
どうか細菌のおすそわけを

熱帯病の研究者は、文字通りジャングルのなかを突き進み、アフリカの辺地に研究所を造った。一八九六年にサンルイに創設された研究所は、その最初の一つだ。赤痢のワクチンはネコ八二匹に、破傷風はイヌ一一匹に、試験的にワクチンが打たれた。コレラ、マラリア、狂犬病、天然痘に取り組む研究所もあった。その基盤になったのは、一八五〇年代から六〇年代の細菌説の草分け、ルイ・パストゥールの研究だ。

当時、一連の医学研究が進んだのは、帝国が刺激したおかげだといえる。ドイツの細菌学者ロベルト・コッホは、すでに炭疽菌と結核菌の分離に成功していたが、一八八四年にはアレキサンドリアでコレラ菌を発見した。その前年、彼のライバルだったフランス人研究者のルイ・テュイリエが、コレラで命を落としていた。一八九四年、香港で腺ペストが大流行したのちに腺ペスト菌を発見したアレクサンドル・イェルサンもフランス人だ。インド医療奉仕団の医師ロナルド・ロスは、マラリアの病因と、マラリア菌を媒介するハマダラカの役割をはじめて解明し、彼自身もマラリアにかかった。脚気《かっけ》の原因は主食の白米が引き起こす栄養障害（ビタミンB1欠乏）だと突き止めたのは、ジャワに在住した三人のオランダ人科学者、クリスティアーン・エイクマン、アドルフ・フォルダーマン、ヘリット・フラインスだった。ウガンダにおける研究によって、睡眠病の原因がツェツェバエのトリパノソーマ原虫だと解明したのは、イタリアの科学者アルド・カステラーニだ。さらに、ダカールのパストゥール研究所で黄熱病ウイルスの分離に成功し、殺菌ずみの注射針や注射器がなくても簡単に投与できるワクチンを開発したのは、フランスの生物学者ジャン・ラグレーが率いる研究チームだった。これが後年さらに改良されたのが、ダカール・ワクチン（ペルティエ・デュリュー・ワクチン）で、天然痘の予防にも使われた。一八八〇年代から一九二〇年代に集中して起きたこのような突破口は、ヨーロッパ人と植民地計画が熱帯で存続するためにきわめて重要だった。アフリカとアジアは、西洋医学にとって巨大な実験所になった。研究が成功するほど――解明される治療法が多くなるにつれて（ペルーで発見されたマラリア治療に効くキニーネなど）――西洋の帝国は広がり、さらに人類の寿命を伸ばすというすばらしい利点も生んだ。

当初アフリカの植民地化は沿岸部に限られていたが、もう一つの突破口である、移動手段の機械化が進むと、内陸部へ浸透することが可能になった。ダカールからマリのバマコまで走る鉄道は、植民地計画の要《かなめ》になった。フランス公共土木長官のシャルル・ド・フレシネは、一八八〇年にこう述べている。

「文明は、交通機関に沿って普及して根づく。われわれの眼前に広がるアフリカに、重点的に取り組まなければならない」

一八九五年、一〇〇〇万人のアフリカ人が住むティンブクトゥからニジェールまで広がる「フランス領西アフリカ」を創設したのち、これがフランス統治のモットーになった。フランス領西アフリカの初代総督エルネスト・ルームは、次のように述べている。

われわれは、政治家たちの先見の明と、兵士や探検家の勇気が与えてくれたこの広大な地域に文明をもたらすことを望む。……この目標を達成するために必要な条件とは、拡張への道を作ること、つまり、交通手段を整備することだ。このあたりを貧しく野蛮な状態にとどめていた交通の欠如を埋め合わせるために。……鉄道がなくては、真の経済活動は始めることさえできない。したがって、文明国としてのわれわれの責務は……自然が求める唯一の効果的な方法を取ることだ。……われわれはみな、鉄道なくしてはアフリカ植民地の物質的または精神的な前進はあり得ないと確信する。

鉄道のおかげで、アフリカの奥地にまでヨーロッパの統治が及んだ。またピーナッツやゴムの交易だけでなく、西洋の医学知識が内陸にまで広まった。公衆衛生が改善されなければ、鉄道はただ病を広め、流行病の危険を高めるだけになってしまいかねない。ヨーロッパ帝国は、いわば一九世紀版の国境なき医師団だった。この点は見落とされがちで、ヨーロッパ帝国に長所はないと考えたガンディーも、その一人だ。

帝国は先住民の権力構造をまず打ち壊したが、次に先住民の迷信を崩そうとした。現在、ジャジャック村は、伝統的な治療士《ヒーラー》が三人もいるという点で、注目に値する。一人はハン・ディオップという老齢の女性だ。彼女の治療を求めて、遠くから人がやってくる。二〇一〇年、私がジャジャック村を訪ねたとき、この治療士《ヒーラー》は、薬草とささやかな予言で喘息から恋わずらいまでなんでも治せるのだと話してくれた。このような治療法は、アフリカで何千年とは言わないまでも、何百年も続いている。アフリカ人の平均寿命がいまだに西洋人より著しく短いのは、これが一つの理由だ。ほとんどの熱帯病に、薬草や呪文はまったく効果がない。

一八九七年、フランス植民地政府は祈禱師を禁止し、その七年後、アフリカではじめての保険制度計画を立ち上げた。本国の保険制度をフランス領西アフリカ全土に広げただけにとどまらず、一九〇五年二月、ルーム総督は、先住民に対して無料の医療制度を設ける政令を発した。これは、フランス本国にはなかった制度だが、フランス統治下のアフリカ人全員が、地域の「保健所」で、医療を受けられるようになった。一八八四年、国会におけるジュール・フェリー首相のことばは、当時の空気を如実に示している。

諸君、われわれはもっと声をあげ、正直に言わなければならない。上位の人種は下位の人種に対して権利があるという点を、公然と述べよう。……繰り返して言うが、すぐれた人種は、義務があるがために、権利も伴う。それは、劣った人種に文明をもたらす義務だ。……諸君、過去何世紀かにおいて、この義務は誤解されることが多かった。スペインの兵士や探検家が中央アメリカで奴隷を調達したとき、彼らはすぐれた人種としての義務を果たさなかった。……しかしいま、寛容と威厳と誠実さを持って、このすばらしい文明化という義務を果たすことがヨーロッパ文明諸国の本分だ、と私は強く主張する。

これは、イギリス領アフリカで普及するようになった間接統治ときわめて対照的だ。植民地学校《エコール・コロニアル》のベテラン管理者で学長だったロベール・ドラヴィネットは、次のように述べている。

フランスのフリーメーソンと急進新社会党の党員、そしてダカール共和国政府の代表は、アフリカで権威ある総督の元に結集し、先住民を前進させるため、独裁的な統治をおこなう。……多くの統治者は、領主（すなわち先住民の首長）に対して、フランス革命のときと同じような処遇を取りたいと考えている。つまり、彼らを破壊するか、われわれの目的のために利用するかだ。イギリスは、封建領主に対してもっと共感の情を抱いている。貴族は貴族に対して、一目を置くからだ。

一九〇八年から一五年間、フランス領西アフリカの総督を勤めたウィリアム・ポンティは、アフリカの文明化を阻む大きな障壁は、アフリカに昔から存在する制度だと考えた。ポンティは、部族の首長は「寄生虫にすぎない」と切り捨てている。一九二〇年代のある植民地の役人は、「領主はまともな相手だとは考えなかった」と述べている。「バカバカしい。フランス革命は終わったのだから、いまさら中世に戻ることなどできない」。ドラヴィネットも、似たような意見だった。彼が夢見た革命的な帝国における英雄は、彼の一九三一年に受賞した小説の題名『黒い農夫』に描かれている。初の社会党植民地相だったマリユス・ムーテのことばによると、フランスの政策の目的は、「フランス人権宣言の偉大な原則を外国にも適用すること」だった。

今日、これを耐えがたいフランス的傲慢さの表れだ、と切り捨てることは簡単だ。だがこの面でも、西洋の帝国が現実的な、目に見える進歩をもたらしたことは確かだ。一九〇四年にセネガルで予防接種が義務化されてから、天然痘の患者数は著しく減った。一九二五年から五八年までの間で、年間の患者数が四〇〇人を超えたのは、四年だけだ。マラリア対策としては、蚊が繁殖する沼を次々と埋め立て、患者を隔離し、キニーネを無料配布し、そのおかげで罹患数も激減した。ワクチンの開発によって、黄熱病も抑えられた。

「アフリカ分割」は、強欲なヨーロッパ人がアフリカ大陸を無慈悲に分け取りする行為の代名詞になった。その奇妙なクライマックスが、ファショダ事件（一八九八）だ。ライバル同士だったフランスとイギリスの探検隊が、スーダン東部バハル・エルガザール郡のファショダ村（現コドク）で衝突した。ジャン＝バプティスト・マルシャンが率いるフランス隊は、ダカールからジブチ（当時はフランス領ソマリランド）までの拡張を考えていた。ニジェール川からナイル川までを結ぶ線、セネガルから紅海湾岸まで、途切れることのないフランス領を目指したのだった。ホレイショ・ハーバート・キッチナー卿が率いるイギリス隊は、スーダンを管理下に置くことが、北のカイロから南のケープまでをつなげるうえで肝要だと考えた。対決は一八九八年九月一八日、この二つの線が交わった場所で起きた。参加した人員はごく少数で――マルシャンが率いたのはフランス人役人一二人と狙撃兵一五〇人――、争いが生じた場所は、アシが生え、死んだ魚が浮かぶわびしい泥沼だったが、イギリスとフランスは一触即発の状態になった。

アフリカ分割は、科学知識の分割でもあった。それは競争でもあったが協力の色彩が強く、ヨーロッパ人ばかりでなく先住民にも間違いなく利点をもたらした。致死的な病の治療法を見つけるために命を危険にさらした細菌学者は、兵士や探検家と同じように帝国の勇敢な英雄だった。拡張を図るヨーロッパの帝国は、熱帯病の研究所も持たなければならなかった。一八八七年にパリにできたパストゥール研究所に続いて、ロンドンとリヴァプールには熱帯病研究所（一八九九）が、ハンブルクには船舶・熱帯病研究所（一九〇一）が設立された。

だが、できることには限界があった。一九一四年になっても、セネガルの地方保健所で働く医師は一〇〇人に満たなかった。一九四六年の時点でも、フランス領西アフリカ全体で保健所は一五二か所しかなかった。フランス領コンゴの、スタンリープール（後のブラザヴィル）の保健所は、八万人を診るのに年間わずか二〇〇フランの予算しか与えられなかった。一九二七年に当地を訪れた作家のアンドレ・ジードは、こう言われたという。「医薬品を送って欲しいと頼むと、遅れに遅れたあげく、ヨードチンキ、硫酸ソーダ、ホウ酸などしか送ってこないのがつねだ」。この「嘆かわしい窮状」のため、「簡単に食い止められるはずの病でも……はびこるにまかせ、根づいてしまった」という。原因の一つは、経済的な理由だった。フランス本国ではまだ、国民健康保険が万人に行きわたるにはほど遠い状態だった。セネガルやコンゴなど内陸の辺地の村々に、医師やワクチンを送る余裕はなかった。つまり、優先順位の問題があった。ヨーロッパの研究所では、アフリカで最大の死因だったコレラや睡眠病よりも、ヨーロッパ人に影響を及ぼすマラリアと黄熱病などの研究を優先させた。

フランスが目指した文明化の使命の原点は、全員に市民権を与えるという革新的な理念だった。だがフランス帝国が拡大するに伴って、この構想は後退した。理屈のうえでは、西アフリカ植民地の人びと《スジェ》は国民《シトワイヤン》になることもできた。ところが実際には、その資格を有していると認定されたのはごくわずかだった（たとえば、一夫多妻の者は資格がなかった）。一九三六年になっても、フランス領西アフリカの総人口一五〇〇万人のうち、モーリタニアやセネガルなど四つの湾岸部コミューン以外でフランス国民と認められた現地人は二一三六人しかいなかった。アフリカ人は感染症を持っているという理由で、居住区の分離も一般的になった（ダカールの場合、ヨーロッパ人が住む高台《プラトー》と沿岸部《メディーナ》の分離など）。教育を受けられるのも、中間層と呼ばれた少数のエリートに限られた。フランスは当初、人種の同化を目指していたが、医学的な見地から分離が推奨された。これは、「提携」のほうが同化よりも現実的な目標だ、という見方が普及したことに関連している。植民地学者ルイ・ヴィニョンの説明によると、「一七八九年的な原理（フランス革命）と、非ヨーロッパ人の保守性の間に反発と対立」があったためだ。

　熱帯病との闘いは、シャーレのなかだけでなく、アフリカの町や村でも起きた。セネガルで腺ペストが広がったとき、フランス当局の反応は無慈悲だった。感染者の家は燃やされ、武装した監視のもと、住民の強制退去、検疫、隔絶が実施された。遺体はイスラム教の慣習に反して、クレオソートか石灰で消毒され、弔いもせずに燃やされた。アフリカ人は恩を受けたとは考えず、自分たちは犠牲者だと考えた。ダカールでは大規模な反対運動や反乱が起き、セネガル史上ではじめてのゼネストもおこなわれた。

　疫病の広がりを抑えるため、厳しい医学的な手段が講じられなければならなかった。当時の科学は、アフリカ人を手ひどく扱う言いわけにも使われた。アフリカ人は医学について無知だったし、優生学によれば劣った種だとされた。優生学は、いわば細菌学から派生したエセ科学だった。それが最も破壊的な力を得て暴れたのは、急速に勢力を伸ばしていた新ドイツ帝国だった。

シャーク島のしゃれこうべ

二〇世紀が幕を開けたころから、ドイツが西洋文明の先導者になった。ノーベル科学賞を数多く受賞したのはドイツの研究者で、一九〇一年から一〇年の間に全体の三三パーセント、次の一〇年は二九パーセントがドイツ人だった。化学や生化学の分野で最先端を走っていたのは、ドイツの大学だった。夢を抱いた大学卒業生たちがヨーロッパ各地からドイツのゲッティンゲン、ハイデルベルク、チュービンゲンに集まり、ドイツの知識《ヴィッセンシャフト》に酔いしれた。パストゥールのあと、細菌学の大家としてコッホが登場した。やはりドイツ人のエミール・フォン・ベーリンクは、破傷風とジフテリアの抗毒素を作った一人だった。この功績でベーリンクはノーベル賞と鉄十字勲章を受賞している。やはりドイツの科学者フリッツ・シャウディンとエーリッヒ・ホフマンは、梅毒の病原体がスピロヘータだと突き止め、ポール・エーリッヒらは、初の梅毒治療薬サルバルサンを開発した。

だがこのようにすばらしい成功にも、陰があった。本物の科学の裏には、エセ科学が潜んでいた。たとえば、人間は一つの同じ種ではなく、最も優秀な人種アーリア人から、「ホモサピエンス」と呼ぶ価値もない黒人種まで細分できる、という主張がある。この理論を試すうえで、新ドイツ領アフリカ植民地以上に最適な場所はなかった。アフリカは、ふたたび実験場になった。今回は、人種生物学のテストだった。

それぞれの帝国は、異なった方法でアフリカを奪い合った。フランスはこれまで見てきたように、鉄道と保健所に力を注いだ。イギリスは金を掘って財宝を得るだけでなく、ミッションスクールをいくつも作った。ベルギーは、コンゴを広大な奴隷国家にした。ポルトガルは、必要最低限のことだけをやった。この宴《うたげ》に遅れてやってきたのが、ドイツだ。ドイツ人にとって、アフリカの植民地化は、とくに人種論を試すための膨大な実験場だった。もちろん、ほかの帝国植民地も、優越感に支えられていた。「社会ダーウィン主義（社会進化論）」説によると、アフリカ人は生物学的に劣っており、よりすぐれた人種「アーリア人」のアフリカ開発を阻む存在だった。だがドイツが南西アフリカ（現ナミビア）でおこなった実験ほど、この説を冷酷に実行した例はない。

ドイツは一八八四年、南西アフリカのうら寂しい湾岸地域をドイツ領にした。その翌年、ハインリヒ・エルンスト・ゲーリンク――有名なヘルマン・ゲーリンクの父――が、ドイツの行政官として赴任した。その後、一八九三年、テオドール・ロイトヴァインが植民地の最初の総督に任命されたとき、ドイツの意図は明確になっていた。ヘレロ族とナマ族の土地を取り上げ、ドイツ人農民を入植させた。この政策は、ポール・フォン・ロアバッハが著作『ドイツ植民地の経済学』（一九〇七）で強力に勧めたもので、そのころ熱帯病と闘っていたヨーロッパでは、優生学の考え方は科学的だと考えられていた。

一八五一年、ダーウィンの義理のいとこ、フランシス・ゴルトンが、イギリス王立地理学協会の後援を受けて、不毛だが美しいアフリカの地にやってきた。ロンドンに戻ったゴルトンは「一生考える材料を与えてくれるほど数多くの野蛮人を見た」と述べている。ゴルトンは後年、人類の進化についての研究で、ヘレロ族とナマ族を観察した結果を参考にした。ゴルトンが編み出した遺伝に関連した人体測定学は、のちに彼が「優生学」と名づけた学問の基礎を築いた。これは、遺伝子プールを改善するために選択的な交配を推奨するもので、公衆衛生問題の究極の解決策だった。つまり、病原体の攻撃に耐えられるように交配された、超人的な支配者民族を作ろうというものだ。一〇〇年前、このような学問が科学の最先端だった点に留意する必要がある。人種差別は後ろ向きの反動的なイデオロギーではなく、科学に精通していない者は熱心にこれを信じていた。ちょうど現代、地球温暖化説は、もっぱら人間だけが作り出したものと考えられている状況と同じだ。二〇世紀の後半になって、優生学やそれに似た「人種衛生学」は、やっと下火になった。人種間に遺伝的な違いはほとんどなく、ある人種内での多様性が大きいことがわかったからだ。

一世紀前、西洋のほとんどだれもが、白人は黒人よりすぐれていると信じていた。つまり、白人のほとんど全員が同じ意見だった。人種論は、甚だしい不平等を正当化し、のちにアメリカ南部で制度化され、南アフリカでは「隔離《アパルトヘイト》」政策になった。ドイツ領の南西アフリカでは、黒人は馬に乗ることを禁じられ、白人に対する敬礼の義務を課せられた。歩道を歩いたり自転車を所有したり、図書館に行くことも許されなかった。植民地の未整備の法廷で、ドイツ人一人のことばは、アフリカ人七人のことばに相当した。殺人や強姦罪を犯すと、入植者は罰金で済んだが、アフリカ人はただちに絞首刑になった。ある伝道士が言ったように、「ドイツ人は、先住民をサルの仲間だと見下しており（彼らが最も好んだ呼び方は「ヒヒ」だった）、けもの扱いが普通だった」という。イギリスとフランスは一九世紀には植民地の奴隷制度廃止を目指したが、ドイツは違った。

だが一つ、小さな問題があった。ヘレロ族とナマ族は、人種論でいう子どものような生きものではなかった。ヘレロ族は剛健な牧畜民族で、ナミブ砂漠とカラハリ砂漠の間に散在する牧草地における放牧を得意にしていた。ナマ族は急襲を得意とし、東方のボーア人のように馬術や射撃もうまかった。アフリカ南部でオランダ人とイギリス人の行状を見た彼らは、ドイツ人が何をするか、予想をつけていた。二〇世紀に入るころには牛疫《ぎゅうえき》が大流行し、ヘレロ族の経済状態は大いに悪化した。したがってヘレロ族は、ドイツ人入植者に土地を売り始めた。ドイツ人商人の借金の取り立て方はひどく、ヘレロ族とドイツ人商人の間で緊張感が高まっていた。そのうえ、ドイツ人入植者がヘレロ族首長の義理の娘を殺した（および強姦未遂）事件をはじめ、一連のすさまじい残虐行為があり、ヘレロ族は目にあまる略奪行為に抵抗し始めた。

先住民保留地の新しい境界を決める書類で、チュールンという若い中尉がヘレロ族長老の署名を偽造した事件がきっかけになり、戦いの火ぶたが切って落とされた。一九〇四年一月一二日、ヘレロ族はサミュエル・マハレロに率いられて反乱を起こし、オカハンジャ周辺の健常なドイツ人すべてを殺した。女子どもは見逃されたが、一〇〇人以上の入植者が殺された。これに対して、ドイツ皇帝ヴィルヘルム二世（在位＝一八五九～一九四一）はアドリアン・ディートリヒ・ロタール・フォン・トロータ将軍に「いかなる手段を取っても……鎮圧すべし」と命令を下した。トロータは、最も残虐な方法を取った。

ドイツの植民地理論家は、フランスやイギリスとはかなり異なっていて、「邪悪かつ未開で略奪をおこなう先住民部族」の「撲滅」を主張していた。トロータはこの理論を実行し、「反抗する部族は、たとえ血の川を作ろうとも破滅させる」ために「絶対的恐怖政治」に訴えた。トロータは、次のように身も凍るような命令を発した。それは、ドイツの人種理論が実際には何を意味するかを示していた。

私は、ドイツの偉大なる将軍だ。ヘレロ族に告ぐ。ヘレロ族はもはや、ドイツ統治下の民ではない。……この地は、ドイツ人のものだ。ヘレロ族は、ただちにこの地を離れるべし。従わなければ、大砲を使って追い出す。ドイツの国土に残るヘレロ族は、銃で殺す。女や病人は殺さないが、首長ともども追い出す。出ない者は、私が自ら殺す。
以上が、ヘレロ族への命令である。
強力なるドイツ皇帝の偉大なる部下、トロータ将軍

一九〇四年八月一一日、ウォーターバーグ高原の近くで起きたハマカリの戦いは、「戦い」ではなく「虐殺」だった。ヘレロ族はドイツ軍がいなくなったのを見て、平和交渉のために広い野営地

に集まった。ところがトロータはヘレロ族を包囲し、男も女子どもも見境いなくマキシム機関銃で撃った。生き残った者は不毛の地オマヘケ砂漠に逃げたが、これはトロータの思うつぼで、彼の言う運命的な「破滅」に追いやられた。砂漠の隅の池は、厳重に監視されていた。南西アフリカ参謀の公式報告には、「水のないオマヘケ砂漠において、ドイツが銃で始めたヘレロ族壊滅は完遂されるだろう」と予言されている。トローダも、同様に明言している。「このような民族は、滅ぼされるべきだ」。

ドイツ人が利用したのは、砂漠だけではない。ヘレロ族のうち反乱に加わらなかった者は、植民地防衛隊の「浄化班」によって捕えられた。防衛隊のモットーは、「一人残さず一掃するため、絞首、銃撃を続ける」ことだった。その場で殺されなかった女子どもたちは、五か所の収容所に入れられた。反乱に加わったナマ族も、「命の保証」と引き替えに、武器を捨てさせられ、同じく収容所に入れられた。これらの収容所はボーア戦争のときイギリスが造った収容所とは趣が違っていた。ゲリラ戦争が続いたボーア戦争では、収容所の目的はボーア戦線を攪乱することだった。そこの死亡率が高かったのは、衛生状態が極端にひどかったためだ。ところが、すでに戦いが終わっていたドイツ領南西アフリカでは、死の強制収容所にほかならなかった。最も悪名が高かったのは、リューデリッツ近くのシャーク島収容所だ。

シャーク島の収容所は、強風にさらされやすいように島の突端に造られた粗末な建物だ。衣服や食べものも十分に与えられず、雨風をしのぐことさえおぼつかなかった囚人たちは、冷たい海水に腹まで漬かって、防波堤づくりを強制された。弱った者は、サイ皮のムチで打たれた。一九〇五年九月に、シャーク島を訪れた伝道士アウグスト・クールマンは、ぐったりとした様子の女性が、水を欲しがって這ったというだけで腿と腕を撃たれたのを見て、慄然《りつぜん》とした。一九〇六年九月から〇七年三月までに、シャーク島の囚人一七九五人のうち大半の一〇三二人が死亡した。最終的な死亡率は、八割に近かった。八万人いたヘレロ族は、わずか一万五〇〇〇人に激減した。ナマ族は二万人いたが、一九一一年の国勢調査時には、わずか一万人以下だった。ナマ族の囚人は、一〇人に一人しか生き残れなかった。このようにしてヘレロ族とナマ族の土地は奪われ、ドイツ人入植者は一九〇五年一二月の帝国政令によって、一九一三年までに三倍に増え、約一万五〇〇〇人に達した。生き残ったヘレロ族とナマ族は奴隷のように扱われ、ごく些細なことでも手ひどい体罰を受けた。

南西アフリカ先住民の苦しみは、これで終わったわけではない。殺し足りないとでもいうように、ドイツ人は次に「人種衛生学」という名目で、またヘレロ族とナマ族に試練を与えた。収容所の囚人たちに、少なくとも一人の医師が、致死的な実験をおこなった。一九〇六年、「人種生物学」を研究するため、七七八件の剖検《ぼうけん》(検死解剖)がおこなわれた。剖検後、いくつもの頭蓋骨標本がドイツに送られ、さらに研究が続けられた。ガラスの破片で頭蓋骨から皮膚などをはがすように強制されたのは、なんと女性の囚人だった。

オイゲン・フィッシャー博士は、そのころ流行していた人種学に強い関心を寄せたドイツ人科学者の一人だ。南西アフリカの混血人種レホボス・バスターに興味を持ったフィッシャーは、現地で二か月間、頭から足まで彼らの体を測定し、相貌《そうぼう》学的に調査して、オーストリア人のグレゴール・メンデルが発見した遺伝の法則を人間に適用した初の試みだとして、一九一三年に誇らしげに結果を発表した。それによると、「混血」は、純粋な黒人より人種的に優っているが、純粋な白人より劣っている。したがって混血は、植民地の警察や下っ端役人としては有用だが、これ以上の人種の混合は避けるべきだとして、次のように述べている。

われわれは、一〇〇パーセント確信している。……劣った人種の血を受け継いだヨーロッパ人はすべて例外なく、その宗教的・文化的な堕落の報いを受けている。黒人やホッテントット族、その他の者が「白人より」価値が低いことを否定するのは、狂信者だけだ。

この時点で、ドイツ領南西アフリカでは、すでに異人種間の結婚を禁じる複雑な法律が制定されていた。

すべてのドイツ人が、同じように考えていたわけではない。ドイツの社会主義者やカトリック信者は、「文明国」ドイツのアフリカにおける行動に抗議した。植民地経済学の理論家ポール・ロアバッハでさえ、南西アフリカはアフリカ人の労働力なしでは機能しないと指摘し、トロータのジェノサイド政策を非難した。だが、気がかりな疑問が残る。南西アフリカは、のちのより大がかりなジェノサイドのための実験場だったのだろうか。『闇の奥』でコンラッドが描いたように、ヨーロッパ人がアフリカを文明化したどころではなく、アフリカがヨーロッパ人を野蛮に引き戻したのだろうか。本当の闇の奥は、どこにあるのか。アフリカか。それとも、アフリカを人種学というエセ科学の実験場にしたヨーロッパ人の内部か。人種学は、共産主義と並んで、西洋文明が輸出したなかで最も致死的なものだったのではあるまいか。

だがアフリカ人への残酷な仕打ちは、恐ろしい形で跳ね返ってきた。人種学はあまりにも毒が強すぎて、アフリカだけにとどまってはいられなかった。二〇世紀になると、西洋に揺れ戻ってきた。西洋文明は、最も危険な敵と戦おうとしていた。その対象は、西洋文明そのものだった。

一九一四年に始まった第一次世界大戦は、単にヨーロッパの数か国が喧嘩したどころの騒ぎではなく、世界中の帝国同士が対決したもので、西洋文明内部に向けた戦争だった。大戦はさらに、西洋には自らの破壊を招くタネが内在することを示す最初の兆候でもあった。西洋諸国は、それまでのどの戦争よりも最強のキラーアプリケーションを自らに向かって放った。産業経済が、機械化された破壊手段をもたらした。この血塗られた総力戦では、近代医学も役割の一端を担った。

アフリカほど、交通手段の問題が深刻な戦場はなかった。広い地域を網羅する鉄道や頼りになる荷役用の家畜もなく、人力だけしかなかった。二〇〇万人あまりのアフリカ人が徴用され、ほぼ全員が補給物資や兵器、負傷者の運搬にたずさわった。フランダースのヨーロッパ戦線からは遠く離れていたが、この忘れられた補助部隊の状況は、ヨーロッパの最前線と同じく熾烈をきわめた。食糧が不足して任務が過酷だったし、住み慣れた地元から離れた彼らは白人の主人たちと同じように、疫病の危険にもさらされた。運搬任務に当たったアフリカ人の、およそ二割が死亡した。最大の死因は、植民地軍に蔓延していた赤痢だった。東アフリカでは、イギリス軍の白人三一五六人が任務中に死亡したが、実際の戦死者は三割にも満たない。黒人部隊と運搬任務員を含むと、死者の数は一〇万人を超えた。

これまで見てきたように、アフリカ統治のおなじみの理由づけは、文明の利点を授けることだった。だがドイツ領アフリカ植民地（トーゴランド、カメルーン、アフリカ東部、南西アフリカ）すべてで起きた戦争は、この主張をいわば愚弄《ぐろう》して吹き飛ばすようなものだった。ドイツ東アフリカ軍の軍医ルードヴィヒ・デッペは、次のように記している。

「われわれのあとには、原野や、荒らされた弾薬庫が残された。眼前には、飢餓が迫っていた。われわれはもはや、文明の使者ではない。われわれが通ったあとにあるのは、死と略奪と、村人が逃げ去った村々だ。まるで、三十年戦争を思い起こさせる」

第一次世界大戦では、膠着状態が長く続いた。史上最大の攻囲戦になったこの戦いで、ドイツは防御する側として優位に立った。塹壕で固めた西部戦線の陣地から、フランスとイギリスは追い払われた。トレンティーノ戦線、イゾンツォ戦線でも、イタリアはオーストリア＝ハンガリー軍を追い出すことができず、同じく膠着状態が続いた。東部の戦線には動きがあったが、同盟国オーストトリアがヘマをしでかしたにもかかわらず、ドイツはここでも優勢だった。行き詰まりを打開するためにガリポリ（トルコ）、サロニカ（ギリシャ）、メソポタミアなどで新しい前線が張られたが、みじめな結果をもたらしただけだった。のちの原爆のような、画期的な新兵器も導入されなかった。毒ガスが広く使われて恐ろしい効果を発揮したが、決定打ではなかった。潜水艦はイギリスの輸入貿易を妨害したものの、船舶を完全に止めるまでには至らなかった。一九一七年春の時点で、消耗戦が続き、フランスの状況は暗かった。二月には、ロシアの反乱と革命のために、東部戦線においてはドイツの勝利が見えてきた。アメリカは公式には四月六日にドイツと開戦したが、少なくとも半年間は西部戦線で大きな軍事的役割は果たせなかった。さらに、フランス政府はヴェルダンの戦い（一九一六）で大敗し、兵力不足に悩んでいた。フランスでは、性に関する女性の意識が高く、避妊具が入手しやすかったためか、どの国よりも早くから家族計画が浸透していて、若者の人数がドイツよりかなり少なかった。一九一七年三月末までには、一三〇万人のフランス人が戦死したか捕虜になった。フランスの戦死者総数は、イギリスの約二倍で、一五歳から四九歳の八人に一人が亡くなった。血税《ランポ・ドゥ・サン》は、まさに重かった。

一八七〇年から一九四〇年にかけて、三つの戦争のうち二つでフランスはドイツに負けたことを、われわれは忘れがちだ。一九一七年、フランスは第一次世界大戦でも敗れる寸前だった。どこに助けを求めるべきか。その答えは、アフリカだった。すでに見てきたように、フランス領アフリカ植民地の大半で完全なフランス市民権が与えられた者はごくわずかだったが、「祖国《ラ・パトリ》」を守るために武器を持つことは許されていた。ところがいずれの植民地でも——セネガル、フランス領コンゴ、フランス領スーダン、ダオメー、コートジヴォワール——アフリカ人は本国フランスの要望に応えなかった。一般的なムードとしては、ある母親がフランス人役人に嘆いた、次のことばに集約されている。

「持っていたものは、すべて奪われた。こんどは、たった一人の息子を奪おうというのか」

入隊はすなわち「確実な死」の刑だ、と解釈したものが大半だった。唯一この状況を解決できそうだったのは、フランス国民議会初の黒人議員ブレーズ・ディアーニュだった。ディアーニュは体《てい》のいい徴兵官になることを請け負ったのだろうか。

ディアーニュは、これをジョルジュ・クレマンソー首相と取引するチャンスだと考え、入隊したアフリカ人全員にフランス市民権が与えられるべきだ、と訴えた。さらに、西アフリカに病院や学校をもっと増やし、退役した斥候《せっこう》・狙撃兵は納税義務の対象外として、恩給が与えられるべきだと主張した。ディアーニュはダカールの仲間に電報を打ち、この譲歩案が難航する場合には徴兵に応じないよう伝えた。

フランス国民議会でおこなったはじめての演説で、ディアーニュはこう述べた。

「法を制定するためにこの議会に参加できるのだから、われわれはフランス国民だ。そしてわれわれがフランス国民なら、ほかの全フランス国民と同じく、（軍に）服務する権利を要求する」

これは、フランス革命の伝統に乗っ取った巧妙な訴え方だった。フランス革命は、「武器を持つ国」という理想を掲げていた。言い換えれば、国民はすべて、自由、平等、博愛の権利を持つが、祖国を守るために武器を取る厳粛な義務も持つ、というコンセプトだ。クレマンソー首相は、これを受けて賛同した。「銃弾に倒れる者は、白人あるいは黒人として倒れるのではない。彼らはフランス人として、フランス国旗のために倒れるのである」。

入隊すればフランス市民権を与えるというアメは、驚くほど効果を表した。西アフリカから少なくとも六万三〇〇〇人が、ディアーニュの呼びかけに応じた。これは、フランスが目論んだ数字の二倍に達する。第一次世界大戦中、フランス領西アフリカおよび赤道アフリカから、あわせて一六万四〇〇〇人が、ヨーロッパで戦闘に参加した。フランス帝国全土から集まった総勢五〇万人のうち、植民地軍は、かなりの比率を占めていた。参戦した一人、ンデマティ・ムバイは次のように述べている。

「フランスがドイツと開戦した、と彼（ディアーニュ）はわれわれに告げた。『諸君はフランス人の友人だ。友人が問題を抱えているなら、助けなければならない。だから、フランス人は手を貸して欲しいと頼んできたのだ』と」

従軍を心から「喜び」、戦えることが「嬉しく」、入隊を「誇り」に思うと、志願兵の大半は乗り気だった。デンバ・ムブープも、フランスのために戦うことを喜んだ一人で、次のように語っている。

私は、とても嬉しかった。戦争とはどんなものか知らなかったから、好奇心があった。戦争がどんなものか、兵士になるのはどういうことなのか。……新しい経験ができると考えて、嬉しかった。私は、何も知らなかった。

戦争とはどのようなものなのか、彼はすぐに思い知ることになる。

ムブープの上官シャルル・マンガンは、自分はアフリカ人について少しばかり知識があると自慢していた。彼はジャン＝バプティスト・マルシャンのファショダ探検に参加したことがあるからだ。一九一〇年、徴兵数を増やせという命令を受け、若い中佐だった彼は、野望を胸に、科学者の一団とともに西アフリカにおもむいた。マンガンは、最新の人種学を知っていた。調査団はありとあらゆるエセ科学的な方法で兵士候補を検査し、「神経が未発達」らしいアフリカ人は、ヨーロッパ人に比べて恐怖を感じる度合いが薄く、痛みの感じ方も弱いため、剛健な戦力になるだろう、と結論づけた。一九一七年、マンガンはこの説を実験する機会に恵まれる。彼の指揮のもと、ムブープら狙撃兵たちは、おそらく西洋諸国で最も高い訓練を受けた兵士と戦うことになった。相手はドイツ帝国軍という、いわば戦闘機械だ。

黒い恥辱

一九一七年四月、シャルル・マンガン将軍の第六軍とデニ・ドゥシェーン将軍の第一〇軍の配下にあった、フランス植民地軍のアフリカ人兵士デンバ・ムブープらは、王女の道《シェマン・デ・ダーム》で、ハンス・フォン・ベーン将官が率いる強固なドイツ第七軍と対峙した。一八世紀にルイ一五世の王女二人がここを通ったことからその名がついたこの道は、一八一四年三月に、退却したナポレオン軍兵士が侵攻するオーストリア・ロシア軍と戦った場所でもあった。この大戦では、ドイツ西部戦線の主な防衛陣地だった。

フランス軍司令官のロベール・ニヴェルは、西部戦線で待ち望まれていたように閉塞状況を打開できるのは自分だ、と自負していた。貨車八七二台分の弾薬などを運ぶため、フランス軍は新たに四八〇キロあまりの線路を建設した。総勢一〇〇万人あまりが四〇キロほどの戦線に展開し、攻撃の準備を整えた。連続砲撃でドイツ軍を攻め立て、弱体化させる作戦だった。そして四月一六日午前六時、植民地軍は雨とみぞれで土砂崩れした丘を登り、進撃を開始した。マンガンはセネガル人を攻撃の最前線の盾に起用した。彼の目的が、それ以上フランス兵を死なせないことだったのは、ほぼ間違いない。植民地軍歩兵第五八連隊の司令官ドゥビューヴル中佐は、アフリカ人軍団は、「きわめてすぐれた攻撃隊に成長し、後方の陣を守る白人の命を救った」と正直に述べている。

ドイツの塹壕から、ラインホルト・アイヒャッカー大尉は恐ろしい思いで、次のように描写している。

　フランスがこの修羅場に送り込んできた、家畜のようなセネガルの黒人兵たち。闘志に満ちた目でこちらを見据える、ぞっとするような何百もの殺人者のまなざし。彼らは近づいてきた、はじめは一人ずつ、長い合間を置いて。おぞましいイカの触手のように、あたりを探りながら、注意深く、着実に、巨大な怪物の爪のように。ゆらめき、ときには姿を隠しながら、しだいにスピードを早めて近づいてくる。ヒョウのように牙をむき出しにした、強靭で野蛮なやつら。異様なまでに見開かれた、燃えるような血走った瞳。

　そしてついに、高く低く、左右上下にうねりながら、堅固な黒い壁になってわれわれを襲う。

「近距離で撃て！　各個射撃！　狙いを定めろ！」

私の命令が、するどく響く。

　はじめの一陣が鉄条網にかかり、真っ逆さまに倒れ、サーカスのピエロのように宙返りする。散りぢりになる黒人たち。手足がばらばらに吹き飛ぶ体、べっとりと血塗られた地面。粉々に砕けた岩が、あたりに散らばる。黒い雲は一瞬ためらうもののすぐ一団に固まり、ふたたび押し寄せる。防ぎがたいほど、圧倒的に、壊滅的に。

　鉛と鉄の壁が、塹壕の目前に迫るやつらと鉄条網に向かって放たれる。耳をつんざくような爆発音、砲声、炸裂音、気が狂いそうな大音響。機関銃も、やつらを見舞った！

見えない手が宙を払って地面に投げつけたかのように、彼らは叩き潰されて引き裂かれる。一人一人の黒人が、列が、固まりが、倒れる。互いの横に、後ろに、上に。

この戦いの一一日前、ドイツ軍は捕虜にしたフランス軍下士官から、攻撃の詳しい計画を入手し、「龍の洞窟」という入り組んだ山奥の石切り場に隠れ、フランス軍の砲撃から身を守っていた。フランス軍の歩兵隊が前進してきた時点で、ドイツ軍は最新鋭の移動式機関銃で反撃準備を整えていた。対決の初日だけで、攻撃側であるフランス軍の犠牲者は四万人に達し、五月一〇日には死傷者は五人に一人にのぼった。榴散弾《りゅうさんだん》にやられて傷病兵になったデンバ・ムブープには、総力戦下のヨーロッパは明らかに非文明的だ、という現実が突き付けられた形になった。深く失望したアフリカ人のなかには、のちにフランス軍の間に広がった大規模な反乱に加わった者もいた。この反乱のために、政府はニヴェル司令官を更迭した。マラフォッス司令官の部隊、セネガル狙撃兵第六一部隊の二〇〇人は、八月、シェマン・デ・ダーム沿いの陣地に配備されることを拒否した。ある一人は、単刀直入に述べている。

「マラフォッス部隊には、ろくなところはない。黒人は休みもなしに戦い続け、いつも死ぬ羽目になる」

反乱者の何人かは軍法会議にかけられ、四人が死刑判決を受けたものの、刑は執行されなかった。ブレーズ・ディアーニュは同胞の無駄死ににについて抗議はしたものの、すぐにセネガルに戻って

装飾された隊旗を見せるセネガル狙撃兵（『リリュストラシオン』誌，3906号）

ふたたび徴兵を呼びかけた。こんどは戦闘に参加すれば、市民権を得られるだけでなく軍功章も保証される、というのが殺し文句だった。一九一八年二月一八日、議員の一団の前で、徴兵再開を弁護したクレマンソー首相のことばは、フランスがセネガル人をどのように見ていたかを浮き彫りにしている。

この勇敢な黒人たちには限りない尊敬の念を抱くが、私はフランス人一人より黒人一〇人が命を落とすほうを選ぶ。フランス人は十分、犠牲になってきたから、今後の犠牲者は最低限に抑えられなければならない。

入隊した五人に一人、あわせて三万三〇〇〇人の西アフリカ人が死んだ。フランス人兵士の死亡率は一七パーセント弱だ。一方、イギリス領インド軍の場合、イギリス本国兵士の死亡率と比べると半分だった。

戦争は地獄だ。イギリスの詩人ラドヤード・キプリングは、一九一五年、西部戦線のフランス側を訪れたとき――ルースの戦いで息子を亡くす少し前――、文明国の戦争の現実に直面して、『戦場のフランス革命』で、次のように書いている。

「いつも、まったく同じことだ」。将校が言う。「海まで歩いても、窪地を通ってスイスまで歩いても、どこでも同じだ。これは戦争なんかじゃない」。

「もっと上等だ」。別の男が茶化す。「人間の使い捨てだ。人間が来て、塹壕に入って死ぬ。次に送られてきた兵も次々に死ぬ。もちろん、われわれも同じだ。おい、あれを見ろ!」。

男は、黄色い海岸沿いに新たに高く上がった煙を指した。

「あれが文明の最前線だ。ドイツ野郎は、文明すべてを敵に回している。われわれの目的は、昔の戦争のようにただ勝つことじゃない。あの野蛮なやつら全員が標的だ。これだけでわかっただろう」

だが一方で、戦争は人類を進歩させる原動力にもなり得る。これまでも見てきたように、科学革命がもたらしたすばらしい進歩は、ヨーロッパ諸国の絶え間ない争いによって助長されることはあっても、阻まれはしなかった。一九一四年から一八年に起きた第一次世界大戦についても、同じだ。西部戦線は、いわば恐ろしい巨大な医学の実験場となり、精神医学はいうまでもなく、外科手術もめざましく進歩した。皮膚の移植や傷口の無菌洗浄が発明され、はじめて輸血も試みられた。イギリス兵士全員にはじめてチフスのワクチンが打たれ、負傷した兵士には破傷風のワクチンが必ず使われた。

ところが黒人兵士たちは、このような進歩の恩恵は受けられなかった。塹壕で生きながらえた者も、多くが肺炎で命を落とした。フランス人医師によれば、それは彼らが肺炎にかかりやすい人種だったからだという。

ヨーロッパ人は、文明をもたらそうとしてアフリカにやってきた。だがフランスでさえ、善意はあったにしても、ごく限られた形の西洋文明しか植民地に移すことができなかった。一方、ほかの植民地では、荒涼とした土地と部族の抵抗が、ヨーロッパ人の破滅的な一面を引き出した。それが最も顕著だったのは、たとえばドイツ領植民地だ。だがドイツだけがひどかったわけではない。総力戦の手法がヘレロ族らに対して試され、それがヨーロッパに逆輸入され、次世代の工業化された武器を伴って、破壊的な効果をもたらした。さらにアフリカ人はヨーロッパにおびき出され、戦争の最も愚かな攻防戦の犠牲になるという皮肉な結果を生んだ。

戦争の後遺症はアフリカだけでなく、ヨーロッパにも大きな痕跡を残した。ヘレロ族の大量虐殺に関わったパウル・エミール・フォン・レットウ＝フォルベック将軍は、東アフリカでイギリス軍に対する作戦も指揮した。戦争が終わると、レットウ＝フォルベックはいったんドイツに戻ったが、それほど時が経たないうちに仲間とふたたび戦地に赴いた。祖国が革命の時代に入りつつあった時期に、彼らはハンブルクに赴いて、あらかじめソ連の脅威を潰した。ドイツの大都市だけでなく、東側の国境沿いでも内戦が繰り広げられた。フランツ・サヴィエル・リッター・フォン・エップやヘルマン・エアハルトが率いるドイツ義勇軍は、肌の色こそ黒くないが相手がアフリカの部族だとでもいわんばかりに、ボルシェヴィキやスラヴの民族主義者たちを打ちのめした。エップとエアハルトにとって、これは当然だった。二人とも将校として、ヘレロ族とナマ族を壊滅させてきたからだ。

人種理論学が専門のオイゲン・フィッシャーは、第一次世界大戦では敗者側だったが、大戦は彼の研究にとって大いに役立った。植民地軍はドイツの捕虜収容所に連れて行かれ、オットー・レーヒェのような人種学の専門家に、新たな有用な標本を提供した。フィッシャーがエルウィン・バウルおよびフリッツ・レンスとの共著で一九二一年に出版した『人類遺伝学・優生学』は、急速に広まっていたこの分野の教科書的な資料になった。アドルフ・ヒトラーは一九二三年のミュンヘン一揆に失敗したのち、獄中でこれを読み、『わが闘争』で言及している。ヒトラーは、戦後ドイツのラインラント地方に駐屯したセネガル兵士たちがドイツ人女性たちとの間に子どもをもうけたことを、最もおぞましいと考えた。これが、アーリア人種の血を汚す陰謀の証であり、「ラインラントの混血児」を生み出した悪名高い「黒い恥辱」だ。一九二七年にベルリンで設立されたカイザー・ヴィルヘルム人類学・人類遺伝学・優生学研究所の所長になったフィッシャーの影響力は大きく、しかも有害だった。彼はのちに、ゲシュタポ特別任務第三班付きの科学者になった。彼の研究所は、「ラインラントの混血児」の強制不妊手術を計画し、実行に移した。彼の弟子の一人に、アウシュヴィッツ強制収容所の極悪非道な人体実験の責任者として悪名高い、ヨーゼフ・メンゲレがいる。

ナチス党に加わった元植民地軍兵士の多くにとって――ナチス突撃隊がはじめに使った茶色のシャツは植民地軍のものだった――、アフリカの収容所で生まれた理論によってナチスが東欧を「植民地化」し、それがホロコーストを生み出した死の人種政策に引き継がれるのは、当然のなりゆきだと受け取られた。ドイツ空軍の元帥が南西アフリカの国家弁務官の息子だったこともうなずける し、『土地なき民』(一九二六)の作者ハンス・グリムがアフリカ南部で一四年間も過ごした体験があった点も、一九三九年にポーランド・ポズナニの総督としてヒトラーに任命されたヴィクトル・ベトヒャーがドイツ領カメルーンに文官として駐在していたことも、偶然だとはいえない。ベトヒャーは「アフリカで実行したことを次は東方でおこなうべきだ」と考えた多くのナチス幹部の一人だった。ナチスは併合した東欧の領地をつねに「植民地的な観点」で捉え、「植民地的な方法で経済的に搾取」した。

最も大きな違いは、東欧では、支配される者と支配する者の肌の色が同じだった点だ。ナチス帝国批判の先駆けで、チェコの状況などを明らかにしたエウゲニー・エルダリーは、「このような状態を強要された白人の国はかってない」と述べている。だがナチスは、独自の歪んだ人種論に問題があるとは考えなかった。ナチス親衛隊の全国指導者ハインリヒ・ヒムラーにとって、スラヴ人はすべて「モンゴル型」で、したがって東欧に「金髪人種の地域」を創り上げるためには、「アーリア人」が取って代わられなければならなかった。ヒトラーにとって、ロシア人は「アメリカ先住民」と同じだった。アウシュビッツが特定人種に対する国家的な暴力の頂点だとすれば、ヘレロ族とナマ族に対する戦争は、その基礎実験だった。

帝国のなかには、それほどひどくない国もあった。帝国主義をひとくくりにして批判するだけでは、この点は見すごされてしまう。二度の大戦の間にフランス帝国がどのように統治したのかを理解するためには、一九二〇年代にシトロエン社が作ったドキュメンタリー「黒い巡洋艦」を見るのが早い。一九二四年一〇月、ジョルジュ＝マリー・アールトとルイ・オドワン＝デュブレイユは、ハーフトラック車で「シトロエン 中央アフリカ探検」に出発した。その目的は、車を売ることのほか、「赤道近くの暗黒の森」にまで広がるフランスの穏和なアフリカ統治を宣伝することにあった。「文明の征服」を祝して、この映画では「白い魔術師」が技術力でアフリカ人を驚かしているシーンと、森に住む「奇妙な小人（ピグミー族）」のシーンとを並べている。最後は、アルジェからダカール、ブラザヴィル（コンゴ領）からマダガスカルまで、アフリカ大陸全体の上にフランス国旗が誇らしげにはためく場面で終わる。これを帝国主義的野望のいかにもヤボったい表現だと笑

フランス帝国下の健康状況の変遷

	セネガル	チュニジア	アルジェリア	ヴェトナム	フランス
変遷の始まり	1945年頃	1935年	1940年頃	1930年頃	1795年頃
1年当たりの平均寿命の伸び	0.63	0.68	0.70	0.67	0.25
当初の平均寿命	30.2	28.8	31.2	22.5	28.1
1960年の平均寿命	39.6	45.8	45.2	42.6	69.4
2000年の平均寿命	52.3	72.1	71.0	69.4	78.6
平均寿命が65歳以上を超えた年	—	1985年頃	1987年	1987年	1948年

うことは簡単だ。だがこの野望には、プラス結果も伴った。先に見たように、植民地統治の結果、セネガル人の寿命は三〇歳から四〇歳と、一〇年ほど伸びている。アルジェリアとチュニジアでも同じだ。医療面の向上——とくに乳児死亡率と未熟児死亡数の低下——が、一九四五年以来、フランス領アフリカで急激に人口が増えた原因だ。インドシナでも、フランスは道路三万二〇〇〇キロと、鉄道三二〇〇キロを建設し、石炭、スズ、亜鉛の鉱山を開発し、ゴム農園を開いた。一九二二年には、約二万人のヴェトナム人にフランス市民権が与えられた。三〇〇万人の人口からすればわずかかもしれないが、無視できる数ではない。一九四六年、フランス領西アフリカではアフリカ人一〇〇万人に選挙権が与えられ、その五年後にはさらに三〇〇万人が追加された。ドイツ統治下のカメルーンで猛威を振るった睡眠病は、フランス統治下ではほぼ消滅した。

対照的に、ベルギー帝国のコンゴ統治はアフリカで最悪だった。そしてドイツの第三帝国は、ヨーロッパ最悪の帝国の名にふさわしく、文明化の使命の一九世紀的な概念が行きすぎた極端な例だ。短い期間でも第三帝国が統括した領土は、逆に野蛮化した。一九四二年九月、ヒムラーが考えた目的はこうだ。八三〇〇万人から一億二〇〇〇万人に増える「ゲルマン民族」を、ドイツが征服したチェコスロヴァキア、ポーランド、ソ連に入植させる。インゲルマンランドなどと名づける新しくてすばらしい地を開発し、人口を増やす。ドン川、ヴォルガ川、さらにはウラル地方まで、アウトバーンや高速鉄道がドイツの基地を華やかに結んで要塞化する。ヒムラーのことばによれば、ドイツの「東方」征服は、「今後の世界において最も偉大な植民地計画」になるはずだった。

実際には、第三帝国の植民地計画は最大の失敗例に終わった。一八七一年時点のドイツ国境を遠くまで広げようという作戦は一九三八年に始まり、一九四二年の後半に最高潮に達した。その時点で、第三帝国の領土はヨーロッパの陸地面積の約三分の一、人口はヨーロッパ人口の約半分、二億四四〇〇万人に及んでいたが、赤軍が東プロイセンに進攻してきた一九四四年一〇月までには、この帝国は消え去った。歴史上、最も短く、最悪の帝国に終わった。期間が短かった点は、軍事的な観点から説明できる。イギリス帝国だけでなく、ソ連やアメリカとも戦争を始めてから、第三帝国の破滅は確実になった。だがその失敗には、別の内発的な原因もある。

人口動態学的に見れば、ヨーロッパ大陸を八〇〇〇万人のドイツ人に任せることは、不可能ではなかった。理論的には、ドイツがウクライナを統治するほうが、イギリスがインドのウッタルプラデーシュを統治するより簡単だったはずだ。第一に、ベルリンからキエフまでのほうが、ロンドンからカーンプルまでより距離的に短い。第二に、一九四一年、ドイツ人はウクライナの各地で、解放者として心から歓迎された。ウクライナだけではない。一九三〇年代、ソ連の西部全体で、スターリンが疑念を抱いて、暴力を振るっていた少数民族がいて、ドイツの統治はロシア統治よりいいはずだと考えていた者が大半だった。ところがドイツ人は、このような利点をまったく利用できなかった。

パリッとした軍服で闊歩する「不遜で尊大なドイツ帝国軍人」は、他国の抑圧から解放されるはずのドイツ民族からも嫌われた。さらに悪いことには、彼らは新しく支配下に置いた国民を飢えさせることにむしろ誇りを抱いた。「われわれはこの国から、最後の最後まで搾り取る」とは、ウクライナを任されたときの国家弁務官エーリヒ・コッホのことばだ。「私は、喜びをもたらすためにここに来たのではない……」。ゲーリンクは、非ドイツ人が「飢えで倒れて」も「まったく気にしない」と豪語した。このような無慈悲さは、バルバロッサ作戦の後、赤軍の捕虜に対する仕打ちにも現れていた。一九四二年二月まで、三九〇万人の捕虜のうち生き残ったのは一一〇万人だけだった。有刺鉄線に囲まれた収容所で、捕虜はひどい栄養不足と病のために倒れた。ナチスは、ただ飢えさせるだけでは満足せず、なんの脈絡もなく殴ることから（ヒトラーに敬礼をしなかったとか生意気な敬礼をしたなど、好みの言いわけで）、いわば機械化した大量虐殺まで、暴力を楽しんだ。要するに、ヘレロ族に対してやったのと同じ蛮行を、大々的におこなった。

これを愚かだと考えたドイツ人が、いないわけではなかった。一九四四年二月、大管区指導者アルフレート・フラウエンフェルトは次のように述べている。

血も涙もない残忍さ、過去数世紀において黒人奴隷に対して取られた考えと方法を使った、この国（ウクライナ）への態度、そして、あらゆるまともな方策を無視した、この国の人びとへの侮蔑は、あらゆる可能なあるいは不可能な場合において、行動だけでなくことばでも表現された。……これらはすべて、他国の人に対する処遇についての才覚が完全に欠けている証拠で、その結果は……惨憺たるものだった、としか言いようがない。

東部占領地域省の役人は、こう評している。

「誤ったやり方の最高傑作だ。……一年のうちに、……解放者として大喜びでわれわれを迎えて完全に親ドイツだった民を、パルチザンとして森や沼に追い込んでしまったのだから」

尊大さに加えて、ドイツの冷淡さと非情さは、きわめて愚劣だった。一九三八年にはすでに、ドイツ国防軍の将校は新しく統治下におさめたズデーテン地方で、「統治能力の欠如」の「ひどいお粗末さ」について述べている。アルフレート・ローゼンベルクの東部占領地域省に、「東部占領混乱省」というあだ名が付けられるのに時間はかからなかった。ナチス親衛隊はなんらかの形で中央権力を掌握したいと思っていたが、ヒムラーらは、八〇万人のドイツ人を再入植させることにさえ失敗した。アインザッツグルッペン部隊の忠実な司令官で、何万人という在ソ連ユダヤ人を虐殺した責任者オットー・オーレンドルフは、ヒムラーは「無秩序を引き起こす」のが得意だと嘆いている。だがナチス帝国が機能しなかった最終的な責任は、ローゼンベルクでもヒムラーでもなく、その主人にあった。第三帝国を動かしていたのは、ヒトラーだったのだから（戦時中に発令された主な政令六五〇のうち、ヒトラーの名で出されなかったのは七二だけだった）。ソ連への侵攻を始めてまもなく、次のように論じたのはヒトラーだ。

「東方の領土の広大さを考えれば、この地に安定を確立する唯一の策は、法廷による刑ではなく、反抗の意図をすべて潰す占領軍の脅威しかない」

被占領国を平定する具体的な方法は、「なんらかの形で疑わしき者はすべて銃殺」だった。ヴェルナー・ベスト（第三帝国で、なかばまともな帝国統治の理念を持っていた数少ない人物）の目から見ると、ヒトラーは現代版チンギス・ハーンだった。破壊を得意とするその野蛮な帝国が、長く続く望みはなかった。

ナチス帝国はさまざまな意味で、一九四五年には消滅した忌まわしい理念の最後の形骸だったといえる。何世紀もの間、他国の人間と土地を利用することが富への道だと信じられていた。「生存圏」ということばが作られるよりはるか前から、これまで見てきたように、ヨーロッパ帝国は入植する新たな土地を探し、新たな民から税を絞り取ることをねらった。それ以前は、アジアやアメリカ、アフリカにも似たような帝国が存在した。ところが二〇世紀も進んでくると、産業経済は植民地がなくても成り立つことが明らかになってきた。さらに言えば、植民地は不要な負担を強いる可能性もある。一九四二年、経済学者ヘルムート・シューベルトは、ドイツの未来は「大規模な産業圏」だとし、それは「永住外国人労働者の増加」に依存する、と書いている。東方のドイツ化は不可能だったが、農業から工業への労働シフトが続くなか、ドイツの東方化は、はるかに実現する可能性が高かった。戦争経済という緊急事態が、この考えを正当化した。一九四四年の末までには、五〇〇万人の外国人が帝国の工場や鉱山で働くために徴収された。単一人種を模倣した帝国ドイツが、たとえ奴隷制度のようなものを持っていたとしても、多民族国家になったとは皮肉な話だ。東欧の「奴隷」に代わって、トルコとユーゴスラビアの「外国人労働者《ゲストワーカー》」が戦後に登場しても、この経済論議は変化しなかった。現代のドイツには、「生存圏」などいらなかった。必要なのは、国に「生存する」移民だった。

フランス帝国は、ナチス帝国ほど野蛮ではなかった。もしひどかったのであれば、第二次世界大戦後、復興することもできなかったに違いないし、同化政策への野望を「フランス連合」という名称でふたたび推し進めることも不可能だったはずだ。今後のフランスのアフリカ政策を協議した一九四四年のブラザヴィル会議から、ヴェトナムのディエン・ビエンフーの敗北とアルジェリアの暴動という二つの大パンチを浴びるまでの一〇年間は、ヒトラーのドイツ帝国が続いた期間より長い。だが世界大戦は、文明化の使命《ミシオン・シビリサトリス》という名の傲慢さを経たのちに起きた、恐ろしい天罰だった。すべてのヨーロッパ帝国が、アフリカに対して作り上げた方法（その冷酷さには程度の差はあったが）をしっぺ返しされたからだ。医学は、当初は病気に対する万能の救い主かとも思われたが、結果的には人種差別と優生学というエセ科学に悪用され、医師を殺人者にした。ガンディーのことば通り、一九四五年には「西洋文明」は矛盾に満ちた表現になったといえる。戦後、ヨーロッパ帝国がたちまち崩壊したことは、ふさわしい刑罰だったといえるだろう。大半の植民地で自治の準備が整っていたかどうかは、また別問題だ。

大きな謎は、この恐ろしい破壊の時代から、なぜ植民地の復活ではなく消費を中心とした新しい文明のモデルが生まれたのか、という点だ。一九四五年になると、西洋の人びとは武器を地面に置いて軍服を脱ぎ去り、買いもの袋を下げて、ジーンズを着るようになった。

第5章 消費

われわれがなすべきことは、わが帝国とその国民を変えることであり、日本帝国を欧州諸国のように、日本国民を欧州の人びとのように変えていくことだ。

——井上馨（一八三六～一九一五、外相などを歴任）

偉大な発明である民主主義を神のことばよりも真剣に考える西洋は、トルコのカースで民主主義に終止符を打ったクーデターに対抗してでも現れてくるだろうか。……それとも民主主義、自由、人権などは重要ではなく、西洋全体が望んでいることは、西洋以外の国ぐにがそれをサル真似することだと、私たちが結論を出すべきなのだろうか。西洋は、それを真似せざるを得なかった敵国が達成した民主主義に我慢できるのだろうか。

——オルハン・パムク（一九五二～、トルコの作家）

消費社会の誕生

一九〇九（明治四二）年、日本を訪れて刺激を受けたユダヤ系フランス人の銀行マンで博愛主義者だったアルベール・カーンは、世界各地の人たちの姿をカラー写真で撮り、アルバムを作った。カーンによると、目的は「二〇世紀初頭の人類が棲息《せいそく》して開発した地球の表面を、一種の写真カタログ化すること」だった。新しく開発されたオートクローム方式でカーンが撮影した、七万二〇〇〇枚の写真と一〇〇時間に及ぶフィルム映像を収めた「地球のアーカイブス」には、五〇か国あまりの目の覚めるような衣装やファッションが集められている。ドイツ・ゲールタハトの赤貧の農夫、ブルガリアの髪もじゃもじゃの新兵、近づきがたいアラビアの首長たち、ダオメーにおける丸裸の戦士、花冠《かかん》をかぶったインドのマハラジャ、魅惑的なインドシナ半島の尼僧《にそう》、西部の荒野における無表情なカウボーイなどだ。今日では目を見張るものもあるが、当時のありのままの姿だ。

一世紀が経った今日、カーンの企画は多少ピントがずれているように思えるかもしれないが、それはいまでは世界中の人びとが似たような格好をしているからだ。つまり、同じようなジーンズに似たようなスニーカーを履き、画一的なTシャツを着ている。巨大なミキサーにかけたような同一のファッションに抵抗し続ける人たちがいるところは、きわめて限られている。たとえばペルーの田舎だ。アンデス山脈に住むケチュア族の女性たちは、いまでも華やかな色の服やショールを身にまとい、頭に乗せた小ぶりなフェルトの帽子を粋な角度にピンで止め、種族を表す紋章を付けている。紋章を除けば、ケチュア族に伝統的な衣装はまったく残らない。この衣装とショールと帽子は、本来はスペイン・アンダルシア地方のもので、最後のインカ皇帝トゥパック・アマルがスペインに敗れ、一五七二年にスペイン人の総督フランシスコ・デ・トレドに押しつけられたものだ。アンデスの女性は伝統的に、腰をサッシュ（チュンピ）で締めたチュニック（アナク）の上にトゥプと呼ばれるピンで前を閉じたマント（ジクジャ）を羽織っていた。今日ケチュアの女性たちが身につけているのは、そのような昔の衣装と、スペイン人の支配者の命令で身につけさせられた衣装を組み合わせたものだ。ボリビアの女性がよくかぶっている丸くてつばの浅いフェルトの帽子がボリビアにもたらされたのは、ややのちのこと、イギリス人の労働者が最初の鉄道建設にやってきたころだ。アンデス人男性の間でいま流行しているアメリカのカジュアルな服装は、したがって、衣服の西洋化における長い歴史のなかの最新章になる。

だれもが欲しくなる衣服とは、どのようなものだろうか。だれもが着ている衣服を自分も着たいという心理が働くのだろうか。これは明らかに、衣服に限ったことでない。ソフトドリンクやファストフードはもちろん、音楽から映画に至るまでポップカルチャーはすべて同じだ。これらポップカルチャーは、微妙なメッセージを伝える。それは「自由」に関わるもので、自分たちが好むものを着たり、飲んだり、食べる権利（たとえそれがほかのみんなと同じものだとしても）につながる。それは、民主主義にからんでくる。つまり、消費者が心から望む商品だけが作られる。そして当然ながら、これは、資本主義の本質だ。企業は、モノを売って利益を上げなければならないからだ。

だが、衣類が西洋化の過程において中心的な存在である理由は、きわめて単純だ。経済史の専門家たちがかなり以前に産業革命——人間性を高めるための、物質的な生活水準における飛躍的な進歩——と名づけた経済大変革の源は、繊維産業だった。これは、それ以前に起きた科学革命（第2章参照）に端を発し、技術革新の波によってもたらされた大量生産というある種の奇跡でもあった。だが、安価な衣類を止めどなく求めるという特性を持つダイナミックな消費社会が同時に発展しなければ、産業革命はイギリス本国で起こらなかっただろうし、西洋諸国に広がることもなかったに違いない。現代の批評家たちが一般的には見落としがちな工業化の魔力は、労働者は同時に消費者でもある点だ。「賃金奴隷」であっても、買いものはする。最下層のプロレタリアでも複数のシャツを持っていたし、少なくとも二枚以上は持ちたいと強く望んでいた。

消費社会は、今日ではあまりにも当たり前になっているため、いつの時代にも存在していたと考えやすい。ところが実際には、西洋をほかの諸国の先頭へと駆り立てた、かなり新しい革新の一つだ。その際立った特徴は、抵抗できないほど魅力的に見えることだ。西洋の植民地に近代医療をむりやり押しつけたのとは異なり（前章で考察した）、消費社会は多くの場合、その他の世界がのどから手が出るほどダウンロードしたいと望んでいるキラーアプリケーションだといえる。社会体制が明確に反資本主義者でありたいと考えても——その大部分は、明らかにカール・マルクスの理論から派生したもの——やはり排除できなかった。これが、近代史における最大のパラドックスの一つを生んでいる。つまり、個人に対して無限の選択肢を提供するためにデザインされたはずの経済システムが、人間性を均質化してしまったことになる。

産業革命は、広範囲にわたる技術革新が多様な経済活動を同時に変革させたかのように誤解されることが多い。だが実際には、そうではない。スコットランドの工業化の第一段階は、繊維産業に集中していた。工場の原型は、ペイズリーにあったアンカー・ミルのような紡績工場で、それは今日でも最盛期の記念碑になっている。

現実はどうだったのか。端的にいえば、イギリスの一人当たりの経済生産高は一七世紀にすでに加速し始めていたが、一九世紀のある時点からロケットのように急加速した。国内総生産や国民所得のような尺度を過去にさかのぼって計算することはきわめて困難だし、加速が始まった正確な時期も、学者たちによってずれてくる。ある権威ある推定によれば、国民所得の一人当たりの平均年間成長率は、一七六〇年から一八〇〇年にはマイナス〇・二パーセントだったが、一八〇〇年から一八三〇年にかけてはプラス〇・五二パーセント、一八三〇年から一八七〇年にかけては一・九八パーセントに上昇した。二一世紀の標準からすれば、これらの数字は惨めなほど低い。だがその影響は、革命的だった。経済成長においてこれほどの加速が持続したことは、それ以前にはなかったことで、とどまることがなかった。したがって、一九六〇年の平均的なイギリス人は、一八六〇年の彼の曾祖父の時代よりも六倍近くも豊かになり、成長もかなり早かった。とくに目立ったことは、イギリスの労働力が農業からほかのセクター（製造業ばかりでなくサービス業も含め）に移った速さだった。一八五〇年ごろには、イギリスにおける労働人口の五分の一強が農業に従事していたが、そのころネーデルラント地方（ベルギー、オランダ、ルクセンブルク）では、その数字は四五パーセントに近かった。一八八〇年までにはイギリス人の七人に一人弱が農作業にたずさわっていたが、一九一〇年には一一人に一人に減った。統計上の数字は、劇的な変化の本質をストレートには伝えない。産業革命は数十年かけて、広く地方に分散していったが、むらがあった。たとえばグロースターシャーでは、ほとんど目にとまるような変化はなかった。ランカシャーはスモッグで覆われてはいたが、激変ぶりは一目瞭然だった。スコットランドの高地は、手つかずだった。だからこそヴィクトリア時代の人たちは、サミュエル・ジョンソン世代（一八世紀）の人たちには単なる荒涼とした土地だと思われた田園風景を、こよなく愛した。一方グラスゴーは、通商と産業によって大英帝国の「第二の都会」に変身し、あの悪名高い悪臭を放つ煙突群は、スコットランドのエジンバラと張り合った。

産業革命は、「新型機械のうねり」と特徴づけられてきた。確かにそれは、土地、労働、資本（俗に言う生産要素）の生産性を決定的に向上させる画期的な技術革新だった。一九世紀における第二、第三の技術革新は量を増産させたが、問題だったのは質の改善だった。――確かに、総生産高が労働者と生産工場の連結増量を上回った。供給面で当時の産業革命が求めていたのは、効率だった。ジェームズ・ハーグリーヴズの多軸紡績機（一七六八）、リチャード・アークライトのウォーターフレーム（一七六九）（訳注＝木綿の紡績がこの機械の導入によって一〇〇〇倍も速くなった）、サミュエル・クロンプトンのミュール精紡機（一七七九）、エドマンド・カートライトの蒸気動力の機織り機（一七八七）、リチャード・ロバーツの自動紡績機（一八三〇）などによって、糸や布を一人当たり一時間に作れる量が格段に多くなった。たとえば多軸紡績機は、労働者が一人で同時に八本の紡錘を操作して綿を糸に紡ぐことができた。このような改革のおかげで、イギリス綿紡績工場における生産コストは、一七九〇年代の半ばから一八三〇年の間におよそ九割も下落した。同じことが、製鉄業や蒸気発電所などにおいても重要な突破口になった。一八二八年に特許を取ったジェームズ・ニールソンの溶鉱炉は、一七〇九年にエイブラハム・ダービーによって発明されたコークスを利用する溶鉱炉の工程を画期的に改良した。ダービーのコールブルックデール溶鉱炉から産出された鉄鋼は、一七〇九年には年間八一トンだったが、一八五〇年には四六三二トンに跳ね上がった。同様に、一七〇五年のトマス・ニューコメンの蒸気機関はあまり実用的ではなかったが、ジェームズ・ワットによる別付けのコンデンサーがそれを大きく改善し、リチャード・トレヴィシックの高圧バージョンがさらに改良を進めた。ニューコメンのエンジンは、一時間一馬力を作り出すのに約二三キロの石炭を燃やしていた。一九世紀末の蒸気機関では、同じ力を出すのに約四五〇グラムの石炭で足りるようになった。一八七〇年の時点では、イギリスの蒸気機関はあわせて四〇〇万馬力を生み出すようになったが、それは四〇〇〇万人の人力に等しかった。それほど莫大な人力を得るためには、イギリスの麦の総生産の三倍を食べさせるくらいの人手が必要という計算になる。どれをとっても、一七世紀の科学的な大躍進ほどの知的な深みはないが、バーミンガム・ルナー・ソサイエティ（満月会）の会員だったワットや彼のアイディアを事業化したマシュー・ボールトンのほかに、先駆的な化学者であるジョゼフ・プリーストリーも指導者の一人だったことを考えると、この二つの革命が近い関係にあったことがわかる。むしろこれらは、最低限の科学的な教育しか受けていない人たちによる、修繕を基本にした改善の積み重ねによる進化の過程だったともいえる。時代の精神は騎兵隊の軍馬からは遠のき、こんどはボールトン・アンド・ワット・ソーホー・マニュファクトリー社の作業場での勤労に移った。気むずかしいワットによって考案された改革と、活気あふれるボールトンによって実用的な製品に進化される過程——これが産業革命の中心における本質的なパートナーシップの形だった。

一七七六年、ボールトンは『サミュエル・ジョンソン伝』を書いたジェームズ・ボズウェルにこう語った。

「私はここで、世界中の人たちが手にしたいと思っているもの——パワー——を売っている」

だが、なんのために？　産業革命がもたらしたものが、もし布地、鉄鋼、年間に生産される機械的動力の大量増産だけだったとしたら、それは無意味だったかもしれない。同じく重要な点は、そのような製品を求める消費社会が急速に拡大したことだ。技術革新は供給側に拍車をかけたが、産業革命を受けた需要の側は、人間が衣類に対して持つ本能的な強い欲望に駆り立てられた。このような欲望が刺激になって、一七世紀以降の東インド会社がインド布を大規模に輸入することになった（中国の磁器類の輸入も、陶磁器の需要に触発された）。主婦たちはそのような商品を求め、自分たちの行動や予算をそれに合わせていた。起業家たちは輸入品を模倣し、いずれは国産でまかなおう、と新たな技法を捜し求めた。

綿は確かに、イギリス経済の最大の奇跡だった。繊維部門への支出はイギリスの国民所得のほぼ一割を占め、綿製造業はとくに、格段に効率化された。マンチェスターの工場やオールダムの町工場などが、変革の中心だった。驚いたことに、イギリスにおける綿製品の大部分が、国内消費用ではなかった。一七八〇年代の半ばにおける綿製品の輸出は、イギリスの輸出総額の六パーセントにすぎなかった。だが一八三〇年代の半ばになると、その比率は四八パーセントに急上昇し、大半がヨーロッパ大陸向けだった。歴史家たちは、イギリスでは技術的なうねりが先か、消費社会の誕生が先か、という議論をよく闘わせていた。大陸では、疑う余地はない。ヨーロッパの人たちは、自分たちで衣類を製造する方法を学ぶずっと以前から、安い工場で作った衣類を愛用していた。

なぜ、イギリスが最初に工業化したのだろうか。消費社会は、ヨーロッパ北西部のほかの国ぐにより進んでいたわけではなかった。科学的知識の程度や普及の度合いも、飛び抜けてすぐれているとはいえない。イギリス経済では一八世紀の間に、農業、銀行業や商業などの部門で著しい発展が見られたが、なぜこれらが引き金となって綿花、鉄鋼、蒸気による製造業の生産性を高める投資が殺到するようになったのか、定かにはわからない。イギリスが早い時期に工業化した理由は、政治や法律面のためではないか、といわれてきた。たとえばコモンロー（一般の慣習法）は、企業の組織化を奨励し、ナポレオン法典の規定に由来するヨーロッパ大陸のシステムよりも債権者を手厚く保護してきたといわれる。すでに考察したように、制度上の利点は確かに一七、一八世紀において、イギリスがほかの帝国に先んずるのを助けた。だが、議会の独立統治権の原則、あるいは慣習法の展開が、どうして大陸側のさえない同業者よりもボールトンやワットにより強い動機を与え得たのかは、解明できない。

一八世紀にインドの綿布に課せられた関税は、イギリスの製造業者たちに利点をもたらしたが、保護貿易主義の政策は、のちにアメリカの若い産業の育成も助けた。イギリスの綿輸出が一九世紀の前半に急上昇したのは、イギリスの政治経済学者デイヴィッド・リカルドの比較優位の理論のためだけではなかった。それ以外にも、イギリスの（あるいはアメリカの）政治・法的制度が、産業開発にとってオランダ、フランス、ドイツよりも好都合だったという主張も、それほど説得力がないように思える。その当時の人びとにとっても、イギリスの産業が発展する最初の重要な数十年間の政治的・法的制度の状況は、これから巣立つ産業にとって好意的だったとはとても思えない。急進的な論客ウイリアム・コベットは、議会と国王と市民の交流を、「いにしえの癒着」と特徴づけている。

チャールズ・ディケンズは『荒涼館』（邦題。一八五二〜五三）で、衡平法裁判所は地権争いの解決にとって異様なほど非効率的な障害だと評し、『リトル・ドリット』（邦題。一八五五〜五七）で彼が皮肉ろうとしたのは、経済発展を妨害する役所の「逃げ口上」だった。株式会社は、一七二〇年に制定された泡沫会社禁止条例が一八二四年に撤回されるまで違法だった。またマーシャルシーのような負債者の刑務所――『リトル・ドリット』に克明に描写されている――は、一八六九年に破産法が成立するまで存在し続けた。また、一般的だった子どもの労働に対する立法など、工場主の経済的自由を制限する面で、ヴィクトリア朝の議会は繊維産業に関連する多くの法律を通過させたことは特筆に値する。

イギリスは、産業革命の意味を明確にするうえで、北西ヨーロッパのほかの国ぐにとは二つの面で大きく異なっていた。第一は、労働は大陸に比べてイギリスではきわめて大切で、記録が残されているところではどこでも同じように捉えられていた。一八世紀の後半、パリの労働者の実質賃金（小売り価格を銀に換算）は、ロンドン住民の半分強にすぎなかった。ミラノの実質賃金は、ロンドン標準の二六パーセントほどだった。中国やインド南部ではさらに低かったが、それはアジアにおける米栽培の生産性がヨーロッパの小麦の生産性を上回っていたためだけではない。第二の理由として、イギリスでは石炭が豊富にあっていつでも入手でき、したがって大陸の国ぐにによりきわめて安かったことがあげられる。一八二〇年代から六〇年代の間に、イギリスの石炭産出量は四倍になり、一トン当たりの価格は四分の一も下落した。このような違いは、イギリスの企業家たちが、大陸側の同業仲間に比べてきわめて技術革新の追求に熱心だった理由を説明している。世界のなかでもイギリスが、カネのかかる人間から安い石炭を燃料にする機械に置き換えたことは意味のあることだった。

それ以前のフランス革命と同じように、イギリスの産業革命はヨーロッパ中に広がっていった。だがこれは、平和的な征服だった。ただし偉大な革新者たちは、いまでいう知的財産権はほとんど守れなかった。したがって新しい技術は、目にもとまらぬ速さで大陸や大西洋を越えて模倣され、複製された。最初の本物の紡績工場であるリチャード・アークライト社は、一七七一年にダービシャー州クロムフォードに建設されたが、七年以内にその模倣がフランスに現れた。フランス人がワットの一七七五年の蒸気機関車を真似するのに、三年しかかからなかった。大規模な産業スパイのおかげで、一七八四年までには双方のドイツ版が現れた。アメリカの場合は幸い自らの国で綿が栽培でき、石炭も採掘できたので、少し時間がかかった。最初の紡績工場は、一七八八年にマサチューセッツ州バース・リヴァーに、最初の蒸気機関は一八〇三年に現れた。ベルギー、オランダ、スイスも、それほど遅れてはいなかった。このパターンは、一八二五年に最初の蒸気機関車がストックトンとダーリントン鉄道で車両を引っぱって走ったあとも似た状況で、これが大西洋を渡るには五年しかかからなかったが、ドイツに届くまでに一二年かかり、スイスに到達するころには二二年も時間が経過していた。技術的な効率が向上したため、労働力が安くて、石炭が十分にない場所でさえも、経済的には明るい見通しが立った。一八二〇年から一九一三年の間に、世界の紡錘の数は世界人口より四倍も早く増えたが、増加率は海外のほうがイギリス本国より二倍も速かった。生産性の向上——それに伴う需要の増加——によって、世界の綿布産業の総生産高は全紡錘数の三倍の速さで伸びた。その結果、一八二〇年から七〇年の間に北西ヨーロッパの何か国かと北米諸国はイギリスの成長率に追いつき、ベルギーとアメリカの成長スピードはイギリスを超えた。

一九世紀の終わりごろになると、工業化は二つの広い範囲で花盛りになった。一つはマサチューセッツ州ローウェルのような町を中心にアメリカの北東部まで延び、もう一つはヨーロッパでグラスゴーからワルシャワ、そしてはるかモスクワにまで拡大していった。一八〇〇年には世界一〇大都市の七つをまだアジアが占め、北京の規模はロンドンを凌いでいたが、一九〇〇年になると、産業革命のおかげでトップだけがアジアで、ベストテンの残りはヨーロッパおよびアメリカになった。

イギリス流の工業都市が世界各地に拡散したため、特定の観察者には刺激を与えたが、狼狽した人たちもいた。感化された人たちとしては、チャールズ・ダーウィンが『種の起源』（一八五九）に記しているように、産業革命を生きてきた体験によって、「生存のために闘う準備を整えて」いた人たちだ。ダーウィンの言う自然淘汰理論の多くが、一九世紀半ばの繊維業界にも当てはまるからだ。ダーウィンは、こう言っている。

すべての生物は、厳しい競争に遭遇する……生存できる数以上の個体が生まれると、いかなる場合にも生存競争が生じ、同族同士の一騎打ちか、まったく異なる種との果たし合いか、あるいは生命に関わる肉体的状況との闘いのいずれかが生じる。有機生物はいずれも……生きるために闘う。……自然淘汰の行為はささやかなものだが、自らにとって好ましい条件を継続的に選び、積み重ねてきたもので、突然に大きな修正などできない……。

その意味では、歴史家たちはダーウィンのことばの感覚を持って産業の進化論を論じるほうが、意味がありそうだ。ソースタイン・ヴェブレンとジョゼフ・シュンペーターが後に経済学者として論評したように、一九世紀の資本主義は確かに、表面的には種の突然変異であり、ときに起こる種の分化か特異な生き残りか、あるいはシュンペーターの印象的な表現を使えば「創造的破壊」だった。

だが厳密には、産業革命によってもたらされた、あまり規制が厳しくない市場は移り気で、当時の人びとのなかには、狼狽する者も多かった。前章で述べたように、公衆衛生において突破口が開かれるまでは、工業都市における死亡率は農村部よりはるかに高かった。そのうえ、規則正しいとはいえない景気の循環が不意にめぐってきて、企業の過剰生産や、財政破綻が起こる。従来のゆるやかな成長に慣れている者にとっては、インパクトが強すぎた。産業革命は間違いなく、長い視点で生活を向上させたが、短期的には事態を混乱させた気味がある。ウィリアム・ブレイク（一七五七〜一八二七）が『ミルトン』の序章で描いた陰気なイメージのなかに、血の滲んだ長い木綿糸を持ち上げる黒い肌の人間の姿の描写がある。作曲家のリヒャルト・ワーグナーにとって、ロンドンは「こびとのアルベリヒの夢が現実になったもので――死の国ニーベルハイム、世界の支配、活動、仕事、そしてどこもかしこも蒸気と霧でうだるようだった」。イギリスの工場の地獄絵のイメージは、楽劇『ラインの黄金』におけるこびとたちの地下の王国の描写にインスピレーションを与えた

と同時に、『ニーベルングの指輪』の工場のハンマー群が叩き出すスタッカートのリズム（上の楽譜）で表される全編のライトモチーフに、インスピレーションを与えている。

ドイツの文学や哲学がにわかに人気を得て、スコットランドの哲学者トマス・カーライルは、工業経済の致命的な弱点と思えるものをはじめて確認した。つまり、すべての社会関係を、彼のエッセー集『過去と現在』で「金銭取引だけの関係」と呼んだものに変化させた。次のような具合だ。

> 世の人びとは競って仕事に就き、より多くの仕事を終わらせるために猛烈に働きまくり、賃金を分配することを考える余裕もなかった。そこで賃金を、「弱肉強食」の法則、「需要と供給」の法則、「無干渉主義」の法則、その他もろもろの法則や無規則などによって、争奪戦にゆだねたままだった。私たちは、それを「社会」と呼んでいる。そして完全な別離、孤立を声高に叫び続ける。私たちの生活には、相互の助け合いなどなくなった。いや、むしろ「公正な競争」の名のもとに正当な戦争をよそおった、相互間の敵意がまかり通る。私たちは、「現金払い」だけが唯一の人間同士の関係ではないことを、どこにいても完全に忘れている。……それは、人間同士の唯一のつながりではない——とんでもない！

「需要と供給」よりはるかに深遠なものが、神聖な「人間の命」そのものとしての「法則」であり、「義務」だといえる。

この「金銭取引だけの関係」という表現は、ラインラント出身で背教者の息子であるユダヤ系弁護士をたいへん喜ばせ、彼と共著者のヴッパータール紡績工場の後継オーナーは、一八四八年の広域ヨーロッパ革命の前夜に発行した激烈なマニフェストのなかでそれを援用した。

共産主義の創始者カール・マルクスとフリードリヒ・エンゲルスは、工業社会を批判した数多くの急進的な批評家の二人にすぎないが、彼らは現状に代わるべき新たな社会秩序のはっきりした青写真をはじめて示した。これがほぼ一世紀半にわたって続いた西洋文明の分裂の始まりで、彼らの理論の源泉をじっくり考えるために、しばらく立ち止まるのも悪くない。歴史の過程を弁証法的に表し、資本が低賃金を主導するという「鉄の法則」と、利益の減少を仮定したリカルドの政治経済学とヘーゲルの哲学とをミックスしたマルキシズムは、カーライルの工業経済への反感も取り込み、ノスタルジアをかきたてながら理想郷を描き出した。

マルクス自身は、好かれるタイプではなかった。髪の毛はもじゃもじゃで、ものをせびるのが得意な野蛮な論客だった。彼は、妻を「旧姓フォン・ヴェストファーレン男爵の娘」と呼んで自慢したが、嫡出子でない息子を女中との間にもうけた。仕事（鉄道の事務員）にたった一度だけ応募したが、手書きの文字が悪筆で読めなかったために落とされた。彼は株式市場で金儲けを考えたが、あまり期待は持てなかった。したがって彼は人生の大半で、エンゲルスの施しに頼った。エンゲルスにとって、社会主義はキツネ狩りや女道楽などと同じような夜の遊びで、昼間の仕事は父親が経営するマンチェスターの紡績工場の一つを取り仕切ることだった（その工場の特許製品は「ダイヤモンドの糸」という名で知られていた）。マルクスはこの「綿の王様」の手を嚙んだわけだが、心から喜んで食べさせてくれた人にしっぺ返しをした人は、歴史上に彼を除いては存在しない。

マルキシズムの骨子は、工業経済のもとでは資本を所有するブルジョアと財産を持たないプロレタリアに分けられ、許しがたい不平等な社会を生み出す運命にある、という点にあった。資本主義は容赦なく、できるだけ少数の人たちに資本を集中させ、その他の人たちは賃金奴隷に格下げされたが、これは「労働者をかろうじて食える程度の賃金でこき使う」ことを意味していた。マルクスのほとんど判読できない悪筆に基づく最初の大部の本『資本論』（一八六七）の三二章に、マルクスは不可避な解決策を次のように予言した。

この変革の過程ですべての利点を乗っ取り、独占している資本家の大物たちの数が恒常的に減少するに伴い、大いなる悲惨さ、抑圧、奴隷、退廃と搾取が増大したが、そこではまた労働者階級の暴動も大きくなった。……生産手段の集中化と、労働者の社会化が資本家の肌に合わない点にまで達した。この肌の合わない状況が、団結を妨げている。資本家の、私有財産の鐘が鳴っている。公用徴収者が徴収している。

このくだりにもワーグナーふうの特色が感じ取れるが、部分的にはゲッターデマールンク（悪との闘いにおける神々の究極的な破壊に関する神話）でもあり、また部分的にはパルジファル（ワーグナー作曲の「舞台神聖祝祭劇」）だ。だが『資本論』が出版されるまでに、この偉大な作曲家は一八四八年の精神をどこか遠くに置き忘れていた。それに代わって、マルキシズムのシンボル的な賛歌になったのは、ウジェーヌ・ポティアの詩「インターナショナル」だった。ピエール・ド・ジェーテルが作曲した歌によって、「卑屈な大衆」は、彼らの宗教ともいえる「迷信」や国家に対する忠誠心を捨て、「泥棒」やその共犯者、暴君、将軍、王子や貴族などに対して戦争を起こすように駆り立てられた。

マルクスらがなぜ間違っていたのかを証明する前に、彼や彼の弟子たちが正しかった点を認める必要がある。産業革命の結果、不平等はさらに広まった。一七八〇年から一八三〇年の間に、イギリスにおける一労働者の生産高は二五パーセントあまりも伸びたが、賃金の伸びは五パーセントにとどまった。全人口のうち最上位の百分位数《パーセンタイル》が占める国民所得の割合は、一八〇一年の二五パーセントから一八四八年には三五パーセントに伸びた。一八二〇年のパリでは、人口の約九パーセントが「事業主と金利生活者」（投資による生活）で、記録されている富の四一パーセントを所有していた。一九一一年までに、彼らのシェアは五二パーセントにのぼっていた。プロイセンでは、所得の上位五パーセントのシェアは、一八五四年の二一パーセントから一八九六年には二七パーセント、一九一三年には四三パーセントに増えた。明らかなことは、工業社会では、一九世紀のうちに不平等が進んだことだ。これは、予測できる状況だった。たとえば、一八九二年のハンブルクにおけるコレラの流行では、年間所得が八〇〇マルク以下の人たちの死亡率は、年収五万マルク以上の人たちより一三倍も高かった。工業社会の不平等を恐れたのは、マルクス主義者に限ったことではなかった。ウェールズ出身の工場主ロバート・オーウェンは、一八一七年に「社会主義」ということばを創り出した人物だが、協同生産によって、スコットランドのオービストンおよびアメリカ・インディアナ州ニューハーモニーに、彼が創設したユートピアの村を基盤にした経済的なモデルを作ろうと計画した。アイルランド人の耽美主義者で機知に富んだオスカー・ワイルドでさえ、社会的に悲惨な基盤のうえに純文学の上品な世界が位置していることに気づいて、次のように記している。

この人たちは、貧しい。彼らの間では優雅な作法もなければ、話しことばに魅力もないし、あるいは文明も欠如している……。彼らの集団の力によって、人類は多くの物質的な繁栄を手に入れる。だが、手に入れるものは結果的に物質的なものだけで、貧しい男にとって、自らの心の重要度は希薄だ。彼は自らの尊厳どころか、自らを粉ごなにしてしまう微弱な原子にすぎない。だが粉ごなになってしまいたくても、従順であればできるものではない。……扇動家たちは、口出しが好きなお節介な人たちで、彼らはコミュニティのなかで完全に満足している階級の人のところにやってきては、彼らの間に不満のタネをまき散らしていく。それが、扇動者たちが絶対的に必要な理由だ。彼らがいなければ、われわれの不完全な国家は文明に向かって前進しなかっただろう。……実際は、文明には奴隷が必要だ。ギリシャ人は、その点で正しかった。不快でぞっとするような面白くもない仕事をする奴隷たちがいなければ、文化や思索などはほぼ不可能になる。人間の奴隷制度は不適切、不安定で、退廃的だ。世界の未来は、機械の奴隷、機械の奴隷化にかかっている。

だがワイルドが恐れ、マルクスが熱望した革命は実現しなかった――少なくとも、起こるべきだと期待された場所では起きなかった。一八三〇年と一八四八年の「転覆」的な革命は、社会の二極化というより、食品価格の短期的な急騰と財政危機の結果だった。ヨーロッパでは農産物の生産性が向上し、工業部門の雇用が増え、景気循環の振幅が小さくなったために、革命の危機は縮小した。無産階級《プロレタリアート》は、貧困化した大衆に融合していく代わりに、技術のある「労働貴族」と、暗い影を持つルンペン・プロレタリアートに細分化された。前者は革命よりもストライキや団体交渉を好み、したがってより高い実質的な賃金を得ることができた。後者は、ジンを好んだ。きちんとした労働者階級は、自分たちの労働組合や勤労男性用のクラブを持っていた。ごろつきたち――グラスゴーの「不良《キーリー》」たち――は、ミュージックホールにたむろし、道路では喧嘩を売っていた。

「共産党宣言《マニフェスト》」の規定は、対象になった産業労働者にとっていかなる場合でも、およそ魅力的ではなかった。マルクスとエンゲルスが求めたものは、私有財産の廃棄、相続の廃止、支払いや通信の集中化、工場と製造機器すべての国有化、「農業に励む軍隊」の創設、町と国の区別の廃止、家族制度の廃止、「女性のコミュニティ」（妻のスワッピング）とすべての国籍の廃止などだった。それとは対照的に、一九世紀半ばの自由主義者《リベラリズム》が求めたものは、立憲政治、言論・出版・集会の自由、選挙改革によるより幅広い政治代表、自由貿易。それに、民族自決権（ホーム・ルール）が確立されていないところでは、それが目標になった。一八四八年のヨーロッパ革命以後の半世紀において、人びとはこのような権利を数多く手に入れた——とにかく、マルクスとエンゲルスの絶望的な矯正手段を無用に見せるには十分だった。一八五〇年の時点で、人口の五分の一以上が参政権をもっていたのはフランス、ギリシャ、スイスだけだった。一九〇〇年までにヨーロッパ一〇か国が同調し、イギリスとスウェーデンがそれに続いた。代議制度がより広域に広がり、低所得者グループに恩恵を与える法制度も充実してきた。イギリスは自由貿易のおかげでパンが安くなり、組合の圧力のおかげで賃金も名目的には上昇して、労働者にとっては実質的にかなり増収になった。ロンドンにおける建設労働者の日払いの賃金は、一八四八年から一九一三年までの間に実質的に倍増した。代議制度が普及したため、さらに革新的な税制が導入された。一八四二年にロバート・ピール卿は平時の所得税を導入し、イギリスが世界の趨勢に先鞭をつけた。一九一三年まで標準の課税率は、一ポンドにつき一四ペンス（六パーセント）だった。一八四二年までは、イギリスの歳入のほぼすべてが関税と国内消費税をとおした間接税で、金持ちほど課税されるのが所得の一部となる逆進税だった。一九一三年までには、歳入の三分の一が金持ち階級の直接税によるものになった。一八四二年の時点では、政府は教育や芸術、科学に対して実質的に一文も支出していなかった。一九一三年には、このような項目に歳出の一割が振り当てられるようになった。イギリスはそのころまでに、ドイツにならって老人に対する公的年金を導入した。

マルクスとエンゲルスは、二つの点で間違っていたことになる。第一に、彼らの賃金の鉄則は意味をなさなかった。確かに、富は資本主義のもとできわめて偏在し、その状態は二〇世紀の前半まで続いた。だが、実質賃金が上昇して課税がいくらか累進的になったために、所得格差は縮まった。資本家たちは、マルクスが見落としていた点に気がついた。つまり、労働者は消費者でもある、という点だ。したがって労働者の賃金を、生活ぎりぎりの線まで落とそうとしたことはナンセンスだった。反対に、アメリカのケースから明確になったように、ほとんどの資本主義企業にとって、雇用者ほど高い潜在市場はないことがわかった。一般庶民を「貧民」に固定しておくのではなく、繊維製品の機械化が西洋の労働者の雇用機会を増大し――インド人の紡ぎ手や織り手を犠牲にすることがあっても――、綿花その他の価格が下落したために、西洋の労働者が週給によってより多くのものを買えるようになった。この余波で西洋諸国と非西洋諸国間の賃金と生活水準の差は飛躍的に大きくなった。西洋のなかでも、工業化された先端地域と出遅れた農村のギャップは大きく開いた。一七世紀のはじめ、ロンドンでは技術のない非熟練労働者の実質賃金は、（生活費にスライドさせると）イタリア・ミラノの同業者とそれほど違わなかった。だが一七五〇年代から一八五〇年代になると、ロンドンっ子のほうがはるかに恵まれていた。ほかのヨーロッパ諸国との差がピークに達したとき、ロンドンの実質賃金はミラノの六倍だった。一九世紀の後半にイタリア北部でも工業化が進み、ギャップは縮まり始め、第一次世界大戦の直前には三対一の割合に近づいた。ドイツとオランダの労働者も工業化の恩恵を受けていたが、一九一三年にはまだイギリスの同業者に遅れをとっていた。だが、中国の労働者が、それを追いかけそうな気配はなかった。かつて北京や広東などの大都会では賃金はきわめて高く、建設労働者は一日に約三グラムの銀に相当する金額をもらっていたが、一八世紀には上昇の動きは見られず、一九世紀から二〇世紀初頭にわずかな上昇が見られた程度だ（銀五〜六グラム前後まで）。広東の労働者には一九〇〇年以後は、ある程度の改善は見られたが、最小限にすぎず、四川の労働者はみすぼらしく貧しいままだった。一方ロンドンの労働者は、銀に換算すると、一八〇〇年から七〇年の間の一八グラムから、一九〇〇年から一三年の間に七〇グラムに増えた。家族を養っていく費用を組み込むと、平均的な中国人労働者の生活水準は一九世紀の間に落ちていき、とくに太平天国の乱の間に急激に落ち込んだ（第6章参照）。生計は、北西ヨーロッパよりも中国のほうが苦しかった。そのころには、ロンドンやベルリンの人たちはさまざまな種類のパン食、乳製品や肉類、ふんだんなアルコール類というぜいたく品を楽しんでいたが、東アジアのほとんどの人たちは、精白米と少量の穀類で暮らしていた。ロンドンと北京の生活水準のギャップは一八世紀に二対一だったが、二〇世紀の二〇年代になるとさらに開いて六対一になった。

マルクスとエンゲルスが犯した二つ目の過ちは、一九世紀における国家の適応資質、とくにそれが国民国家《ネイション》として確立されていく過程を過小評価していた点だ。

マルクスが著した『ヘーゲルの権利の哲学に関する論評への寄稿』で、彼は「宗教は『大衆のアヘン』」と書いて評判になった。それにならって言えば、ナショナリズムは中産階級のコカインだった。一八四六年三月一七日、ヴェネツィアのラ・フェニーチェ歌劇場では、すでに高名だったイタリアの作曲家ジュゼッペ・ヴェルディの手になる新しいオペラ『アッティラ』のプレミアショーがおこなわれた。ヴェルディは、実はフランス人として生まれ、正式に登記された名前はジョセフ・フォートゥナン・フランソワ・ヴェルディだった。その理由は、彼が生まれた村がナポレオンの支配下にあり、パルマとピアチェンザの公爵領とともにフランスに併合されていたからだ。ヴェネツィアもまたフランスに征服されたが、一八一四年にはオーストリアに引き渡された。ハプスブルク家の軍隊と官僚の悪評ぶりは、多くのイタリア人聴衆が次の詩に激しく熱狂したことでよくわかる。

年を取って弱気になった

それが東ローマ帝国の支配者だ

若い愚か者が西ローマ帝国の王座に着き

すべては散りぢりになるだろう
あなたと私が手を取れば……
あなたは宇宙を得ることができるだろう
でも、イタリアは私に残して

ローマが略奪されたことを受けてローマ人の使節エッツィオが、五世紀にフン族アッティラ王に歌って聞かせたこの詩は、薄いヴェールに包まれてナショナリストの感傷に訴えるものだった。これは、ナショナリズムが社会主義に対してどのような力を持っていたのかを、うまく説明している。これには、一定のスタイルがあった。

ナショナリズムには、確かにそれ自体のマニフェストが存在した。もう一人のジュゼッペ——イタリアを統一したマッツィーニ——は、おそらくほとんどナショナリズムが生み出した理論家のようなものだった。彼が一八五二年に鋭く観察したように、革命には、二つの問題があると思えた。すべての人が社会的と呼ぶことに同意した点と、国籍の問題だ。イタリア統一運動《リソルジナント》のナショナリストは、次のように述べた。

闘った……ポーランド人、ドイツ人、ハンガリー人たちと同じように、国と自由のために。旗に記されたスローガンのために。彼らもまた、全民族の利益になるように生き、考え、愛し、そして働くことを世界に向けて宣言した。彼らは同じことばを話し、自分たちが同族であることを強調し、同じ墓石の横にひざまずき、同じ伝統を讃える。そして外国の支配を受けることもなく、なんの障害もなく、自由に人と交流することを要求する。

マッツィーニにとって、それは明白なことだった。「ヨーロッパの地図をもう一度、作り直すべきだった」。将来的には、一一の国民国家に再編成し直すことだ、と彼は主張した。これは、言うはやすく実行はむずかしいが、ナショナリズムが好む方法論は、プログラム化されたものより芸術的ないし体育会的なものだった。ギリシャ人の作家リガス・フェライオスの一般大衆向けの散文詩（「奴隷として、あるいは四〇年間を投獄されて過ごすよりも、自由人としての一時間のほうがずっとましだ」）、あるいはドイツ学生友愛会の感動的な歌（「ライン川の監視員は、誠実にしっかり仕事する」）、あるいは一八七二年の聖アンドルーズの日（一一月三〇日）にスコットランドがイングランドと世界で初のサッカー試合（結果はゼロ対ゼロ）をおこなったスポーツの場においてさえも、ナショナリズムの神髄が発揮された。国境や、言語上の境界、それに宗教的な境界がお互いにずれると問題はさらにこじれ、たとえばバルト海、バルカン半島、黒海を結ぶ運命の三角地帯では、それがきわめて明白だった。一八三〇年から一九〇五年の間に、八つの新しい国家が独立ないし統一を達成した。ギリシャ（一八三〇）、ベルギー（一八三〇〜三九）、ルーマニア（一八五八）、イタリア（一八五九〜七一）、ドイツ（一八六四〜七一）、ブルガリア（一八七八）、セルビア（一八六七〜七八)、ノルウェー(一九〇五)だ。だが、アメリカ南部では州昇格が失敗したし、アルメニア人、クロアチア人、チェコ人、アイルランド人、ポーランド人、スロヴァキア人、スロヴェニア人、ウクライナ人などの夢も同じく実現しなかった。ハンガリー人はスコットランド人と同じく、二重帝国のもとでジュニア・パートナーの地位に甘んじ、帝国の維持に協力した。ロマ人、シンティ・ロマ人、カシュブ人、ソルブ人、ヴェンド人、ブラフ人、セーケリ人、カルパート・ルシン人、ラディン人のような民族・言語学的にユニークな人びとに関しては、彼らに政治的な自治能力があるとはだれも真剣に考えなかった。

国造りゲームにおける成功や失敗は、結局は現実の政治に左右された。カヴール伯爵であるカミッロ・ベンソはサルデーニャ王国の首相として、イタリアの残りの地域を植民地的な属領に変えた。これに類似した事例としては、ビスマルク・シェーンハウゼン伯爵であるオットー・エドゥアルド・レオポルド・フォン・ビスマルクが、プロイセン王国をドイツ帝国のなかで最も強力な国として、その特権を保持した。

「私はみじんもたじろがなかった」と、ビスマルクは自らの『回想録』で次のように記した。

ドイツ政治のカギは、議会や報道のなかで見つかるのではなく、バリケードや宣伝担当者にヒントが隠れているわけでもなく、やはり皇太子や王室のなかにこそ見つかるものだ……。ドイツの状況はゴルディオスの結び目でほどくことができず……刀で切るしかない。つまり、プロイセン皇帝は意識するしないにかかわらず、プロイセンの軍隊は彼とともにあり、プロイセンの覇権と見なされていた「プロイセンの」の視点から、あるいはドイツを統一して覇権を握ることが主要な課題だと考える国民的な視点から、国家的な理由で獲得されなければならない、ということになる。どちらの目的も、同一の空間を共有できた。……実際の王室は、つねに宣伝や議会よりも強かった。……ドイツの愛国主義が活気に満ちて、効率的であるためには、原則的に、王室に依存しなければならない。……［ドイツ人が］愛国主義に率直に燃える気持ちにさせられたのは、ドイツ人というよりはむしろ、プロイセン人、ハノーヴァー人、ビュッテムベルク人、バイエルン人、あるいはヘッセン人としての立場だ。

オーストリアが支配した三九か国からなる「ドイツ連邦」を、プロイセンが支配する二五の「ドイツ帝国」に再編したのは、ビスマルクのみごとな腕前によるものだった。一八六六年にプロイセンがオーストリアとドイツ連邦のほかのメンバー国を打ち破ったときに起こったことは、統一のための戦争というよりも、新しいドイツからドイツ語を話す人たちがきわめて多数除外されたという単純な理由のために、ドイツの内戦で北ドイツが南側に勝ったと見なすほうが当たっているだろう。ビスマルクは勝利したものの、まず普通選挙権を導入して自由主義的な反対派に帝国議会の議席を新しく用意する必要に迫られ、次に一八七八年に自由貿易で彼らを分散させ、地元での自由党の敵の裏をかくことによって、やっと彼の勝利は確実なものにできた。その代償として、南ドイツに二つの強力な権限を与えることになった。下院（帝国議会）においてはカトリック中央党に重要な役割を与え、上院（連邦参議院）では南ドイツ諸国に共同拒否権を与えた。

「もし、すべてを現状のままにしておきたいなら、すべてが変わらなければならないだろう」——ジュゼッペ・トマージ・ディ・ランペドゥーサは歴史小説『山猫』（一九五八）のなかの最も有名な文言で語っている。これは、イタリア統一の保守性を暗に示すうえでひんぱんに引用されている。だが新しい国民国家は、ヨーロッパで逆風にさらされている地主エリートたちの特権を保持するためだけに作られたのではなかった。イタリアやドイツのように多数の小国を集めた自主独立国は、市民全員にさまざまなプラス面も提供した。規模のメリットがある経済、ネットワークの外部性（利用者が増えるほどサービスや製品の利用者の利益が増える特性）、取引コストの削減、法律や秩序、インフラ、健康などの重要な公益をより効率的に供給する点などだった。新しい国家は、コレラと革命の双方によって血塗られていたが、やがて安全な大工業都市を作ることができた。スラムは一掃され、封鎖できないほど幅の広い大通り、大きな教会、緑の多い公園、スポーツの競技場、それにとりわけ大人数の警察官——これらすべてがヨーロッパの首都を変革させた。とくにパリは、ジョルジュ・オスマン男爵がナポレオン三世のために完全に作り直した。どの新国家も、正面の見かけは立派に整えられた。負けたオーストリアでさえ、すぐさまオーストリア＝ハンガリー「帝国の国王」としての威厳を甦らせ、建築面でのアイデンティティのために、ウィーンの環状道路の周りに石を配置した。しかし外見の裏側には、ホンモノが潜んでいた。多くの学校が建てられ、若者に標準語としての国語をたたき込んだ。兵舎が建てられ、祖国を守るために高卒の青年を訓練した。収益性が懸念されるような場所にも鉄道が敷かれ、必要な際には軍隊を国境に輸送するうえでも役立った。農夫たちは生まれた場所しだいで、フランス人になったり、ドイツ人、イタリア人、セルビア人になったりした。

パラドックスといえるのは、ナショナリズムの時代であっても、洋服のモードが標準化されたことだ。確かに、軍服は国によってすぐに見分けがついたし、戦場でもフランスの軍人は、そのシルエットからでさえも、ドイツやイギリスの軍人とは区別できた。一九世紀の軍の変革においては、大砲の正確さとその破壊力が大きく改善され、また無煙火薬が導入されたため、一八世紀、一九世紀の色鮮やかな軍服から、すべてがくすんだ茶色に変わった。イギリスは一八七九年のズールー戦争後にカーキ色の綾木綿を採用し、アメリカや日本もこれを真似た。ロシアも、一九〇八年にグレイがかったカーキ色を選んだ。イタリアは、灰色がかったグリーンを選んだ。ドイツとオーストリアは、それぞれ緑っぽいグレイと、かつて使われた槍や鉾《ほこ》の青味がかったグレイだった。また軍隊の規模が大きくなるにつれて、経済は単純化を求めた。戦闘の役割は、明確になっていった。

男性の民間人も、前の世代に流行ったダンディズムから脱却した。紳士用のスーツは、イギリス摂政時代（一八一〇年代）にボウ・ブランメルによって確立されていたため、一八世紀のファッションと比べるとシンプルだった。したがってそれ以後の傾向は、残念ながらブルジョア向けの落ち着いたものだった。シングル・ボタンでペンギンを思わせる「ニューマーケット」と呼ばれたフロックコートは、いまでは気取った結婚式でしか見られず、ブランメルのドレスコートやアルバート皇太子お気に入りの襟の高いダブルのコートに取って代わられた。チョッキは、中国のカラフルな絹製のものから黒かグレイのウール地に変わった。長ズボンより膝上で締めるズボンが幅をきかせ、ストッキングに代わって、地味な黒のソックスがもてはやされた。シャツは、一律に白だった。襟は、セルロイドのヒヨコの一対の手羽のように縮められ、ネクタイは必然的に黒だった。帽子の丈も低くなったが、山高帽は残った。帽子もまた、黒だった。まるで、社会全体が通夜に行くかのようだった。

だがヴィクトリア朝時代の女性の装いは、はるかにバラエティに富み、複雑だった。また、つなぎを着たプロレタリアやぼろぼろのズボンをはいた貧しい人たちの間にも、ある種の共通点があった。だが、ヴィクトリア朝時代のドレスの標準化——ヨーロッパ全域に、そしてアメリカの東海岸など遠方にまで広がった——は、ナショナリズムが急に高まっている時代だけに、不思議な現象だった。「インターナショナル」の歌は相変わらず人気があったが、ブルジョアのドレスコードのレベルだといえた。このような説明は、工業時代でもそうであるように、機械的なものだった。

シンガーミシンが世に出たのは、アイザック・メリット・シンガーが、マサチューセッツ州ボストンに引っ越した一八五〇年のことだった。オーソン・C・フェルプス社の工場で作られていた機械の、どこが悪いのかを調べてみた。針は曲げずに真っ直ぐで、シャトルは横向きでなければならなかった。ミシンは手ではなく、足で作動させなければならない。このようなミシンが一八五〇年に発売されたが、マルクスと同じく、シンガーもいい人だとはいえなかった。彼には五人の妻との間に総勢二四人の子どもがおり、うち一人が、父をアメリカから追い出すために重婚問題を裁判所に持ち込んだ。マルクスのようにシンガーも、――とくに衣類や化粧品の分野では一九世紀から二〇世紀にかけて、きわめて多くの事業家が出た――ユダヤ系だった。またマルクスのように、彼も世界を変えた――ただしマルクスとは違って、いい方向に。

I・M・シンガー&カンパニー、後のシンガー製造会社《マニュファクチュアリング・カンパニー》は、ジェームズ・ハーグリーヴズが一世紀足らず前に始めた衣類製造の機械化の工程を完成させた。いまや布地を重ねて縫うのも、機械がやってくれる。ボタンを縫い付けることもしない世代は、このような大躍進をもたらした革命の本質を実感できない。シンガーは女性を愛した男性だったに違いないし、彼ほど女性に大きなお返しをした男性もいないだろう。以前にはスカートのヘムを縫い上げるのに数時間もつらい思いをしたのが、シンガーのおかげでほんの数分に短縮され、やがて数秒に縮まった。このシンガーミシンの歴史は、一つの効率が次に進展していく例として、産業革命の革新的な性質の典型例だといえる。最初の突破口を突き抜けると、その後の飛躍は止まるところを知らなかった。タートルバックのモデル（一八五六）に続き、グラスホッパー（一八五八）、ニュー・ファミリー（一八六五）、そして電動の99K（一八八〇）と続いた。一九〇〇年までに、四〇の異なるモデルが開発された。一九二九年の時点では、三〇〇〇種にまで増えた。

一九世紀の発明品で、これほど早く広まったものはほとんど見当たらない。ニューヨークのブロードウェー四五八（後に一四九）にある本社から、シンガーミシンはあっという間に、世界初のグローバル・ブランド製品の一つになり、ブラジル、カナダ、ドイツ、ロシア、スコットランドに製造工場が造られた。ピーク時には、スコットランドのクライドバンクにあるキルボウィー工場は、一〇〇万平方フィート（約九万平方メートル）の敷地に一万二〇〇〇人が働いていた。一九〇四年の世界中の売り上げは、年間一三〇万台を超えた。一九一四年までに、その数字は倍あまりも伸びた。Sという文字が縫いものをしている女性を囲んでいるブランドのロゴはいたるところで見られる。（会社の広告コピーによれば）エヴェレストの頂上でさえ見られた。近代的なものにはめったに迎合しないマハトマ・ガンディーさえも、「これまでに発明されたもののなかで、数少ないすぐれものの一つ」と認めた。――薬品でさえ軽蔑する人からの、心からの称賛だった。

シンガーは、アメリカの長所を示す好例だといえる。アメリカは、世界中から生まれながらのリスク・テイカー（リスクをものともしない人たち）を引きつける。おびただしい数の勇猛な人物が、国内市場で目白押しだ。一八七〇年から一九一三年の間に、アメリカは人口の面で大英帝国を追い越した。一八二〇年には、イギリスの人口はアメリカの二倍だった。だが一九一三年にはそれが逆転した。一八七〇年から一九一三年の間に、アメリカの成長率はイギリスと比べると八〇パーセントも高かった。すでに一九〇〇年の時点で、アメリカは世界の工業生産高で大きなシェアを占め、イギリスの一八パーセントに対して二四パーセントだった。一九一三年までには、一人当たりでもアメリカは世界一の工業国になった。おそらく、さらに重要な点だが、アメリカの生産性はイギリスを追い越しそうな気配だった（実際には、一九二〇年代まで実現しなかったが）。また、イギリスの工業化の場合と同じく、木綿と織物業がアメリカでも「金ぴか時代」の最前線で中心的な存在だった。第一次世界大戦前の数年間、アメリカ南部産の未加工綿がまだアメリカ輸出品の二五パーセントを占めていた。だがほとんどのアメリカ製の布は、国内消費向けだった。一九一〇年におけるイギリスの綿製品の総輸出額は、四億五三〇〇万ドルだったが、アメリカはわずか八五〇万ドルしかなかった。だがおそらく、最も驚くべき統計は、当時の綿製品の輸出が二番目に多かったのは「その他」に当たる非西洋国だったことだ。西洋諸国といかにうまく競合していくかを熟考していた最初の国、日本である。

西洋に向かって

一九一〇年までに、世界は以前にはなかった形で経済的に統合されていった。各地を結びつけていたさまざまな絆――鉄道、蒸気船の商船、電信――は、ほとんどすべて西洋諸国で発明され、西洋諸国が所有していた。西洋は、世界を縮小させた。もしアメリカの端から端まで鉄道が敷かれていたなら、その長さは地球を一三周する。ヴェルサイユからウラジオストックまで、鉄道で行くことが可能になった。蒸気船もつねに改良され――スクリューのプロペラ、鉄製の船体、複雑なエンジンや復水器――陸上よりも海上での横断時間を短縮し、また費用も安上がりになった。モーリタニア号（一九〇七年に建造）の総トン数は、シリウス号（一八三八）の四六倍だったが、エンジンの出力は二一九倍も大きく、したがって大西洋を三倍あまりの速さで、しかもより重い積み荷を乗せて、かつては一六日かかったところを九日半で渡った。一八七〇年から一九一〇年にかけて、海上輸送の運賃は三分の一以下に下がった。マンチェスターからわずか四八キロしか離れていないリヴァプールまで、一トンの綿製品を送る鉄道運賃は八シリングだったが、同じ品物を一万一六〇〇キロも離れたボンベイ（現ムンバイ）まで送っても、たったの三〇シリングですんだ。布の輸送費は、商品コストの一パーセント足らずだった。スエズ運河（一八六九）とパナマ運河（一九一四）の開通によって世界はさらに狭くなり、スエズ運河はロンドンからボンベイ航路の距離を五分の二強も短縮し、パナマ運河はアメリカの東海岸から西海岸への運賃を三分の一も減らした。一八六〇年代の後半には、グッタペルカ・コーティングをほどこしたおかげで、海底ケーブルが敷設できるようになり、電報がロンドンからボンベイやハリファックス（カナダ）に送信できるようになった。一八五七年にインド大反乱が起こったとき、このニュースがロンドンに届くまでに、時速六キロで四六日もかかった。一八九一年一〇月に起きた日本の巨大な濃尾地震のニュースは一日で届き、時速三九三・六キロと、六五倍も速くなった。

多くの労働者が、国境を越えて流動するようになった。一八四〇年から一九四〇年の間に、ヨーロッパから五八〇〇万人がアメリカに移住し、五一〇〇万のロシア人がシベリア、中央アジア、満州（中国東北部）へ、そして五二〇〇万のインド人と中国人が東南アジアやオーストラリア、あるいはインド洋周辺地区へと移動した。南アジアおよび東アジアからも、二五〇万人がアメリカ大陸に渡った。一九一〇年には七人のアメリカ人のうち一人が外国生まれで、この比率はいまに至るまで超えられていない。資本も、地球上を流動した。イギリスは世界の銀行だったため、巨額の資金を世界各国に輸出していた。同時代の人たちは、イギリスの帝国主義に不満を言うよりは、その「貯蓄過剰」の特質を称賛すべきだっただろう。海外投資ブームがピークに達したころ——一八七二年、一八八七年、および一九一三年——には、イギリスの経常黒字はＧＤＰの七パーセントを上回っていた。イギリスの企業は綿製品の輸出だけでなく、綿の加工機械やそれを購入する資金まで輸出できる態勢にあった。

だがおそらく、この最初のグローバリゼーションで最も目立ったのは、縫製技術だった。洋服は猛スピードで世界に浸透し、それまでの衣装は、歴史という洋服カゴに収納された。それは、シンガー製造会社が表向きに意図したことではなかった。一八九二年にシカゴで開催された「偉大なコロンブス」の世界博覧会——新世界発見の四〇〇周年記念——のために、シンガーは、肌の色の異なる人たち全員が伝統的な衣装を着て、楽しそうにシンガーミシンを使っている絵を描いた「世界のコスチューム」と呼ばれる、三六種類の名刺を作った。ハンガリーのスモックから日本の着物に至るまで、どの衣装でもシンガーミシン特有の金属アームの下の一針によって恩恵を受ける。ボスニアやビルマの人たちも、アイザック・メリットの発明品から恩恵を受けたし、アルジェリアからズールーランドに至るすべての人も同じだ。シンガーミシンが、シャムの王様、ブラジルのドム・ペドロ二世（在位＝一八三一～八九）や日本の裕仁《ひろひと》天皇（在位＝一九二六～八九）のような外国の元首たちへの寄贈品になったことも不思議ではない。だが、この話にはいくらか、ゆがみがある。伝統的な衣装を縫い上げるためにシンガーミシンが使われるのではなく、受益者たちはまったく異なる目的のためにミシンを使っていた。——つまり、西洋の服を真似て着るためだった。この新しい衣装というのは、男性用としては、フロックコート、襟を硬くした白いワイシャツ、フェルトの帽子に皮のブーツというでたち。女性には、コルセット、ペチコート、それにくるぶし丈のドレス姿だった。

一九二一（大正一〇）年に、皇室および王室の後継者たち——日本ののちの昭和天皇、裕仁皇太子と、イギリス皇太子のエドワード（後のエドワード八世）は、並んで写真撮影した。彼らが継承する予定の王座は、地図上ではきわめて遠くに離れていた。だが両者は、ヘンリー・プール会社のサヴィル・ロー洋服店の階段では、似たような格好だった。日本の皇太子はロンドンで、結婚前の買いものに熱中していた。ヘンリー・プール社の代表は皇太子を採寸するため、ジブラルタル海峡をはるかに越えて東洋に出張して、サイズはすでにロンドンに電報で知らせてあった。ヘンリー・プールのその年の元帳は、裕仁の名前でけたはずれの注文を受けたことを示している。軍服、刺繍入りのチョッキ、ディナージャケット、モーニングなどだ。リストのなかで目立つものをあげると、派手なカシミアのスーツ、青い生地のスーツ、縞柄のフランネルスーツなど。裕仁は、イギリスのみごとに仕立てられたスーツ市場において唯一の高貴な外国人顧客ではなかった。ヘンリー・プールの地下室には、エチオピア皇帝ハイレ・セラシエ（在位＝一九三〇～七四）からロシアの最後の皇帝ニコライ二世（在位＝一八九四～一九一七）に至るまで、数千枚のスーツの型紙が保存されている。ヘンリー・プールの最大の顧客は、インドのベンガル州クーチ・ビハールのマハラジャで、彼が生涯にあつらえたスーツは一〇〇〇着を超えていた。いずれの場合も目標は同じ、完璧なイギリス紳士のように着こなすことで、「世界のコスチューム」などおよびでなかった。日本語でスーツをセビロと言うが、それは「サヴィル・ロー（訳注＝ロンドン中心部の紳士服店が集中しているショッピング街の名前）」がなまったものだ。現在でも、東京で最もスマートな背広のデザインは英国ふうで、「英國屋」ブランドは人気が高い。イギリスびいきがいまだによく行くのは、東京の銀座にあり、サヴィル・ローで技術を学んだ仕立屋が創設した「壱番館」だ。

日本の洋装革命は、一八七〇年代にさかのぼる。「文明開化」と「富国強兵」の名のもとに、明治時代の日本帝国のエリートたちは、ヨーロッパのスーツやドレスの模倣を好み、それまでのサムライの衣装や着物を脱ぎ捨てた。この刷新のヒントを与えたのは、岩倉具視が率いる明治の外交使節団が二年をかけてアメリカとヨーロッパをめぐった結果で、それまでの数世紀は自発的に鎖国状態にしてきたために「日本の文明が多くの点で西洋より劣っている」ことを認めざるを得なかった。アメリカ人マシュー・C・ペリー提督が黒船で圧力をかけて日本を開国させた一八五三（嘉永六）から五四年以降、日本人は、なぜ西洋だけがその他の地域より豊かで強固になったのか、真剣に考えて努力を重ねた。西洋諸国を旅すること――一般的になってきて、すごろくにもその種のものが出てきた――によって、より多くの疑問点が明らかになってきた。原因は、彼らの政治システムのためなのだろうか。彼らの教育機関にあるのか。彼らの文化か。あるいは、彼らの服の着方だろうか。不安を感じながら、日本人はこの機を逃さなかった。彼らは、すべてを真似た。一八八九年に制定したプロイセン式の憲法から一八九七年のイギリスの金本位制度への採用まで、日本の制度は西洋をモデルに改変された。軍隊はドイツ式で訓練し、海軍はイギリスを真似た。アメリカ流の公立小学校や中等学校のシステムも導入された。日本人は、それまでタブーだった牛肉さえ食べ始め、改革主義者のなかには英語を国語として採用し、日本語を捨てようと唱える者さえいた。

だが、もっともわかりやすかった変化は、日本人の外見だった。一八七〇（明治三）年に、御所でお歯黒と眉毛の剃り落としがまず禁じられた。ほぼ同じころ、大臣たちは髪を西洋ふうにカットした。一八七一（明治四）年の天皇の勅令によって、高官たちは襟の高いワイシャツの上にヨーロッパのフロックコートを着るよう、洋服の着用が命じられた。一八八七（明治二〇）年までに、それがすべての役人の標準服になった。翌年、明治天皇の改革派側近たちのアドバイスに従って、それまで閉じこもっていた明治天皇は、（オーストリア大使によれば）「半ば船員、半ば大使という感じの奇異なヨーロッパ・スタイルで」――燕尾服にやたらに金モールをつけた出で立ちで――、はじめて公衆の面前に姿を見せた。軍隊も、ヨーロッパふうの軍服を着用した。新しい水兵の軍服はイギリス海軍のものを基調にして、陸軍は、最初はフランスの影響があったが、後にプロイセンふ

明治の変革1——揚洲周延「陸海軍大演習御幸之図」1890年（ボストン美術館）

うになった。日本のエリート女性たちも、一八八四（明治一七）年には洋風のドレスを着用し始め、そのころ新築された鹿鳴館で外国人の賓客をもてなし始めたが、私生活ではまだ着物が幅をきかせていた。子どもたちの衣類も西洋化され、エリートの私立学校の男子生徒にはプロイセンふうの制服が採用され、一九二〇年代には女子の制服もそれに続いた（以来、それほど変わっていない）。明治の改革期の主要人物で、新しい洋服に大久保利通ほど狂喜した人はいなかった。かつては帯刀のサムライ姿でゆるやかな羽織をまとい、あぐらを組んで偉そうにすわって写真を撮った人が、こんどはスマートに仕立てられた黒のモーニング姿でシルクハットを手に、椅子にかしこまって腰掛けていた。一八七二（明治五）年に彼が率いる使節団がイギリスに着いたとき、「ニューキャッスル・デイリー・クロニクル」紙は、次のように描写した。

「紳士たちは普通のモーニングで正装し、顔の色と東洋的な体つきを除けば、彼らはイギリス人とはほとんど区別がつかなかった」

一七年後の一八八九（明治二二）年、日本で帝国憲法が正式に発布された日に、天皇はヨーロッパの陸軍元帥の制服を着用し、皇后はきわめて魅惑的なブルーとピンクのイブニングドレスを召され、閣僚たちは、金の肩章を付けた黒のチュニック（軍隊の制服の短い上着）を身につけた。

このように西洋の様式を真似る風潮を嫌う人たちもいた。西洋かぶれの日本人をサルに見立てて描いた西洋のマンガ家たちもいた。日本人の伝統を重んじる人たちもまた、自己卑下する要素の多さにうんざりした。一八七八（明治一一）年五月一四日、大久保利通は東京赤坂離宮でおこなわれる国務院の会合に向かう途中で七人のサムライに襲われ、むごい形で殺害されたが、とどめの一撃は、刀が喉を突き通って下の地面に刺さるほどの力だった。大村益次郎は日本の軍隊を西洋化したが、彼もまた明治時代の伝統主義者の刺客の犠牲になった。それらの伝統主義者たちは、一九三〇年代まで西洋派の大臣たちに何度も脅しの姿勢を見せた。だが、元に戻らなかった。日本人は武士道のサムライの規範に愛着を感じていたが、多くの人びとは、貿易協定で対等の条約を結び、一般的な国際法を受け入れて、もし日本がヨーロッパやアメリカの帝国と同格になりたいなら西洋化は避けられない、という大久保の論旨に賛同していた。次に引用するのは、日本通のドナルド・キーンの一文だが、日本人の動機は完璧に合理的だったと言う。

日本人の大きな野望は、男として、紳士として、西洋人と同等の人間として扱われることだった。彼らは時代遅れの衣装では、自分たち、または日本が決してまともに受け止められないことを知っていた。私たちはすぐに、兵隊やサムライばかりではなく、すべての役人たち、それに天皇自身の衣装も変化したことに気づいた。……この衣装革命は、日本を同胞の国ぐにと同等のものとして、世界全体が日本を力強い国として認める助けになった。

日本人は、日本が発展するためには西洋の衣服が必須条件だと理解していた。これは単に、表面を作り変えるだけではない。世界史において、日本は非西洋社会ではじめて産業革命の変革力を経験した国として、重要な突破口になった。

新しいドレスコードが広まったのは、日本の繊維工業の急速な成長と時期を同じくした。一九〇七（明治四〇）年から二四（大正一三）年の間に、日本の紡績工場の数は一一八から二三二へと倍増し、紡錘の数は三倍以上、機織《はたお》り機の数は七倍に増えた。日本の繊維工場では、一九〇〇（明治三三）年までに工場労働者の六三パーセントを雇用していた。一〇年後には、日本がアジアで唯一の縫い糸、編み糸、布の総合輸出国になり、その輸出量はドイツ、フランス、イタリアを超えていた。日本の繊維労働者たちの生産性は、アジアでも飛び抜けて高かった。一九〇七（明治四〇）年から二四（大正一三）年にかけて、日本の綿産業は労働者一人当たりの生産高が八割も増えた——だが一八八七（明治二〇）年の安達吟光の「貴女裁縫之団」の浮世絵からもわかるように、労働力は圧倒的に若い女の子たちで、平均年齢は一七歳だった。鐘淵《かねがふち》のような企業では、大恐慌の時代に至るまでブームが続き、利益は資本金の四四パーセントを超えていた。日本は洋服を着るだけでは

明治の変革 2——安達吟光「貴女裁縫之図」1887 年（ボストン美術館）

なく、それを生産することによって、西洋の近代的製造業の専売に終止符を打った。

西洋と同じように、一つの工業で突破口を開けば、次の突破口につながった。イギリスで設計された日本初の鉄道は、一八七〇年代の初期に東京と横浜の間に敷設された。まもなく東京の銀座を皮切りに、日本の大都会では、電線、街灯、鉄橋、煉瓦の壁などが目立ち始めた。四大「財閥」と呼ばれる三井、三菱、住友、安田の複合企業が、経済界の主役として登場した。イギリス人の指導のもとに、日本人は蒸気機関車を買う側からいち早く製造する側に転じた。一九二九（昭和四）年になると、プラット・ブラザーズ・オブ・オールダム社——二〇世紀の隆盛期には紡績機械の主要工場だった——は、日本の豊田自動織機の発明に対して特許使用料を払っていた。

アジアで、日本人ほど熱心に西洋の生活様式を取り入れた国はほかにない。対照的に、インドはイギリスの支配下から独立したが、ガンディーの腰巻きからネルーの襟なしジャケット、のちにはインディラ・ガンディーのサリーなど、ナショナリストたちはインドの民族衣装を残そうと意識的に努力した。西洋の規範を拒絶した象徴的な行動は、理解できる。イギリスの保護主義と高い生産性が、インドの伝統的な手作りの織物産業を台なしにしたからだ。だが日本人とは違って、インド人たちは、産業革命の技術を取り入れて利用するまでに時間がかかった。ここに、一九世紀の歴史的な多くのなぞの一つがある。イギリス人は、自分たちの新しい技術を独占しようとはしなかった。逆に彼らは、それを帝国中に広めた。インドには日本よりもはるか以前から、紡績工場や蒸気機関、鉄道などが導入されていた。一九〇〇年代はじめになると、アジアで織物設備に投資しても、ヨーロッパほど経費はかからなかった。石炭も同じく安かった。賃金は、イギリスの一六パーセントですんだ。アジアにおいて、勤務時間はイギリスほど法的に厳しく律されることがなかった。原料の綿は、イギリスよりもはるかに手近で得られた。だが、インドと中国(労賃はさらに低かった)は産業開発の離陸《テイクオフ》には失敗した。その説明として、インドや中国では労賃が安いが、生産性はため息が出るほど低く、なんの利点もなかったからだ、といわれる。アメリカの労働者は、インド人とまったく同じ機械を使っても、生産高は平均して六倍から一〇倍にもなった。イギリスやアメリカの専門家はこの点について、民族固有の欠点説から慢性的な無断欠勤やサボりぐせなど、さまざまな説明をしてきた。ボンベイの工場を視察したあるアメリカ人は次のように嘆いていた。

「どこにも監視態勢がないか、あってもあまり厳しくなく、まったく訓練が欠けていた。紡錘は空になっていて、リールはゆるみ、ボビンは足元に転がり、くずかごや糸巻きのかごはあふれている。バスケットボーイや、年長の工場労働者でさえ、集まってバング（麻薬）やチュナムを嚙んでいた。監督官たちはマラータ族が主だが、だらけた風情で歩き回っていた」

新しい解釈では、労働環境が劣悪だった、といわれる。換気が悪く、超過勤務に加えて高温で、ランカシャーやローウェルでは未知の病気がはびこっていた。さらに説明がむずかしかったのは、どうしてアジアで一国――日本――だけが急速に生産性を高め、一九三〇年代の後半にボンベイの織維工場は全体で一五パーセントも閉鎖するに至ったのか、という点だ。

イギリスの衣類は、いうまでもなく経済の近代化に先行して流行した。丹念に仕立てられた布地ほど、イギリス階級制度のえも言われぬ微妙な差を明確に示すものは、ほかには見られなかった。男性のスーツの仕立て次第で、その人の社会的な位置づけが自ずと判断される世界だった。昭和天皇や日本人一般にとっては残念なことだが、人の価値は、肌の色や目鼻立ちによって判断された。

のちの昭和天皇が、あつらえた西洋のスーツに身を包んで日本に帰国する一方で、後の国王エドワード八世は、仲よしのエドワード・ダッドリー・「フルーティ」・メトカーフ少佐とともにファンシーな服装をまとって盛大な舞踏会に出かけた。彼らは二人とも、「日本人の下層労働者」ふうの格好をしていた。そのような衣装は、日本人が洋服でドレスアップしたのと同じく、場にそぐわないものだった。事実、エドワードは自分の妃に当てた手紙で、のちの昭和天皇を「めかしたサル」

にたとえ、日本人は「ウサギのように繁殖する」と論評した。昭和天皇が大人になるまで育った日本は、西洋の近代化を称賛しながらも、その傲慢さに腹を立てていた。日本は平等に取り扱ってもらうために、西洋の究極の装身具、つまり帝国という格を取得しなければならなかったに違いない。時間は、それほどかからなかった。一八九五（明治二八）年に日本のヨーロッパふう海軍は、あまり訓練の行き届いていない中国（清）の北洋艦隊を威海衛で打ち負かした。そのころの日本の浮世絵では、勝者はほぼ全体的に（顔の表情さえも）ヨーロッパふうに見える。破れた中国人の服装は袖が大きすぎて頭は弁髪《べんぱつ》で、負けて当然の風情に描かれていた。ただし、これは単なる第一段階だった。日本が戦利品として領土よりも現金による賠償を国際的に無理強いされたことに失望した日本人は、彼らのヨーロッパふうのロールモデルでは、肩を並べるほどの帝国の地位は得られないことに気づいた。外務大臣の井上馨は、率直に以下のように述べた。

われわれは、東側の海域に新たにヨーロッパふうの帝国を建設しなければならない。……この大胆な独立と自治の姿勢、不屈の精神を、いかにして三八〇〇万人の日本人の心に刻み込むことができるだろうか。私の考えるところ、唯一の方法は、彼らにヨーロッパの人たちとぶつかり合わせることだ。そうすれば日本人は個々に不利な状況を感じ取り、西洋の旺盛な活力を取り入れるだろう。……このような行動が、日本人と外国人の間で真の自由な交流につながると考える。……このようにしてのみ、わが帝国は、平等条約を通して尊敬の念を持って西洋諸国と肩を並べる位置づけを達成できる。このようにしてのみ、わが帝国は独立、繁栄、そして強健な国家になれる。

西洋人との最初の衝突は、一九〇四（明治三七）年に満州をめぐる日露戦争という形で訪れた。日本は海上および陸上において決定的な勝利を納め、世界に次のような信号を発信した。――神が定めた西洋の優位性など、存在しなかった。正しい組織と技術――正しい衣服は言うにおよばず――を持つアジアの帝国は、ヨーロッパの帝国に対して勝利できた。一九一〇（明治四三）年の経済の見通しでは、日本は二〇世紀が終わる前にはイギリスにさえも追いつけるのではないかと予測されていたし、実際にその通りになった。一九八〇（昭和五五）年に日本の国民一人当たりのGDPは、はじめてイギリスを追い越した。だが残念なことに、一九一〇年から八〇年までの上昇線は、とても直線的には進まなかった。

富へのラグタイム

第一次世界大戦は、すでに見てきたように、動機や手法を海外で角を突き合わせる諸帝国間のせめぎ合いだった。大戦によって四つの王朝が倒され、それらの帝国は粉砕された。アメリカのウッドロー・ウィルソン大統領（在任＝一九一三〜二一）――アメリカを海外での大戦争に巻き込んだ民主党の四人の大統領のなかの最初の人物——は、この紛争を国家の路線を決定づけるための戦争として位置づけなければならない、と考えた。だが、前線における戦況が膠着状態で、アメリカの資金と兵員によって救われたイギリスやフランスの帝国としては面白くなかった。チェコ人、エストニア人、グルジア人、ハンガリー人、リトアニア人、ラトヴィア人、ポーランド人、スロヴァキア人、ウクライナ人だけが、自由を追い求めていたわけではない。アラブ人、ベンガル人も同様だったし、カトリックのアイルランド人は言うまでもない。アイルランド人は別にして、戦争の結果として生じた国民国家のなかで、一九三九年の終わりまでに確固とした独立を維持した国は一つもない（おそらくハンガリーを除いて）。マッツィーニが描いたヨーロッパ地図は、できたとたんに消えてしまった。

それに代わるウラジーミル・イリイチ・レーニンの戦後のビジョンは、できればユーラシア大陸を横切って拡張するというソ連の構想だった。これが、戦争という特異な経済環境から牽引力を引き出した。なぜかといえば、各国政府とも短期国債を発行し、それを中央銀行でキャッシュに交換——端的にいえば印刷費のみ——することで戦時中のインフレに弾みがつき、戦争にある程度まで資金提供をしてきたからだ。またきわめて多くの男性が軍に徴用され、労働者不足が銃後の労働者たちの賃金をより高く押し上げたからだ。一九一七年までに、数十万人の労働者が、フランス、ドイツ、ロシアでストライキに突入した。最初はスペイン風邪に翻弄され、続いてロシアのボリシェヴィズムが世界中を震撼させた。一八四八年には都会の秩序が崩れ、余波がブエノスアイレス、ベンガル、シアトル、上海にまで及んだ。プロレタリア革命はロシア帝国以外では失敗に終わったが、熾烈な内戦を経て勢いを得たボルシェヴィキによってロシア帝国はふたたび甦《よみが》えってきた。「民主的中央集権主義」(民主主義の逆)を採用するにあたって議会制度を否定し、敵に対してテロ攻撃するなど、レーニンほど残酷な社会主義のリーダーはいなかった。ボルシェヴィキの面々がおこなったこと(銀行の国有化、土地の没収)は、まさにマルクスとエンゲルスの「共産党宣言」を実行に移したものだった。彼らが実際におこなったこと(「抑圧という最大限の残虐さと残忍さ……血の海」)は、ロベスピエールの教えに負うところが大きかった。だが「プロレタリア独裁」──実際には、ボルシェヴィキ・リーダーの独裁──は、レーニン独自の貢献だった。これは、イワン・ツルゲーネフの作品『父と子』(一八五六)に出てくるニヒリスト、バザーロフの復活よりも悪い。これは、彼が仲違《なかたが》いした友人のヒョードル・ドストエフスキーが、『罪と罰』(一八六六)の結末でロシアに忠告したことだった──アジアからやってきた「恐ろしい、前代未聞の比類なきペスト」は、殺人者ラスコーリニコフにとっての悪夢だった。

しかも感染すると、かつて人びとが一度も決して抱いたことがないほど強烈な自信をもって、自分は聡明で、自分の信念は正しいと思い込むようになるのである。自分の判決、自分の理論、自分の道徳上の信念、自分の信仰を、これほど絶対だと信じた人びとはかつてなかった。全村、全都市、全民族が感染して、狂人になった。……ひとびとはつまらないうらみで互いに殺し合った。……兵士たちは互いに躍りかかって、斬り合い、なぐり合いをはじめ、かみつき、互いに、相手の肉を食い合った。(工藤精一郎・訳)

ボルシェヴィキの影響力は、ほとんど止まることなく東に向かって広まっていった。「時代の精神《ツァイトガイスト》」を具現し、社会主義とナショナリズムの合成を考案した才能ある起業家的な政治家ともいえる三人組――ポーランドのユゼフ・ピウスツキ、トルコのケマル・アタテュルク、イタリアのベニート・ムッソリーニ――のおかげだ。だが西に向かっては、ボルシェヴェキはヴィスク川を超え、あるいはコーカサスの南まで進出できなかった。ワルシャワ郊外における赤軍の敗北(一九二〇年八月)、アナトリア系ギリシャ人の追放(一九二二年九月)、ファシストたちのローマ進軍(一九二二年一〇月)などが、新しい時代――そして新しい様相――の到来を示した。

三つぞろいのスーツに襟を立てたウィングカラーのシャツとスパッツを身につけたムッソリーニを除いて、ローマへ進軍するという人目を引くスタンドプレーに参加した人たちの多くは、黒シャツ、ジョッパーズ(乗馬ズボン)にひざ丈の皮の乗馬用ブーツという、急ごしらえのユニフォームを着ていた。路上や原野で左翼との小競り合いがあるかもしれないし、男らしさを強調し、世界大戦に挑む軍人らしさが平和時にも実行されるべきだ、という意味合いが込められていた。統一的であることが、この時代の風潮だった――だが、本物の軍隊の退屈な規律をはぶいた服装の統一だった。多くの報道カメラマンが明らかにしているように、この有名な進軍も、実は散歩のようなものだった。最初に赤シャツを政治活動のシンボルとして身につけたのは、イタリアの国粋主義者ジュゼッペ・ガリバルディだった。一九二〇年代までに、右翼には染めた上着が不可欠になり、イタリアのファシストたちは黒を選び、一方私たちが見てきたようにナチス・ドイツの突撃隊はコロニアル・ブラウン（カーキ色）を採用した。

もし大恐慌が起こらなければ、このような動きは仕立ての悪い服のごとく、世に埋もれていっただろう。ウッドロー・ウィルソン（二八代大統領、在位＝一九一三〜二一）はアメリカの国家としてのアイデンティティと民主主義に基づいてヨーロッパを展望していたが、一九二〇年代初期のインフレに続く一九三〇年代初期のデフレは、その展望に致命的な打撃を与えた。アメリカ資本主義が危機に陥ると、株式市場は八九パーセントも落ち込み、生産高は三分の一も減少し、消費者価格は四分の一も下落し、失業率は二五パーセントを超えた。ヨーロッパ諸国のすべてがこのようにひどい影響を受けたわけではないが、無傷の国はなかった。どの政府も自国の産業を守るために急いで高い関税を設定した――アメリカのスムート・ホーリー関税法では、輸入綿製品に対する従価税率を四六パーセントも上げた――ために、グローバリゼーションはたちまち崩壊した。一九二九年から三二年にかけて、世界貿易は三分の二も縮小した。ほとんどの国は、債務不履行、通貨切り下げ、保護関税、輸入制限や輸入禁止、輸入の独占と輸出の奨励など、あるいはその組み合わせを採用した。ナショナリステックな社会主義国家が出現する兆しが、見え始めたように思えた。

だがそれは、幻影だった。アメリカの経済は破綻しそうに見えたが、本来の原因は、連邦準備制度理事会が採用した不適切な金融政策のためであり、銀行制度の半分をぶち壊すに至った。産業を前進させるための主要な推進力になった改革は、一九三〇年代にも弱体化せずにすんだ。新しい自動車、ラジオ、その他の耐久消費財が次々と量産された。たとえばデュポン社（ナイロン）、レヴロン社（化粧品）、P&G（プロクター・アンド・ギャンブル）（粉石けん「ドレフト」）、RCA（ラジオとテレビ）、それにIBM（計算機）など新しい企業が、それぞれの製品を開発した。このような企業は、ビジネス・マネジメントのまったく新しいスタイルも開発し、普及させた。映画産業の本拠地ハリウッドほど、資本主義の創造性に目を見張らせるところはなかった。一九三一年に――アメリカ経済は見通しも立たない恐慌状態だったが――その巨大なスタジオから、チャーリー・チャプリンの「街の灯」、ハワード・ヒューズの「犯罪都市」、マルクス兄弟の「いんちき商売」などがヨーロッパに輸出された。それ以前の一〇年間に施行されていた禁酒令は組織犯罪によるまったく新しい経済を広め、大失敗に終わった。ただしこれは、映画産業に話のタネを提供したにすぎなかった。一九三一年にも観客たちは、ジェームズ・キャグニーおよびエドワード・G・ロビンソンのギャング映画のなかでも傑作として名高い二つのギャング映画「民衆の敵」と「犯罪王リコ」を見に押しかけた。それに劣らずクリエイティブだったのは、ライブやレコード、放送などの音楽で、最高の曲はほぼすべてが黒人によるものだった。ジャズは、デューク・エリントンのビッグ・バンドによるスイング・ミュージックが頂点に達しかけていたし、自動車製造ラインはやがて急停止することになるが、ヒットを飛ばし続けていた。「ムード・インディゴ」（一九三〇）、「クレオール・ラプソディ」(一九三二)、「スウィングしなければ意味がない」(一九三二)、「ソフィスティケイテッド・レディ」(一九三三)、「ソリテュード」(一九三四)などがある。奴隷の孫だったエリントンは、リードと金管楽器を持ってスピリチュアルからニューヨークの地下鉄まで、あらゆるものを再現しながら、新境地を開拓した。彼のバンドが長いこと拠点にしていたコットン・クラブは、ハーレム・ルネッサンスの中心だった。エリントンは貴族的な名前「デューク」にふさわしくするために、つねにシミ一つない服装をしていなければならなかったが、これはサヴィル・ローのアンダスン・アンド・シェパードというテーラーの好意によるものだった。

つまり、資本主義は致命的なダメージは受けなかったし、死んでもいなかった。それは単なる不適切なマネジメントの被害に遭っただけで、それによる不確実性のためだった。当時のすぐれた経済学者ジョン・メイナード・ケインズは、投資家の決断を新聞の美人コンテストになぞらえながら、証券取引所は「カジノ」だとあざ笑った。フランクリン・D・ルーズヴェルト大統領(在任=一九三三〜四五)——大恐慌が終わろうとしている時期に選出された——は、「破廉恥な両替商」を厳しく糾弾した。真犯人は中央の銀行マンたちで、最初に株式投資のバブルをかなり野放図な金融政策で膨張させ、その後にバブルがはじけて引き締めに転じた(少なくとも適度に緩めることに失敗した)連中だ。一九二九年から三三年にかけて、一万五〇〇〇行に近いアメリカの銀行——全体の五分の二——が破産した。その結果、マネーサプライは大幅に削減された。株価は最高値から三分の一も急落し、実質金利は一〇パーセント上昇して、負債のある機関や世帯を押し潰した。ケインズは、デフレの悪影響を以下のようにまとめた。

主として借金に頼って運営されている近代ビジネスは、このような状況になると必然的に営業停止状態に陥らざるを得ない。それは、しばらく事業から手を引く人、できるだけ注文を先延ばしして経費を浮かそうと考える人たちにとっては、有利に働くだろう。賢い人は、資産を現金化し、リスクや活発な仕事から身を引き、退職後に田舎にこもり、自らの現金の価値が約束され安定した価格に高騰するまで待つ。デフレに過度の期待をしてもムダだ。

デフレの罠から、どのようにして逃れるべきか。貿易は休止状態、資金の流入は凍結されて途絶えている状態では、ケインズの勧告――公共事業への政府支出は、借金によって資金提供される――は筋が通っていた。それは金本位制からの離脱を助け、したがって各通貨の対ドルのレートは固定化されて、価格が下落して輸出の後押しをすることになり（だが貿易はブロック域内では増加する）、利率は下がった。だが議会を通じてこれらの策を講じただけでは、それほど効果的な回復は望めなかった。失業率が急速に改善されたのは、独裁的な体制が産業の拡大と再軍備を促進したためだった。したがって、「一国内での社会主義」（ソ連）や、「国家社会主義」（ドイツ）が英米という二大英語圏経済よりも優れた解決策を提供するかに見えた。当時の世界でユニークだったのは、ソ連が一九二九年から三二年にかけて、工業生産で増産を達成した実績だ。スターリンのもとで、一トンの鉄鋼を生産する際に何人が命を落としたか、疑問に思った人はほとんどいなかった（実際には一九人）。ヒトラーが、ヒャルマー・シャハト経済相の提議した路線に我慢できなくなるまで、それほど時間はかからなかった。支払いの制約（端的にいえば、輸入超過のために帝国銀行《ライヒ》には支払いに当てる金の保有高が不足していた）のバランスを考慮するため、ヒトラーは再軍備の速度を緩めずに、スターリンの五か年計画を真似て四か年計画の草案を作った。独ソは露骨な競争意識を燃やし、スペイン内戦では相対する立場から介入し、一九三七年のパリ世界博覧会ではお互いに張り合ってパビリオンを作った。二つのライバルの塔のてっぺんに立つ筋肉隆々の巨人を細かく観察すると、意味のある違いが二つあった。共産主義のほうの塔に立つ超人はカップルで、つつましく作業ズボンとスモックを着ていた。アーリア人の超人は、二人の裸の男性だ。社会主義リアリズムの律儀さよりも奇妙だった点は、アーリア人のヌードにはまるで性的魅力がないことだった。裸体は古代ギリシャ時代以来、西洋美術の不可欠な要素で、私たちが衣類を身につけないことは身につけることと同じぐらい大事だ、ということを思い出させてくれる。ルネサンス以来、西洋の美術家たちは丹精を込めて、さまざまな裸婦の姿を描き、エドゥアール・マネは「草上の昼食」や「オランピア」（ともに一八六三）のようなエロティシズムに富んだ傑作を生んだが、それぞれジョルジョーネの「テンペスタ」（一五〇六？）と、ティツィアーノの「ウルビーノのヴィーナス」（一五三八）に捧げたものだ。だがナチスのヌードは、いつも性欲を減退させるようなしろもので、男性はやたらに筋肉ばかりが硬直し、女性はペチャパイでヒップも乏しかった。

スターリンもヒトラーも、ナショナリズムと社会主義の組み合わせによる成長と雇用を約束した。彼らは、双方とも達成させた。一九三八年になっても、アメリカ経済の生産高はまだ一九二九年の恐慌前のピーク時を六パーセントあまりも下回っていた。だがドイツの生産高は二三パーセント増、そしてソ連の生産高は「正味物質生産」の公式統計を信頼すれば、それより高かった。一九三七年四月早々に、ドイツの失業者は、四年あまり前の六〇〇万人から一〇〇万人以下に減った。一九三九年四月までにドイツ人の失業者は一〇万人弱に減っており、完全雇用に近かった。アメリカは、連邦の緊急救済事業の人びとを雇用者に加えて出した公式失業者数を見ても、かなり遅れていた。現在の失業率の定義に直すと、一九三八年でもまだ一二・五パーセントもあった。問題は、全体主義的な成長では、生活水準を十分に引き上げられなかった点だ。経済モデルは、実際にはケインズ理論のとおりにはいかなかった。現実は、公共支出は増えたものの、全体的な消費者の需要を喚起するには至らなかった。計画経済はむしろ、マンパワーを重工業やインフラ整備、軍需産業に重点的に振り向けるよう動員をかけた。また、倹約を強制し、そのためにも出資した。その結果、消費は停滞した。人びとは働いて賃金をもらったが、商店での買いものが激減したため、貯金する以外に選択の余地はなく、それが政府の資金としてリサイクルされた。ナチスのプロパガンダは、豊かな核家族がおいしいものを食べ、ファッショナブルな衣服を着て、ピッカピカのフォルクスワーゲンのビートルでアウトバーンを疾走するイメージであふれていた。ところが統計上では、別の状況が見えていた。一九三四年から再軍備が強化されたために、繊維産業が停滞し、輸入も減った。車を持っていたのは、ほんのわずかの市民だけだった。ナチ政権下の第三帝国では、年が経つごとにコーヒーのような輸入食料品の入手が困難になった。もしドイツ人の男性がスマートに見られたいと望むなら、一九三八年になると、軍や党のユニフォームを着るしかなかった。ソ連にはなかったことだが軍服を優雅に見せるためにカール・ディービッチとヴァルター・ヘックがデザインしてヒューゴー・ボスが制作した黒いSS（親衛隊）マーク入りが、不気味だがエレガントな衣装として、かなり注目を集めた。大ファシストのファッションとしては、これが最高の作品だった。

親衛隊と国家社会主義（ナチズム）全体の存在理由は、消費ではなく破壊だった。私たちは「ホスバッハ覚え書き」で知ることができるのだが、ヒトラーの経済モデルでは「生存圏」を獲得するため、隣接領域の併合の手法が取られたが、ドイツでは、輸入できなくなった天然資源を獲得するには、それしかなかった。再軍備によって完全雇用を実現するという強制的な前進は、いやおうなく戦争をこれまでになく引き起こしやすい状況にした。そして一九三〇年代後半の戦争は、軍事技術が進歩したため、すさまじく破壊的なものになった。一九三七年の初頭、ドイツ軍とイタリア軍の飛行機がスペイン共和派の陣地ゲルニカを急降下爆撃したが、上海も日本軍の空爆でひどい損害を受けた。空軍は恐怖の軍事力で、兵隊や市民にパニックを引き起こすのが目的だった。地上では戦車などの兵器が、第一次世界大戦の特色だった膠着状態の難点を解決し、それによって、塹壕戦争の利点も明らかになった。「電撃戦」は人命損失の面から見るとはるかに犠牲が大きく、前線の兵士ばかりでなく、第二次世界大戦においての死傷者の過半数を占めたのは一般市民だった。

表面的には、第二次世界大戦は西洋文明の四つの異なるバージョン、つまり①国家社会主義、②ソ連共産主義、③ヨーロッパ帝国主義（日本もそれを採用）、それに④アメリカの資本主義の間で戦われた。最初は、①と②が合同で③に抵抗し、④は中立を保った。ナチスがソ連を攻撃し、日本がアメリカを攻撃した一九四一年という重要な年の後に、ビッグ・スリー――ソ連、大英帝国、アメリカ合衆国――に加えてその他（したがって北大西洋条約機構参加国は、自分たちを好んで「国際連合」と呼んでいた）に対抗したのは、枢軸側――ドイツ、イタリア、日本――が急ピッチで構築した帝国や、それに追従する数か国だった。だが視点を換えれば、破壊の産業化として現れた一点集中が、恐るべき頂点に達した。主な交戦国のすべてが、国家権力を一元的に結集させ、あらかじめ立てられた複雑な計画に従って、人的資源と資材を配分した。彼らはだれもが、個人の自由を犠牲にし、軍事的な勝利と目標を定め、相手の無条件降伏を最優先課題にした。武器とともに、おびただしい数の男性が軍に徴用された。人口が稠密《ちょうみつ》な場所を、第一の軍事標的とした。いずれの国も、支配下に置いている地域の一般市民を差別したが、イギリス、アメリカ、イタリアは、ドイツやソ連ほどむごい仕打ちはやらなかった。ヒトラーの「ユダヤ人問題の最終的な解決」や、スターリンの初期のころの「階級としての農民の排除」は、ともに大量殺戮の遠回しな表現で、中国人の一般市民や連合軍の戦犯に対する日本人の犯罪でさえ色あせて見える。

だれもが軍服を着ているような感じだった。一九四四年の時点では、六大交戦国では四三〇〇万人（ほとんどは男性）が武装していた。すべての交戦国の戦闘員をあわせると、一億人を超える。

戦闘員数は一国で最大で人口の五分の一から四分の一を占め、近代史のいかなる時期よりも、はるかに大きな比率だった。三四〇〇万あまりのソ連市民、一七〇〇万のドイツ人、一三〇〇万のアメリカ人、大英帝国全体からおよそ九〇〇万の市民たち、七五〇〇万人の日本人が入隊していた。そのような国ぐにからの若者で、政府支給（government issue から頭文字を取ったＧＩ）の服を着なかった者はごくわずかだった。その結果、世界中の膨大な繊維産業が軍服の生産を優先した。それらの制服を着た人たちは、ありとあらゆることをしでかした。ドイツ人、日本人、ロシア人は、なんらかの形で致命的な組織的暴力にかかわった。大多数のアメリカ人やイギリス人は、実戦を少数民族に押しつけ、前線から引き下がった。ドイツとの戦いには、イギリスの英知、ソ連のマンパワー、アメリカの資本という組み合わせで勝利した。イギリス人がドイツの暗号を読み解き、ロシア人はドイツ兵を殺害し、アメリカ人はドイツの都市を空爆で壊滅させた。日本に対しては圧勝したが、もっぱらアメリカだけの業績とはいえない。だがアメリカのマンハッタン計画（計画が一九四二年に始まったマンハッタン工兵管区にちなんで名づけられた）が、戦争を終結させ世界を変える三つの原子爆弾をニューメキシコ州でテストし、一九四五年に広島と長崎に投下した。

アルバート・アインシュタインがルーズヴェルト大統領に、そのような兵器を開発するのはドイツ人が最初だろうと警告し、イギリスが核分裂同位性のアイソトープ・ウラニウム２３５を発見して拍車がかかったが、その重要性をアメリカ人が認識するには時間がかかった。つまり、原子爆弾は正確には西洋全体の功績だった。それを創り出した科学者たちは、国籍もさまざまで、オーストラリア人、イギリス人、カナダ人、デンマーク人、ドイツ人、ハンガリー人、イタリア人、スイス人、それにアメリカ人が関わった。多くは（有名なのはオットー・フリッシュとエドワード・テラー）ヨーロッパからアメリカにやってきたユダヤ人難民で、フランス革命以来、知的営みのあらゆる分野できわめて多くの役割を果たしたが、ヒトラーのユダヤ人排斥運動に起因した犠牲者でもあった。先の二人は、ソ連のスパイ活動にもたずさわっていた。原子爆弾は西洋文明の偉大な創造物の一つだ、と見なすことには異論があるかもしれない。この兵器は、殺傷能力を大幅に高めたが、原子爆弾は、日本の血なまぐさい作戦を回避する目的で開発が始められ、戦争の規模と破壊力を削減することを目指した。もちろん、それまでの作戦を反故《ほご》にするには至らなかった。一九四〇年代が終わってすぐ、航空機や戦車を使うもう一つの大きな流血戦争が朝鮮で始まった。だが原子爆弾、続いて一九五二年に実験された（一年後にはソ連が実験）よりいっそう破壊的な水素爆弾は、アメリカとソ連が全面衝突するのを抑止し、戦争や小競り合いを封じ込めることになった。二つの超大国の代理戦争はすべて、限定戦争になった。核戦争の危険は決してゼロにはならないが、日本の降伏によって総力戦の時代は終わった。

もし冷戦が全面的な熱い戦争になっていたら、ソ連が勝利をおさめた可能性は高い。ソ連は、戦争による大損失を吸収する能力がはるかにすぐれた政治機構を持っていたからで（第二次世界大戦における死亡比率を戦前の人口から算出すると、ソ連はアメリカの五〇倍にも達した）、また高性能の兵器の大量生産には、理想的といえるほど適した経済システムを持っていた。事実ソ連は、一九七四年の時点で、戦略爆撃機や弾道ミサイルを大量に備えていた。彼らは、科学の面ではやや遅れていたが、イデオロギーで武装していた。第三世界として知られるかつての植民地では、腐敗したエリートたちは土地全体を所有して国軍をコントロールし、貧しい農民たちは彼らに虐げられて辛い生活を送っていた。実際、ソ連は「第三世界における戦争」に勝利したと論じられることもできる。明確な階級戦争があったところでは、共産主義が割に容易に栄えることができた。

だが、銃よりバターが、弾丸より核弾頭がもてはやされる時代になった。絶えず続くハルマゲドン的な、壊滅的大決戦の恐怖のなかで生きる社会ではあったものの、一九五〇年代、六〇年代の軍隊は、一九四〇年代の軍隊よりはるかに小規模だった。したがって、社会は通常の市民生活をとり戻していく必要があった。アメリカ軍人は一九四五年には人口の八・六パーセントを占めていたが、それをピークに、一九四八年までに一パーセント以下に下がり、それ以後、朝鮮およびヴェトナムでアメリカが軍事介入した最高時でさえ、二・二パーセントを超えることはなかった。ソ連はそれほどの軍縮はやらなかったが、軍人の人口比はやはり一九四五年の七・四パーセントをピークに、一九五七年以後はつねに二パーセント以下になった。ソ連にとっての問題は、単純なものだった。アメリカの一般市民は、ソ連よりもはるかに魅力的な生活を送っていた。これは天然資源にめぐまれていたからではない。ソ連は、核軍拡競争に勝つために不可欠な中央集中化した経済計画によって、消費者の必需品を犠牲にしたためだった。計画立案者は究極の武器を考案し、唯一の顧客である国家に引き渡すことに最も長けている。だが、好みがつねに流動的な、数百万人の消費者の要求には応えようとしない。これはケインズの最大のライバルだった、オーストリア人の経済学者フリードリヒ・フォン・ハイエクが洞察したとおりで、彼の『隷属への道』（一九四五）は西ヨーロッパに対して平時の計画という妄想に用心するよう警告していた。アメリカの市場モデルは、戦時中はつねに最大の財政および金融刺激策を取って再活性化を図り、地理的にも総力戦による破壊を避けて無敵であることを証明したが、それは消費者需要に応え、しかも消費者需要を創出していたためだ。

卑近な例が、その特質を説明している。戦前、ほとんどの衣類は顧客のサイズに合わせて洋服屋が作っていた。だが数千万着も軍服を製造する必然性から、標準サイズの開発が進められた。事実、人間の体の大きさの幅はそれほど大きくない。人間の身長や体格は標準的に配分されていて、私たちの大部分は中央値の周辺に集中している。一九三九年から四〇年の間に、約一万五〇〇〇人のアメリカ人女性が、アメリカ農務省の家政学局によって実施された調査に協力した。これは、女性のプロポーションを大規模に調査したはじめての試みだった。ボランティア一人につき計五九の寸法の測定がおこなわれた。その結果は、一九四一年に「女性の衣類および型紙構成のための測定値」というタイトルで、アメリカ農務省の「諸論報」四五四号に掲載された。標準的なサイズが、一般市民の衣類だけでなく制服の大量生産も可能にしたし、「既製服」も普及した。ほんの数十年のうちに、ロンドンのサヴィル・ローの男性用スーツや女性のパリやミラノのオートクチュールなどのオーダー・メードの服を着るのは、金持ちのエリートだけに限られるようになった。

戦後のアメリカでは、消費社会が広がり、社会階級間の衣服の差を大幅に縮めた。これが社会一般のレベル・アップをもたらした。一九二八年には、人口の上位一パーセントが所得のほぼ二〇パーセントを占めていた。一九五二年から八二年までは、つねに九パーセント以下になり、フランスの人口上位一パーセントが占める所得比率より低かった。アメリカでは帰還兵が進学できる機会が倍に増え、郊外に家を建てるブームが起きて生活の質をめざましく向上させた。ベビーブームの親たちは、消費者信用を広く利用した最初の世代だ。彼らはクレジットで住宅や車を購入し、家財道具——冷蔵庫、テレビ、洗濯機——などもクレジットで手に入れた。大恐慌に見舞われた一九三〇年にはアメリカの半数以上の世帯には電気がきていて、自動車と冷蔵庫も所有していた。一九六〇年までに、アメリカ人の八割が電話も持っていた。新しい耐久消費財の普及速度は、どんどん早まった。洗濯機の発明は、大恐慌以前の一九二六年にさかのぼる。それから三九年後の一九六五年までに、全世帯の半数が洗濯機を備えていた。エアコンは一九四五年に発明された。二九年後の一九七四年には、普及率は五〇パーセントを超えていた。衣類乾燥機は一九四九年に世に出て、二三年後の一九七二年には五割台の普及率だった(食器洗い機も一九四九年に発明されたが、はじめは広まるのに時間がかかり、一九九七年になってやっと二世帯に一台の割合になった)。カラーテレビはすべての記録を破り、一九五九年に発明され、わずか一四年後の一九七三年には全家庭の半分に据えられていた。冷戦が終わったと見られる一九八九年までに、アメリカ人の三分の二あまりが、食器洗い機以外のすべてを持っていた。電子レンジ（一九七二年に発明）と、ビデオテープレコーダー（一九七七年に発明）も普及した。一五パーセントが、すでにパソコン（一九七八年に発明）を持っていた。先端をいく二パーセントが、携帯電話を持っていた。二〇〇〇年が終わるときには、全家庭の半分にこのような機器が普及し、インターネットも広がっている。

急速な普及が現実的になったため、ソ連の共産主義は色あせて嫌われた。戦後アメリカの援助で復興した西ヨーロッパは、急速に大恐慌以前の成長ペースを取り戻した（だが、ジョージ・マーシャルの名にちなんで名づけられた援助計画の最大の受益者たちが、最もすばやく成長したわけではなかった）。ヨーロッパでは、ファシズムの時代に職能別組合の力が弱まった。そのため労働関係は、戦前より御《ぎょ》しやすくなった。ストの期間は短くなった（ただし参加率はかなり高かった）が、イギリス、フランス、イタリアでは、争議の頻度は高まった。協調組合主義の団体交渉、経済計画、ケインズ流の需要管理や福祉国家などの要素を取り入れ、共産主義の脅威に対抗する多数の「ワクチン接種」がおこなわれ、国境を越えた経済統合による一九五七年のローマ条約署名も加わった。実際にはモスクワからの脅威は、それより以前からかなり減っていた。ソ連の厳しい要求、断固とした重工業の強調、集団農場、そしてユーゴの政治家ミロヴァン・ジラスの言う「党の政治家」という「新しい階級」の台頭――などに対して、すでにベルリン（一九五三）やブダペスト（一九五六）で激しい暴動が発生していた。ホンモノの経済的な奇跡は、アジアで起きていた。日本ばかりでなく、香港、インドネシア、マレーシア、シンガポール、韓国、台湾、タイなど多くの国が戦後には持続的な成長を遂げ、多くの場合、戦後の成長をさらに加速した。世界のＧＤＰにおけるアジアの比率は、一九五〇年から九〇年の間に一四パーセントから三四パーセントに伸びた。しかも重要なことは、世界的に成長が緩むか、あるいはアフリカや中南米の場合は経済の縮小に悩まされていた一九七〇年代、八〇年代に、アジアは成長を続けたことだ。韓国の急成長ぶりは、とくに印象深い。一人当たりの所得では、一九六〇年にはガーナの下に位置していたが、九六年になると、豊かな国のクラブである経済協力開発機構（ＯＥＣＤ）に参加できるまでに前進していた。一九七三年から九〇年にかけて、韓国は世界で最もいちじるしい経済成長を遂げた国だった。

東アジアにおける経済の奇跡が、冷戦に大きなインパクトを与えた。もし韓国よりもヴェトナムのほうが一般的な状態だとしたら――換言すれば、もしアメリカの軍事介入がおおかた失敗したとしたら――結果はこれほどよくはなかったと思われる。何が、これほどの違いを生んだのか。第一に、アメリカとその同盟国（たとえばマレーシアにおけるイギリス）は、軍事介入に引き続いて信頼できる安全保障を当該政府に提供できた。第二に、紛争後の改革が、成長するために安定した制度上の基礎を創り出した。その好例が、一九四六年に日本で実施された農地改革で、それによって封建制度の名残を一掃し、資産の所有権をかなり平等にした（明治の改革者は手をつけなかった点だ）。第三に、アメリカによるグローバルな経済秩序の解放が、これらのアジア諸国に大きな利益をもたらした。最後に、彼らは貯蓄が輸出産業に向けられるよう、さまざまな形の国策を利用した。そのなかでまず重要だったセクターは、いうまでもなく織物業界だった。消費社会は、東アジアの人びとにロール・モデルを提供したばかりでなく、安い衣類のためのマーケットも提供した。

綿製品のような主要産物の輸出をとおして工業化を進めた日本の例にならった「アジアの虎」のうち、民主制の助けを借りた国はほとんどなかったことに注目すべきだ。韓国はパク・チョンヒ（朴正熙、在任＝一九六〇～七九）将軍、およびチョン・ドファン（全斗煥、在任＝一九八〇～八七）両大統領による産業革命で前進し、一方シンガポールのリー・クワンユー首相（在位＝一九五九～九〇）とインドネシアのスハルト大統領（在任＝一九六七～九八）は本質的に独裁者だった（前者は知識と洞察力がすぐれていた）。そして台湾と日本は、万年与党が支配していた。香港は、一九九七年までイギリス領だった。だがどのケースを見ても、民主化がなかなか進まないなかで経済的成功を成し遂げた。東アジアは、ソ連の引力圏から離脱してアメリカ消費社会への投資者になった。アメリカの介入が短期間だった国ぐに――イラン、グアテマラ、コンゴ、ブラジル、ドミニカ共和国、チリ――では、まったく違う方向に進んだし、さらに悪かったのは、キューバ、ヴェトナム、アンゴラ、エチオピアで、これらの国ではソ連の介入や援助などの影響力が強かった。

大量消費社会では、すべてが規格化されていたが、野放図な個人主義とうまく折り合いをつけた。これは西洋文明が果たした最も賢いトリックの一つだといえる。だがそれがどのようにしておこなわれたかを理解するカギは、一つの単語に集約できる。アメリカ西部ウェスタンだ。ソ連は、カラーテレビや電子レンジを発明して普及させることには失敗したが、それは許されるだろう。だが、消費社会の独自な製品のすべてが、複雑な技術に支えられていたわけではない。なかでも最も単純だったのは、実はアメリカ西海岸ではじめて作られた労働者のズボンだった。おそらく冷戦時代の最大のミステリーは、「労働者の楽園」だったはずのソ連で、それにふさわしいはずのジーンズという商品をなぜ生産できなかったのか、という点だ。

ジーンズの精霊

万国共通の装いであるジーンズが生まれたのは、かつての開拓時代のアメリカ西部だった。最初は、鉱山労働者やカウボーイたちの実用的なズボンだった。だが一九七〇年代までに、ジーンズは世界中で最も人気のある衣類になった。そしてソ連の経済システムのどこが間違っていたかを示す、政治的に有力な、潜在的なシンボルになった。なぜか。ソ連は原子爆弾を複製できたのに、どうしてリーヴァイス501は複製できなかったのか。

今日、私たちがジーンズと呼んでいるものは一八七三年に発明された。それは、バイエルン出身の乾物商リーヴァイ・シュトラウスとネヴァダ州リノの洋服仕立屋ジェイコブ・デイヴィスが、鉱夫が使う「つなぎ」のポケットを丈夫にするために銅のリベットを用いる特許を取得したときだ。彼らが使用したデニム生地（本来は「サージ・ド・ニーム」で「ジーンズ」と呼ばれたが、おそらくイタリアの「ジェノア」に由来する）は、ニューハンプシャー州マンチェスターにあるアモスキーグ工場で、アメリカ産の綿をアメリカのインディゴで染めて作っていた。リーヴァイスの本格的な工場はサンフランシスコに作られ、二頭の馬がリーヴァイスのズボンを引き裂こうと引っぱったが破れなかったエピソードを表した、なじみのある皮のラベルが一八八六年にはじめて使われたのもここの工場だった。赤いラベルは、一九三六年に付け加えられた。ブルージーンズは生産費が安く、洗濯が楽で、長持ちし、着心地もよかった。だがそのころ、インドのダングリ地方の布に由来するダンガリース（日本では「ドンゴロス」と呼んだ）として親しまれた（チャーチルが戦時中に着ていた話は有名だ）ような、イギリスで労働者が着ていたオーバーオールの類は、そのようなものだった。ではなぜ、カリフォルニアのジーンズが――ジーンズは多くの州立刑務所で服役囚に支給された――世界のファッション界を制覇するようになったのか。その答えは、二〇世紀に最も成功した産業である映画と、マーケティングのおかげだ。

その流行は、若いころのジョン・ウエインが初期のカウボーイ映画「駅馬車」（一九三九）で、シンプルなジーンズを着用したことで始まった。従来の手のこんだフリンジ付きの皮のチャプス（ズボン）の代わりだった。その後、マーロン・ブランドが「乱暴者《あばれ》」（一九五三）で着たジーンズと革製品、続いてジェームズ・ディーンが「理由なき反抗」（一九五五）で身につけた赤（ジャケット）、白（Tシャツ）、青（ジーンズ）の衣装、エルヴィス・プレスリーの「監獄ロック」（一九五七）での黒いジーンズと続いた。市場の関係者は、広告界の大物レオ・バーネットが一九五四年に打ち出した、デニム姿のカウボーイがタバコを吸っている「マルボローの男」という、いかついい最新スタイルでさらにあと押しした。マリリン・モンローも早くにデニムを取り入れたが、彼女の最初のモデル写真では、ジーンズをあしらっていたものの、肢体の前にかすんでしまった。ジーンズと若者の最初の関わり合いは、反抗的なイメージだった。一八三〇年代、モルモン教の指導者ブリガム・ヤングは、前開きがボタン留めになっているズボンを「姦淫パンツ」と呼んで公然と非難した。一九四四年に雑誌『ライフ』は、ウェルズリー大学の女子学生二人のジーンズ姿を掲載して、物議をかもした。リーヴァイスの競争相手であるリーがジッパーを導入したころ、ジーンズはセクシーだという評判が定着した。——ジーンズみたいに窮屈なズボンをはいた人間とセックスをするなんて面倒であることを考えると、おかしなことだ。ジーンズは、次第に社会階層の上位にまで広まっていった。ジーンズは牧場の使用人や受刑者の裏方が着用し始め、戦時中は国防の仕事にたずさわる人たちの必需品だった。戦後は数年のうちにバイク族へ広がり、西海岸で受け入れられた後に東部アイヴィー・リーグの学生たちにも広まった。続いて一九六〇年代には「ビート族」の作家、フォーク・シンガー、ポップ・グループに、そしてリチャード・ニクソン以降のすべての大統領が身につけるようになった。リーヴァイスの成長は、目を見張るほどだった。一九四八年に同社は四〇〇万本のジーンズを売り上げたが、五九年になると一〇〇〇万本に達した。リーヴァイスの売り上げは、一九六四年から七五年の間に一〇倍になり、一〇億ドルを超えた。一九七九年までには、二〇億ドルに達していた。リーヴァイスは成功したブランドの一つで、リーとラングラーも伸びている。

このようなオール・アメリカンの万人向け衣類は、アメリカ人以外にとっても等しく魅力的で、リーヴァイスが一九六〇年代から七〇年代にかけて輸出に力を入れたときにそれは歴然とした。ジーンズは世界中の若者にとって、戦後の新鮮みのない仕立屋のマンネリに対する、世代的な抵抗のシンボルになった。ジーンズの精霊はボトルから出てきたもので、そのボトルはおそらく、独特の曲線デザインをしたコカ・コーラのガラスの容器だった。リーヴァイ・シュトラウス社が宣言した野望、「世界中に着させろ、いまや世界はブルージーンズの国だ」が現実のものとなるのは、もはや時間の問題のようで、『ライフ』誌は一九七二年にそれを大きく取り上げた。海外へ拡張していくなかで、リーヴァイスはコカ・コーラの作戦を手本にした。茶色のシュワッとした液体は、一八八六年にジョン・ペンバートンがコカの葉から取ったコカインと、コーラ・ナッツから取ったカフェインを混ぜて炭酸塩化して創り出した飲料で、世界ブランドとしてシンガーミシンにも打ち勝った。コカ・コーラは、一九二九年にはすでに「国際的な飲料」と自称しており、そのころには、ビルマ（現ミャンマー）も含めて七八か国で販売していた。——独特のスペンサー流ロゴは、なんとラングーン（現ヤンゴン）のシュエダゴン・パゴダの入り口でも見られた。第二次世界大戦中、コークは六つの戦域にある六四のボトリング工場をなんとか稼働させていた。一九七三年には、ヴェトナム戦争のさなか、隣国ラオスにもボトリング工場を建設した。

だがリーヴァイスもコカ・コーラと同じく、冷戦によってヨーロッパに降ろされた鉄のカーテンは最も貫通しにくい障壁だった。コカ・コーラのロバート・W・ウッドラフ社長は社是として、モスクワにおけるアメリカの公式展示会に関わることを拒否した。ところが、一九五九年七月にモスクワで開催されたアメリカ公式展示会の開会式で、二人のリーダー、リチャード・ニクソン副大統領とニキータ・フルシチョフ首相のディベートがテレビで放映されたとき、ライバルのペプシをソ連のフルシチョフに試飲させたため、ウッドラフは個人的にニクソンを非難した。

冷戦の論理では、どこが「西」でどこが「東」かの境界はつねに明確だった。東は、ドイツ連邦共和国（西ドイツ）が終わり、ドイツ民主共和国（東ドイツ）が始まるエルベ川からスタートした。その終わりは、朝鮮民主主義人民共和国（北朝鮮）と大韓民国の国境だった。だが、本当の「東」――中東から極東まで――の視点から見ると、世界は二つの対立する西洋、つまり資本主義の西洋と共産主義の西洋に分割されていたように思える。指導者たちは、ほぼ似ているように見えた。いろいろな意味でソ連はアメリカを真似ようとし、同じような武器、同じような消費財を作ろうとした。フルシチョフがニクソンとの「キッチン論争」で何度も明言したように、ソ連は自国の製品をすべてアメリカの製品なみにしたいと望んでいた。服装の点では、両者にはほとんど差がなかった。売り込みを目論んでいたカラーテレビの技術を攪乱するかのように、黒と白の服でばっちり決めたニクソンは、まるでカリフォルニアでのすご腕弁護士時代を思い出させた。薄い色のスーツに帽子をかぶったフルシチョフは、昼食時にマルティーニをちょっと多めに飲んだディキシークラット（訳注＝民主党から離反した右派の州権民主党の下院議員の俗称）に近いように思えた。

世界中の若者の例にもれず、ソ連や東欧の衛星諸国の一〇代の子どもたちも、のどから手が出るほどジーンズを欲しがった。したがって、戦後世界のアメリカ第一のライバル国が、このように最も単純なアパレル品目を真似できなかったことは、なんとも信じがたいことだった。西洋の人びとがこれほど安いジーンズに夢中になるとすれば、ソ連人の生活向上もたやすくできる、と考えたのかもしれない。ソ連はプロレタリアの天国だと考えられていたため、ジーンズなら、たとえばスタプレスト（リーヴァイス社の製品で、一九六四年に導入された）のズボンよりも簡単に作れると考えられたようだ。だが共産圏ではなぜか、勤勉なソ連の労働者の美徳を衣服がアピールでき、象徴化できるという点が理解されなかった。ところがブルージーンズは、やがて不可分に結びついたポップミュージックともども、西洋の優位性を示す根源的なシンボルになっていった。そして、核弾頭とは別の意味で、ジーンズは実際にソ連に向けて発射された。一九五九年と六七年に、モスクワでリーヴァイスの展示がおこなわれたのだった。

もしあなたが、一九六〇年代に鉄のカーテンの向こう側――たとえば東ベルリンに住む学生だったら、ソ連のボーイスカウトであるヤング・ピオニール少年団の制服を着たいとは思わなかったことだろう。西洋の若者たちだれもが着ているジーンズを身に付けたい、と思ったに違いない。ステファン・ヴォレは当時、東ドイツの学生だった。彼は、次のように回顧する。

はじめは、［東ドイツでジーンズを買うことは］できなかった。ジーンズは、アングロサクソン文化の帝国主義イデオロギーが具現化したものと見なされていたからだ。それをはくことには、強い抵抗感があった。それになにぶん、買うことさえできなかった。だが多くの者が、西洋からやってくる親類の人たちにジーンズを持ってきてもらっていた。……ところがジーンズをはくと、教師や雇用者、路上のおまわりさんを怒らせることになった。それが国家を脅かすと考えられたからだが、そのため、西洋の物品を売る闇市が繁盛することになった。

衣類のなかでもジーンズに対するあこがれはきわめて強かったために、ソ連の司法当局は「ジーンズ罪」ということばを作り出した。ジーンズに思いを馳せて行動することによって犯される法律違反、を意味したものだ。一九八六年に、フランスの左翼哲学者で、かつてのチェ・ゲバラの盟友だったレジス・ドゥブレは、次のように述べた。

「赤軍の全体像より、ロック・ミュージック、ビデオ、ブルージーンズ、ファスト・フード、ニュース・ネットワーク、テレビの衛星放送のほうが、はるかにパワーと魅力がある」

一九八〇年代の半ばまでに、その点は歴然としてきた。だが、一九六八年の時点では不確かな面がまだたくさんあった。

一九六八年は、パリからプラハまで、ベルリンからバークレーまで、そして北京においても、あらゆる種類の革命が花ざかりだった。冷戦時代の、二つの超大国が主導する国際政治に対するこれらの破壊行為に共通する要素は、若さだった。一九六八年以後の一〇年間における一五歳から二四歳までの人口比は、近代では異例なほど高かった。一九五〇年代の半ばには、アメリカの若者の人口は一一パーセントにまで落ちたが、一九七〇年代の半ばごろには一七パーセントに上昇し、ピークに達した。ラテンアメリカやアジアでは、二〇パーセントを上回った。同時に、とくにアメリカでは高等教育が普及し、空前の数の若い男女が大学に進学した。一九二八年には、大学生はアメリカの総人口の一パーセント弱だったが、一九六八年には三パーセントを超えた。ヨーロッパでは、やや控えめながらやはり増大していた。戦後のベビーブーム世代は、若くて人数も多く、教育を受けており、豊かな生活を楽しんでいた。彼らはあらゆる面で、父親世代が自由のために戦い、恵まれたチャンスを残してくれたことに感謝はしていた。だが、彼らは反抗した。

一九六八年三月二二日、フランスの学生たちはパリ第一〇大学（ナンテール大学）八階にある職員ラウンジを占拠し、醜いコンクリートのキャンパスは、「気の狂ったナンテール」として知られるようになった。五月までに、ソルボンヌ大学のエリートも含めた何万人もの学生たちが、パリの大通りで警官たちと衝突した。労働組合も、弱体化した政府を圧迫するこの機会に乗じて賃上げを要求し、国中にゼネストの嵐が吹き荒れた。同じような光景が、カリフォルニア大学バークレー校やベルリン自由大学でも繰り広げられ、ハーヴァード大学でさえも、「民主社会のための学生」という組織のメンバーが学長の家を占拠し、「勤労学生同盟」のメンバーが大学のホール（ひところはチェ・ゲバラ・ホールと呼ばれた）で暴れ、執務中の学部長らを追い出した。

表面的には、キャンパスにおけるこのような騒動は、南ヴェトナムを守るためにアメリカが参戦することに反対する闘争だった。この戦争では、一九六八年までに三万人あまりのアメリカ兵が命を落とし、大多数の一般市民も反対の声をあげていた。六八年に騒動を起こした人たちは、アフリカ系アメリカ人の市民権運動にも支援の手を差し伸べたが、これはアメリカ南部における人種平等への障害に対する、長期にわたる自由へのチャレンジの一環だった。だが一九六八年のおおまかな風潮は、マルクス主義的な反帝国主義闘争で、イスラエルからインドシナにわたるほとんどすべての闘いで表明された。ダニエル（「ダニー・ル・ルージュ」）コーン・ベンディットやルディ・ドゥチケなど教条的な学生リーダーによれば、目的は「資本主義の中心における反乱」だった。これら怒れる連中は、こう宣言した。

「最後の資本主義者が最後の官僚内部ともども絞首刑になるまで、人類は幸せにはなれないだろう」

状況主義者《シチュアシオニスト》たちは無政府主義者《アナキスト》として、学生サポーターをけしかけながら、労働そのものを止めるよう呼びかけた——絶対に働くな、と。ただし革命の本当の目的については、意味深長ながらきわめて現実的な要求をした。それは、男子が女子寮にいくらでも近づくことを許可しろ、というものだった。——つまり、「ズボンのジッパーを開ける回数ぐらい心を開け」という命令だ。ある落書きアーティストは、それを次のように言い換えた。

「女と寝たいと思えば思うほど、さらに革命を起こしたくなった。革命を起こしたいと思えば思うほど、もっと女と寝たくなった」

　女子学生たちには、これまでタブーだったところまで露出してみたら、とそそのかした。毛沢東の紅衛兵の不格好なパジャマ姿からヒッピーのベルボトムまで、一九六八年の革命はすべて衣類が関わっていた。セクシーな革命はミニスカートからビキニまで、すべてそれらが存在しなかったために起きた。「女性たちは、資本主義国における主要な消費者の役目を拒否すべきだ」と、オーストラリア生まれのフェミニスト、ジャーメイン・グリアは喝破したが、本人は政党（ザ・パーティー）よりも、パーティのほうがお好きだった。

　皮肉だったのは、一九六八年に騒動を起こした人たちが、ヴェトナムにおけるアメリカの帝国主義をさんざん糾弾し、その象徴としてパリのアメリカン・エクスプレスの事務所の窓をたたき壊しながら、アメリカのポップカルチャー中毒になっていたことだ。ブルージーンズ——いまではウエストを下げ、裾の広がった新しい形になった——は、若者の造反のユニフォームになった。レコード会社は、サウンドトラック版を供給し続けた。ローリング・ストーンズの「ストリート・ファイティング・マン」（一九六八年一二月にデッカ・レコードがリリース）、それにビートルズの「レボリューション」（バンド自身のアップルのレーベルから、前者より四か月前にリリース）——いずれの歌も革命のメリットに関しては、明らかに懐疑的だ。デニムのズボンと塩化ビニール製のレコードは、二〇世紀後半の資本主義で最も成功した商品だ。一九二〇年代のように、禁止政策——今回は麻薬——は、「犯罪会社」に対応する措置だった。フランスの状況主義者《シチュアシオニスト》は、消費社会の俗っぽい物質偏重主義者とはんらんする広告（フランスの作家ギー・ドゥボールは軽蔑しながら「目を見張らせる社会」と呼んだが）に恥の上塗りをした気味はあるが、パリで資本主義に反対する暴動を起こした人びとは、システムから彼ら自身が得た大幅な利益を、大幅に過小評価していた。特権を持つ中産階級の「長髪」を嫌う、日焼けで首のうしろが赤くなった肉体労働者の警察官が、ときに警棒を振り回すことがあるにしても、西洋世界の権威者たちは、おおむね学生たちの抗議する自由を認めていた。ほとんどの大学は、確かに学生たちの要求に屈した。もう一つの皮肉は、「戦いではなく愛」を標榜《ひょうぼう》した若者の運動が、あまりにも暴力沙汰にのめりこんでしまったことだ。アメリカの都会における人種暴動や、西ヨーロッパや中東における殺人やテロの急増なども、その一例だ。新しい時代の幕開けを告げたのは、一九六八年の七月二三日、ローマからテルアヴィヴに向かうイスラエルのエル・アル航空の旅客機を、パレスチナ解放機構（PLO）がハイジャックした事件だった。その後すぐ、PLOのリーダー、ヤセル・アラファトが身に付けていたパレスチナの伝統的スカーフ、ケフィエは、チェ・ゲバラのベレー帽と同じくらい愛好されるようになった。

一九六八年に鉄のカーテンを通ると、まるで鏡のなかに入ったかのような感覚に陥った。西ヨーロッパから訪れた人たちは、なじみのあるものをいくつも見つけた。ヨーロッパを半分に仕切った両サイドの都市計画者たちは、どちらも同じミスを犯していた。都市の中心部に住む人たちを、品がなくて機能だけを重んじたバウハウス式の、無味乾燥なアパートに押し込むのが流行だった。だが、なじみがあるものでも、それぞれまったく反対の意味を持つ場合もあった。チェコの田舎の若者たちは、共産党が理想として押しつけようとしたショートカットのヘアスタイルでポリエステルのスーツに赤いネクタイよりも、長髪でジーンズを好んだ。だがこれらは資本主義者の西洋の匂いを漂わせていたために、だれからも好かれていた。チェコの人たちは、ジーンズをテキサススキー、つまりテキサスのズボンと呼んでいた。当局はそのようなジーンズの生産に気乗りしなかったために、ジーンズを入手する唯一の方法は密輸だった。「チェコのビートルズ」を目指したグループ「オリンピック」のポップシンガーだったペトル・ヤンダは、その方法で最初のリーヴァイス501Sを入手した。丈がやや短かったが、友人たちはうらやましげに眺めていた。プラハも、パリと同じだった。大学は世代間の衝突で一触即発の緊張に包まれた。一九六五年の春、ビートジェネレーションの詩人アレン・ギンスバーグは、プラハ・カレル大学を訪れた。彼の詩は「わいせつで道徳上、危険」だとして、五月はじめには大学から追い出された。一九六七年一一月、カレル大学の学生たちは停電している間に集まり、ろうそくを手にプラハの中心地へ行進した。その抗議に巻き込まれていた学生の一人が、のちの俳優イヴァン・トゥスカで、彼は、次のように回想している。

そのころは、停電がきわめて多かった――そしてロウソクがその抗議にあたって最初のシンボルになった――私たちはロウソクを持っていたが、欲しかったのは電気だった。だが「明かりが欲しい」ということばには、もっと広範な意味があった。当時の最高政治組織であるチェコスロヴァキア共産党の中央委員会という「暗闇」に対する、「明かり」だ。

一九六八年四月、アレクサンデル・ドプチェクは、経済および政治の自由化を目指した「行動計画」を打ち上げた。ここで注目すべきことは、経済政策の中心を、重工業から消費財へと切り換えたことだ。だがモスクワに住むソ連の指導者は、プラハの春を受け入れがたい脅威だと捉えた。一九六八年八月二一日午前四時、ソ連の戦車と兵士がチェコスロヴァキア共産党中央委員会のビルを包囲した。怒った群衆に恐れをなした戦車が砲撃し、一人の若者が死亡した。午前九時ごろ、軍隊はビルになだれ込んだ。ドプチェクはソ連に飛行機で連行されたが、幸運にも生きて帰ることができた。抵抗運動の中心はヴァーツラフ広場で、名前の由来であるヴァーツラフは一〇世紀のボヘミアの公爵で、列福された人物だ。その広場には連日チェコ人が、乗馬姿のヴァーツラフの銅像の周辺に集まっていた。パリでは、学生たちが機動隊に強力な火炎びんを投げつけた。プラハでは、一九六九年一月一九日、ヤン・パラフというチェコ人学生が自ら石油をかぶって火をつけた。彼は、三日後に亡くなった。西洋では学生たちはマルキストの論理にはまったが、彼らが実際に追い求めたのは自由恋愛だった。鉄のカーテンの向こう側では、抵抗はさらにエスカレートした。問題の中心は、自由そのものだった。

一九六八年の後、立ち直った共産党政権は、すべてのチェコのロック・ミュージシャンに、マルクス・レーニン主義に関するペーパーテストを義務づけた。「プラスティック・ピープル・オブ・ザ・ユニヴァース」という独特なアヴァンギャルドのバンドが、ソ連の侵略から一か月後に結成されたが、「一〇〇点」というタイトルの次のような歌で仕返しをした。

彼らは自由を恐れる
彼らは民主主義を恐れる
彼らは（国連の）世界人権宣言を恐れる
彼らは社会主義を恐れる
だったら、どうして私たちは彼らを恐れるのか

まもなく、事態は決着した。一九七〇年一月、彼らのプロ・ミュージシャンの免許は取り消された。その二年後、彼らはプラハにおける演奏を禁じられ、ボヘミアの田舎で個人的なパーティで演奏するしかなくなった。カナダ人のリード・ヴォーカル、ポール・ウイルソンを含めて、バンドの全員が逮捕された理由は、次のようなアングラ活動の一つ――一九七六年二月、ボヤノヴィッチにおける第二文明の第二回音楽祭――だった。彼らのうちの二人、ヴラティスラフ・ヴラッベネックとイワン・ジロウスは「極端な俗悪さ……反社会主義……ニヒリズム……そしてデカダンス」という理由で裁判にかけられ、一八年八か月を刑務所で過ごした。この裁判がきっかけで、反対者のグループは、劇作家でありやがてチェコスロヴァキアの大統領になるヴァーツラフ・ハヴェルが先頭に立って行動し、チェコ七七年憲章の制定をうながした。一九七〇年代のプラハにおけるロック・

ミュージックほど、ロックが政治的な意味合いを持つ時代はなかった。

ではなぜ、チェコスロヴァキアの当局は学生たちに、彼らが望むジーンズとロックンロールを許さなかったのだろうか。答えは、消費社会が、ソ連のシステム自体に対して致命的な脅威になると危惧されたからだ。それは市場経済が基盤になったもので、消費者の意向を反映するものだ。一般の人びとはフランネル製のズボンよりジーンズを好み、バート・バカラックよりミック・ジャガーに引かれた。消費社会はまた、人びとの好みを満足させる資源の市場占有率をいっそう高めた。このような転換は、ソ連のシステムではできなかった。党はみなが求めているもの――茶色のポリエステルのスーツ――は知っていたし、それに応じて国有化された工場に命令を出していた。だがその路線に反するものは、本質的に危険な要因だった。たとえば、東ドイツの当局は、一九五三年に「カウボーイのズボンにテキサスのシャツ」を着た西洋の扇動者に乗って労働者が暴動を起こしたことを非難した。フルシチョフも、カラーテレビを導入したかったと思われる。だが彼が最も嫌悪したのは、ビートルズだったのではあるまいか。

「ソ連の若者たちに、この耳障りな『がらくた』は不要だ。これは、サキソフォーンから飛び出しナイフへの小さな一歩だ」

と、彼は明言した。いずれにしても、ソ連にとって、裕福なアメリカと軍備競争で張り合うには、タンク（戦車）はタンクトップよりも、戦略爆撃機（ストラトフォートレス）はストラトキャスター（フェンダー社製ギター）よりも優先させなければならなかった。あるソ連の評論家は、「ダンスフロアで使われるエネルギーはすべて、水力発電所の建設に使うこともできたし、使われるべきだった」と喝破した。西洋人がモスクワでただ一つ買いたがる土産ものである毛皮の帽子とキャビアをデニムと交換する、ファーツォフシチキの名で知られた闇市のディーラーがいるおかげで、ジーンズがロシアに密輸入されることは妨げなかった。闇市のジーンズは一五〇から二五〇ルーブルの間で売られていたが、当時の平均月収は二〇〇ルーブル足らずで、国営工場で作られた普通のズボンは一着が一〇から二〇ルーブルで手に入った。

プラハの春が潰されたため、東欧圏共産主義陣営は難攻不落のように見えた。ベルリンの東西分離は永遠に続くかに思えた。だが共産主義政権は反対派をたくみに粉砕していたものの、一般国民の西側の消費社会に対する抵抗感は、完全に弱まっていた。とくに、東ドイツの人びとが西ドイツのテレビを見られるようになると（彼らはそれまで、西側のラジオだけしか聞けなかった）、西洋ふうファッションの影響を閉め出すことは不可能であることが証明された。アン＝カトリン・ヘンデルのようなデザイナーは、独自の西洋スタイルの衣服を作り出し、フリーマーケットやヤードセールで販売していた。ヘンデルは、自分用のジーンズさえも作った。彼女は、次のように記している。

私たちは、ターポーリン（防水テント生地）やベッドシーツなど、ジーンズ以外の生地で縫ってみた。私たちは染めも試したが、染料を作るのはきわめてむずかしかった。……あまりにも人気が高く、人びとは私たちの手からひったくるように買っていった。

重要なポイントだが、西洋の消費産業が成功する一方で、ソ連側の同業者は惨めなほど伸び悩み、鏡のようにみごとに逆イメージが符合した。一九七三年以後の成長は、消え入ってしまうくらい低かった（一パーセント以下）。さらに、全般的に生産性は低下していた。国営企業によっては、表価が原材料費を下回っていた。フリードリヒ・ファン・ハイエクが警告していたように、価格に意味がない場合には、資源は誤って割り当てられ、堕落した役人たちは自分自身の不正な収益を高めるために生産高を制限し、労働者たちは働いているふりをして、その見返りに、管理職は彼らに給料を支払っているふりをした。産業資本ばかりでなく人的資本も維持できず、原子力発電所は崩れ、アルコール依存症が急増した。フルシチョフが豪語していたように、経済的な優位を踏まえてアメリカに挑戦するどころか、ソ連は一人当たりの消費がアメリカの二四パーセント前後——せいぜいトルコといい勝負になってしまった。同時に、二つの超大国が緊張緩和と軍縮に向かったため、ミサイルを大量生産できるソ連の能力の価値はなくなっていった。一九七〇年代には石油価格が高騰し、システムがうまく機能しなくなった。一九八〇年代に石油が値下がりしても、ソ連圏には国際主要通貨《ハードカレンシー》の負債以外は、何も残らなかった——フルシチョフが「埋め込んでやる」と息まいていた資本主義システムそのものから借りた資金だった。一九八五年三月にソ連共産党の書記長に任命されたミハイル・ゴルバチョフは、東欧におけるソヴィエト帝国を含め、経済および政治の両システムを改革するしか、道は残されていないと判断した。モスクワにおける改革《ペレストロイカ》と情報公開《グラスノスチ》の新しい標語とともに、東ベルリンにおける強硬な人たちは取り残された――西洋のものだけではなく、ソ連内部からの刊行物や報告書なども検閲を強いられた。

一八四八年および一九一八年の革命と同じく、一九八九年の革命は伝染病のように広がった。ワルシャワでは一九八九年二月に、ポーランド政府は自由な労組「連帯」との会談に同意し、まもなくポーランドは自由選挙の準備に入った。ブダペストでは五月に、ハンガリーの共産主義者たちがオーストリアとの国境を開くことを決定した。鉄のカーテンは、錆びて朽ち始めた。約一万五〇〇〇人の東ドイツ人が、チェコスロヴァキア経由でハンガリーでの「休暇」に出発したが、実のところは西側への片道旅行だった。六月に「連帯」はポーランドの選挙で勝利し、民主的な政府の樹立に着手した。九月にはハンガリーの共産主義者たちも、ポーランドの例にならって自由選挙に同意した。その翌月、エーリッヒ・ホーネッカーはドイツ民主共和国の四〇周年記念を祝う計画に邁進していたが、数百人、やがて数千人、数万人、数十万人がライプチヒの大通りに繰り出して、最初は「われわれは人間だ」と唱えていたが、後にはそれが「私たちは一つの民族だ」に変わっていった。今回は、一九五六年のブダペストや、一九六八年のプラハの場合とは異なり――一九八一年一二月のグダニスクや一九八九年六月の北京も忘れがたいが――軍隊は、兵舎にとどまっていた。ドイツ民主共和国で破綻状況が明確になるなかで、東ドイツ党内で、ホーネッカーは若者の「改革者」によって押しのけられた。だが改革に着手するにはいかにも遅すぎた。ルーマニアは最後まで粘ったが、よりすばしこい党官僚たちはすでに、市場改革で利益を上げようと計算しながら、寝返っていた。

一九八九年一一月九日、「すべての市民は国境で公式の横断個所を通って出国することを可能にする決定がなされた。……ただちに発効する」と知らされた東ベルリン駐在の記者団は困惑した。だがそれを聞いた東ベルリンの人たちは、国境の検問所になだれこんだ。警備員はなんの準備もしておらず、押しとどめることはできなかった。深夜までにすべての検問所は解放せざるを得なくなり、二〇世紀で最大級の集団移動が始まった。すぐに続いたのが、最大の買いものざんまいの集団だった。このベルリンの壁の崩壊を期に、冷戦は基本的に終わったが、決定的だったのは一九九一年八月、モスクワでのクーデターが失敗し、バルト諸国やウクライナ、ベラルーシに加えて、コーカサスの三大共和国と中央アジアの五つの「スタン」国が独立を宣言したために、ソ連は解体したことだ。

このような事態の到来を予測した人は、ほとんどいなかった。ある人にとって、それは「歴史の終わり」で、自由主義的資本主義モデルの完全な勝利だった。また別の見方によっては、「西洋の勝利」であり、ロナルド・レーガン大統領、教皇ヨハネ・パウロ二世、マーガレット・サッチャー首相という三人のカリスマ的な指導者が政治的に達成したものだった。ナショナリズムの勝利、と見なす者もいた。だがゴールに最も近いところにいた商売上手な者は、肌にぴったりした細身の「ペレストロイカ・ジーンズ」の販売を始めたイタリア人のアパレル会社の経営幹部だった。ソ連とその衛星国を崩壊させた根元は、消費社会だった。二〇〇六年にベラルーシで、手に負えない権威主義的な体制に対する抵抗運動のシンボルとしてジーンズがはかれたのは、偶然ではなかった——ベラルーシの首都ミンスクは、いまだに「デニム革命」を待ち望んでいるが。

パジャマとスカーフ

中国では一九四九年に毛沢東が共産主義革命を成就させたが、中国は地上で最もさえない社会になった。清朝時代の華やかな絹の名残はなくなった。二度の大戦の合間にナショナリストたちが愛好した西洋の上着もなくなった。厳しく平等を追求するなかで、まるでパジャマのような衣類が、すべての人に支給された。しかも灰色だった。だが現在、典型的な中国の通りを歩いていて目に入るのは、西洋ふう衣服の万華鏡だ。すべての主要都市における広告の看板は、西洋のアルマーニからエルメネジルド・ゼニアまで、その長所をうたいあげている。ほかの産業革命と同じく、中国の革命も繊維製品で始まった。つい最近まで、海岸沿いの経済特別区で製造された衣服のほとんどは、西側への輸出向けだった。現時点では、西側経済の不況の余波を受けて政策立案者が直面している基本問題は、どのようにすれば中国の労働者が貯金よりも消費を増やすことができるか、という点だ。言い換えれば、どうすれば衣服をもっと買うか、だ。西側における消費社会の勝利に似た形が、いまや中国でも最終段階にあるかのように見える。はたして、そうなのだろうか。

イスタンブールは国際的な都市で、町の通りの西洋文明らしさはずっと以前からの光景だ。独立大通り《イスティクラル・ツァッデシ》のショッピング街を歩くと、地中海の世界にどっぷり浸かった感じだ。だが同じ市内でも――たとえばスルタン・メフメト地域の近くのファーティフ地域――まるで違って見えるところがある。信仰心の厚いムスリムの人たちにとって、西洋の女性たちが普通に着ている装いが受け入れがたいのは、宗教が定めるより露出度が高いためだ。したがって、ムスリム色がきわめて濃い国では、頭にかぶるスカーフやヴェール（ニカーブやヒマール）、それに体全体を包む、ゆったりとした黒い上着（アバヤ）がまた人気を得てきている。

これが、トルコの大きな変化の方向性を示している。第2章で見たように、トルコ共和国の創設者ケマル・アタテュルクは、すべての国立の施設においては宗教的な衣装を禁じ、トルコ人の装いを西洋式に改めた。一九八二年に権力を握った政教分離の軍政府は、大学で女子学生がスカーフをかぶることを禁じて、この政策を復活させた。この禁止は一九九七年以後には厳格には強要されなくなったが、憲法裁判所は、アカデミックな建物のなか――学校や大学も含め――でスカーフをかぶることは、憲法の第二条に違反することを明確に規定し、トルコは宗教国家ではないことを鮮明にした（男子学生がひげを長く伸ばすことも違憲だと規定された）。大学や学校の権威者たちがこの決定を強制するために機動隊の出動を要請したときには、国中が危機に陥った。一九九八年一〇月には、二五あまりの地域で約一四万人が手をつないで人間の鎖を作り、この禁止令に反対した。イスタンブールでは数千人の女子が、スカーフを脱ぐより授業を休むほうを選んだ。また、校門の外で寝ずの監視を続けた学生もいた。アナトリア東部にあるイノニュ大学では、禁止に反対するデモが暴徒化し、二〇〇人が逮捕された。東部のカルス市では、この問題で若い女性が何人も自殺を図った。一方、この禁止を支持した裁判官は、二〇〇六年五月に裁判所で撃たれて死亡した。二〇〇三年からレジェップ・タイイップ・エルドアンが率いる公正発展党のイスラム政府は、二〇〇八年には、憲法を改正して大学におけるスカーフの着用を認めたが、憲法裁判所によってすぐにその決定は覆された。欧州人権裁判所も、スカーフ禁止を支持していた。

この問題は、私たちの装いにどれだけ深い重要性があるのかを、改めて思い起こさせる。頭にかぶるスカーフやヴェールは、個人的な信仰心を表明するものにすぎず、どれほど西洋化した社会でも、表現の自由の基本を尊重すべきではないだろうか。それとも、イスラム教で定められた性の不平等という時代遅れのシンボルは、俗世間が禁止すべきことなのだろうか。この問題について、イスラムのトルコ人女性ジャーナリスト、ニハール・ベンギス・カラサは、個人の自由と人権の問題として次のように提議している。

> 私たちは、スカーフを着用していない女性たちと同じように扱って欲しいと思っている。私たちは同じ女性なのだから、同じように扱って欲しい。私たちには、女性が持つ権利のすべてがある。……私たちはスカーフを着用している女性と、着用していない女性たちの間に平等な民主主義が欲しいだけだ。

保守的なイスラム教徒は、スカーフなどを着用するかどうかの問題は、なんら議論を呼び起こすようなものではなく、着用の是非は女性が個人的に判断している、と主張する。彼らが問題にするのは、イスタンブールの商店で入手できる、ファッションをより派手にするためにディアマンテ（訳注＝模造ダイヤやガラスのキラキラする装飾）で飾り立てた、さまざまな色やスタイルの女性用のおしゃれ着だ。スカーフを奨励することはすなわち、トルコにシャリアを導入して女性の権利を制限することにつながる。イランが、一九七九年の革命で突然に達成した状況を、トルコは徐々に達成していった——イラン皇帝の「イランの西洋への過度ののめり込み」に反対する揺れ戻しによって、アヤトラ・ホメイニ師は思い切った性的反革命運動に転換してしまった。イスタンブールの通りではすでに、外部をほんのちょっとだけ見られる小さな窓付きの、頭のてっぺんから足の先まで黒一色で覆うブルカ姿が見られる——彼女たちのアイデンティティは完全に隠されているために、フランス議会は二〇一〇年にそのような衣装を完全に禁じることを決めた。このような服装の転換が、トルコの外交政策に当然ながら変化をもたらした。かつてはNATO（北大西洋条約機構）で親米派の柱であり、EUにも積極的だったトルコだが、いまやますます東に向きを変え、ムスリム世界のリーダーを目指してイラン・イスラム共和国と競い合っていて、オスマン帝国が覇権を握っていた時代の記憶をよみがえらせた。

端的に（お望みならば長々と）言えば、人は何を着るかを問題にする。西洋が大きく経済的に飛躍した二つの要因——産業革命と消費社会——では、衣類が大きな役割を果たしていた。第一に衣類を効率的に作ること、第二はそれをこれ見よがしに着ることだった。洋服が広まったのは、西洋式の生活ぶりが広まったことと切り離せないし、同様にムスリムの世界では、西洋の衣服に反発する揺れ戻しが世界的なイスラム復興の傾向につながっている。イラン革命は、西洋かぶれの人たちを、フランス語のちょうネクタイから取って「フォコリ《フォ・コル》」と呼んでみくびり、またテヘランの男性はいま、あからさまにネクタイを避けている。西ヨーロッパでムスリム社会が増えるに伴い、ロンドンの大通りでもヴェールをかぶった女性が数多く目に入るようになった。一方、上海の通りではイギリスのマンチェスター・ユナイテッドのサッカーチームの、ストライプのユニフォームがよく見られる。イギリスもフランスにならって、ブルカを禁止すべきだろうか。ブルージーンズがかつて毛沢東流のパジャマに対して効果があったように、あるいは西洋の消費社会にはヴェールに対するなんらかの解毒手段があるのだろうか。

時が経ってから振り返ってみたら、おそらくこのような設問は間違っていたと気づくのだろう。このような問いは、西洋文明が達成したすべて——資本主義、科学、法の支配や民主主義——は、ショッピング以上に深遠なものにはならなかったことを示唆しているからだ。買いもので気分を晴らすだけでは、私たちが抱える問題をすべて解決することはできない。おそらく西洋にとって究極の脅威は、急進的なイスラムではなく、あるいはその他の外部要因でもなく、自らの文化遺産に対する理解や、それに対する信念に欠けているところから生じるのではないだろうか。

第6章 労働

キリスト教は消え失せるだろう。影は薄れ、縮小していくと思われる。それに異義を唱えるつもりはない。私は間違っていないし、自分が正しいことは証明されるだろう。いまや私たちは、イエス・キリストよりも人気がある。どちらが先に逝くかはわからない——ロックンロールかキリスト教か。イエスは問題なかったが、彼の使徒たちは頭が鈍く、平凡だった。キリスト教をゆがめたのは彼らであり、それでキリスト教は破滅してしまった。

——ジョン・レノン（一九四〇〜八〇）

過去二〇年間に気づいたのは、西洋の文化の中心はあなた方の宗教、つまりキリスト教だという点だ。だからこそ、西洋は力強かった。社会・文化的な営みにおけるキリスト教の道徳的な基盤は、資本主義の浮上とその後の民主政治への移行を成功させた。これについて私たちは、なんの疑いも持っていない。

——中国社会科学院の匿名研究員

労働倫理とことばの倫理

これまで検討してきたように、およそ五〇〇年のうちに、西洋文明は世界で圧倒的に強い地位に上りつめた。企業、市場、国民国家など西洋の制度的な構造は、競合する経済や政治にとってもグローバルな手本――つまり、それ以外の国が模倣する原型になってきた。西洋の科学が、パラダイムを変えた。そこで西洋以外の地域は、それに追随しなければ取り残されることになった。そこから派生した西洋の法律制度や政治モデルは、民主主義を含めて西洋以外の国の選択肢を取り換えさせることになり、あるいは従来のものを挫折させた。西洋医学は呪術医や祈禱師を脇に押しやった。工業生産や大量消費の西洋モデルは、経済組織の代替モデルすべてを揺るがせた。一九九〇年代の後半になっても、西洋は明らかに世界文明を支配していた。西洋の五大強国――アメリカ、ドイツ、イギリス、フランス、カナダ――は、地球全体の製造業生産高の四四パーセントを占めていた。科学分野は西洋の大学に牛耳られ、その大学の研究者たちがノーベル賞などの栄誉の多くを勝ち取った。民主主義の波が、一九八九年の革命以後はとくに華々しく世界を風靡《ふうび》した。リーヴァイスやコカ・コーラなど西洋の消費者ブランドがあらゆる場所で目に付き、マクドナルドの金色のアーチも、世界中の主要大都市で見られるようになった。ソ連が崩壊しただけではすまなかった。一部ではアメリカを追い越すのではないかと予測された日本がつまずき、ほぼゼロ成長にまで落ち込んでデフレに陥り、「失われた一〇年」へ滑り込んでいった。国際関係のアナリストたちは、西洋世界の盟主、アメリカの日の出の勢いを形容する荘重なことばを探し求めた。帝国と呼ぶべきか。それとも覇権国か、超強国か。

これを執筆している時点では、二つの金融バブルが崩壊し、二つの予期しなかった困難な戦争が起こり、一つの大きな景気後退に引き続き、世界第二位の経済大国・日本に取って代わった中国の目覚ましい進出が目立つ。焦点は、五〇〇〇年間にわたる西洋の優勢が、いまや終わりに近づいているのかどうか、という点だ。

私たちは、西洋が下り坂にかかった時代に生きているのだろうか。このような状況は、今回がはじめてではないはずだ。エドワード・ギボンは、紀元四一〇年八月にゴート族がローマをどのようにして略奪したか、次のように記している。

残酷だけれども、やり放題、だれもが情熱を燃やし、すべての制約から解き放たれたとき……残忍な殺戮がローマ人に対しておこなわれた。そして……市内の通りは死体で埋まり、埋葬されることもなく、一般の人たちは呆然としていた。……野蛮人たちが反対派によってけしかけられたときは相手を選ばず、か弱く無邪気で無力な者たちへも虐殺を広げていった。……ローマの高貴な婦人や未婚の娘たちは、死そのものよりも、貞節への不安からさらに震え上がった。……残忍な兵隊たちは、女性捕虜に対する責務などを顧慮することもなく、ひたすら自らの肉欲を満たした。……ローマで略奪する人であれば、金と宝石が適切な選択だった……だが、このように持ち運びしやすい財宝は、さらに上手《うわて》の強盗によって持ち去られたあとだったので、ローマの宮殿の華麗で高価な家具は、無残にも剝ぎ取られた。……

財宝を強奪するために、略奪を欲しいままにおこなう貪欲な異国人は、捕虜を威嚇し、殴打、拷問などによって隠された秘宝の所在を無理に吐かせる風潮がはびこった。事態は人びとを増長させるだけだった。……豊かな財宝に恵まれ、高貴な地位にあった多くの人たちが、突然に惨めな捕虜や追放者に貶《おとし》められる状況は想像しにくいことだった。……ローマの惨事によって……住人たちは、最も安全だがうら寂しい、はるか遠くの避難所に散って行った。

ギボンの『ローマ帝国衰亡史』は一七七六年から八八年にかけて全六巻が出版されたが、そこには西洋が崩壊した最後の時期について書かれている。西洋の多くの人びとは、いま私たちがその続編の時代を生きているのではないか、と恐れている。古代ローマが崩壊した原因を考察すると、そのような恐れは根拠のないことではない、という点がわかる。経済危機が起こり、人口を激減させかねない流行病が広まり、帝国の国境に移民が群がり、東方にはペルシャ帝国のような敵が興隆し、西ゴート族の帝王やアッティラのフン族の王のようなテロ集団が控える。数世紀にわたって優勢を保ってきた私たちは、似たような危機に直面することがあり得るのだろうか。西洋は、経済面で大恐慌以来の最悪の財政危機を招き、経済は停滞したままだが、これまでにない比率で成長している国ぐにも少なくない。私たちは世界的な流行病や、人類が自ら招いた地球規模の気象変動を恐れながら生きている。私たちの社会にある移民コミュニティが、イスラム教徒の社会運動やテロリスト・ネットワークの温床になっているという、驚くべき証言もある。ロンドンやニューヨークが核のテロ攻撃を受ければ、その破壊はローマにとってのゴート族どころの騒ぎではない。一方、ライバルとしての帝国が、東洋に興隆している。中国はおそらく今後二〇年以内に、世界最大の経済大国になることも考えられる。

『ローマ帝国衰亡史』で最も物議をかもしたポイントは、キリスト教が西洋文明の最初の型を決めた一つだったという点だ。未来に重点を置く一神教は、帝国の全盛期にあっては変化に富む異教徒の信仰とは基本的にそりが合わなかった。だがそれは、一六世紀に西ヨーロッパに生じた変異型キリスト教のきわめて独特な面で、西洋文明の現代版に、その他の国ぐにを越える第六の利点を与えた。プロテスタンティズムというよりも、勤勉さと、それにつながる倹約という独特の倫理だ。西洋が興隆するにあたって神が果たした役割を理解し、二〇世紀後半になってきわめて多くの西洋人が神に背を向けた理由を、説明していこう。

もしあなたが、一九世紀の末にヨーロッパに住んでいる裕福な実業家だとしたら、あなたがプロテスタントである可能性はきわめて高かった。北欧の国ぐにで人びとをローマ・カトリック教会から決別させた宗教改革を期に、経済力の中心はオーストリア、フランス、イタリア、ポルトガル、スペインなどのカトリック国から、イギリス、オランダ、プロイセン、ザクセン、スコットランドなど、プロテスタントの国へと移った。この状況を見ると、信仰の形や礼拝の仕方が、ある意味で人びとの経済的な幸運と相互に深く関わっているかのように見える。問題は、プロテスタンティズムでは何が異なっていたのか、という点だ。ルターや彼の後継者たちは、単に一生懸命に働くだけではなく資本を蓄積するよう促して、何を教えようとしていたのだろうか。これらの疑問に対して最も説得力のある回答を持って影響力を及ぼしたのは、鬱病のドイツ人教授マックス・ヴェーバーだ。彼は現代社会学の父であり、「プロテスタンティズムの倫理」というフレーズを作り出した著作家だった。

ヴェーバーは、早熟な若者だった。ドイツの宗教革命の拠点の一つ、プロイセンのエルフルトで育ち、一三歳のときに「皇帝と教皇の位置づけを中心とするドイツ史の流れ」と題したエッセーを両親へのクリスマス・プレゼントにした。一四歳でキケロからウエルギリウスに至る古典作家に関してあちこちに手紙を書き、哲学ではとくにカントからスピノザに至る幅広い知識をすでに持っていた。少年のころからアカデミックな仕事が次々に成功し、二二歳のときには、法廷弁護士の資格を持っていた。それから三年のうちに「中世商業史」の論文で博士号を取得し、二七歳で、「ローマの農業史と私法の重要性」の論文で大学教授の資格を取り、ベルリン大学で講師の職を得た。三〇歳でフライブルク大学の経済学教授になり、さらに大胆なドイツ帝国主義を求めた就任講義によって好評も得たが、悪評も高かった。

このようにアカデミックな面では順調に昇進したが、それも一八九七年にひどい挫折を体験した。父親がヴェーバーと激論したすえに死んでしまい、その後ヴェーバーは何もできないほどひどい神経衰弱に陥った。一八九九年、彼は大学を休職して静養した。三年かけて回復したが、その間に宗教と経済的営みとの関わりについてさらに深く研究した。彼の両親はともにプロテスタントで、母方の祖父は熱心なカルヴァン派だった。父方の祖父は、リネン生地の商人として成功していた。母親はかなりの禁欲主義だった点から見ても真のカルヴァン派で、父親は対照的に、相続財産に心から感謝しながら生きている美食家だった。ヴェーバー自身が生きていくうえで、宗教と経済的な営みの相関関係が最大の難問だった。世俗的な富に対する姿勢として、両親のどちらが正しいのか。

宗教改革が始まるまで、キリスト教徒の信仰心は世の物質的なことがらとはまったく別のものと考えられていた。利子付きでカネを貸すことは、罪だとされた。カネ持ちの男が天国に行ける可能性は、貧乏人より低いと思われた。敬虔《けいけん》な生活をしている人たちへのご褒美は、死後にあった。ところが、少なくとも宗教改革を受け入れた国ぐにでは、そのすべてが一五二〇年代以後には変化した。ヴェーバーは自分自身の経験を振り返り、ヨーロッパ南部よりも北部のほうで資本主義への改革が強まったのはなぜか、と考え始めた。答えを出すには、大西洋を渡る旅が必要だった。

ヴェーバーは一九〇四年に、万国博覧会の芸術科学会議に出席するために、アメリカのミズーリ州セントルイスへ向けて旅立った。万博の会場になった公園は八〇〇平方キロあまりあったが、アメリカの資本家がすべてを展示しようと考えたら、それでも入りきらないほどだった。ヴェーバー

豊穣のアメリカを誇示したセントルイス世界博覧会，1904年（ミズーリ歴史博物館，セントルイス）

は、電気館のまばゆい明かりに目がくらんだ。交流電流の王様であるトマス・エジソン自身も会場に居合わせたが、彼はアメリカの起業家のシンボル的な存在だった。セントルイスの会場には電話から映画に至るまで、驚くべき現代技術があふれていた。工業国ドイツでさえも、古ぼけてのんびり動いているように思えた。このセントルイスのダイナミズムを、どのように解釈すべきなのか。ほとんど躁《そう》病《びょう》にかかったように休むことを知らないヴェーバーは、答えを求めてアメリカ中を走り回った。放心状態のドイツ人教授の様子はマンガのようで、アメリカに住むいとこのローラとマギー・ファレンシュタインに、忘れられない印象を与えた。とくに二人がびっくりしたのはヴェーバーの服装で、茶色のツイードのスーツに男性用のゆったりとしたニッカーボッカーをはき、茶色のひざまでのニーソックスという、奇妙な出で立ちだった。だがアメリカがヴェーバーに与えた強烈な印象と比べたら、それはたいしたインパクトではなかった。セントルイスからオクラホマまで、バーボンとかキューバという名のミズーリ州の小さな町を通り抜けていく列車の旅で、ヴェーバーはついに次のような答えを得た。

このような場所があるとは、信じがたい。労働者たちのテント張りのキャンプ、とくに建設中の鉄道の線路工夫《こうふ》、自然のままの「大通り」は、普通はほこりを防ぐために夏には二回ほど石油がまかれ、したがって臭くなる。四つか五つの宗派の木造教会が見られる。……これに加えて、際限なく「町」が拡張するにつれて、どこでも電信電話用の電線が絡み合い、電車のための鉄路が建設中だ。

セントルイスから一六〇キロほど西にあるセント・ジェームズという小さな町は、アメリカを横断し、西へ伸びていった鉄道に沿って生まれた、数千ある典型的な新しい移住者の町の一つだ。ヴェーバーが一〇〇年前にそこを通ったとき、彼はその町に、あらゆる宗派の教会やチャペルがあることにびっくりした。彼の記憶にはまだ新しい万博の、産業の実態を見せる豪華なショーがあり、彼はアメリカの物質的な成功とその活発な宗教的な営みとの、ある種の神聖同盟を認識し始めた。

ヴェーバーはハイデルベルクの研究室に戻り、「プロテスタンティズムの倫理と資本主義の精神」という、彼にとっては重要な二部作の論文の後半を書いた。このなかに、西洋文明に関するあらゆる議論のうち、最も影響力の強いものの一つが含まれている。つまり、プロテスタントの宗教改革は、経済的なダイナミズムを生んだが、それは意図的なものではなかった、とする説だ。ほかの宗教では、神聖なものと世俗的なものを、僧院で暮らす僧や洞窟の仙人などを通じて結びつけようとするのだが、プロテスタントの各宗派は産業と倹約を、新しい種類の勤勉な敬虔さを表すものとした。資本主義者の強い「欲求」は、言い換えればその根源では宗教的なものだった。「自信（神に選ばれたメンバーとしての）……を獲得するには、強力な世俗的活動を勧める。……（したがって）キリスト教徒の禁欲主義は……人生の市場へも深く入り込んでいった」。ヴェーバーは「根気強い労働」と呼んだが、それは、神の救いを約束された人に選ばれたこと、つまり選民に属することの最も確実な証《あかし》だった。プロテスタンティズムは、「伝統主義者の倫理を抑制することによって、富の獲得に向けて解放する効果がある。つまり、利益を妨げる足かせを法律で壊すのではなく、……神によって直接的に決定されたものとして利益を受け取る」と彼は論じた。プロテスタントの倫理は、さらに資本家に対して、「人生の目的を神によって定められたものとして献身的に働く、まじめで良心的、そしてけたはずれに有能な労働者を提供する」とした。

有史以来、人間は生きるために働いてきた。だがプロテスタントの人たちは働くために生きる。この労働倫理を、ヴェーバーは「自由労働の合理的な組織を持つ、まじめなブルジョア資本主義」

と定義し、それが近代的な資本主義を生み出した、と論じた。

ヴェーバーの論文に、問題がなかったわけではない。彼は「強い欲求を基盤にした合理的な行動」を「近代資本主義精神の基本要素の一つ」だと見なした。だが彼は、「キリスト教徒の禁欲主義」の非合理的な特質についても、次のように指摘している。「資本主義的な起業家の理念型は……自分の仕事をうまくやったという自己満足の気持ちを除けば、自分自身のために富から得るものは何もない」。逆に、「個人的な幸せのために、自分の事業を続けている」こともまた、「筋の通らない」不合理なことだった。さらに問題なのは、ヴェーバーのユダヤ人に対する嫌悪感で、彼の主張のなかではきわめて明確に例外的姿勢を取っていた。ヴェーバーによれば、「ユダヤ人たちは政治的にも思索的にも、大胆な資本主義の立場を取ってきた。彼らの気風は……社会ののけ者たちの資本主義だ。プロテスタンティズムだけが、資本と労働の合理的な組織の気構えを持っている」。フランス、ベルギー、その他の国のカトリック系企業の成功に、ヴェーバーは不思議なほど注目していない。事実、彼の証拠の扱い方は、彼の論文で目立つ欠点の一つだ。マルティン・ルターのことばおよびウエストミンスター信仰告白の記述は、ベンジャミン・フランクリンの引用や、ドイツ・バーデン州のプロテスタントとカトリックの教育達成度と所得に関する不十分なデータとうまく整合しない。のちの学者のなかで、とりわけフェビアン協会の経済史の専門家だったR・H・トーニーは、因果関係の方向が宗教的教義から経済行動に流れる、というヴェーバーの根本的な主張に何度も疑問を投げかけた。現実は逆で、資本主義の萌芽は、宗教改革以前にロンバルディアやフランダースなどですでに出現していた。一方で、指導的立場にある多くの改革者たちは、反資本主義的な見解を表明していた。一三〇〇年から一九〇〇年の間に、ドイツの二七六の都市でおこなわれた主要な実態調査から判断すると、少なくとも都市の規模が大きくなっても、「プロテスタンティズムが経済成長に与えた影響は認められない」ことがわかった。国全体の調査でも、似たような結論になっている。

それにもかかわらず、ヴェーバーの言うことはなぜ納得できるのか。たとえその理由が誤っていても、ヴェーバーの言うことももっともだと思う理由はある。確かに彼が見通したように、宗教改革以後のヨーロッパでは、プロテスタントの国ぐにはカトリックの国より明らかに早く経済成長する傾向が見て取れたし、したがって一七〇〇年までには、一人当たりの所得でプロテスタントは明らかにカトリックを追い越し、一九四〇年までにカトリック国の人びとは、プロテスタント国の人たちより平均四割も下回っていた。一九五〇年代以後でも、宗教だけでは経済的な差を説明できないが、プロテスタントの元植民地は、カトリックの元植民地より経済的に潤っていた。ルーテル派では個々に聖書を読むことが重要だとされたために、プロテスタントでは印刷物の普及もあったが、読み書き能力にも重点を置き、この二つが疑いもなく経済発展（「人的資源」の累積）を促し、同時に科学の研究も推進した。このような主張は、教育や就学、識字率向上への支出がとくに高いスコットランドにはぴったりだし、プロテスタント全体にも当てはまる。プロテスタントの宣教師たちはどの地域でも、長期的な利益をねらって教育したいと思う社会では識字率を向上させたが、反宗教改革（カトリックの改革運動）から第二次ヴァチカン公会議（一九六二〜六五）の改革までの期間をとおして、同じことはカトリックの宣教師たちに対しては当てはまらない。イギリスの植民地における就学率が、その他の国ぐにの植民地と比べて平均して四倍から五倍も高かったのは、その責任を背負っていたプロテスタントの宣教師たちの功績だといえる。一九四一年には、いまのインド・ケララ州で五五パーセントあまりの人びとが読み書きできたが、これはインドの平均より四倍も高く、ヨーロッパでもポルトガルのようにやや貧しい国の識字率と肩を並べていた。その理由は、プロテスタントの宣教師たちは昔のキリスト教コミュニティを思わせるこのあたりに引き込まれ、インドのなかでもケララ州で活動に励んでいたからでもある。プロテスタントの宣教師がいなかったところ（たとえばムスリム地区とか、ブータンやネパール、シッキムなどの保護領）では、イギリス植民地の人びとはあまりいい教育を受けるチャンスがなかった。プロテスタントの宣教師の活発な活動は、独立後の経済動向や政治的安定性にも貢献し、先行きにも光明をもたらした。最近の調査でも、プロテスタントの人びとはきわめて強く信頼し合っていて、これが効率的な信用ネットワークを開発するうえで重要な前提条件であることを示している。また一般的にいえば、どのような宗教信仰（形式的な儀式ではなく深い信心）であっても、とくに、天国と地獄の考えがこの世でいいおこないをしようという誘因になっているところでは、経済成長にも関係してくるようだ。これは、勤勉さと相互信頼だけではなく、倹約、正直、信頼、知らない人に対して心を開くことなど、どれもが経済的な恩恵をもたらす資質を意味すると思える。

つまり、宗教がもたらす影響は大きい。これまでの章でも、西ヨーロッパにおいて技術革新を促してきた競争的な制度の枠組みの開発に中華帝国は失敗し、儒教の「安定性の倫理」がそこで果たした役割を考察してきた。ヴェーバーが「プロテスタントの倫理」の続編『儒教と道教』（一九一六）で、中国は活気に欠けて変化にも乏しい社会だと述べたことが実際とは大きく違うとしても、一面の真理は含まれている。私たちは、イスラム教のイマムやムッラーたちが、どのような形でイスラム世界における科学革命の芽を摘んでしまったかも考察した。そしてカトリック教会が、いかにして南米の経済開発にブレーキをかけたかについても見てきた。だがおそらく、西洋文明の歴史に対して宗教が最も大きく関わってきた点はここにある。プロテスタントは西洋の人びとに働くことを奨励しただけではなく、節約し、読書することを勧めた。産業革命は技術革新と消費性向が作り出したものだ。だがそれは、貯蓄と投資によって資本を蓄積し、労働に没頭させ、労働時間の延長を要求した。とりわけ、人的資本の蓄積に依存していた。プロテスタントが推進した識字率の向上は、すべての面においてきわめて重要だった。振り返ってみると、プロテスタントのことばの倫理について考察したほうが賢明だったかもしれない。

西洋は今日のある重要な時点において、宗教とそれに付随する倫理の双方を失ったのだろうか。

ワクワクしようぜ

今日のヨーロッパ人は、世界の役立たずになっている。平均すると、彼らの労働時間はアメリカ人より短く、アジア人よりもはるかに短い。教育が長期化し早期退職が風潮になってきたため、ヨーロッパ人の就業期間は割に短くなった。たとえば、一五歳以上のアメリカ人の六五パーセント、中国人の七四パーセントが働いているが、ベルギー人とギリシャ人は五四パーセントだ。ヨーロッパでは労働可能年齢のうちの失業率は、一九八〇年から二〇一〇年にかけて、先進国の平均より高い。ヨーロッパ人たちはまた、ストに走りがちだ。とりわけ労働日数の少なさと、長期休暇のために、ヨーロッパ人の労働時間は短い。二〇〇〇年から〇九年にかけて、平均的なアメリカの就労者の労働時間は、年間一七一一時間弱（多くの労働者を時短に追いやった財政危機の影響により押し下げられた数字）だった。平均的なドイツ人の労働時間は一四三七時間で、アメリカより一六パーセントも下回った。これが、欧米の違いが定着した結果だ。一九七九年に、ヨーロッパとアメリカの労働時間の差は小さかった。平均的なスペイン人の労働者は、年間の労働時間を見ると平均的なアメリカ人よりも長時間、働いていた。だが、以後ヨーロッパの労働時間は五分の一も減った。アジアにおける労働時間も減ったが、日本の労働者はいまでも平均的なアメリカ人たちと年間同じぐらい働いている。平均的な韓国の労働者は、三九パーセントも多く働く。香港やシンガポールの人たちも、アメリカ人より三分の一を上乗せした時間、働いている。

労働倫理――西洋および東洋における年間労働時間（1950～2009 年）

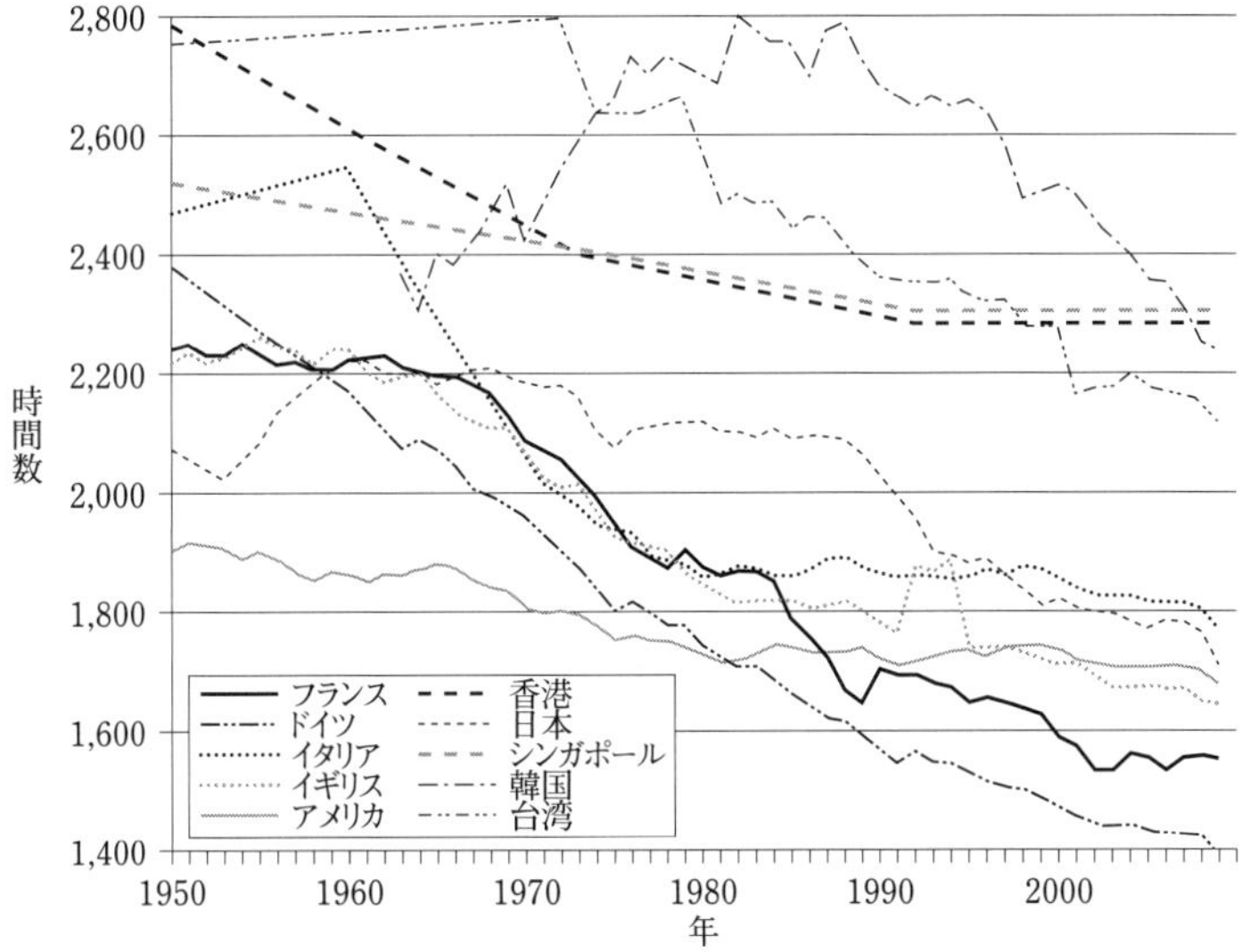

驚いたことに、大西洋をまたいだ両大陸における労働パターンの分化は、それと結びついている宗教的な分化と一致している。ヨーロッパの人間は労働時間が短いだけではなく、祈りもあまりやらない――したがって信心深くない。ヨーロッパ諸国は、自分たちを「キリスト教国」だと断言できた時代があった。ヨーロッパは、崇拝の行為にふさわしい、大陸で最もすばらしい数々の殿堂を建立した。彼らは、カトリックの聖変化説（訳注＝聖餐《せいさん》のパンとブドウ酒はキリストの肉と血になるという説）と、共在説（訳注＝キリストの肉と血はパンとブドウ酒と共在しているという説）との間で激しい論争をした。彼らは、異教徒たちを正しい信仰に導くことを目的とし、清教徒、宣教師、そしてインカ・アンデス文明を破壊したス

信仰と礼拝（1980年代初期と2000年代半ば）

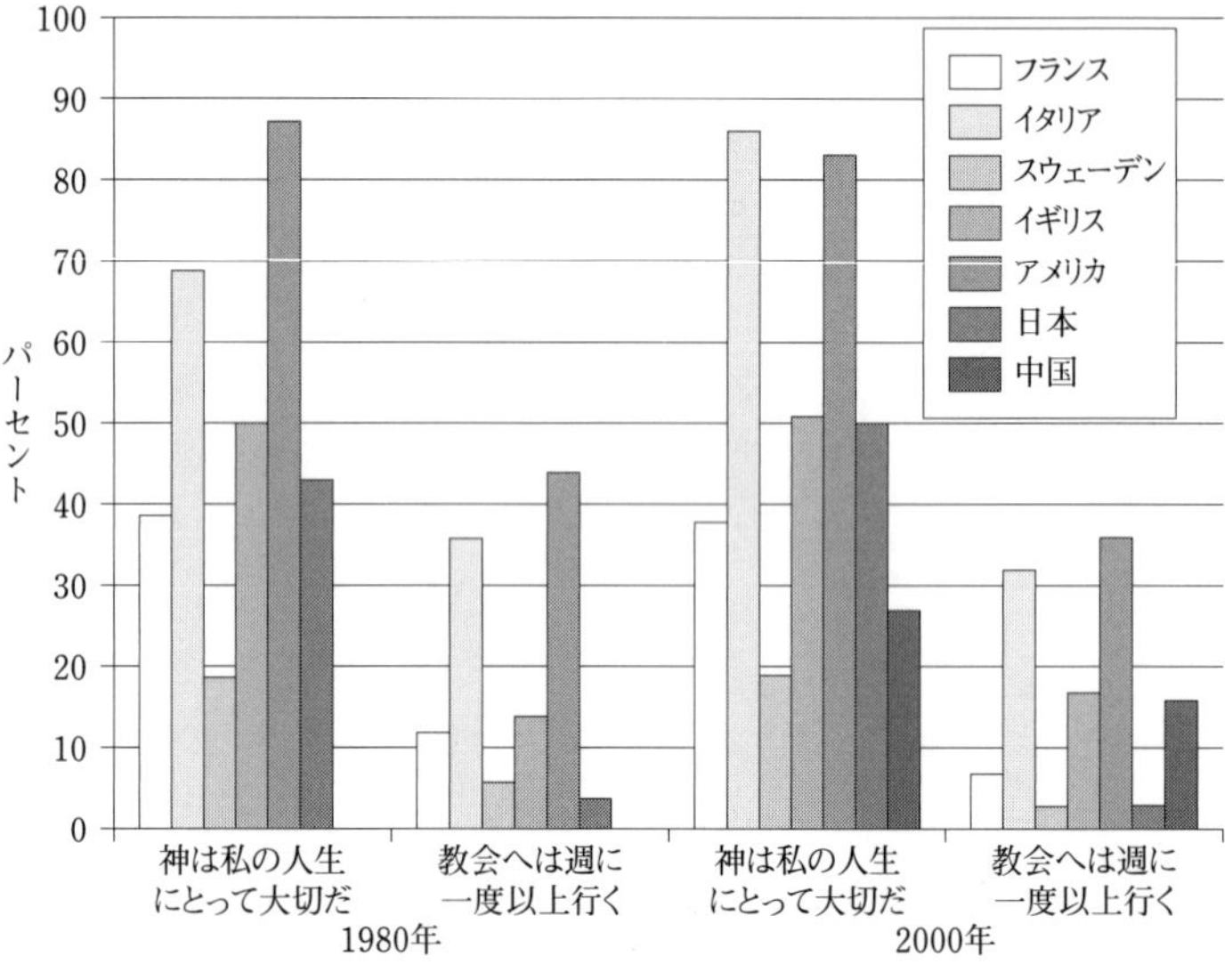

ペイン人の征服者として、世界の隅々まで足を運んだ。ところがいまや、そのヨーロッパの人間が宗教を信じなくなってきている。「世界価値観調査」の最新号（二〇〇五〜〇八）によれば、少なくとも週に一度は教会に行く比率は、ノルウェー人とスウェーデン人が四パーセント、フランス人とドイツ人は八パーセントだ。アメリカ人は三六パーセント、インド人は四四パーセント、ブラジル人は四八パーセント、サハラ以南のアフリカ人は七八パーセントが教会へ行く。カトリックが支配的な国ぐに、イタリア（三二パーセント）やスペイン（一六パーセント）ではきわめて高い。ヨーロッパのプロテスタント国よりも宗教行事が少ない国は、ロシアと日本だけだ。

神は「きわめて重要」だと考えるのはド

イツ人とオランダ人では一〇人に一人だけで、フランスの割合はそれよりもほんの少し高いだけだ。それと比較すると、アメリカ人の五八パーセントという数字は、生活のなかで神がきわめて重要だということを示している。神の重要性は中南米やサハラ以南のアフリカでさらに高く、最も高いのは、中東のムスリムの国ぐにだ。神が重要だという人数の比率がヨーロッパより低い（五パーセント以下）のは、中国だけだ。アメリカ人の三分の一弱は、神を信じない政治家は公職に向かないと見なしており、それに対してノルウェー人とスウェーデン人は四パーセント、フィンランド人は九パーセント、ドイツ人とスペイン人は一一パーセント、イタリア人は一二パーセントだ。インド人とブラジル人は半数しか無神論者の政治家を容認していない。政治では宗教はあまり重要でないと西欧諸国より強く思っているのは、日本だけだ。

イギリスの場合は、一九世紀に自分たちの信仰心を広めようと自ら決意した点がとくに興味深い。「世界価値観調査」によれば、いまでもイギリス人の一七パーセントが少なくとも週に一度は教会の礼拝に参加すると明言している――ヨーロッパ大陸より高いが、アメリカの半分以下だ。生活のなかで神が重要な存在だというのは、イギリス人の四分の一弱で、これまたアメリカの数字の半分以下だ。イギリスの数字が一九八一年と比べると少し上がっていることは事実だ（前回、週に一度は教会に行くと言ったのは一四パーセントにすぎず、神が彼らにとって重要だと答えたのは五分の一以下だった）。だがこの調査では、宗教別に調べたわけではないので、イギリスにおけるキリスト教がもっと衰退していることはほぼ確実だろう。二〇〇四年の調査では、週平均で、英国国教徒たちが教会へ行くよりも、ムスリムの人たちがモスクに行くほうが多かった。それに最近、教会へ行く人たちが増えているのは、非白人の会衆か、福音教会やペンテコステ派の会衆に限られている、と説明されている。二〇〇五年五月八日の日曜日に実施された一万八七二〇の教会の調査では、実際の出席率は人口の六・三パーセントで、一九九八年より一五パーセントも下がった。より詳細に調べてみると、イギリスは、礼拝への参加と信仰心の双方が崩壊している西ヨーロッパの状況に足並みをそろえているようだ。

イギリスのキリスト教離れは、割に最近の現象だ。作家G・K・チェスタトンは、『英国小史』（一九一七）で、キリスト教は文明と同義であることは自明だとして、こう記していた。

もし、私たちがキリスト教は一つの文化で、いまでもそうだといえば、その意味を知りたいという人がいるに違いない。それは、おおざっぱながら簡単に説明できる。つまり、「キリスト教徒」ということばの使い方のなかで……最も共通している点を尋ねることと同じだ。……一般の人たちの間で、日常会話のなかで、それは、文化や文明を意味してきた。『宝島』のなかで島に置き去りにされたベン・ガンは、ジム・ホーキンズに「文明とは久しくご無沙汰しているように感じる」とは言わなかったものの、「キリスト教の食べものはしばらく食べていないね」と言った。

イギリスのプロテスタント信者は（たとえば、アイルランドのカトリック信者と比較すると）、実際にはとくに熱心に礼拝に参加するほうではなかったが、教会の会員たちは一九五〇年代の後半までは、たとえ礼拝に出席しなくても割に数が多く、しかも安定していた。一九六〇年になっても、イギリス人の五分の一弱が教会の会員だった。だが二〇〇〇年までにその割合は一〇分の一に減った。一九六〇年以前は、イングランドやウェールズのほとんどの結婚式は教会で挙げられていたが、そのころから減少が始まり、一九九〇年代の末には約四〇パーセントにまで下がった。二〇世紀の前半には、英国国教会の復活祭《イースター》で聖体拝礼をする者は、おおむねイギリス人口の約五から六パーセントはあった。それが一九六〇年以降、二パーセントにまで落ちた。スコットランド国教会の数字も似たようなもので、一九六〇年までは安定していたがそれ以後、およそその半分にまで下がった。とくに驚くべき点は、堅信礼の減少だ。一九一〇年にはイギリスで二二万七一三五人の堅信礼がおこなわれたが、二〇〇七年にはわずか二万七九〇〇人に激減した。——それは五年前と比べても一六パーセントの減少だった。一九六〇年から七九年の間に、一二歳から二〇歳までの堅信礼の割合が半分あまりも下がり、それ以後も急激に減少し続けた。幼児洗礼を受けた者で、堅信礼を受けるのは五分の一以下だ。スコットランド国教会では、この凋落ぶりはさらに急激だ。ロンドンやエディンバラでは、「クリスチャン」ということばを、『宝島』のベン・ガンの感覚で使う人はいないだろう。

このような傾向が、今後も続くことは確かだと思える。キリスト教徒たちは、高齢化してきた。

一九九九年には、全人口のうち、六五歳以上は一六パーセントだったが、たとえばメソディストや合同改革教会の会員のうち、六五歳以上は三八パーセントだ。若いイギリス人は、神や天国をあまり信じない傾向にある。ある資料によれば、イギリスはすでに世界で最も神が信じられていない国の一つで、人口の五六パーセントは教会にまったく行っていない――西ヨーロッパでは、最大の比率だ。ジャーナリストであるマイケル・バークのテレビ・シリーズ「イギリスの魂」のために実施された二〇〇〇年の調査では、宗教の衰退が驚くべきレベルに達していることが明らかになった。キリスト教の信仰が神への最善の道だと考えた人たちは、調査した人たちの九パーセントにすぎず、三二パーセントはどの宗教でも同様に有効だと考えていた。ただし自分は無神論者だと断言したのはわずか八パーセントで、一二パーセントは何を信じたらいいのかわからない、と告白した。回答者の三分の二あまりが、明確に定着された道徳的なガイドラインを持っていないと答え、二四歳以下の年齢では八五パーセントは道徳律について考えてもいない（ところが不思議なことに、回答者たちの四五パーセントは、宗教の衰退がイギリスをいっそう悪い状態に導いていると考えている）。

二〇世紀の著名なイギリス人作家の何人かは、信仰の危機を予期していた。オックスフォードの学監でもあったC・S・ルイス（『ナルニア国物語』など、子どものためのお話で有名）は、悪魔はあざければ追い詰めることができるかもしれないという期待を込めて、『悪魔の手紙』（一九四二）を書いた。イヴリン・ウォーは『栄誉の刀』三部作（一九五二～六一）を書き、イギリス・カトリック教会が形骸化した墓碑銘を綴った。二人とも、第二次世界大戦がキリスト教信仰を強く脅かしたことに気づいていた。だが、彼らが予感した宗教離れが現実になるのは一九六〇年代になってからだ。では、なぜイギリス人は自らの伝統的な信仰を放棄したのだろうか。そのほかの多くの難問と同じく、この答えは一見、簡単に出せるように思える。ただ、闇雲にその原因を糾弾するする前に、詩人フィリップ・ラーキンが指摘したように、「六〇年代」を象徴するもの――ビートルズ、避妊ピル、ミニスカート――を、アメリカはキリスト教国であることを止めることなく、世俗的な快楽として楽しんできたことを思い起こす必要がある。今日、ヨーロッパの多くの人たちに聞いてみるといい。彼らは、宗教的な信仰は時代錯誤的なもので、中世の迷信の名残だというに違いない。彼らは、アメリカのバイブル・ベルト（訳注＝キリスト教が熱心な南部地帯）の宗教熱にはびっくりするだろう――本当に異様なのは、彼ら自身の信仰の欠如だということに気がついていないからだ。

もしジョン・レノンがヨーロッパでキリスト教を潰したのでなければ、だれがやったのか。ヴェーバーが予言したように、物質主義が信心深い人びとのもともとの禁欲主義を堕落させるに伴い（世俗化の仮説）、資本主義の精神がプロテスタンティズムの倫理の根源を揺るがすのは必至だったのだろうか。これは、（年老いてからは）聖者といわれた小説家レフ・トルストイの見解にきわめて近い。トルストイは、キリスト教の教えと、「私たちが文明、文化、芸術、科学と名づけた習慣的な生活状況」との間には基本的な矛盾があることに気づいていた。もしそうであるなら、経済開発のどの部分が、とくに宗教的な信仰と相反していたのだろうか。女性の役割の変化や、核家族の増加のためだったのか――これが大家族の崩壊や、西洋諸国の人口減少をもたらしたのだろうか。それとも科学知識――ヴェーバーが「世の脱神秘化」と呼び、とくに神の創造を語る聖書の物語を葬ったダーウィンの進化論が原因だったのか。死後の世界がそれほど怖くないほど、平均寿命が長くなったためにこうなったのだろうか。揺りかごから墓場まで私たちをずっと見守ってくれる、福祉国家による社会保障のおかげだったのか。それともヨーロッパのキリスト教は、現代文化という慢性的な妄想によって潰されたのだろうか。ヨーロッパのプロテスタントの労働倫理を殺した犯人は、ジグムント・フロイトにほかならなかったのではないか。

オーストリア・モラビア生まれの心理分析の父、ジグムント・フロイトは著書『幻想の未来』で、ヴェーバーへの反論を述べた。信仰を失って無神論者になったユダヤ人のフロイトにとって、宗教が西洋の文明を達成させ、拍車をかけることなど考えられなかった。それというのも、宗教は本質的に「幻想」であり、人びとが彼らの基本的な本能――とくに彼らの性欲や暴力、破壊的な衝動――に身をゆだねることを防ぐために工夫された「一般的な神経症」だからだ。宗教がなければ、大混乱に陥るかもしれない。フロイトは、次のように述べている。

もし「禁止条項」が取り払われて制約がなくなれば、気に入った女性を性の対象として選ぶこともできるだろうし、敵や邪魔者を躊躇なく殺すこともできるし、ほかの人が持っているもので欲しいものは断りなく強奪するようになるだろう。

宗教は、見境のない乱交や暴力を禁じるだけではなかった。宗教は「とくに死に際して見られる運命の残忍さ」や、日常生活の「苦難や不自由」に人間を調和させる働きをした。一神教のような宗教が神々を融合して一人の神を作ったら、「人間」とその神との関係は、子どもと父親との関係に見られるような親密さと緊密さを取り戻すことができるだろう。もし父親のためにさまざまなことをしてあげたなら、その人は報いられるに違いない。――少なくとも愛されている唯一の子ども、選ばれた民になりたいと願うだろう。

フロイトは、ヨーロッパで人類が宗教から完全に解放されることはほとんどないだろう、と考えていた。彼は次のように続けた。

もしヨーロッパ文明から宗教を排除したいと思うなら、別の教義システムが代替できる場合にのみそれが可能であり、そのようなシステムは、それ自体を守るために最初から宗教の心理学的な特徴すべてを引き継いでいなければならない。――同じ神聖さ、厳正さ、不寛容さ、同様の思考の禁止などだ。

スターリンとヒトラーの二人が恐ろしいカルトを広めた一九三〇年代には、それは確かにあり得そうに思えた。だが全体主義政治という宗教は、どちらの場合も、フロイトの宗教理論でいう原始的本能において、統治に失敗した。一九四五年までにヨーロッパは、モンゴルのチムールの時代以来まったく見られなかった行きすぎた暴力——集団強姦というショッキングな性的暴力も含め——によって疲労困憊《ひろうこんぱい》していた。多くの国で、とくに大量殺戮によって精神的に大きく傷つけられた人たち（ソ連のように）の最初の反応は、真の宗教に戻り、死者を悼むための由緒ある慰めのことばを使うことだった。

だが、一九六〇年代までに、総力戦や大量殺戮の記憶がほとんどない若い世代は、キリスト教が隆盛してから抑圧された欲望のはけ口を探し求めていた。フロイト自身の学説は若者の抑制に関する姿勢には否定的だったが、性的衝動への傾斜には同情を伴っており、ヨーロッパの人びとが教会を出てセックス・ショップに向かう誘因の役割も果たしていた。『文明とその不満』（一九二九〜三〇、ただし最初にアメリカで出版されたのは一九六一年になってから）で、フロイトは、そのころ存在していた文明と人間の最も根源的な衝動との間には、基本的な「対立」があると反論し、次のように記している。

このように攻撃的な傾向があることとは、私たち自身のなかに関知できるし、他人にも存在するが、この要素が私たちと周囲の人びととの関係をこじらせ、文明を甚だしく「エネルギーの」消耗の激しいものにしてしまう。この人間の基本的な相互の敵対行為の結果、文明が進んだ社会は、永久に瓦解する脅威におびやかされる。一般に共通した労働への興味があっても、一つにはまとまりにくい。本能的な情熱のほうが、理性的な興味より強い。文明は、人間の攻撃的な本能を制限し、心的な反動形成でそれを抑えるよう、最大限の努力をしなければならない。したがって……性欲望の抑制や、また……自分を愛すると同じく隣人を愛すること——という戒律が、それ以外に人間の本性に強く反するものは何もないために、正当化された。……文明はエロスに奉仕するプロセスであり、その目的は、個人同士を結びつけることであり、その結果が家族であり、そこから人種、民族、国家へと大きなユニットへ、そして人類全体に発展していく。なぜ、このようなことが起こるのか、私たちにはわからない。だがエロスの働きは、まさにこのようなことだ。……人間はリビドー（性本能）によって互いに結びつく。……だが人間が本来的に持つ攻撃本能は、すべてに対する個、個に対するすべての敵意であり、これは文明に敵対する。この攻撃本能は、死の本能から派生するもので、エロスと分かちがたく結びついているし、エロスとともに世界を支配している。思うに、文明の進化は、不可解なものではない。それは、人間という種において成り立つものであって、エロスと死の闘い、生きる本能と破壊の本能の間で起きるものだと認識しなければならない。この闘いこそが、人生そのものを本質的に成り立たせているものだ。

そのように理解すれば、ウィーン生まれの風刺作家カール・クラウスが、心理分析とは「治療をしているふりをしているだけの病気」だと言った意味が理解できる。だがヒッピーたちは、これを「みんな、勝手にやろうぜ」というメッセージだと解釈し、その通りに実行した。オンブレスの「レット・イット・オール・ハング・アウト（みんな、勝手にやろうぜ）」（一九六七）は一九六〇年代のマイナーな賛歌の一つだったが、最初の歌い出しが、「説教だぜ、だちどもよ、もうすぐ手にする、ジョン・バーリーコーンのウイスキー、ニコチン、そしてイヴの誘惑についてだ」というものだ。——いまでもリバイバルしているし、うまくまとまっていた。西洋でいま、最も説得力のある批評家たち（急進的なイスラムではない）の見るところ、一九六〇年代はフロイト以後の反文明の幕開けであり、自己の快楽を追求する特徴を持ち、神学を拒絶してポルノを好み、グロテスクなほど暴力的な映画やテレビゲームなどを前面に押し出した「ウォーノグラフィー」が幅を効かせるようになり、「平和の王子」に取って代わった。

ヨーロッパでプロテスタンティズムが消え失せたことに関する理論すべてに見られる問題点は、ヨーロッパのキリスト教離れに関して説明できたとしても、アメリカでキリスト教が続いていることに関して何一つ説明していない点だ。アメリカ人はヨーロッパの人たちと似たような社会・文化的な変遷を経験してきた。彼らは、裕福になった。科学的な知識も増えた。アメリカ人は、ヨーロッパ人たちよりもはるかに心理分析やポルノにさらされてきた。だがアメリカのプロテスタントは、ヨーロッパのような衰退現象を経験していない。それどころか、神は四〇年前と同じく、今日のアメリカでもその偉大さをほぼ失っていない。その最たる証拠として、毎週日曜日にアメリカの教会に集まる信者は、数千万人もいる。

矛盾しているように思われるが、アメリカでは一九六〇年代のセックス、ドラッグ、ロックンロールの新しい三位一体と、福音主義的プロテスタンティズムのブームが同時に起きた。ビリー・グレアム牧師は、ビートルズのほかにだれが広いスタジアムを若い人たちで埋め尽くすことができるか、を競うことになった。これは、反動というよりは模倣に近かった。一九六九年にマイアミで開かれたロック・フェスティバルで、グレアムは聴衆に「神さまに波長を合わせよう……。神の力に合わせていこう」と呼びかけた。一九七二年に大学のキリスト教徒グループであるキャンパス・クルセードは、ダラス（テキサス州）でエクスプロ72と呼ばれる福音主義の会議を開催し、クリスチャン・ウッドストック（ウッドストックでは一九六九年にロック・フェスティバルが開かれ、ヒッピーの対抗文化《カウンターカルチャー》を盛り上げた）を連想させるコンサートで締めくくった。シカゴ出身のカトリックのティーンエージャー、「プラスター・キャスター（石こう型取り屋）」のシンシアが、ジミー・ヘンドリクス、ロバート・プラント、キース・リチャーズ（だが決してクリフ・リチャードではない）の勃起したペニスのキャスト（型）を作って見せたとき、彼女はエロスがタナトス（死の本能）に勝利するというフロイトのビジョンを、現実のものにしたにすぎない。車のバンパーに書かれているように、結局は「神は愛」だ。この時期にアメリカは生まれ変わり、ポルノ的になった。

西洋文明が、神が不在のヨーロッパ、神を畏《おそ》れるアメリカと二つに分かれたように見える状況を、どのように解釈すればいいのだろうか。ヨーロッパでキリスト教が急降下している一方で、アメリカでキリスト教が持続していることは、どう説明したものか。ベストアンサーは、ミズーリ州のスプリングフィールドにある。シカゴとカリフォルニアを結ぶ二つの大戦の間にできたハイウェーの起点であり、「オザークの女王」と呼ばれるこの町は、ボビー・トゥループの一九四六年の歌、「ゲッツ・ユア・キックス・オン・ルート66（ルート66でワクワクしようぜ）」で不朽の名声を得た。もしマックス・ヴェーバーが一世紀前にここにやってきて、プロテスタントの多様性が印象に残ったとしても、現在のここを見たら、びっくりするに違いない。スプリングフィールドには、およそ一〇〇〇人の住民に対して一つの教会がある。バプティストの教会が一二二、メソディストのチャペルが三六、チャーチ・オブ・クライストが二五、チャーチス・オブ・ゴッドが一五——あわせて四〇〇ほど、キリスト教徒のための礼拝所がある。ところがいまや、「ルート66でワクワクしようぜ」どころではない。むしろ「ムカムカする」場所になった。

重要なことは、これらの教会はいずれも、信仰のための熾烈な競争に巻き込まれていることだ。ヴェーバーが観察したように、アメリカのバプティスト、メソディスト、その他の宗派の信徒たちのだれもが、だれが真の信仰心に厚いのか、地元のなかで競っていた。だが、スプリングフィールドでは今日、その競争は教会と教会の間でおこなわれ、まるで車の販売店やファストフード店の客引き競争のように激しい。ここの教会では信者を集め、引き留めておくには商売っ気が必要で、それを判断基準にすると、明らかに勝者といえるのはジェームズ・リヴァー・アセンブリーだ。ヨーロッパの人たちの目には、ショッピング・モールかビジネス街のように思えるかもしれないが、これはスプリングフィールドで最大の教会で、アメリカ全体でも最大級の教会の一つだ。ここの牧師ジョン・リンデルは、旧来の聖書に基づく教えばかりでなく、ロックンロールのような演出をも取り入れられる、才能のあるカリスマ的な説教者だ。彼はときには、イギリスのロック・オペラ「ジーザス・クライスト・スーパースター」（一九七〇）のような精神でロックに触発されたキリスト教徒の青年運動で一九七一年に『タイム』誌からお墨つきをもらった「ジーザス・レボリューション」を継承するような人物だ。だが、リンデルには痩せてハングリーな面もある。彼は神への宣伝（「神よ、あなたはすばらしい」）に努めるが、イアン・ギラン（「ジーザス・クライスト・スーパースター」のオリジナル・アルバムでイエスのパートを歌ったディープ・パープルのメンバー）にはそれほど似ておらず、むしろスティーヴ・ジョブズに近く、アップル社製の最新の小型端末、おそらくiGODとでも呼べそうなディスプレーをPRしている感じだ。リンデルにとって、プロテスタンティズムの倫理はスプリングフィールドでは生きており、うまく活用され、活気がある。集会に集まるメンバーは信仰によって勤勉になり、信仰がなければそうはなっていないだろうと彼は思っている。彼自身もエネルギッシュだ。日曜日だけで三度もおこなう活動的な礼拝と説教は、決して軽い仕事ではない。そして献金の容器が回されると、キリスト教の聖霊は資本主義の精神と融合するかのように思える。――だが、ミネアポリスの「リヴィング・ワード・クリスチャン・センター」のマック・ハモンドが好むような、傲慢な感じは与えないところがありがたい。マックは、

「聖書の基本はあなたの精神の成長を高め、仕事に成功し、人間関係を円滑にし、財政面でも潤う」ことを約束している。

ジェームズ・リヴァー・アセンブリーを訪問したおかげで、ヨーロッパとアメリカのプロテスタントの主な違いがはっきりした。宗教改革は、ヨーロッパでは英国国教会やスコットランド国教会を作ることで「国有化」されたが、アメリカではプロテスタントの宗派間でオープンな競争が許され、宗教と国の間にはつねに厳しい一線が引かれていた。これは、ヨーロッパにおける宗教の奇妙な死滅と、アメリカにおける不朽の活力を最もうまく説明していると思える。国家が宗教やビジネスを独占すると、効率が悪くなることが多い。場合によっては、国が介入したほうが宗教への参加者が増える傾向はあるが（その場合には、政府から気前のいい補助金があるかもしれないが、牧師の任命はほとんどできなくなる）。さらに一般論でいえば、宗教面における教派間の自由な競争は、礼拝の体験や教会員の増加をもたらし得る。このメカニズムが、アメリカの宗教を生かし続けてきた（この見方は、必ずしも目新しくはない。アダム・スミスは『国富論』で、教会がすでに確立された国と、競争を許している国を比較しながら、同じような主張をしている）。

だが今日のアメリカの福音主義者の動向は、スミスを驚かせないにしても、ヴェーバーに首をかしげさせそうな要素がある。現在、きわめて成功している宗派の多くは、まさにウォルマート崇拝に近い、ある種の消費者向けキリスト教を発展させてきたからだ。教会まで車で行くのは簡単だ。ただし映画館へ行くのとはやや違って、ソフトドリンクやスターバックスのコーヒーはない。そうなると、信者の要望は神に向けられる。したがってジェームズ・リヴァー・アセンブリーでの祈りは、個人的な問題を解くために次から次へと神に向けられることが多い。父なる神、その子と聖霊は、精神分析者やセラピストなど身の上相談の男性回答者や個人的なトレーナーに置き換えられた。白人アメリカ人の五分の二あまりが人生のどこかの時点で宗旨替えをしていて、信仰は気まぐれなものになってきた。

宗教をレジャーの形に変えるのにただ一つ問題になるのは、アメリカ人がマックス・ヴェーバーのいうプロテスタンティズムの倫理から大きくかけ離れてさまよってしまう点だ。ヴェーバーの倫理では、先送りされる満足感は資本の蓄積による必然の帰結だ。彼は、次のように述べている。

> プロテスタンティズムの禁欲主義は、所有することの楽しみを禁じていないものの、全力であきらめさせようと働きかけており、消費は勧めていない……。そしてもし、その消費に対する抑制が利益のために努力する自由と結びつくなら、その結果は禁欲は半ば強制的な貯蓄に向けられ、それによって資本が蓄積される。

実際には、私たちは実験を繰り返し、成果を積み重ねてきた。つまり節約しない資本主義への転換だ。アメリカでは、家計貯蓄率は住宅バブルの最盛期にゼロ以下に落ちた。各家庭は可処分所得すべてを消費したばかりでなく、家屋の純資産価値さえ引き下げてしまった。貯蓄意欲の減退も、財政危機に拍車をかけた。二〇〇六年に住宅価格が下がり始めると、連鎖反応が始まった。自宅の価格以上の借金をした人たちは、住宅ローンの利子の支払いを勝手に打ち切ってしまった。住宅ローン担保有価証券に投資した人たちは、大損害をこうむった。このような有価証券を購入して莫大な借金を抱えた銀行は、はじめに流動性の問題で行き詰まり、次に支払い不能に陥り、債務超過に悩まされた。多数の銀行を倒産させないよう、政府は救済に踏み切った。民間の債務危機は、公的債務の危機へと突然変異した。今日、アメリカにおける公的・私的債務の総額は、国内総生産の三倍半を超える。

これは、アメリカだけの現象ではなかった。同じパターンのバリエーションは、その他の英語圏の国ぐにでも発生した。アイルランド、イギリス、それより規模は小さいがオーストラリアとカナダだ。これは借入金を利用して投資する時代のフラクタル幾何学のように、同じ型の問題が異なるサイズで広域にわたって起きていた。ほとんどのヨーロッパ諸国では、さらに大きな不動産バブル現象が起きた――アメリカよりも住宅価格が所得に応じて跳ね上がった。――だがポルトガル、アイルランド、ギリシャでは、さらに厳しい公的債務危機があり、ドイツと金融統合をしていても大きな赤字を出すという間違いも犯した。だが二〇〇七年から〇九年にかけての財政危機はグローバルに影響を与えたものの、発端はグローバルなものではなかった。これは、過剰な消費と過剰な財務レバレッジの結果として、西側世界が創り出した危機だった。世界のほかの場所では――とくにアジアでは――状況はかなり異なったものだった。

貯蓄率は、西洋よりも東洋のほうがかなり高いことが一般的に認識されている。したがって個人の債務負担はかなり低く、住宅は即座に購入し、あるいは割に少額のローンで買える場合が多かった。それ以外の、たとえば消費者クレジットが果たした役割は、かなり小さかった。またよく知られていることは、私たちが考察してきたように、アジア人の年間労働時間は西洋の労働者たちよりもはるかに長い。――平均年間労働時間は、台湾の二一二〇時間から韓国の二二四三時間まで、幅がある。あまり評価されていないが、アジアにおける倹約意識と勤勉の高まりが、西洋化の最も驚くべき副作用の一つを生んだ。――中国において、キリスト教が広まりつつあることだ。

中国のエルサレム

中国において資本主義の精神がどのように芽生えたかは、だれもがよく知っている。だが、プロテスタンティズムの倫理が隆盛になってきたことについてはどうだろうか。上海にある牧師養成学校《チャイナ・パートナー》および華東師範大学が別々におこなった調査によれば、一九四九年には、プロテスタントのキリスト教徒はたった五〇〇万人だったが、いま中国には四〇〇〇万人もいる。ある推定値では、最大人数をさらに高く七五〇〇万人から一億一〇〇〇万人と見積もっている。これに二〇〇〇万人のカトリック信者を含めると、中国には一億三〇〇〇万人ものキリスト教徒がいることになる。今日では、すでにヨーロッパよりも中国でより多くの人たちが日常的にキリスト教を実践している。

中国では、世界中のどの国よりも早いスピードで教会が建立されている。しかも、聖書がどの国よりも多く印刷されている。南京の愛徳印刷有限公司は、世界最大の聖書印刷会社だ。同社は一九八六年に設立されて以来、北京語の五〇〇〇万部をはじめ、その他の中国語版を含めて、七〇〇〇万部あまりの聖書を刊行してきた。三〇年以内に、中国人口の二割から三割がキリスト教徒になる可能性もある。中国の歴史をとおして見ると、キリスト教の普及に対して強い抵抗があったため、それを考慮に入れると、いっそう注目すべきものとしてインパクトがある。

プロテスタンティズムがもっと早い時期に中国で根を張ることができなかったことは、むしろ不思議なくらいだ。七世紀の唐時代に、すでにキリスト教ネストリウス派の宣教師たちが中国にいた。最初のカトリック教会は、のちにカンバリクの大司教に任命されるジョヴァンニ・ダ・モンテコルヴィーノによって一二九九年に北京に建てられた。だが一四世紀末には、これらのキリスト教徒の出先は、明朝が敵意を持ったためほとんどが消滅した。宣教師の第二波は一七世紀のはじめにやってきて、イエズス会のマテオ・リッチが北京に定住する許可を与えられた。一七〇〇年代までには中国に三〇万人ものキリスト教徒がいたようだ。だが一七二四年に清朝五代の雍正帝《ようせいてい》（在位＝一七二二～三五）が追放・没収令をかけたことで、また弾圧が加えられた。

キリスト教の第三波は、一九世紀におけるプロテスタントの伝道だった。英国宣教師協会などの組織が、福音を持ち込むために数百人の福音伝道者を、地球上で最も人口の多い中国へ送り出した。最初の宣教師は二五歳のイギリス人、ロンドン宣教師協会のロバート・モリソンで、一八〇七年に広東に着いた。彼の最初の仕事は、到着する前に、中国語を学び、聖書を中国語に訳すことだった。広東に到着してからは、ラテン語・中国語の辞書を作り始めた。モリソンは東インド会社の職員として、一八一四年までに『使徒言行録』（一八一〇）、『ルカによる福音書』（一八一一）、『新約聖書』（一八一二）、『創世記』（一八一四）、『概説・神の贖罪の教え』（一八一一）、『キリストの教えにおけるカテキズム（問答形式の学習書）』（一八一二）の中国語への翻訳を終えた。これだけあれば、印刷機とそれに付随する機材の輸入許可を東インド会社から得ることができた。東インド会社はのちに、中国の権威筋の怒りを買うのではないかと恐れて彼をクビにしたが、モリソンはひるまずに前進し、「ヨーロッパと中国の文学と科学を育成し、ただし主に東洋の多島海にキリスト教を普及する」ためのアングロ・チャイニーズ大学をマラッカに設立するために引っ越した。ウィリアム・ミルンとの共同で聖書の翻訳を終え（一八二三年に出版）、中国の学生のための英文法をまとめ、完全な英語・中国語の辞書を作った。彼は一八三四年に、広東にある最初の妻と息子の墓に入るまでに『広東方言の語彙』（一八二八）を書き終えた。まさに、プロテスタンティズムの倫理が聖体に具現化された感じだった。

だが、初期のイギリス宣教師たちの努力は、思わぬ結果を生んだ。清朝の皇帝は、「謀反をけしかけかねない」恐れがあるという次のような危惧から、違反すると死刑に処すとしてキリスト教の布教活動を禁じようとした。

当該の宗教は、精神をあがめることもなければ、祖先を敬うこともせず、これはまさに健全な教義に背く。そのような思い違いに帰依《きえ》し、慣れ親しんできた人びとは、反逆的な暴徒と同じなのではあるまいか。

これには、先見の明があったといえる。一人の男性が、キリスト教の布教に考えられないほど極端に反応した。洪秀全《こうしゅうぜん》は、高級官僚としての適性を決めるための厳しい科挙の試験に合格して、伝統的な宮廷の行政管理を仕事にしたいと望んでいた。だが彼は試験に落ち、完全に意気消沈した。洪は一八三三年に、中国語の最初の聖書の共訳者であるウィリアム・ミルンに会った。その結果、試験後の落胆からたちまち立ち直るほどの影響を受けた。ミルンの警告には耳を貸さず、洪はイエス・キリストの弟だと公言した。さらに、外国から入ってきた競争、交易、勤勉さは破滅を招くものだとする内向きの儒教の哲学から中国を解放するために、神は自分を送ってよこしたのだ、と自ら宣言した。洪はある意味で、神を崇拝する人たちの社会を創り出したが、それに引きつけられた数千万の支持者のほとんどは貧しい階級だった。彼は、「偉大なる平和な天国」の指導者だと自認した。これは「太平天国」と呼ばれ、彼が率いた暴動の名称になり、長髪族の乱としても知られる。その反逆は広西（ヴェトナムと国境を接する）から南京までを席巻し、南京を自己流天国の首都に定めた。一八五三年までに彼の信者——赤い上着、長髪と厳しい男女差別を強要するのが特色だった——は、揚子江の渓谷地全域を支配下においた。謁見室には、次のようなことばが書かれた旗が

「太平天国の乱」による死者と破壊の様子

掲げてあった。

「敵を殺し、山や川のすべてを一つの天国にまとめよと、神のお告げがあった」

太平天国は、清王朝を覆すかに見えた時期さえあった。だがこの謀反は、北京や上海まで取り込むことはできなかった。流れは徐々に彼らから離れていった。一八六四年、清朝の軍は南京を包囲した。市街地が陥落する前に、洪は食中毒で死んだ。清王朝は彼の死を確実にするため、彼の火葬された遺体を掘り起こし、大砲に詰めて発射した。それにもかかわらず、太平天国の最後の軍隊が敗退したのは一八七一年になってからだった。死者はおびただしい数にのぼり、第一次世界大戦の参戦国の死者総計の二倍に達した。一八五〇年から六四年の間は暴動が荒れ狂い、そのために飢饉と疫病が蔓延し、中国中部から南部にかけて、推定二〇〇〇万人が命を落とした。一九世紀の終わりに多くの中国人は、西洋の商人は麻薬を商売にするが、西洋の宣教師たちは別の破壊的な影響をもたらした、という結論を出していた。イギリスの宣教師たちが太平天国の乱の後に中国に戻ると、外国人に対する強烈な敵意に遭遇した。

だが、宣教師たちはひるまなかった。ジェームズ・ハドソン・テイラーは、中国福音協会の代表としてはじめて中国を訪れた際、二一歳だった。彼の表現によれば、「数百万人が知識がないために死んでいった一方で、［イギリスのブライトンで］千人以上のキリスト教徒が自分たちの無事を喜び合った情景は見るに耐えない」。そう海外で考えたテイラーは、一八六五年に「中国奥地伝道団」を設立した。彼の戦略は、宣教師たちも清朝の弁髪を真似て、中国の衣装を身につけることだった。アフリカに赴いたディヴィッド・リヴィングストンのように、テイラーは、杭州市の本部でキリスト教の教義を広めるとともに、近代的な医療を施した。伝道団でもう一人、マタイ伝の漁師のごとく積極果敢な宣教師ジョージ・ストットは片足を失っていたが、三一歳のときにスコットランドのアバーディンから中国へやってきた。彼はまずチャペルの隣に書店を開き、そこでやかましい群衆に向かって説教し、人びとは罪のあがないを求めるよりむしろ好奇心にかられて集まった。彼の妻は、寄宿制の女学校を設立した。彼らと仲間たちは、福音書に関連のある新奇な気の利いた小物を使って改宗者を得ようと試みた。たとえばチャールズ・ハッドン・スパージョンは、中国の伝統的な宇宙論を表す色彩を組み込んだ文字のない絵本を作った。広く使われたバージョンとして

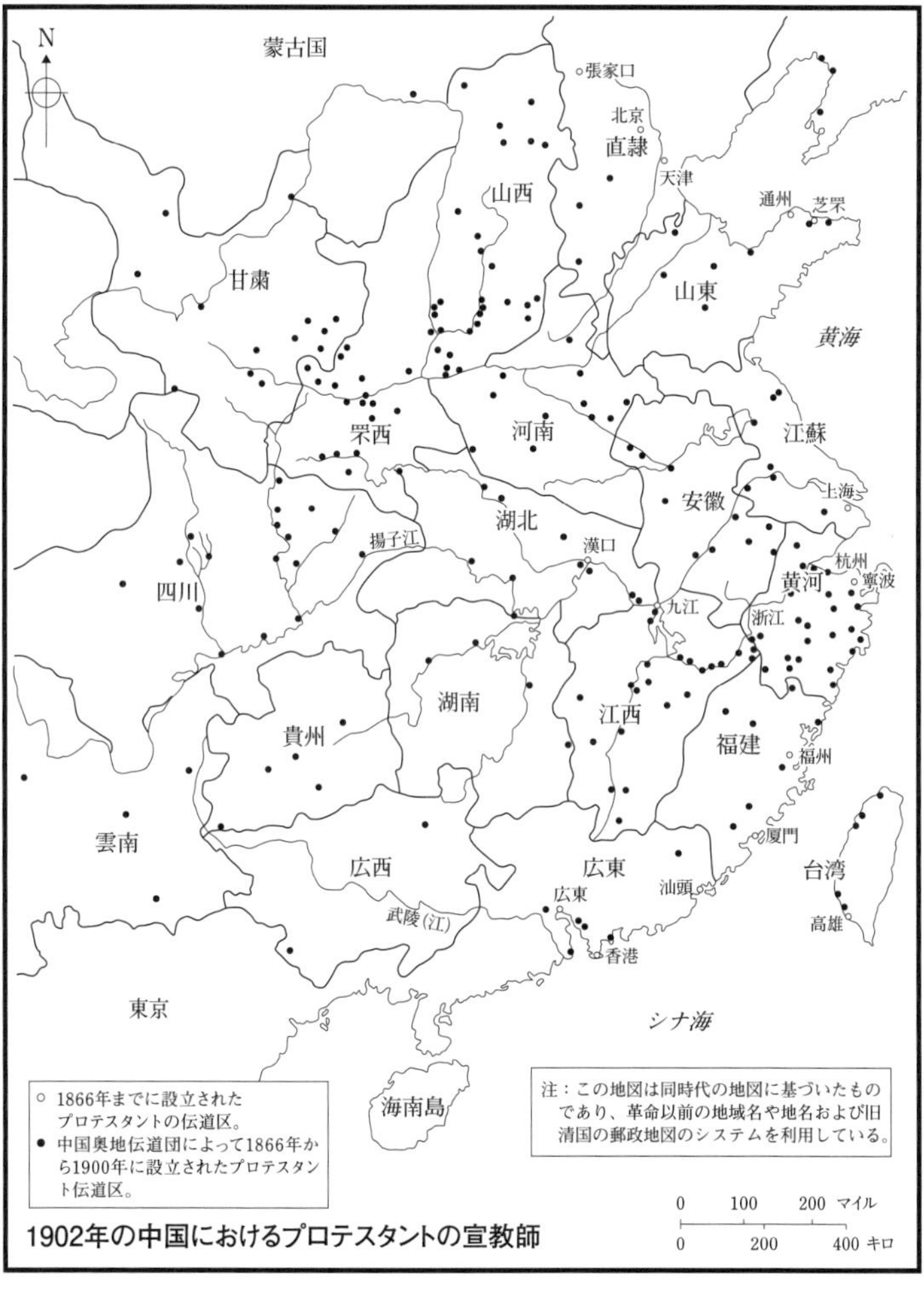
N
蒙古国
張家口
北京
直隷
天津
山西
通州
芝罘
甘粛
山東
黄海
河南
江蘇
罘西
上海
安徽
湖北
漢口
揚子江
杭州
寧波
黄河
四川
九江
浙江
湖南
江西
貴州
福建
福州
雲南
厦門
広西
広東
台湾
汕頭
広東
武陵(江)
高雄
香港
東京
シナ海
海南島
○ 1866年までに設立されたプロテスタントの伝道区。
● 中国奥地伝道団によって1866年から1900年に設立されたプロテスタント伝道区。
注：この地図は同時代の地図に基づいたものであり、革命以前の地域名や地名および旧清国の郵政地図のシステムを利用している。
0 100 200 マイル
0 200 400 キロ
1902年の中国におけるプロテスタントの宣教師

は、アメリカ人ドワイト・ライマン・ムーディが一八七五年に開発したものがあって、黒いページは罪を、赤いページはイエスの血を、白いページは神聖さを、金と黄色は天国を表す工夫がしてあった。

バプティスト宣教師協会が後援したティモシー・リチャード宣教師は、まったく異なる方法を取った。彼は「中国には愛と寛容の福音書が必要だったが、彼らには物質的な進歩や科学知識の福音も重要だった」と主張した。リチャードは貧困層の大衆よりも中国人エリートをターゲットにし、一八九一年に「中国人のキリスト教徒および一般知識普及協会」の事務局長になった。康有為《こうゆうい》の「自強運動」に重要な影響を与えると同時に、光緒帝《こうしょてい》（清一一代、在位＝一八七五〜一九〇八）の相談相手にまでなった。一九〇二年に山西省で開校したはじめての西洋式の大学の創設を保証したのは、リチャードだった。

一八七七年の時点で、中国には一八の異なるキリスト教の伝道団があり、ほかに三つの聖書協会が活動していた。いくらか変人気味のテイラーは、並外れた人数の独身女性を含め、イギリス人ばかりではなくアメリカ人やオーストラリア人から新しい宣教師をリクルートするのがとくにうまかった。ライバル同士の伝道団は互いに激しく競争するというプロテスタントの最も優れた伝統にのっとり、中国奥地伝道団とバプティスト宣教師協会は山西省においてとくに激しく縄張り争いを展開した。だが一九〇〇年に、また別の特異な宗教集団「義和団」の乱で外国人嫌いがふたたび噴き出し、中国からすべての「外国の悪魔」を追い出すことを求めた——今回は、西太后ははっきりと賛同していた。多国籍軍が介入して義和団を鎮圧する前に、奥地伝道団の宣教師五八人と彼らの子どもたち二一人が殺された。

宣教師たちは多くのタネを蒔いたが、結果的に清朝が崩壊して大混乱が広まるなかで、タネは発芽しても枯れる運命にあった。中華民国を創始した孫文は、広東出身のキリスト教徒だったが、一九二四年の内戦直前に亡くなった。そのときの国家的指導者・蔣介石と彼の妻・宋美齢――二人ともキリスト教徒――は、中国の長期にわたる内戦で共産主義者に負け、台湾へ逃げざるを得なかった。一九四九年の共産革命の直後に、周恩来と呉耀宗はイデオロギーと愛国心に基づいて、宣教師の影響力を弱めるために「クリスチャン・マニフェスト」を書き上げた。一九五〇年から五二年の間に、奥地伝道団は中華人民共和国から撤退した。宣教師たちがいなくなり、ほとんどの教会は閉鎖され、あるいは工場として転用された。教会は以後三〇年間、閉鎖されたままだった。共産党管理下のプロテスタント系「三自愛国運動」に加わることを拒否したキリスト教徒の王明道、阿倫元、謝模善は投獄された（それぞれ二〇年あまりの刑期）。「大躍進運動」（一九五八〜六二）と銘打たれた悲惨な時期――実際に約四五〇〇万人の命を奪った人工的な飢饉――には教会閉鎖の新しい波がやってきた。文化大革命（一九六六〜七六）の間に因習打破の嵐が吹き荒れ、多くの古い寺院が破壊された。「労働者の救世主」である毛沢東自身も、ヒトラーやスターリンらを上回る個人崇拝の対象になった。彼の妻・江青は、中国におけるキリスト教は永久に博物館に納められた、と宣言した。

マックス・ヴェーバーや、その後の二〇世紀後半の多くの西洋の専門家にとって、当時の中国がプロテスタント化して工業化する可能性は無視できるほど小さかった——ヨーロッパのキリスト教離れに比肩できるほどあり得ないことだった。中国の選択は、儒教の停滞と混沌の合間で硬直したままだった。それだけに、現在の状況変化には息を呑む。

上海の南部にある浙江省温州市は、典型的な工業の町だ。八〇〇万人の人口は増えつつあり、中国では最も企業が元気な町として注目を浴びている——自由市場の規制がゆるく、国家の介入が最も少ない場所だ。ヴィクトリア朝時代の人であれば、繊維工場や石炭の山の風景がすぐ目につくだろう。ここはいわば、アジアのマンチェスターだ。労働倫理が、最も裕福な起業家から最も貧しい工場の働き手まで、すべての人を活気づけている。温州の人たちは、アメリカ人より長時間、働くだけではない。彼らは、所得のかなりの部分を貯蓄に回している。二〇〇一年からアメリカの貯蓄が底を突く二〇〇七年までの間に、中国人の貯蓄率は国民総生産の四〇パーセントあまりにまで跳ね上がった。平均すると、中国人の世帯は収入の五分の一あまりを貯めており、法人も留保利益の形でそれ以上を貯蓄している。

だがさらにすばらしいことに、温州の人たちは西洋から労働倫理だけではなく、それ以上のものを取り入れてきた。彼らは、プロテスタンティズムも輸入していた。一五〇年前にイギリス人の宣教師が蒔いたタネは、遅まきながらきわめて風変わりな形で発芽した。文化大革命以前に町には四八〇の教会があったが、今日では一三三九もある――これらはすべて、政府から公認されている。ジョージ・ストットが一〇〇年前に建立した教会は、いまでは毎週日曜日には満席になる。また、一八七七年に中国奥地伝道団によって建設された教会は、文化大革命の期間は閉鎖されていたが、一九八二年に再開され、いまでは一二〇〇人の会衆が集まる。新しい教会もあり、屋根の上にまばゆい赤いネオンの十字架が立っていることが多い。彼らが温州を中国のエルサレムと呼ぶのも、不思議ではない。二〇〇二年にはすでに、温州の人口の約一四パーセントがキリスト教徒で、現在の比率は間違いなく増えている。しかもここは、毛沢東が一九五八年に「無宗教」の都市だと公言した場所だ。一九九七年に、役人たちは「十字架を外せ」というキャンペーンを始めた。だが、いまではあきらめたようだ。温州周辺の農村部では、どの教会が最も高い尖塔を持っているかを、村同士で堂々と競い合っている。

中国における現在のキリスト教は、大衆の「アヘン」とはかけ離れた存在になっている。温州でキリスト教徒のボスといわれる最も熱心な信者は、世界三大ペン製造会社の一つ、「愛好《アイハオ》（ホビーの意）」の社長である張漢平《ザン・ハンピン》のような起業家だ。敬虔なキリスト教徒である張は、マックス・ヴェーバーがイメージしていたとおりの、資本主義の精神とプロテスタンティズムの倫理を結びつけた生きた化身だ。農民の出身で、一九七九年にプラスチックの商売を始め、八年後に最初のペン工場を設立した。現在、彼は五〇〇〇人ほどの労働者を雇い、年間五億本ものボールペンなどを作っている。キリスト教が中国でもてはやされているのは、彼の見方によれば、共産主義から資本主義へ恐るべき速さで変化している社会についていこうと苦闘している人たちに対して、キリスト教は倫理的な枠組みを提供してくれるからだ。今日の中国では、信頼を得ることがむずかしい、と彼は私に話してくれた。政府の役人の多くが、堕落している。ビジネスの相手方は、だますのが得意だ。労働者は、雇用者から盗む。若い女性は結婚したあと、懸命に稼いだ持参金を持って消える。ベビーフードに有毒な成分が含まれていることはよく知られており、校舎は欠陥だらけの資材で建てられている。だが張は、自分のキリスト教仲間はみな勤勉で正直だから、信頼できると感じている。産業革命初期のころのヨーロッパやアメリカのプロテスタントの人たちと同じく、宗教的なコミュニティは信頼するに足りるネットワークと、同じく信頼できる同僚の輪を与えてくれるという、二つの役割を演じる。

過去には、中国の権威筋はキリスト教に対して大いに疑いの目を持っていたが、それは太平天国の乱が引き起こした混乱のためばかりではなかった。神学校の学生たちは、天安門広場の民主化運動で重要な役割を果たした。一九八九年の夏に最重要手配された二人の学生リーダーは、のちにキリスト教の牧師になった。その危機的な状況を経て、無認可の教会にはまだ取り締まりがあった。皮肉なことだが、毛沢東思想のユートピア的な理想主義は、救世主的というよりテクノクラート的なリーダーシップを求める風潮を生み、今日ではキリスト教だけがその欲求を満たしてくれるようだ。そして、太平天国の乱のときと同じく、現代の中国人のなかには、キリスト教に啓発され、不気味なカルトを信奉する人たちも出てきた。河南省や黒竜江省で活動している「東方閃電」運動のメンバーたちは、イエスは女性になって戻ってきたと信じている。彼らは、最大の競争相手である「三班僕人」と血なまぐさい闘争を展開した。また別の急進的な準キリスト教徒の運動、彼得徐の「重生運動（生まれ変わる運動）」は、「全教会」としても知られ、泣くことを強要するなど礼拝の仕方が騒々しいために「的呼喊（叫ぶ人たち）」とも呼ばれて広まった。このような宗派は、権威筋によって邪教、あるいは禁じられた法輪功の呼吸訓練運動と同じく（いわば悪魔の）カルトと見なされた。共産党がどうして、目上の世代や、昔からある「和諧《わかい》社会」の平衡状態を尊重する儒教を持ち上げようとしているのか、容易に理解できる。あるいは、二〇〇八年の北京オリンピック期間中、首都が外界からの感化に最大限さらされた際に、キリスト教徒に対する迫害が増大したことも驚くべき事態ではない。

毛沢東の時代でさえ、公認のプロテスタンティズムは、自己統治、自立、自己布教を原則とし――言い換えれば外からの影響を受けずに――「三自愛国運動」の形で大目に見られた。今日、南京にある聖保羅《パウロ》教会は、公認された三自教会の典型だ。一九九四年に肯侖頻《カン・レンピン》師が引き継いだときには、信者数はほんの数百人だったが、いまでは五〇〇〇人も定期的に礼拝に参加している。あまりにも人気が高くなったために、新参者は礼拝の状況を、近所に四つあるサテライト教会で閉回路のテレビで見なければならない。一九八二年、党の文書番号一九番で、「家庭内教会」運動を一時的に認めたため、個人の家でどちらかといえば密かに集会が開かれ、アメリカ式の礼拝形式が取られることが多かった。北京にある、金名月《ジン・ミングリ》牧師の錫安《シオン》教会は、三五〇人の会員がいる未公認の教会で、信者のほとんどが起業家や専門家たちで、ほぼ四〇歳以下だ。中国では、キリスト教が当世ふうになってきた。二度のオリンピックに出場した、女子サッカーのゴールキーパーの高紅《ガオ・ホン》はキリスト教徒だ。テレビ女優の魯李平《ル・リピン》や男性ポップシンガーの鄭鈞《ゼン・ジュン》も同じだ。唐李《タン・イー》のような中国人の学者は「キリスト教徒の信仰は、実質的に中国を征服し、中国文化はキリスト教化されるかもしれない」と公言している。——だが、実際に起こりそうなこととしては、「仏教の例と同じように、キリスト教は中国文化に吸収され……中国化されてトゲのない宗教になる」か、あるいは「キリスト教はその基本である西洋の特徴を残しながら、サブカルチャーのマイナーな宗教として定着するだろう」と予測している。

少なくとも中国共産党の指導者たちの一部は、長いこと躊躇していたものの、いまではキリスト教を西洋の偉大な力の源の一つと認識しているようだ。中国社会科学院のある学者によれば、以下の通りだ。

世界中で、西洋が優位にある理由を探すよう、私たちは求められた。……まず、西洋は私たちより強力な銃砲を持っているからだ、と私たちは考えた。次に、西洋には最高の政治システムがあるからだ、とも考えた。そのあと、私たちは西洋の経済システムに焦点を当てた。だが過去二〇年間に気づいたのは、西洋の文化の中心はあなた方の宗教、つまりキリスト教だという点だ。だからこそ、西洋は力強かった。社会・文化的な営みにおけるキリスト教の道徳的な基盤は、資本主義の浮上とその後の民主政治への移行を成功させた。これについて私たちは、なんの疑いも持っていない。

もう一人の学者・卓新平《ズオ・シンピン》は、「キリスト教徒が神の超絶性を理解した」ことが、「現在の西洋の社会や政治における多元的共存を人びとが受け入れるうえで、きわめて決定的な役割」を果たした点に注目して、次のように記している。

神の超絶性を理解して自らの判定基準として受け入れたため、自由、人権、寛容、平等、正義、民主主義、法の支配、普遍性、環境保護などのような概念の真の意味が理解できるようになった。

キリスト教徒の映画作家・袁志明《ユアン・ジミン》も、同意してこう言う。「西洋文明の核心は……キリスト教だ」。経済学教授の趙暁《ザオ・シャオ》によると、彼自身もキリスト教に改宗したが、キリスト教は中国に対し、汚職を減らし、貧富の格差を縮め、慈善事業を広げ、汚染防止にさえプラスになる新しい「共通のモラルの基礎」を提供する、と言う。また別の学者のことばによれば、「経済が活力を生むには、単なる快楽主義的な消費主義やずる賢い戦略よりも、まじめな道徳的規範が必要だ」という。江沢民は中国の主席と共産党のリーダーの地位を次世代に譲る少し前に、党の幹部が集まった席で、もし中国で服従してもらえそうな一つの法令を自分が出せるとすれば、それは「キリスト教を中国の公式の宗教にすることだ」と言ったとさえ伝えられている。彼の後継者である胡錦濤は、二〇〇七年に政治局で宗教に関する前代未聞の「勉強会」を開き、中国の最も有力な二五人のリーダーたちに、「繁栄する社会を築くためには、宗教を持つ人たちの知識と強さを結集しなければならない」と話した。中国共産党の第一四回中央委員会には、経済成長を持続させるための三つの要件を明記した報告書が提出された。基盤としての財産権、安全のための法律、それらを支援するための道徳律だ。

信仰のない国

もしこの見出しのことばが聞き慣れた表現であれば、それが普及している証拠だ。これまで考察してきたように、宗教は西洋文明の中心的な基盤だった。だが近年、西洋に住む私たちは宗教への信仰を失ってしまったように思える。ヨーロッパの教会が空っぽであるだけではない。私たちはまた、宗教改革後のヨーロッパで発展した多くの価値観にも疑念を持っている。資本家間の過当競争は、近年の財政危機と銀行マンの強欲さによって面目を失った。科学を学校や大学で学ぶ子どもたちは、きわめて少数だ。私的所有権は繰り返し政府に侵害されていて、その政府は私たちの所得や財産にむやみに税をかけようとし、その大部分をムダ遣いしている。ヨーロッパの帝国主義はほかの国ぐにに利益ももたらしたにもかかわらず、「帝国」は汚いことばとして禁句になった。私たちにリスクとして残されたのは、空虚な消費社会と、相対主義の文化――どれほど奇異な理論や意見も、私たちがかつて信じていたものと同じくらいいいものだ、という文化だ。

一般的には、チェスタトンは次のように言ったと考えられている。

「無神論者の問題点は、人間が神を信じなくなったら、彼らが信じないものは何もない、ということだ。つまり、何でも信じる」

ところがそうではなく、チェスタトンは『ムーン・クレセントの奇跡』のなかでブラウン神父に次のようなことを言わせている。

君たちはみな、断固として唯物論者だと断言した。そして実際には、信仰の端っこでみんなはうまくバランスを取っていた――なんであろうが、ほとんど信じる。今日、それでバランスを取っている数千人の人たちがいるが、すわるにはとがりすぎて、居心地の悪い端っこだ。君たちは、何かを信じるまで心が休まらない。

信心と不信心の違いを理解するには、二〇〇五年に起きたロンドンの地下鉄爆破に関与したイスラム教徒の一人、ムクタール・サイード・イブラヒムが、以前にロンドン北部の郊外スタンモアで隣人と交わした会話を考察してみるといい。エリトリアに生まれたイブラヒムは一四歳のときにイギリスに引っ越し、武装した強盗に関与したことで有罪判決と実刑を受けたにもかかわらず、イギリスの市民権を与えられたところだった。セーラ・スコットは、次のように回想している。

「彼は、私の家族がアイルランド人なので、私はカトリックなのかと尋ねた。私が神を信じていないと言ったら、彼は信じるべきだ、と言った。彼は、もしアラーの神をあがめたら、天国へ行ったときにそこの処女たちみんなが自分のものになるのだと言った。もしアラーの神様に祈り、忠誠を守るなら、八〇人の処女が与えられるのだそうだ」

ジハードの世界では当たり前らしく、異教徒を吹き飛ばす報酬なのだという。これをあざわらうことは簡単だが、セーラ・スコットのように何も信じない者が異質なのではないか。彼女が記憶しているイブラヒムとの会話は、西ヨーロッパにおける狂信的な少数派の人たちと、多数派の無神論者の間に存在する大きな隔たりを照らし出していて、興味深い。セーラは以前、隣に住んでいたイブラヒムが逮捕されたのちに思い出した。

「彼によれば、人びとは宗教を恐れるが、宗教は恐れるべきものではない」

チェスタトンが恐れていたのは、もしキリスト教がイギリスで衰退すれば、「迷信」が「古くから存在する合理主義と懐疑主義すべてを葬り去るだろう」ということだった。アロマセラピーから禅、そしてオートバイ修理技術に至るまで、今日の西洋はポストモダンのカルトにあふれているが、それがかつてのプロテスタンティズムの倫理のように、経済を活気づけ、社会を結び付ける要因になることはほとんどない。さらに悪いことに、この精神的な空白状態は、宗教的な信仰を持つ少数派の邪悪な野望に対して、西ヨーロッパの社会を脆弱な状態にしたままだ――それどころか、彼らを受け入れた国ぐににおいては、信仰の力と影響力を拡大させる要因になっている。過激なイスラムと西洋文明の間の闘いは、「ジハード対マックワールド」と戯画化されるが、このことが多くを語っている。現実に、一九世紀のイスラム教の原理主義運動ワッハービ派の信徒サイード・ジャマル・アルディンと、ムスリム同胞団の指導者であるハッサン・アルバンナやサイード・クトゥブの教えに触発されたムクタール・サイード・イブラヒムのようなテロリストたちに信奉されている教義によって、西洋文明の真価は脅威にさらされている。国家と教会の分離、科学的な手法、法の支配や自由社会の考え方そのもの――割に最近の、性の平等や同性愛の合法化などの西洋の道徳規準――すべてがイスラム教徒によって公然と拒否されている。

西欧諸国におけるムスリム人口動態の推計予測には、かなりの幅がある。ある推計によれば、ムスリムの総人口は一九九〇年の約一〇〇〇万人から二〇一〇年には一七〇〇万人に増えた。国単位の人口比では、フランスでムスリムが九・八パーセントで最も多く、ポルトガルが最小の〇・二パーセントでばらつきが大きい。このような数字は、未来の「ユーラビア」――大陸は二一世紀の末までにイスラム化される――を予言する学者たちの警告とは矛盾するように見える。だが、もしイギリスにおけるムスリム人口が年間六・七パーセントの割合で伸び続けるとしたら（二〇〇四年から〇八年にかけての実績）、イギリスの総人口に占める比率は二〇〇八年の四パーセント弱から二〇二〇年には八パーセントに増え、二〇三〇年には一五パーセントに、そして二〇四〇年には二八パーセント、二〇五〇年には五〇パーセントを超すことになる。

もし移民たちが移住先の文明の価値を受け入れ、あるいは受け入れるように誘導されても、大量移民は必ずしも文明の溶媒になるとは限らない。だが移民たちがうまく地元に順応できず、その結果、急進的な理論家たちに扇動されるとしたら、深刻なほど不安定な状況を生みかねない。きわめて重要なことは、単に数の問題だというわけではなく、アラブ・ムスリム同胞団、パキスタンのジャマテ・イスラミ（イスラム党）、サウジアラビアが財政支援をしているイスラム世界連盟、世界イスラム青年会議などのイスラム組織によって、ムスリムのコミュニティがどれくらい浸透してくるか、という問題だ。イギリスでおそらく最もやっかいな例をあげるなら、活発なムスリム同胞団から派生した「イギリス・ムスリム協会」、ジャマテ・イスラミから派生した「イギリスのイスラム社会」とその若手たちの「イギリス・イスラム青年」、そのほかに、「ヒズブ・アッタハリール（解放党）」と呼ばれる組織がある。最後の組織は、「イギリスを……二〇二〇年までにイスラム国家にする」という方針を明確に表明している。またテロリストたちを活発に徴用していることで有名なアルカイダと、同様に危険なハルカト・ウルムジャヒディンがある。このような組織の浸透ぶりは、決してイギリスだけに限ったものではない。

シェヘザド・タンウィールの場合は、いつの間にか急進的になっている状況を明示している。タンウィールは、二〇〇五年七月七日にロンドンに大混乱をもたらした自爆テロ犯の一人で、地下鉄環状線のオルドゲート駅とリヴァプール通り駅の間の車中で爆発を引き起こし、六人を道連れにして自殺した。ヨークシャー州で一九八三年に生まれたタンウィールの家庭は、それほど貧しくはなかった。父親はパキスタンからの移民で、フィッシュ・アンド・チップスの持ち帰り食品店で成功し、メルセデスに乗っていた。教育を受けていなかったわけではなく、リーズ・メトロポリタン大学でスポーツ科学の学位を取った。彼のケースは、どれほど経済的な余裕があり、教育や娯楽の機会があっても、イスラム教移民の息子が悪人の輪に入り込めば、狂信的なテロリストへの転向は防げないことを示している。この点に関しては、大学その他にあるイスラム教の「センター」が大きな役割を担っており、そのうちのいくつかは聖戦《ジハード》のための人材斡旋以上のことをしている。そのような「センター」はパキスタンなどのトレーニング・キャンプへの窓口になっている場合が多く、新たにリクルートされた人たちが信仰のない国から来た場合には、イスラム教化の施設へ送られる。一九九九年から二〇〇九年の間に、イギリスではあわせて一一九人がイスラムに関連したテロ犯罪で有罪にされ、その三分の二あまりがイギリス国籍を持っていた。三分の一弱が高等教育（大学など）を受けており、ほぼ同数がテロリストの訓練キャンプに参加していた。イギリスを基地にしたジハード的な攻撃計画は、ほかにもあった。二〇〇六年八月、若いイギリス人のムスリム・グループによる自家製爆弾を複数の大西洋横断の飛行機内で爆発させようという陰謀、およびナイジェリア生まれでユニバーシティ・カレッジ・ロンドンの卒業生による、二〇〇九年のクリスマスにアムステルダム発の飛行機がデトロイト空港に近づいたときに自らの肌着に隠していたプラスチック爆弾を爆発させようという試みが阻止された。幸運もあったが、対テロ作戦が効果的だったことを実証している。

最後の審判？

ギボンは『ローマ帝国衰亡史』で、紀元一八〇年から一五九〇年までの一四〇〇年あまりの通史を論じた。これはきわめて長期にわたる歴史で、その間に、個々の皇帝の性格障害から、古代ローマ皇帝の親衛隊の権力や一神教の興隆までが、衰退の原因としてあげられた。一八〇年にマルクス・アウレリウスが没したあと、野心的な皇帝たちが最高権力の強奪をねらって内戦が続いた。四世紀に至るまでに、未開人による侵略や移民が進み、勇猛なフン族だけが西へ移動して一時的に大帝国を築いた。一方、ササン朝ペルシャによる東ローマ帝国への挑戦は着実に強まった。最初に西洋文明が破滅したのは、ギボンによれば、きわめてゆっくりとしたダメージの積み重ねによるものだった。

だが、もし未開人の移住や、皇帝たちが敵対する政争がすべて古代帝国の末期には避けられない特色だったとしたら、これは終焉の前兆というよりもむしろ正常さの表れなのではなかろうか。この視点で見ると、ローマの没落は唐突で劇的だった。西ローマ帝国の最終的な崩壊は四〇六年に始まり、当時の侵略者であるゲルマン民族は、ライン川を渡ってガウル（ガリア）に、そしてイタリアへと流れ込んでいった。ローマ自体は、四一〇年にゴート族の手で略奪された。疲弊した皇帝によって取り込まれたゴート族は、当時スペインを支配するためにヴァンダル族と戦ったが、それは単に問題点を南に移しただけだった。四二九年から四三九年の間に、ゲンセリック王は北アフリカにおける勝利の後にカルタゴを陥落させ、ヴァンダル族を勝利へ導いた。ローマは南地中海の穀倉地帯を失い、それとともに税収入も失った。ローマ兵たちはバルカンから西へ移動する過程で、辛うじてアッティラのフン族を撃破した。西ローマ帝国は四五二年までに、イギリス全土、スペインの大部分、北アフリカの最も豊かな地域、ガリアの南西部と南東部を失った。イタリアのほかは、ほとんど残らなかった。皇帝レオ一世の義兄弟バシリスクスは、四六八年にカルタゴを奪還しようとしたが失敗した。ビザンチンは存在し続けたが、西ローマ帝国は滅亡した。ローマは四七六年まで、ドイツ・スキリ族の王オドアケルの領地だった。

歴史を現代の視点で読んで最も印象的なできごとは、ローマ帝国崩壊の速さだ。五〇年のうちに、ローマの人口は四分の三も減少した。五世紀末のころの考古学的な証拠――粗末な家、原始的な壺、数少ない硬貨、小ぶりの牛――は、ローマの温和な影響が西ヨーロッパのその他の国ぐにで急速に消えていったことを示している。ある歴史家が「文明の終わり」と称したものが、たった一世代のうちにやってきた。

私たち自身の西洋文明も、同じように突然、崩壊することがあり得るのだろうか。それは明らかに、一世紀あまりも前にチェスタトンからショーに至るイギリスの知識人につきまとい始めた恐怖感だ。だが今日、その恐れにはかなりの根拠がありそうに思える。とくに中国やその他のアジアの大国、さらには南米諸国が西洋とその他の国ぐにとの間の経済格差を縮め、人間が壊滅的な気候変動のリスクを冒している、という認識に大多数の科学者が同調している。地球の大気中の二酸化炭素の量が空前の量で増えてきたことに疑いはない。これが平均気温を上げる要因だという証拠もある。まだ十分に解明されていない点は、このような傾向が続くと地球の天候にどれだけの影響を与えるか、という問題だ。だが北極の氷冠がさらに溶けて海流の流れに変化が起きたり、海岸沿いの低地帯が洪水に見舞われたり、あるいはこれまでは持続的に農業が可能だった地域の砂漠化の進行なども、完全に非現実的だとは思えない。気候変動とは別に、アジアで貧困から抜け出して西洋化への道をたどる国ぐにでは人口が増え、エネルギーや食糧、飲用水の供給が地球規模で困難になることを恐れている環境保護論者もいる。気候変動のリスクに懐疑的な人は、歴史上、最も大規模で最も早い産業革命が知覚できるくらいの――見過ごすことのできない――環境破壊を起こしている中国に行って、ある期間、住んでみるべきだ。

この問題を議論する人たちのほとんどは――私もそのうちの一人だが――証拠を計測する科学者の資格を持っていない。私たちが環境災害に神経質になるのは、データよりも予測に慣れているからだ。大昔に記録された神話や伝説以来、ニーベルンゲンの北欧伝説から、パトモスの伝道者ヨハネによって書かれたキリスト教徒の終末論である「黙示録」という重要な論題まで、人は世の終わりという壮大な着想に引きつけられてきた。この黙示録編では、救世主、あるいは神の子羊が地球に戻り、ハルマゲドンの大決戦で非キリスト教徒を滅ぼした後、サタンは一〇〇〇年にわたって底なしの落とし穴に閉じ込められる。物語のヤマは、サタンが底なしの穴からふたたび現れて、神の敵であるゴグとメーゴグの勢力を呼び寄せるときにやってくる。これは、「雷が鳴り、大地震が起きる。それは人間が地上に現れて以来、いまだかつてなかったほどの大きな地震が起こる」（ヨハネの黙示録一六章一八節）合図だ。エホヴァの証人とセヴンスデー・アドベンティストはともにこの予言を文字通りに受け止めているが、それは決して彼らだけではない。アメリカの福音派キリスト教徒のきわめて多くが、「最後の審判」に近づいているという考えに共感しているという。多くの人たちにとって唯一の疑問は、「キリストとの出会いという至福の体験」がやってきたときに、取り残されてしまうのはだれか、という点だ。艱難《かんなん》の段階はすでに始まっている、という人もいる。二〇〇八年一二月一四日、財政危機がほぼどん底に達したときに、最初のトランペットが吹き鳴らされたといわれている。第二、第三、第四のトランペットが鳴ると、世界の大国としてのアメリカはすべり落ちる。五番目のトランペットが鳴ると、第三次世界大戦が起こり、数十億の人間が殺される。すると、この苦難の最後の日に、黙示録で予知したようにイエス・キリストが真の信者を救うために戻ってくる。今後やってくるハルマゲドンの闘いの場とされているイスラエルのメギドの遺跡の丘へ旅した私は、この種の至福千年王国の到来という信仰に引き寄せられたアメリカ人グループに出会ったが、まったく驚かなかった。新しい財政危機が起こるたびに、それを終わりの始まりと解釈して、資本主義の崩壊を強く望むような時代遅れの偏狭なマルクス主義者たちのように、彼らは、終末は彼らの時計が動いている間にやってくるのではないかという思いで身ぶるいする。

私たちの運命は終わりが近づいているという考え——衰退と崩壊は避けられず、ものごとは悪い方向にしか進まない——は、私たち自身が死すべき運命にあるという感覚に深く関わっている。個人として私たちは死ぬべき運命にあるために、私たちは本能的に、自分たちの文明も同じ道をたどるものだ、と思っている。「人はみな、草」（イザヤ書四〇・六）。同様に、虚飾の記念碑はすべてはかない残骸として終わる。私たちが達成したもののもの悲しい残骸の間を、風がむなしく吹き抜けていく。

だが私たちが一生懸命に捜し求めているのは、この複雑な社会・政治構造の領域で、衰退と崩壊の過程はいったいどのように展開していくのか、という点だ。文明は、ハルマゲドンの戦場で一気に崩壊するのか、あるいは長期にわたって衰退していくのか。この問題に結論を出す唯一の方法は、歴史的な説明そのものの原点に戻ることだ。

結論――ライバル同士

さて、アンソニーどの。あなたのお望みどおり、私どもは過去を予測したり致しません。そこで若手の諸君、私どもは将来を顧みることにする。

――シェリダン（一七五一～一八一六、イギリスの風刺劇作家）

あの世の電気トーチ部局は、特別の焼き網を備えておくべきだ。真の文明の精神に反するような素人劇をやった奴を、そこで燻《いぶ》る。

――P・G・ウッドハウス（一八八一～一九七五、イギリスのユーモア作家）

文明の生命周期《ライフサイクル》を推し量るには、ニューヨーク歴史協会の展示室に掲げられている、トマス・コールの五枚の連作絵画「帝国がたどる道」（一八三六）を鑑賞するのが最善だろう。一九世紀のアメリカ風景画の主流であるハドソン派の開祖コールは、いまでも人びとの心を捉える文明のサイクル理論を、みごとに視覚化している。

五つの作品は、大河の河口で岩場が露出した想像上の光景だ。最初の「未開の原野」には壮大で手づかずの自然が広がり、荒れ模様の夜明けのなかで何人かの狩猟採集民が乏しい食料をあさっている。二番目の「牧歌的なのどかな風景」では農業が始まっていて、住民は木々を伐採して開墾し、畑で農作物を栽培し、ギリシャふうの優雅な神殿を建てている。三番目は最大の絵「帝国の完成」で、画面いっぱいに広がる大理石の建物が荷物の集積場所として賑わいを見せ、二作目に描かれていた思索的な農民の姿はなくなり、こぎれいなみなりをした裕福そうな商人や地方総督、消費者である一般市民らがたくさん描き込まれている。人生でいえば、最盛期だ。そして四番目に、「破滅」がくる。夜のとばりが降りるなかで町は燃えさかり、侵略者が女を手込めにしようと、あるいは略奪しようと迫るなかで、住民は逃げまどう。そして最後の五枚目の「荒廃」では、月明かりの下、無人の光景のなかで柱だけが残って林立し、バラやツタが絡んでいる。

コールがこの五部作のアイディアを得て作品を残したのは一八三〇年代の半ばだが、ここには明確なメッセージが伝えられている。すべての文明は、たとえどれほど栄華を誇っても、いずれ凋落して滅びる、という歴史の教訓だ。

コールが生きていた時代、アメリカはまだ若くて一枚目の絵に描かれているような未開の状態だったから、商業が盛んになる気配もなかったし、征服や植民地化の野望もなかった。

歴史家や政治学者、文化人類学者、それに一般国民も、文明の興亡は長い時間をかけて進行し、長いサイクルで繰り返すものだと、何世紀にもわたって信じがちだった。古代ギリシャ時代のポリュビオスは、著書『歴史』の第六巻で、次のような政体循環論を展開している。

①君主制
②国王制
③独裁制
④貴族制
⑤寡頭制
⑥民主制
⑦衆愚制

ルネサンス期に入ってポリュビオスの著作をマキアヴェリやモンテスキューが引用して広まったためにこのような周期説《サイクル》が再評価され、脚光を浴びた。似たような政体循環論は、一四世紀のアラブの歴史家イブン・ハルドゥーンの著作や、中国・明時代の記録にも残されている。イタリアの哲学者ジャンバッティスタ・ヴィーコは著作『新しい科学』(一七二五)で、すべての文明は三つの局面を経て回帰すると考えた。神の時代、英雄の時代、人類が合理的に活動する時代で、「野蛮な回想」によって神の時代に戻り、反復する。イギリスの政治哲学者でボリングブローク子爵ヘンリー・セントジョンは、一七三八年に次のように書いている。

「最もすぐれた政府でさえも、最高にすぐれた動物の体と同じように、破壊への萌芽を内蔵している。しばらくは成長を続けていい方向に進んでいくが、やがて目に見えて衰えていく。時が経つにつれて、生き延びる時間は着実に短くなっていく」

アダム・スミスは『国富論』のなかで、経済成長を「裕福さ」と名づけたが、これはやがて「静止状態」に戻ると考えた。

理想主義者と唯物論者が一致するのは、つまりヘーゲルとマルクスの意見が合うのは、歴史には鼓動があるという点だ。『西洋の没落』（一九一八〜二二）を書いたドイツの哲学者で歴史学者オズヴァルド・シュペングラーが見るところ、歴史にも季節変動がある。一九世紀のヨーロッパは冬の時代で、唯物論がはびこり、懐疑論が幅を効かせ、社会主義が勢力を増し、議会政治が定着し、カネがモノをいうようになった。イギリスの歴史学者アーノルド・トインビーが、『歴史の研究』（全一二巻、一九三六〜五四）で展開した周期説《サイクル》はこうだ。——挑戦すべき論点が頭をもたげると、まず「クリエイティブな少数派」が反応を示すが、やがて衰退が始まる。彼の用語によると「文明の自殺」だが、それは挑戦に対して国家の指導者たちがクリエイティブに反応することができなくなった場合に起きる。

もう一つ壮大な理論は、ロシア生まれでアメリカに移住した社会学者ピトリム・ソローキンが提唱した社会周期論《サイクル》で、それによると主要な文明は三つの段階を経るという。最初は「観念的」（精神的）だが、次には「身体的」（物質的）になり、やがて両者が合体して「理想的」になる。

アメリカの歴史学者キャロル・キグリーは、ジョージタウン大学の外交大学院で教えているが（彼の生徒のなかに、のちの大統領ビル・クリントンもいた）、彼によると文明は人間と同じく七つの段階を経るという。混淆《こんこう》、熟成、拡張、対立、帝国、堕落、侵略だ。キグリーは、人生の周期《サイクル》と重ね合わせて、次のように説明する。

進化の過程は、次のように進む。……まず、文明が誕生する。活力のある拡張期に入ると、大きく広がって権力も増す。……やがて、組織にほころびが出始める。だが危機を乗り越えると、文明は再編される。……ただし、活力や意欲は衰える。安定は得られるが、停滞も忍び寄る。平和と繁栄の黄金時代が過ぎると、内部の危機がふたたび頭をもたげる。この段階ではじめて、道徳や肉体の衰えが知覚できる。……そうなると、外敵に対して文明を守ることがむずかしくなる。……文明は弱まって押し潰され、姿を消す。

それぞれ異なるモデルだが、歴史がリズムを持っているという点では共通している。
現在、シュペングラー、トインビー、ソローキンの著作を読む人はほとんどいないだろうが、キグリーの「陰謀説」（ものごとは偶然に発生するものではない）には、一定の支持者がいる。似たような発想の現代版としては、広く読まれたポール・ケネディの『大国の興亡』（一九八七）がある。これも「歴史は繰り返す」ことがテーマだが、大国の興亡は産業基盤の成長率にかかっており、また、経済規模に見合った帝国維持の費用対効果がカギだとされている。トマス・コールの連作絵画「帝国がたどる道」にも描かれているように、帝国が版図を拡大すると、将来の衰亡のタネを蒔くことになる。ケネディは言う。

「国家が戦略地域を拡大しすぎると、……拡張費用もかさみ、潜在的な利益もだいなしにしかねないリスクを覚悟する必要が出てくる」

この「帝国の過剰拡大」は、ケネディによれば、どの大国にも共通した傾向だ。この本が出版されると、多くのアメリカ人が危惧を抱いた。――アメリカも、同じ病にかかるのではなかろうか。

さらに新しい本としては、文化人類学者のジャレド・ダイアモンドが書いた『文明崩壊』(二〇〇五)がある。これは、「緑の時代《グリーン・エイジ》」にふさわしい歴史サイクルの物語だ。話は一七世紀のイースター島から二一世紀の中国まで、自然環境を自らが破壊した結果(あるいは破壊しつつあるため)、自らが破滅する話だ。ダイアモンドが引用しているエピソードに、アメリカの探検家でアマチュア考古学者ジョン・ロイド・スティーヴンスがメキシコで発見した、古代マヤ帝国の不気味な埋もれた町の話がある。彼は、こう書き残している。

「ここにあるのは、品位と教養を兼ね備えた類いまれな人々の名残だ。国家の盛衰に伴うあらゆる局面を経た人々、最盛期を迎え、やがて消えていった人々が残した足跡なのだ」(楡井浩一・訳)

ダイアモンドによるとマヤの滅亡はマルサスの人口論のとおり、人口が増えすぎて当時の不安定で不十分な農業では支えきれなかったからだ、と推定する。だれもが農作物を増産しようと考えただろう。だがそのためには森林の伐採が必要で、そうなると土地の浸食が進み、干魃が起き、土壌は疲弊する。食料が不足するため奪い合いの内戦が始まり、ついに崩壊に至る。

マヤの滅亡を描いたダイアモンドの推論は、現在では起こらないかもしれない。ここで重要な点は、環境破壊による自殺行為には長い時間がかかることだ。しかしあいにく、原始社会であっても文明化社会であっても、政治指導者は一〇〇年あまりも先のことはあまり真剣に考えたがらない。二〇〇九年一二月にコペンハーゲンで開かれた国連の気候変動会議では、次世代の「地球を救う」ためというレトリックで、豊かな国と貧しい国の対立を乗り越えることはできなかった。私たちはかわいい孫のことまでは考えられるが、その先の世代までは思いが及ばない。

だがこのような概念規定だけでは、成果が得られずに終わりがちだ。またコールのように、絵画で文明の誕生・成長・死滅の推移を視覚的に表現しても、歴史的な過程を正確に伝えることはできない。もし歴史は繰り返さず、ゆっくりと進行して不規則な動き──ときに停滞したまま、あるいは突然に加速するとか──しか見せないのだとすれば、どのようなことになるのだろうか。あるいは、歴史的な時間が四季の移り変わりのように予測できるものではなく、夢のようにゆがんでいたら、どのようになってしまうだろうか。もし文明の崩壊が何世紀にもわたってゆるやかに進行するのではなく、深夜の強盗のように瞬時に起こってしまうのであれば、どうだろう。

私がこの本でお伝えしたかったことは、文明とはきわめて複雑で、数多くの構成要素が不規則に絡み合ったもので、エジプトのピラミッドよりもナミビアのアリ塚に近いことだ。コンピューター・サイエンティストのクリストファー・ラングトンの表現を借りれば「カオスの端っこ」で、つまり秩序と無秩序の間でなんとか運用されている。このようなシステムでは、短期間であれば均衡を保ってうまく機能できるかもしれない。ただし、つねに微調整をしながらだ。だが、ときに「臨界に達する」瞬間がある。そうなると、ごく軽く触れただけで穏やかな均衡状態から危機状態にまで「相転移」しかねない。砂の一粒を取り除いただけでも、砂上の楼閣は崩壊するかもしれない。

文明の複雑さを理解するために、自然科学者が複雑性の概念をどのように使っているかを調べてみよう。五〇万匹のシロアリが集団作業で、かなり複雑なアリ塚を作る。あるいは、水の分子がきれいな六角形の対称的な幾何学模様の雪の結晶を作り出す。人間の知能も複雑で、何十億もの神経細胞《ニューロン》が、中枢神経系のなかで接合している。神経科学者のチャールズ・シェリントンは、これを「魅惑的な機織《はたお》り機」と呼んだ。私たちの免疫システムも複雑で、抗生物質が異物と認めた抗原を攻撃して防衛する。自然界の複雑なシステムには、共通した特性がある。わずかな刺激が加えられると、大きくて予測できない変化が起こることがあり、科学者たちはこれを「増幅効果」と呼んでいる。因果関係は単純ではないことが多いから、観察した結果を一般化すること（たとえば、傾向分析やサンプリング調査）は、それほど有効な手段ではない。したがって、過去のデータをもとにして複雑なシステムの未来を占う法則を導き出すことはほとんど不可能だと断定する科学者さえいるほどだ。だが、たとえば山火事に関しては一般論が引き出せる。現代物理学の用語を使えば、火事の前の山林は「自己組織化臨界性」という状況にある。つまり崩壊寸前だが、どれほどの規模で崩壊が起こるのかわからない。山火事の大きさの分布は、一般の正規分布曲線のいわゆる釣り鐘型カーブに収まるものではないからだ。成人男性の身長は一七〇センチあたりに集中するように、ほとんどの火事の規模は平均値に集中するが、山火事はそうはいかない。山火事の発生頻度に対して火事の大きさをプロットすると、むしろ直線が浮かび上がる。そうなると、今年の山火事が小規模なものか大火事になるのか、統計的に読める。昨年の二倍の大きさの山火事が起こる可能性は、四倍（六倍か八倍になるかどうかは、森林の大きさによって異なる）も低い。このようなパターンは、「冪乗《べきじょう》分布」と呼ばれる。このような現象は、自然界ではごく普通に起きる。山火事ばかりでなく、地震や疾病についても同様なことがいえる。ただグラフの線の傾きが異なるだけだ。

人間が創り出した政治・経済の制度は、自然界の複雑なシステムと共通点が多い。やや風変わりな経済学者W・ブライアン・アーサー（一九四五〜）は、この考えに基づいて数十年も議論している。アダム・スミスの「見えざる手」よりもう一歩、踏み込んでいて、複合的な利潤極大化の個人像を導いているようだし、フリードリヒ・フォン・ハイエクの計画経済や需要管理への批判も越えている。アーサーの目から見れば、経済は政府の中枢がコントロールしているのではなく、分散したさまざまな機関の相互作用で動いているにすぎず、さまざまなレベルの機関が並列していて、絶えず手直しされ、つねに新たな市場の開拓が試みられ、全体的に均衡しているわけではない。旧来の経済理論によれば、競争が激化すれば収益は減少するはずだが、複雑化した現代の経済システムでは、増収はかなり期待できる、と論じる。この視点で眺めれば、シリコンヴァレーではその複雑な経済システムが現実に動いていることがわかる。インターネットも、同じ状況にある。二〇〇七年に起こった世界的な金融危機も、この視点から説明できる。ナシム・タレブ（訳注＝ベストセラー『ブラック・スワン――不確実性とリスクの本質』の著者）によると、世界経済は二〇〇七年春の時点で、電力送信網が限度めいっぱいまで最適化していたような状態だった。アメリカの住宅サブプライムローンが債務不履行になるというさざ波ほどの余波によって、世界経済全体がいわば停電状態に陥り、ひところは国際貿易が完全停止しそうな状態にまで追い込まれた。複雑系の研究をしているサンタフェ研究所の研究員たちは、このような事態の洞察が人間のほかの分野での活動にどのように応用できるのかを追求している。そのなかには、「メタヒストリー」も含まれている。

これは難解に聞こえるかもしれないが、それほどたいそうなものではない。なぜかといえば、戦争は経済危機のように分散していないからだ。イギリスの物理学者で気象学者でもあるルイス・フライ・リチャードソン（一八八一〜一九五三）は、「死傷者を伴う戦闘」を、死傷者の常用対数を基礎に、殺人から世界大戦に至るまで規模によって区分した。この方式で算出すると、一〇〇人を殺害するテロ行為はマグニチュード2の大きさで、一〇〇万人の犠牲者が出る大戦はマグニチュード6の衝突になる（付け加えれば、マグニチュード6±0・5の戦争による死者数は、三一万六二二八人から、三一六万二二七八人の間になる）。リチャードソンの計算によれば、一八一五年から一九四五年の間にマグニチュード2・5を超える戦争（したがって死者数が三〇〇人を超える）は三〇〇回あまりを数えるという。うち二つがマグニチュード7の二度の世界大戦で、死者は少なくとも三六〇〇万人である（全体の六割を占める）。しかもここには、マグニチュードはゼロだが、戦争の影響による饑餓や疾病、二、三人程度の小規模な殺害は含まれていない。その数は九七〇万人に達し、比率は一六パーセントにのぼる。これらの数字は完全にランダムに見えるかもしれないが、ちゃんと「冪《べき》法則」に則っている。

もし戦争が山火事と同じように予測できないものであったとしても、戦争の役割を考えてみれば、文明の興亡論にとって、ここから得られる示唆は大きい。文明は複雑だから、中央政府がどのような形態であっても、経済・社会・政治が絡み合っている。文明はどのような形態や規模でも、自然界と同じ特色を多分に見せている。安定しているように見えても、突然、不安定な状況に転化しかねない。

第6章でも見てきたように、西洋文明は最初の古代ローマ文明をはじめとして、静かに姿を消したわけではない。外部から蛮族の侵攻を受けて大混乱を起こし、五世紀のはじめに一世代のうちに崩壊した。文明は割に短期間に崩壊してしまうというのが、この本の一つの要点だ。一五三〇年の時点でインカが隆盛をきわめていたことは、アンデスのさまざまな都市調査によってはっきりわかっている。わずか一〇年足らずのうちに、ウマと鉄砲を持った外国からの侵略者と彼らがもたらした疾病のおかげで、インカ帝国はあっけなく潰《つい》えた。中国の明朝も、一七世紀の半ばにあっという間に崩壊した。最初は均衡が保たれていたものの、一〇年あまりで無秩序がはびこった。フランスのブルボン王朝も同じように、勝利の栄冠からたちまちテロの時代に落ち込んだ。北米のイギリス植民地で一七七〇年代に反乱が芽生えたとき、フランスがイギリスを支援したのは賢明な策だったのかもしれないが、それが重大な財政危機をフランスに招いた。一七八九年五月、三部会が招集されると、連鎖反応は止まらなくなり、フランス革命が勃発した。王制は急速に崩壊し、四年のうちに国王は、一七九一年にできたばかりの断頭台《ギロチン》で露と消えた。トルコでは「青年トルコ党《ヤングターークス》」が一九〇八年に権力をつかんだが、オスマン・トルコは改革の手を打ってまだ権力を保持できるかに見えた。だが一九二二年には最後のスルタンがイギリス軍艦でイスタンブールを去り、オスマントルコは幕を閉じた。日本帝国はパールハーバー奇襲のあと一九四二年には領土を最大限に拡充したが、一九四五年には命脈が尽きた。

イギリス帝国に落日が訪れたのも、割に急激だった。ウィンストン・チャーチル首相は、一九四五年二月には「戦勝国三首脳」の一人として、アメリカのフランクリン・ルーズヴェルト大統領、ソ連の最高指導者ヨシフ・スターリンとともに、ヤルタ会談のひのき舞台で脚光を浴びた。だが戦後まもなく、彼は政権を奪われた。それから十数年のうちに、イギリスはビルマ（現ミャンマー）、エジプト、ガーナ、インド、イスラエル、ヨルダン、マラヤ、パキスタン、セイロン、スーダンを手放して独立させた。一九五六年にはスエズ危機にあたって、イギリスはアメリカの中東政策に楯突いて行動することはできず、帝国に終止符を打った。ハロルド・マクミランの言う「変化の風」がサハラ砂漠以南のアフリカとスエズ運河の東側に吹き荒れ、植民地支配が完全に終わるのは一九六〇年代だが、イギリスの覇権が実質消滅したのは、日独に勝利してから一〇年あまりの歳月が流れたころだった。

もっと新しくてなじみ深い急速な崩壊は、いうまでもなくソ連の瓦解だ。結果を見て歴史学者たちが後知恵としていえることは、ソ連システムの腐敗はブレジネフ政権時代かそれ以前から内在していた、という点だ。最近の分析によると、一九七〇年代に石油価格が高騰したことがハルマゲドンの発生を一時的に遅らせていた、という指摘がある。だがその当時、このような洞察は見られなかった。一九八五年三月にミハエル・ゴルバチョフがソ連共産党の書記長になったころ、CIAはソ連の経済規模はアメリカの六割程だと、間違って推定した。ソ連の核兵器保有量は、確かにアメリカを上回っていた。その当時「第三世界」と呼ばれていた地域では、ヴェトナムからニカラグアに至るまで、およそ二〇年にわたって事態はソ連に有利なように傾きかけていた。だがゴルバチョフが政権に就いて五年も経たないうちに、中欧から東欧に至るソ連帝国は分裂し始め、ソ連自身も一九九一年には崩壊した。レーニンが予見したように、帝国はゆっくりと瓦解していくのではなく、崖から落下するのが通例だ。

文明というものが、いずれ急激に機能しなくなる複雑なシステムであり、牧歌的な状態から頂点に達し、やがてハルマゲドンに向かってゆっくり循環していくわけではないとすれば、西洋文明はいまどのあたりにいるのだろうか。その際に頭に入れておかなければならないのは、西暦一五〇〇年以後、西洋がどのようにして「その他の地域」を支配するようになったのかをしっかり把握しておくことだ。

最近の研究によると、中国は一八〇〇年ごろまで経済面で西洋と肩を並べていた、という説は否定されている。一人当たりのGDP（国内総生産）は、明朝になってから停滞し始め、産業革命以前のイギリスと比べてもかなり低かった。その主な原因は、中国がまだ圧倒的に農業経済に依存していたためだ。GDPの九割が生産性の低い農作物の耕作で、近代初期のイギリスと比べて農業の比率が高かった。それからもう一点、一五二〇年からの一世紀、中国の国民貯蓄率はマイナスだった。明朝の中国では資本蓄積はまったくなく、借入状況だった。カリフォルニア大学の歴史学教授ケネス・ポメランツ（一九五八〜）はこれを東西文明の「決定的な差」と呼んだが、実際にはポメランツが考えるよりかなり早い時点から始まっている。すでに亡くなっているアンガス・マディソンは、一七〇〇年時点における中国人の生活レベルは、やがてアメリカ合衆国の国民になる人びとよりわずかにましだった、とやや褒めすぎの気味で評した。マディソンは、一六〇〇年ごろのイギリス人の一人当たりGDPは、中国人の六割増しくらいと推定しているが、これはかなり当たっているのではないかと思われる。

それ以後、中国の生産高や人口はともにスローダウンし、個人の収入も頭打ちになった。だが英語圏では急激な進歩が始まり、北西ヨーロッパもそれに続いた。一八二〇年になると、アメリカの一人当たりGDPは中国の二倍になり、一八七〇年には五倍近くに達し、一九一三年の時点ではほぼ一〇倍に開いた。大恐慌というハンデがあったにもかかわらず、アメリカは中国が二〇世紀に体験したような、革命、内戦、日本軍による侵略、再度の革命、人為的な飢饉、文化大革命などの辛酸をなめることはなかった。一九六八年の時点で、平均的なアメリカ人は、平均的な中国人より三三倍も豊かだった。これは（生活費の差を考慮に入れた）購買力平価による数値だが、ドル換算で計算すれば、ピーク時の米中の差は七〇対一ぐらいだと考えても間違っていない。

「決定的な差」は、さまざまな面に現れていた。一五〇〇年ごろ、世界の一〇大都市は東洋がほぼ独占していた。人口は北京がダントツのトップで、ロンドンの一〇倍あまりもあった。ところが一九〇〇年になると、大都市は西洋の独占状態になり、ロンドンがアジア最大の都市・東京を四倍も上回っていた。「決定的な差」は、地政学の面でも顕著だった。すでに見てきたように、一五〇〇年にヨーロッパには一〇の王国があった。これらがやがて世界的な帝国に育ち、世界の領土の一〇分の一を占有し、人口の一六パーセントを擁し、生産高の五分の二あまりを産出するようになった。一九一三年になると、これら一〇か国にアメリカを加えると、世界の陸地面積の五八パーセント、人口の五七パーセント、世界GDPの七九パーセントを占めるようになった。ただしGDPのなかで植民地に使われたのは、わずか一八パーセントだけだった。このころになると、西洋とその他の格差は大きく広がって、白人は人種的にすぐれているという優生学説がはびこり、非白人の台頭を妨げた。これが、究極的な世界不平等の構図だった。

私はこの本の「はじめに」で、ラセラスの問いに触れた。

「いったいどのようにして……ヨーロッパはこれほど強力になり得たのだろうか。ヨーロッパ人は交易や征服のためにアジアやアフリカをたやすく訪れることができるのに、アジア人やアフリカ人がなぜヨーロッパの沿岸や農園や港湾を侵略して植民地を築けないのだろうか。どうしてヨーロッパの王室に、自分たちの法律で枠をはめることができないのだろう」

老哲学者イムラックは、知識は力だからと答えるのだが、ではなぜヨーロッパ人の知識がその他の地域の知識よりすぐれていたのか。ここまで読んでこられた読者諸賢は、ラセラスにもう少し具体的な賢答が与えられるはずだ。なぜ西洋がその他の地域を支配し、その逆は起こらなかったのか。私が立証してきたことを、おさらいしてみよう。西洋は六つのキラーアプリケーションを持っていたのだが、その他の地域は持っていなかった。総括すれば、次のとおりだ。

①競争　ヨーロッパ全土が、政治的に細分化され、国家形態が王制であっても共和制であっても、競争に熱心な企業がひしめいていた。

②科学革命　一七世紀の西ヨーロッパでは、数学・天文学・物理学・化学・生物学などの分野で画期的な進展が見られた。

③法の支配と代議制　まず英語圏で、社会的・政治的秩序の最善と思われるシステムが確立された。その根底には私的所有権という概念があり、資産所有者が政治的代表に選出されるようになった。

④現代医学　医療の面で一九世紀、二〇世紀には目覚ましい進展が見られ、西ヨーロッパや北米の人びとによって多くの熱帯病などが制圧された。
⑤消費社会　産業革命の結果、大量生産をうながす技術が開発され、需要が喚起された。綿製品をはじめとして、安くていい商品が供給可能になった。
⑥労働倫理　西洋では大量の労働力が集約的に合理化され、貯蓄が増え、資本蓄積が継続的に進められるようになった。

西洋が大きくのし上がってきたカギは、これら六つのキラーアプリケーションだ。現代の幕開けは、日本では明治天皇の時代（一八六八～一九一二）で、このころ「その他の地域」でもこの六つのアプリケーションをダウンロードし始めた。だが、ことがスムーズに運んだわけではない。日本では西洋の文化や制度のうちどれが最も大切か判断できなかったため、ひたすらすべてを真似た。洋服やヘアスタイルも模倣し、外国を植民地化する面でも追従した。だが不運なことに、帝国建設のコストがかさんで利益が上がらなくなってきた時期に重なっていた。アジアのその他の国、たとえばインドは、ソ連で着手された社会主義路線が、アメリカ主導の市場経済よりすぐれていると考えて、何十年も遠回りしてムダな時期を過ごしてしまった。だが一九五〇年以降、東アジア諸国は日本を見習って西洋の産業モデルを真似し、繊維や鉄鋼などの産業を手始めに、上向き傾向を持続させた。現在では、西洋のアプリケーションをダウンロードする場合でも、かなり厳しく選択する

特許権取得数（1995〜2008 年）

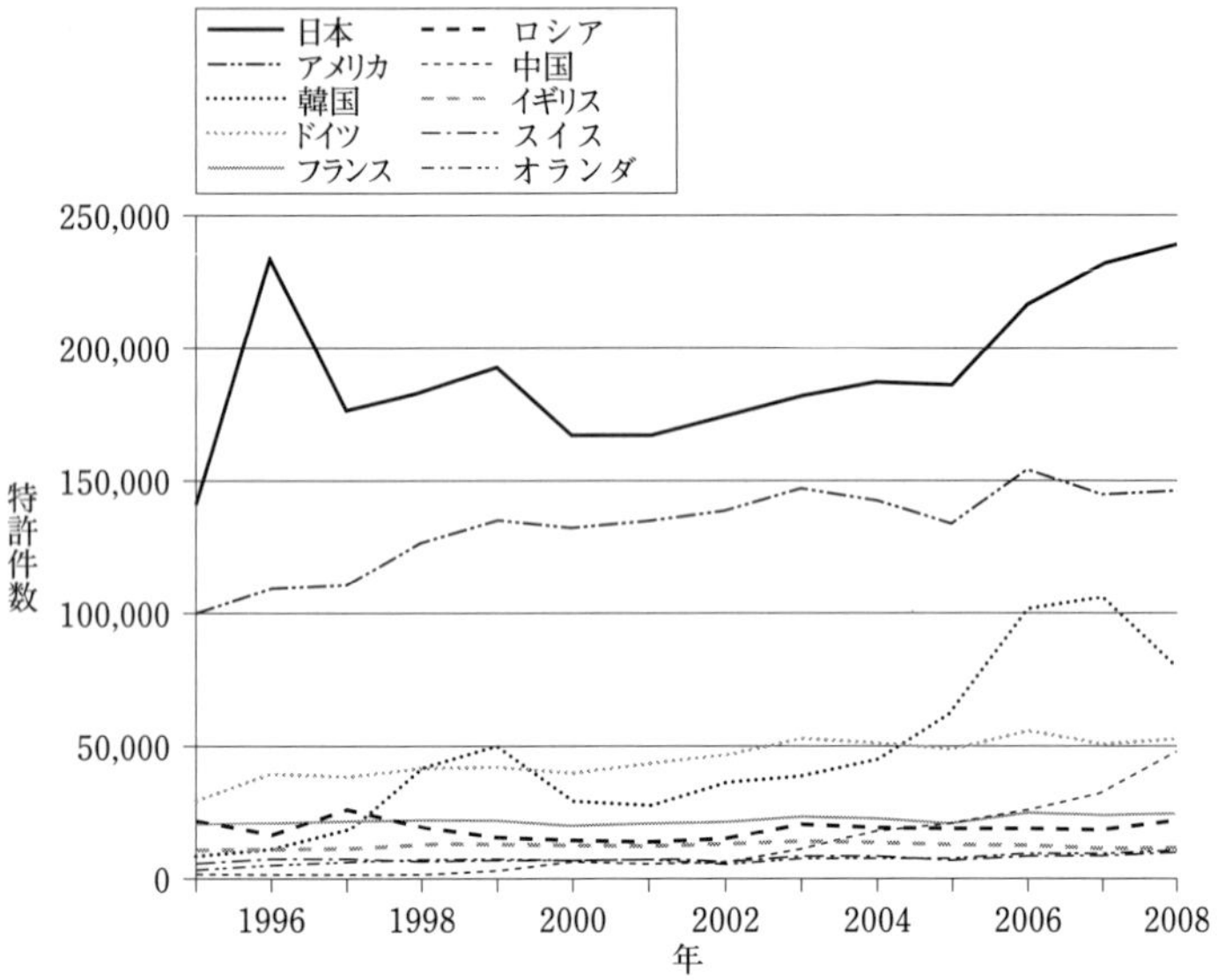

ようになった。アジアの開発にあたって、国内の競争や代議政治は以前ほど重視されなくなった。重要性を増しているのは、科学・医学・消費社会・労働倫理（マックス・ヴェーバーが考えたほどプロテスタントの重要性は大きくないが）の面だ。世界経済フォーラムの国際競争力の順位で、現在シンガポールは世界三位だ。香港は一一位、台湾は一三位、韓国が二二位、中国が二七位につけている。このランキングを見ると、経済面で西洋化が進んでいる度合に比例している感じを受ける。

現時点で、中国の一人当たりGDPは、アメリカの一九パーセントだ。三〇年ちょっと前、中国が経済改革に着手した当時は、やっと四パーセントだった。香港、日本、シンガポールは、一九五〇年にはこの段階に達していた。台湾は一九七〇年に、韓国は一九七五年に到達した。全米産業審議会によると、現在のシンガポールの一人当たりGDPはアメリカを二一パーセントも上回り、香港もほぼ同じレベルだ。だが日本と台湾はアメリカより二五パーセント低く、韓国は三六パーセントも下回っている。中国がこれから数十年間で、同じような上昇曲線を描くことはできまい、と予測するのは、かなり勇敢な者だけだ。産業革命を体験した国のなかで、中国はそれを最大の規模でなしとげ、スピードも最速だ。これまでの二六年間で、GDPは一〇倍になった。イギリスは、一八三〇年からわずか四倍に上昇するのに七〇年もかかった。IMF（国際通貨基金）によると、中国は世界全体のGDPのなかで、二〇一三年には（名目値計算で）、世界の一割を超えるだろうと見ている。世界金融危機が起こる前、ゴールドマン・サックスのエコノミストたちは、中国は二〇二七年にGDPの面でアメリカに追い付き追い越す、と予測していた。だが危機のおかげでアメリカの成長率は中国より鈍化したため、現状のまま推移すれば、二〇一四年に国内購買力のうえで中国はアメリカを超えると見込まれるし、二〇二〇年には現在のドル・ベースでも上回ると考えられる。ある意味では、アジアの世紀はすでにやってきている。製造業の世界シェアでは、中国は二一世紀に入ってからすでにドイツや日本を追い越し、いまやアメリカをも追い抜こうとしている。中国の最大都市・上海は、アメリカ諸都市の規模をはるかに上回っているし、非西洋のあらゆるメガシティをも凌駕している。数字を見る限りでは、アジアはむかしから最大の人口を抱えていたが、このところアフリカでも人口が急増しているから、西洋の相対的な低落は避けられない。サミュエル・ハンチントンの西洋の概念は、西ヨーロッパ、北米、オーストラレーシアに限定されていて、一九五〇年には世界人口の二割を占めていたが、国連の推計によれば、二〇五〇年までには一割に減少すると見られている。ハンチントン自身は、西洋の衰退をいくつか違った角度から見ている。たとえば、言語の面で見ると、一九五八年から九二年の間に西洋言語は三パーセント減少している。宗教は、一九七〇年から二〇〇〇年の間に一パーセント近くダウン。領土は、一九七一年から九三年の間にごくわずか減少。人口は一九七一年以降、三パーセント下落。GDPは一九七〇年から九二年の間に四パーセントあまり減少、兵員は一九七〇年から九一年の間に六パーセント縮小している。だがいずれの数字も、一九一三年から三八年までの減少傾向のほうが大きい。

二〇〇七年の夏に始まった世界金融危機は、すでに底流になっていた西洋の低落傾向に拍車をかける結果になった。あやうく大恐慌の再来になるところだった。小規模な不況で終えられた原因は、三つある。第一に、中国の銀行が巨額の貸し出しをしたおかげで、西側諸国への輸出が大きく減少せずにすんだ。第二に、連邦準備制度理事会のベン・バーナンキ議長が、アメリカの貨幣《マネタリー》ベースを大幅に拡張した政策のおかげだ。第三に、ほぼすべての先進国が巨額な財政赤字を出し、アメリカも二年連続でGDPの九パーセントを超える赤字を記録したものの、一九三〇年代初期の大恐慌時代とは正反対の政策を取り、二〇〇九年六月以降は、テイルスピン（きりもみ降下）現象を起こさずにすんだ。だが先進諸国は、いずれも強度の刺激を受けてグロッキー状態に陥った。ヨーロッパ諸国のうち、ギリシャ、アイルランド、ポルトガルの三国では金融政策がうまくいかずに債券投資家の信用を失い、資金調達コストが上がり、金融危機が深刻化しつつある。これらの国ぐにでは公的資金の債務が膨らみ、二〇一〇年のはじめには国際決済銀行も懸念を表明した。負債が蓄積されていくという構造的な弱点の上に、さらにユーロの金融危機が積み重なっている。構造的な欠陥は英米も同じだが、本書の執筆段階で、イギリスは手を打ち始めている。

文明が崩壊する際には、金融危機や戦争が引き金になりがちなことを、頭に入れておいたほうがいい。これまで見てきた崩壊の先例を調べると、歳入と支出のバランスが大幅に崩れ、公的債務をカバー仕切れないケースが多い。

一六世紀のスペインの場合は、次のように展開した。一五四三年には、一般歳入の三分の二近くが、ハプスブルク王朝の借入金の利子返済分に当てられていた。一五五九年の初頭には、支払い利子分だけでスペインの歳入を超えてしまった。一五八四年にはいったんやや改善が見られて利子分は歳入の八四パーセントに回復した。ところが一五九八年にはふたたび歳入総額がすべて利子の支払いに回されるようになった。

一八世紀におけるフランスの場合は、どうだったか。一七五一年から革命前夜の八八年までの間に、利子と割賦償却分の比率が税収の四分の一から六二パーセントに上昇した。

一九世紀のオスマン・トルコのケースでは、一八六八年には歳入のうちの債務返済比率は一七パーセントだったが、一八七一年には三二パーセントに上昇し、一八七七年には五〇パーセントにはね上がった。その二年前には巨額の債務不履行に陥り、バルカンにおけるオスマントルコ瓦解に向けて転げ落ちていた。

最後に、二〇世紀のイギリスの場合。一九二〇年代の半ばまでに、借入金の返済にあてられる分が政府支出の四四パーセントを占めるようになった。これは国防予算を上回る額で、この状態が一九三七年まで続いた。再軍備が本格的に始まったためだが、イギリスが本当に負債で頭を抱えるようになったのは一九四五年以降のことで、負債のかなりの部分で外国におんぶの状態だった。第二次世界大戦の終戦時における国家債務二一〇億ポンドのうち、三四億ポンドは外国からの負債で、これはGDPの三分の一にあたった。

アメリカでは二〇〇一年からの一〇年間で、連邦の負債はGDPの三二パーセントから二〇一一年には六六パーセントにはね上がり、倍増した。アメリカの議会予算局が二〇一〇年に提示した予測（基本シナリオでなく、蓋然性の高そうな代替財政シナリオを使用）によると、二〇二一年までに負債はGDPの九〇パーセントあまりに上昇し、二〇三一年には一五〇パーセント、二〇四七年には三〇〇パーセントに達しそうな勢いだという。しかもここには、財源が確保されていない老人医療保障が社会保障制度用の一〇〇兆ドル分には含まれていない。さらに、急速に膨らみつつある国家財政の赤字や公務員の年金の先行きも考慮されていない。そうしてみると、二〇〇九年の時点におけるアメリカの財政事情は、ギリシャの事態より悪いといえる。ギリシャの場合は、負債と歳入の比率が三一二パーセントで、絶体絶命の状態だ。モルガン・スタンレーの試算では、アメリカの負債・歳入比率は三五八パーセントになっている。

これらの数字はかなりひどいものだが、財政が安定しているかどうかの判断では、どのような受け取られ方をするかという認識が重要になっている。世界はいまでも、アメリカの動向に期待を寄せている。アメリカも苦難の道を歩んでいるが、いずれ正しい方向性を示してくれると信じている。チャーチルが言ったとされる文言によれば、「ほかの可能性がすべて閉ざされた場合でも」、光明を与えてくれるはずだ。一九八〇年代の赤字は、すでに吹き飛ばされた。一九九〇年代の末には、連邦政府も黒字を計上し始めた。何か、懸念材料があるのだろうか。このような自己満足は、驚くほど長いこと持続するものだ。統計数字に赤ランプが点《とも》ってからも、しばらくの間は。ところがある日、互いに関係はないのかもしれないが、悪いニュースが重なった。ランク付け会社のおそらく好ましくない情報が、さしたる大事件もなかった日の新聞の大見出しになった。そうなると、少数のスペシャリストばかりでなく、一般の人たちもアメリカの金融政策の持続状況に疑問を持つ。外国の投資家たちも、同様に揺らぐ。このような形でことが進むと、大きなうねりになるので怖い。多くの人びとが、政府の実行力に疑いを持ち始めるからだ。二〇〇七年の夏から、サブプライムローンの債務不履行の可能性に対する投資家の予測が一気に変わり、市場の動向にきわめて敏感な金融機関のビジネスモデルに大きな穴がいくつも空いた。現行の危機における次の局面では、同じ投資家たちがアメリカ政府の信用度をどのように再評価するかがカギとなる。ゼロ金利が採用されず金融刺激策が不在の状況では、インフレ懸念が増進し、債務不履行が明らかになるだけだと思えるから、アメリカ内外の投資家たちは持続可能な経済状況の回復は無理だと判断してしまう。アメリカのエコノミスト、トマス・サージェントが二〇年も前に主張したことだが、このような受け取り方は潜在的な自己暗示みたいなものだ。つまり、インフレを左右する基礎通貨量が増減するわけではなく、通貨の流通速度が変わって期待感をあおるだけだ。同様に、政府の支払い能力は借入金とGDPの比率によって決まるものではなく、投資家が気がかりなのは利率だけだ。債券利回りは、政府の支払い能力が高まりそうだとか、通貨の安定が期待できそうだという感触があれば、あるいは新規の債務に関しては従来の利回りを上回る気配があれば、上昇する可能性がある。先行きの見通しとしては、信用を失墜して奈落の底へ逆落としになるのか、それとも利回りを上げて欠損も増やすのか、の選択だ。二〇一〇年にギリシャやアイルランド、ポルトガルなどで起こったことは、まさにこのような状況だった。

日本も巨額の赤字国債を発行し、GDPに対する借入比率が高まっているが、信用不安は引き起こしていない。ほぼすべての国債が、国内の投資家や金融機関の手にあるからだ。だがアメリカの場合、連邦負債のほぼ半分は外国が出資していて、そのうち五分の一あまりが中国だ。アメリカは、世界最強の通貨ドル紙幣を刷ることができるという「途方もない特権」を持っているために、「息のできるゆとり」を確保できている。だがこの超特権は、中国から激しい攻撃を受けている。中国の陳徳銘《ちんとくめい》・商務部長（大臣）は二〇一〇年一〇月に、次のように非難した。

「アメリカが無制限にドルを刷っているため、世界的に物価の高騰を招いている。中国は、インフレの輸入にあえいでいる」

また中国人民銀行の経済顧問・夏斌《かひん》も、こう同調する。

「ドルのような国際通貨を無制限に刷り続ける状況を世界が野放しにしている限り、新たな国際金融危機は避けられない」

中国現代国際関係研究院の蘇莉裏は、

「連邦準備制度理事会が、財務省の債券を大量に買い付けて量的な金融緩和政策を採るのは、金融保護主義だ」

と決めつけている。

二〇一〇年一一月、投資信託の基準を評価するダゴンは、アメリカの債券の先行きが思わしくないため、格付けをＡＡからＡ＋に引き下げた。

中国が懸念する理由も、理解できなくはない。金融危機の底を経て、ほとんどの物価は上昇した。中国が保有しているアメリカ国債の価値は、二〇〇九年の七月から一〇年の六月までの一年間で一割ほど減少した。金の価格は一オンス一四〇〇ドルという未曾有の高値を記録したが、二〇一〇年になると中国は目減りを避けるインフレヘッジのために買いだめし始めた。だがアメリカは、インフレではなくデフレを警戒した。一九五〇年代に物価指数が導入されて以来、最近の物価上昇ペースは最もゆるやかだ。連邦準備制度理事会がいくら旗を振っても、広義流動性の資金は縮小し、債券も延びなかった。だが一〇年ものの債券利率が名目上は低くても、長期ものの利率が上がる気配は感じられる。そうなれば、家計や銀行、政府の負担は大きいにしても、インフレに振れる可能性は高くないと思える。一九二〇年代や七〇年代に諸外国で起こったことは避けられるはずだ。成長率は、しばらく低迷状態が続くかもしれない。つまり連邦政府の赤字は、それほど大きくならないにしても、持続することになる。すると、利率を上げる法案が出てくる。議会予算局の代替シナリオによれば、連邦の税収に占める負債への利払い比率は、これまでの九パーセントから、二〇二〇年には二〇パーセントに、二〇三〇年には三六パーセントに、二〇四〇年には五八パーセントまで上昇すると見込んでいる。

このような数字は、アメリカの海外における軍事活動が急速に減っていることを反映している。議会予算局は、二〇一三年までに海外派兵要員が三万人にまで削減された場合に、どれほど予算が浮くかも計算している。利払い分が軍事支出を上回る日が、遠からずやってくることを期待したい。

世界の重心が西洋から東洋に移るとなれば、新たな衝突が生じる可能性が出てくるのだろうか。サミュエル・ハンチントンは、二一世紀には「文明の衝突」が起こると予言した。その論文によると、そうなった場合、西洋はシニカルな東洋、ムスリムの広域中東、それに以前のロシア帝国のギリシャ正教の文明と対立しかねない。ハンチントンは、次のように書いている。

「世界政治の主な対立は、国家同士の戦争という形でも現れるだろうし、異なった文明同士の衝突という形でも起こり得る。とくに文明の衝突が、世界政治を支配するだろう。文明の断層線が、今後の戦闘においては衝突の最前線になると思われる」

ハンチントンの論文が発表されると、さまざまな反論が湧き起こった。冷戦後の世界については多くの書物が書かれている。たとえば、『歴史の終わり』（フランシス・フクヤマの著書）あるいは「新保守主義《ネオコン》」の時代はアメリカ主導で一つの世界になるというもの、あるいは二〇〇近い国民国家が現実主義的に争い合うというもの、あるいはカオスに近い「無極」状態に陥る、といったものだ。これらより、ハンチントンの理論がすぐれているように思える。

だが、ハンチントンが描く世界像には、大きな欠陥が隠されている。彼が予言した未来図は、いまのところ現実になっていない。彼は、異なった文明同士の衝突は、同じ文明の内部における衝突よりひんぱんに起き、長期に及び、暴力的になる、と予測した。文明間の戦争は冷戦以後には起こっていないし、異文明同士の衝突が、ほかの紛争より長引いている状況もない。この二〇年間に起こった戦争はほとんどが内戦だし、ハンチントンが規定する戦争に該当する事例はごくわずかだ。この「新世界無秩序」がもたらした紛争の多くは、同一文明内の民族間の争いだ。もう少し詳しくいうと、いまも続いている、あるいはハンチントンの論文が出て一二年後の二〇〇五年までに終結した三〇の戦争のうち、文明間の戦争に分類できるもの――交戦国の一方が圧倒的にムスリムで、非ムスリムと対立した場合――は、九つにすぎない。一九が民族紛争で、その最悪のケースが、中央アフリカで広域中東の紛争（スーダンのダルフールを含む）に続いて起きたものだが、そこでは攻撃した者も被害を受けた者も大部分がムスリムだった。もう一つ特徴的なことは、これら宗教がらみの紛争の多くは民族紛争でもある点だ。さらに言えることは、このような紛争はキリスト教にしてもイスラム教にしても、長い間それぞれの宗教になじんでいた地域よりも、割に最近、信仰に入った地域で激しく起きている。ここから判断すると、今後も地球規模の文明の衝突というよりも、アフリカや南アジア、中東などの地域限定的な紛争が数多く起きるのではないかと思われる。このように遠心力が働く傾向が続けば、ハンチントンが規定する文明は、むしろお互いに離れていくのではあるまいか。つまり、「文明の衝突（clash）」ではなく、「文明の崩壊（crash）」と読み替えたほうが当たっているのかもしれない。

シド・マイヤーが一九九一年に考案してヒットしたテレビゲーム「文明《シビライゼーション》」は、いま第五シリーズが発売されている。一六の文明が用意されていて、プレイヤーはアメリカからズールーまでお好みの文明を選ぶことができる。「長く続く帝国を建設」して、二つから六つの敵と相争う。勝つためには、次の三つの方法のうちどれかを選ばなければいけない。①現代の最終段階まで、最高得点を維持する。②ケンタウルス惑星系のアルファ星に到達する宇宙競争に勝利する。③ほかの諸文明をすべて破壊する。だがはたして、歴史はこのように進んできたのだろうか。すでに見てきたように、西洋文明は王国であっても共和国であっても、一五〇〇年以後は確かにほかの文明を崩壊させるか従属させるかしてきた。だが、それを成就するためには、西洋域内での対立より数でも規模でも勝るとも劣らず激しい衝突で、相手を征服しなければならなかった。中国が経済的に停滞し、地政学的に世界の片隅に押しやられたのは、アヘン戦争（一八四〇～四二）が引き金だったわけではない。極東の耕作システムと帝国的統治システムに、いわば動脈硬化のタネが内在していたからだ。オスマントルコがヨーロッパ大陸から姿を消して衰退に向かったのは、軍事的な敗北だけが原因ではない。破れたのは、長年にわたって科学革命にそっぽをむいてきた帰結だ。北米と南米の間には、大きな文明の衝突はなかった。北米の組織や制度が南米よりすぐれていたために、南米に対して自由に介入することができた。ヨーロッパの諸帝国がアフリカを植民地化するにあたっての軍事行動は、ヨーロッパ域内の戦争と比べればはるかに小規模なものだった。アフリカを従属させるに至ったのは、どちらかといえばミッションスクールや電報局で、マキシム重機関銃の実験場を通じてばかりではなかった。産業革命や消費社会は、非西洋社会では押しつけられるまでもなかった。それが合理的だと判断されれば、日本で見られたように、自主的に取り入れていった。労働の倫理を東洋に広めるにあたって、刀《ソード》をもって迫る必要はなく、ことば《ワード》だけで十分だった。二〇世紀後半からの公衆衛生や教育の効果には、とくにその傾向が強い。

現代の中国の興隆は、この点から理解すべきだ。中国は「静かな台頭」を望んでいる、とよくいわれるが、ハンチントンがいう「文明の衝突」の兆候を見る評論家たちもいる。二〇一〇年の後半、アメリカの連邦準備制度理事会が通貨供給をふたたび増やしたため、米中関係の「通貨戦争」が激しさを増した。オバマ大統領は二〇一〇年九月にニューヨークで、「中国が人民元の操作を止める措置を取らなければ、アメリカは自国の権益を保護するため、断固たる措置を取る用意がある」と宣言した。中国の温家宝・首相は、すぐに応じた。

「人民元のレートに、圧力を掛けないでいただきたい。……われわれの輸出公司の多くが倒産しかねないし、そうなれば大量の出稼ぎ労働者が郷里に舞い戻らなければならない。もし中国の社会・経済情勢が混乱すれば、世界中が危機に陥る」

このようなやりとりのほかにも、米中間ではときに洋上における船舶のトラブルがあったり、台湾や北朝鮮をめぐって外交上の言い争いもあるのだが、これらは必ずしもハンチントンの「文明の衝突」論を裏づけるものだとはいえない。むしろ、中国の伝統的な影絵芝居「皮影戯《ピー・インシー》」のようなものだ。本当の通貨戦争は、「チャイメリカ（中国とアメリカの経済的なつながり）」対その他の地域の間にも存在する。もしアメリカがドルを増発し、中国が対ドル・レートを半ば固定化に近い形で変動を小幅に押さえれば、ともに得るところがある。それで経済面で損失をこうむるのは、インドネシアやブラジルのような国ぐにだ。二〇〇八年一月から二〇一〇年一一月の間に、実質貿易加重平均為替レートは、インドネシアで一八パーセント、ブラジルで一七パーセント上昇した。

チャイメリカの蜜月時代は、すでに終わった。浪費家と節約家の結婚は、暗礁に乗り上げた。二〇一〇年の半ばに、中国の生産高は世界金融危機の前と比べて二〇パーセント増になっているが、アメリカのほうは、まだ二パーセント減の状況だ。共立関係では、債権者のほうが負債者より得をするのは当然の成り行きだ。アメリカの政策立案者は、お題目を繰り返す。

「われわれは彼らを必要としているが、彼らもわれわれを必要としている」

そのうえで、経済学者のローレンス・サマーズが軍事用語をもじって作った名言「相互確証財政破壊」を引き合いに出す。アメリカ側はまだ把握していないかもしれないが、中国の指導部はすでに、チャイメリカに見切りを付けて、ドル保有高への依存度を下げるとともに、輸出支援を改めようとしている。中国の目標は、西洋の帝国主義をモデルにしたような世界制覇ではなく、むしろアジア太平洋地域に朝貢制度を敷いて、中華王国《ミドル・キングダム》として中国を再建しようというものだ。中国の大局的な戦略を毛沢東の「四つの原則」ふうに要約すれば、「四つのもっと」は次のようなものになる。

①もっと消費を増やせ
②もっと輸入を増やせ
③もっと海外投資を増やせ
④もっと技術革新に励め

どれを追求するにしても、このような経済戦略の見直しは、地政学的な利益をかなりもたらすはずだ。

①については、消費を拡大すれば貿易黒字を減らすことができ、ほかの新興国に安心感を与えることができる。中国は世界最大の自動車市場としてアメリカを追い抜き（アメリカの年間一一〇〇万台に対して一四〇〇万台）、今後の需要はさらに一〇倍増が見込まれている。国際エネルギー機

関の予測によると、中国は二〇三五年までに世界のエネルギー総量の五分の一を消費するものと思われ、これは二〇〇八年の実績と比べても七五パーセントの上昇になる。世界石炭協会の推定によると、二〇〇九年に世界で消費した石炭エネルギーの四六パーセントを中国が占めていたという。またアルミ、銅、ニッケル、亜鉛などの消費量も、同じく世界の半分近くを占める。そのような状況から判断すると、これらの原材料および加工製品を輸出する業者は、かなりの利益を上げているものと思われる。オーストラリアの輸出にとって最大のお得意先は中国で、二〇〇九年には二二パーセントが中国向けだった。ほかに中国が輸出先として上位にくるのは、ブラジル（一二パーセント）、南アフリカ（一〇パーセント）などで、日本やドイツにとっては高価な工業製品をたくさん買ってくれるお客さんだ。中国はひところ、安価な商品を輸出して稼いでいた。だが現在では世界の経済成長の五分の一強を占める大国になり、他国の製品を大量に買い込む巨大でダイナミックな市場となって、多くの友好国を作っている。

だが中国は、当然ながら世界の商品価格の変動に敏感だ。二〇〇四年から一〇年にかけて物価は激しく変動したため、中国も対応に苦慮したに違いない。したがって中国は、海外に生産基地を作るための投資に余念がない。アフリカのアンゴラで油田を買い入れたし、ザンビアでは銅鉱山を買収した。二〇一〇年一月の一か月だけで、中国は七五の国や地域の四二〇社に、二四億ドルを投資している。地域的に多いのはアジア（四五パーセント）とアフリカ（四二パーセント）だ。分野としては鉱山、石油化学、通信インフラが多い。中国がアフリカに進出する際の典型的なパターンは、ほぼ定着してきた。鉱山や農地を長期に借りる見返りに、幹線道路などのインフラ設備の経費に投資する。その際に、進出先の国ぐにに人権侵害がないかどうか、政治的な腐敗がないかどうかは、ほとんど確かめない。スーダンのダルフール紛争で中国との経済的な結びつきが国際問題になったとき、中国の外交部副部長はあわてずに「ビジネスはビジネスだ」と答えた。二〇〇八年七月、中国の劉貴今・特使は中国のアフリカ援助政策を、次のようなことばで確認した。

「われわれは、政治的な条件は付けない。アフリカの政治・経済状況が万全でないことは承知しているが、すべてが満足のいく状態になるまで待つことはできないし、人権問題が完璧になるまで手をこまねいているわけにもいかない」

天然資源を獲得するため外国に投資することは、貿易相手を多角化し、ドルの価値が下落する趨勢に対処する面で効果的な対策だ。一方で、中国の財政力を増すことになるし、潤沢な資金の有効利用にもなる。これらの事業を統括しているのは政府系ファンドの中国投資有限責任公司で、二〇〇〇億ドル相当の資金を運用している。海外投資の増加が、海軍力を野心的に増強しつつある現状の口実にもなっている。東海（東シナ海）艦隊副司令官・張華今は、次のように表明している。

「わが国の経済権益が拡大している事態に伴って、海軍としてはわが国の海運ルートを保護し、シーレーンの安全を確保しなければならない」

南シナ海はますます「国益の中心」になっている。中国は、オマーン湾に近いパキスタンのグワダルをはじめ、ミャンマーやスリランカにも深水港《しんすいこう》を建設している。このような布石は、かつての

広域中国（中華人民共和国＋香港＋シンガポール＋台湾）GDPのアメリカGDPに対する比率（1950〜2009年）

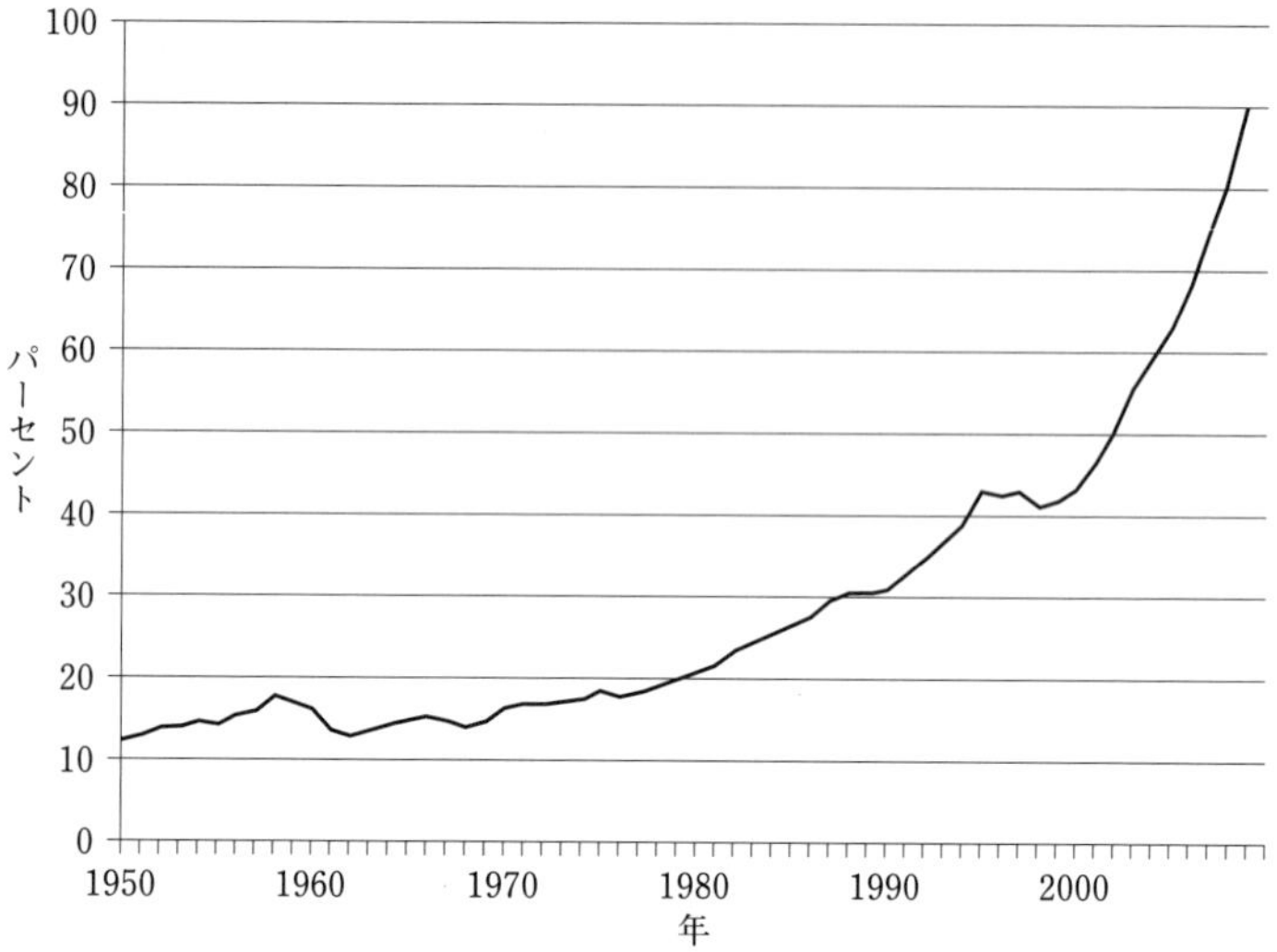

鄭和の大航海（第1章参照）とはまるでコンセプトが違い、ヴィクトリア女王時代のイギリス海軍の作戦に近い。

最後に、強調しておきたいことがある。中国はひところ、「カリフォルニアでデザインされたもの」を、ベルトコンベアで大量生産するだけだ、とバカにされてきた。ところが現在の中国では、技術革新がかなり進んでいる。たとえば、風力タービンや太陽電池パネルの生産で世界有数の生産国になることを目指している。特許申請件数で、中国は二〇〇七年にドイツを追い越した。実際の特許取得数でも、二〇〇四年にイギリスを追い抜き、二〇〇五年にはロシアを、〇六年にはフランスを凌駕し、遠からずドイツにも追いつくことだろう。一九九五年以後、中

8 年生（14 歳）までの数学テスト点数（2007 年，国際平均＝500）

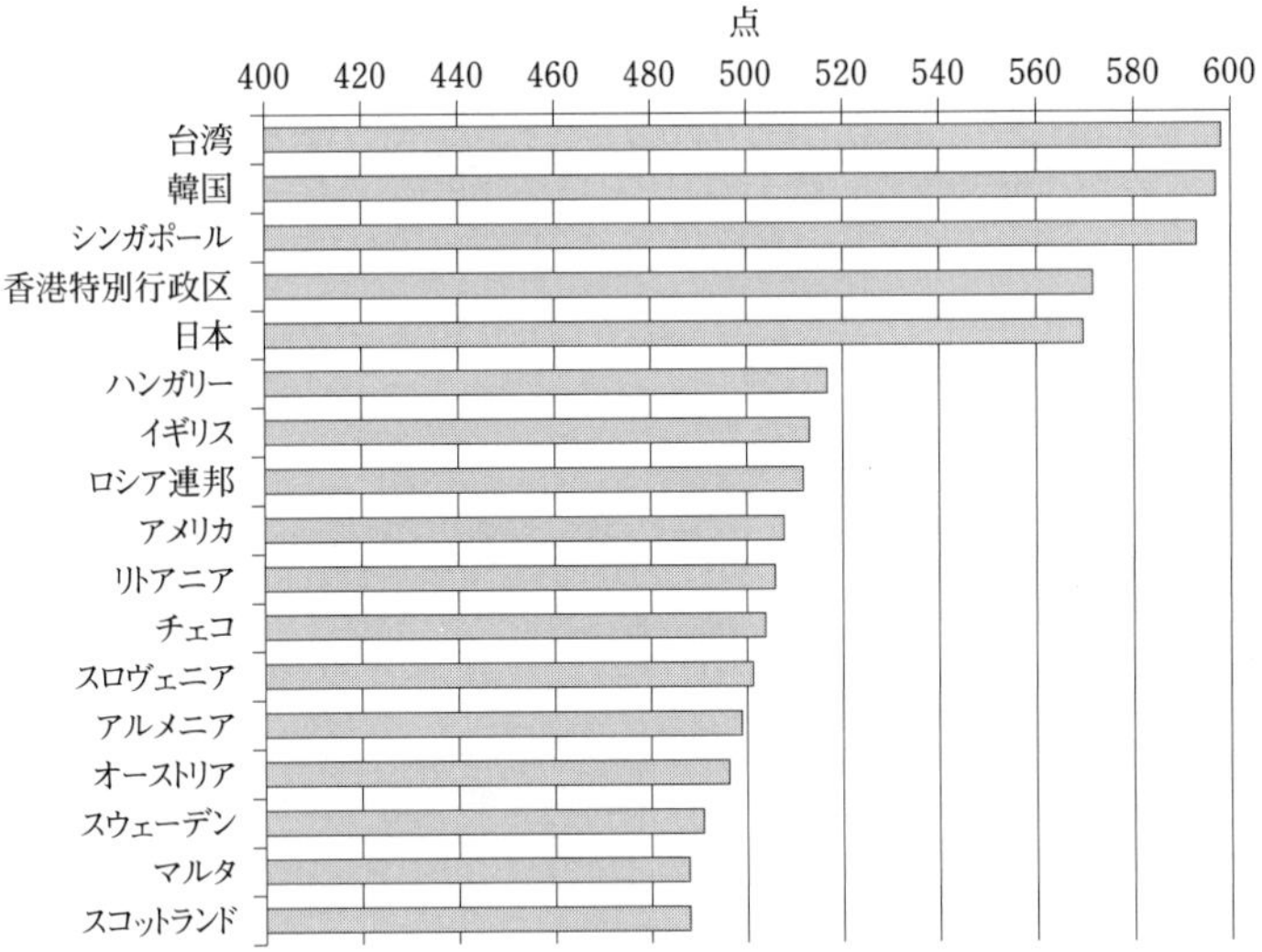

国が取得した技術革新の特許取得数は二九倍も増えた。これは、東洋が隆盛になりつつある徴候の一つの側面だ。中国はこの一〇年間で研究開発費を六倍も増やした。科学者の数は倍以上に増え、年間の論文の数はアメリカに次いで世界第二位だし、スーパーコンピューターの能力でもアメリカに次ぐ二位につけている。中国人の研究が論文などに引用される数は国際的にはまだ多くないが、改善の兆しは見えている。西洋から東洋へ重心がシフトしつつある最も顕著な証拠は、教育の面に現れている。ＯＥＣＤ（経済協力開発機構）が二〇〇五年にまとめた資料によると、二五歳から三四歳の若者が高等教育を受ける比率のトップテンの顔ぶれは、驚くほど大きく変わった。韓国や日本が上位に入り、イギリスやイタ

リアは下がってきている。同じような懸隔《けんかく》は、一四歳の子どもの数学力テストにも表れている。シンガポールの若者のほうが、スコットランドの生徒よりはるかに成績がいい。前者は国際平均より一九パーセントも上だが、後者は平均より三パーセント下だ。

中国というドラゴンが天空高く舞い上がるのを妨げるものとして、何かあるのだろうか。中国がつまずくと予測している人びとは、次のような四つの仮説をあげる。第一点は、日本がたどった軌跡を中国もたどるのではないか、という予測だ。日本はひところ急上昇してアメリカに追いつき、世界的な経済超大国になるかと思われた時期があった。したがって中国もやがて一九八九年以後の日本のように失速するのではないか、という見方だ。つまり、中国の経済・政治システムはそれほど競争力が強いものではなく、不動産や証券市場でバブルがはじけて銀行は破綻、ゼロ成長に陥ってデフレが起きる——二〇年ほど前から日本がたどった道の再来を予言したもので、日本はその後、さえない時期が続いている。それに対する反論としては、ユーラシアの東沿岸にある日本列島は、アメリカなどの大陸国とは同一には論じられない、という説がある。一世紀前に、日本は西洋の代表格イギリスに追いつくだろう、という見方があって、これは現実になった。だが、アメリカには敵わなかった。それに、日本が一九四五年の敗戦後に復興を遂げられたのは、アメリカが安全保障の後ろ楯になってくれたおかげで、そのため一九八五年のプラザ合意で円を強制的に急騰させるという決定に従わざるを得なかった。

二番目の可能性は、中国が社会不安に屈することだ。社会不安はこれまでにもたびたび起こっている。中国は相変わらず貧しい国で、国民一人当たりの所得で見れば世界で八六位、一〇人に一人に近い一億五〇〇〇万人が、一日一ドル五〇セントかそれ以下で暮らしている。経済改革が導入されて以来、貧富の格差はひどくなる一方で、所得分布はアメリカなみだ（ブラジルなみとまではいわないにしても）。上位〇・四パーセントの金持ちが、国家の富の七割を独占している。このような格差に加えて、大気、水質、土壌の汚染が慢性的にひどい。したがって、内陸の貧しい田舎で抗議の声が上がりがちなのも、不思議ではない。だがこれぐらいのことでは、革命が起こる状況にまでは発展しそうにない。経済の発展が不平等を増幅したかもしれないが、資本主義的でありながら共産主義である現政権は、国民の目から見てもきわめて安定している。世論調査のデータを見ると、中国人はアメリカ人以上に自由市場を歓迎している。社会的な不安定要因が発生するとすれば、人口動態の問題ではなかろうか。一九七九年に導入された「一人っ子政策」のために、中国は隣の人口大国インドよりも、二〇三〇年までに老齢人口が多くなると見られる。中国で六五歳以上の人口比率は、一九八〇年には五パーセントだったが、それが一六パーセントにはね上がる。男女比のアンバランスはすでにかなり顕著になっていて、安徽省、海南省、広東省、江西省などでは、男性の数が女性より三〇から三八パーセントも多く、近代国家では例を見ない事態だ。もし次に革命が起こるとしたら、独身男性のフラストレーションが起因になりかねない。歴史を回顧すると、女に恵まれない若い男性集団は、革命を起こすのと同じくらい過激なナショナリズムに走りがちだ。

起こりかねない三番目のシナリオは、増えつつある中産階級の動きだ。西洋の歴史では、中産階級が増えると政治的な発言力を求める傾向が強まる。中国は、かつて農村社会だった。一九九〇年には、四人のうち三人が田舎に住んでいた。だが現在では四五パーセントが都会暮らしで、二〇三〇年には七割が都会に移り住むと見られている。そうなると、都会で中産階級が急速に増加する。それに伴って携帯電話やインターネットが普及し、これまで以上に横のつながりが強まる。二〇一〇年にノーベル平和賞を与えられた獄中の作家で初期の活動家・劉暁波《リュー・シアオボ》のようなタイプよりも、髭もじゃの芸術家・艾未未《アイ・ウェイウェイ》のようにウェブを通じてアピールして有名になった人物に象徴される。艾は知名度を生かして、二〇〇八年の四川省大地震の犠牲者に代わって当局を非難した。だが、穏健派もいる。私はこの本の取材をしている段階で、北京を本拠地に活動している若い女性のテレビ・プロデューサーと知り合った。彼女は、こう語った。

「私たちの世代は、ラッキーだったと思います。祖父母の世代は大躍進の時代、父母の時代は文化大革命の時代でともに悲惨な目に遭っていますから。でも私たちの世代は勉強に打ち込むこともできたし、旅行もできればおカネを稼ぐことも可能になりました。もう天安門広場の事件を思いわずらう必要もありませんから」

天安門広場の事件とは、一九八九年に民主化の抗議運動が軍事力によって弾圧された一件だ。

中国にとって落とし穴になりかねない四番目の最後の難関は、周辺諸国の間でかなり反中国の気運が高まり、現実主義的になっているアメリカの側にこれら諸国が結集して、中国への対抗同盟ができることだ。中国がこのところ見せているアジアへの圧力とそれに対する反発については、あまたの事例がある。中国は、青海チベット高原の水源からの水流を変える計画を立てていて、バングラデシュ、インド、カザフスタンが懸念を表明している。ヴェトナムのボーキサイト鉱山の採掘で中国が自国民を雇っている状況に、ヴェトナム政府は堪忍袋の緒を切らそうとしている。日本との関係では、尖閣（釣魚）諸島の領有権をめぐる紛争があり、付近をうろついていた中国漁船を日本が拿捕して漁師の身柄を拘束したことへの報復として、中国がレアアースを禁輸するなどの摩擦が生じている。このような反目はあるものの、これらは一九七二年にリチャード・ニクソンとヘンリー・キッシンジャーが大きく変えたアメリカの対中外交の路線を大幅に変えるほどのものではない。第四四代アメリカ大統領バラク・オバマも、二〇一〇年の末にインドとインドネシアを訪問していくらか中国を牽制はしたものの、現実的なアメリカ外交政策には変化がない。

「退潮勢力」に対して「新興勢力」が追い打ちをかける様子を見ると、つねに複雑な気持ちに見舞われる。ドイツがのし上がってきたとき、それに対抗するためにイギリスは膨大な経費を強いられそうになり、アメリカの傘下におとなしく入ってしまうほうがずっと楽だった。アメリカは、中国を封じ込める画策をすべきなのだろうか。あるいは、中国を懐柔するか。――世論調査によれば、平均的なアメリカ人も、大統領と同じく明確なビジョンは持てないでいる。アメリカの非営利調査機関ピュー・リサーチセンターが最近おこなった世論調査の結果によると、回答者の四九パーセントが、中国はアメリカを越えて世界の主流の超大国にはなるまいと思っているが、四六パーセントがそれと反対の意見で、両者はほぼ拮抗している。ソ連が崩壊したのちの新世界秩序にうまく対処

西ヨーロッパ、アメリカ、中国、インドの世界GDPにおける比率

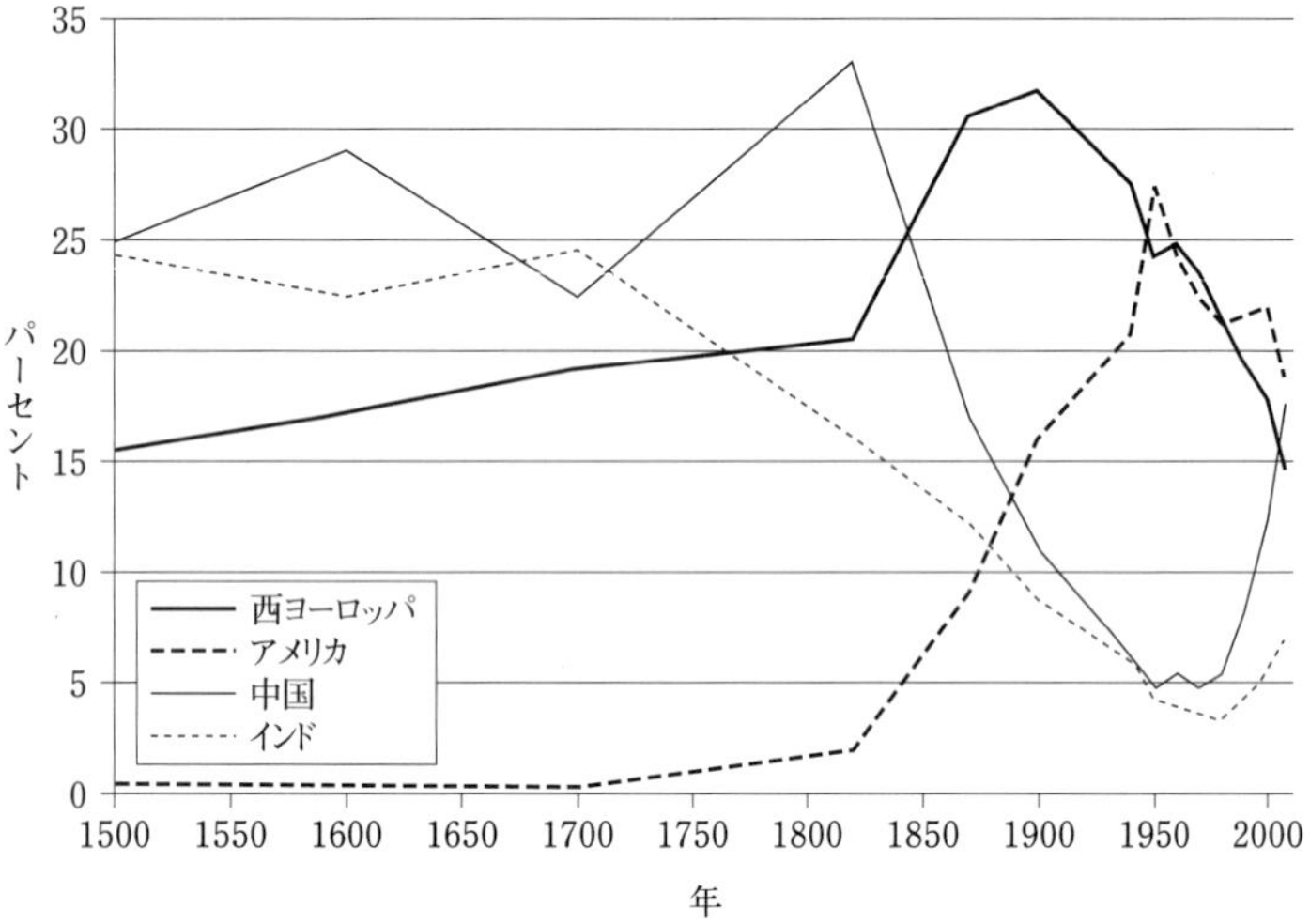

できず、多くの評論家たちがさまざまな意見を開陳している。だが冷戦は四〇年強ほど続き、ソ連はアメリカ経済にとても追いつけなかった。私たちが生きている現在は、五〇〇年に及ぶ西洋優位の時代が終わろうとしている過渡期だ。経済面でも地政学的にも、東洋の挑戦が現実的なものになってきている。中国が「われわれこそ世界の覇者だ」と宣言するにはまだ早すぎるが、明らかに彼らはもはや従者ではない。だがハンチントンのいう文明の衝突は、まだしばらく起こりそうにない。過去五〇〇年間、ほぼ一貫して続いてきた西洋有利の潮流が変化する状況を、私たちは目撃している。特定の文明は弱まり、別の文明が台頭してくる。重要な点は、二つの文明が衝突するのではなく、弱体化した文明が弱まって崩壊するかどうかだ。

ヒマラヤの西にあるヒンドゥークシュ山脈やメソポタミア平原からの撤退は、むかしから衰退と凋落の始まりと考えられてきた。この山脈の中心にはアフガニスタンがあって、「驚異の年」といわれた一九八九年にソ連がアフガニスタンから撤退し、一九九一年に瓦解して消滅した。そのときに起こった状況は、はるかむかしの五世紀に起こったことに似ていて、文明とは繰り返される予測通りのライフサイクルをたどるわけではないということを思い出させてくれる。つまり、文明は実際のところ、芽生え、興隆して、繁栄し、そして凋落して滅亡するというサイクルをたどるわけではない。歴史学者は過去のできごとを振り返って、ゆっくりと滅亡に至った原因をいくつも過剰に見つけようとする。だが文明は、複雑適応系のように行動する。しばらくの間は、表面的には均衡を保とうとする。だが、突然に崩壊する。トマス・コールの絵画シリーズ「帝国がたどる道」を思い起こしていただきたい。帝国の完成から破壊、荒廃に至る道は、循環するようには思えず、突然に消滅する。複雑適応系が崩壊する様子を描写する視覚的なビジョンとしては、古いポスターのなかにぴったりのものがある。かつては大学の学生寮にもよく貼られていたが、蒸気機関車が終点のヴィクトリア駅の壁に激突して、先頭列車が逆立ちしたような絵柄で、ブレーキの故障か運転手の居眠りが惨事の原因とされる。

西洋文明がこのように悲惨な最期を迎えないようにするために、何かできることはあるだろうか。まず、それほど運命論的に沈み込む必要はない。たしかに、かつて西洋がその他の文明を大きく引き離したような、文明の利器を独占する状況はもはや起こり得ない。中国も資本主義の方式を取り入れた。イラン人は最先端の科学技術を自らのものにしたし、ロシアも民主主義を採用した。アフリカ人もゆっくりだが現代的な医学を導入している。トルコも消費社会に転化した。このような状況を見ると、西洋流の方式は衰退しているどころか、世界のどこにおいても花盛りで、わずかな抵抗があるだけで、ほぼ受け入れられている。その他の地域の人びとの多くが西洋人と同じパターンで眠り、シャワーを浴び、洋服を着、仕事をし、遊び、食事をし、飲み、旅をし、その数は増える一方だ。西洋文明とは、これまでも見てきたように、単一のものではなく、さまざまな要素がパッケージになっている。それは資本主義だけでなく、政治的多元主義（複数の国家、複数の権威）に関するものだ。つまり、科学的手法だけでなく思想の自由に関するもので、民主主義だけでなく法の支配と所有権に関するものだ。現在でも、西洋はこれらの制度で他の地域より優位に立っている。中国には、政治的な競争がない。イランには、思想の自由が欠けている。ロシアに投票権はあるものの、法の支配はまやかしである。これらの国ぐにでは、発言の自由が保障されていない。これら三か国は「革新的な開発力」や「革新的能力」の指標でなぜ西洋諸国に遅れを取っているのか、たとえばこのようなことを、西洋化の違いで説明できるかもしれない。

もちろん、西洋文明にも多くの欠陥がある。過ちは枚挙にいとまがなく、帝国主義時代の残虐行為から消費社会の画一パターンまで、多々ある。物質至上主義が行きすぎて眉をしかめさせることもしばしば起こるし、フロイトが指摘した不満も絶え間ない。ヴェーバーはプロテスタントの禁欲的な倹約ぶりを褒め讃えたものだが、その気風もすたれてしまった。

だが西洋文明のパッケージは、二一世紀が直面する問題の解決にあたって、各人が持つ創造性を最も効果的に発揮できる最善の経済的、社会的、政治的制度を生み出してきたように思える。この五〇〇年間あまりにわたり、埋もれた天才を発掘して教育していくうえで、西洋文明ほど効果的に人間社会に寄与してきた文明はほかに見当たらない。難題は、この優越性をこれからも認識していけるかどうかだ。文明がその住民にとってどれほどすばらしいものであるかを決めるのは、都市の中心部にどれほどりっぱなビルが林立しているかではなく、ビルに入っている機関がどれほど機能しているかでもない。文明の核心は、学校で教えられ、生徒や学生が学び、試練を受けた際に思い出す、教科書の内容にある。中国の文明は、かつて孔子の教えである儒教が中心だった。イスラム文明は服従崇拝だが、コーランに基づいている。では、個人の自由を至上とする西洋文明の基礎教材は何だろう*。それに、現在の教育理論は知識の詰め込みや暗記には消極的だが、これらの知恵

＊ 私があげたいのは、ジェームズ国王の『欽定訳聖書』(一六一一)。アイザック・ニュートンの『自然哲学の数学的諸原理《プリンキピア》』(一六八七)、ジョン・ロックの『市民政府論』(一六八〇〜九〇)、アダム・スミスの『道徳感情論』(一七五九)と『国富論』(一七七六)、エドマンド・バークの『フランス革命の省察』(一七九〇)、チャールズ・ダーウィンの『種の起源』(一八五九)。さらに付け加えれば、ウィリアム・シェークスピアの戯曲、エイブラハム・リンカーンやウィンストン・チャーチルの名演説。もし私が座右の書として一点を選ぶとすれば、シェークスピアの全作品集だ。

をどのように教えていくべきか。ひょっとすると私たちにとって本当の脅威は、中国の台頭やイスラム過激派の行動、二酸化炭素の増加などではなく、私たちが先祖伝来の自らの文明に自信を失っていることなのではあるまいか。

この章の冒頭でP・G・ウッドハウスのジョークを紹介したが、私たちの文明は素人劇とは対極にある以上のものだ。チャーチルは西洋文明の本質をしっかり見きわめていて、その中心原則を「支配階級が人びとに定着した習慣や憲法に表明された意見に隷属すること」と定義して、さらに次のように述べている。

どうして国ぐには合併して大きくなり、みなが利益を得るような法の支配を作るべきではないのか。それは確かに、求めるべき至上の希望であるべきなのに。……

だが正しい原則は宣言するだけではまったく価値がなく、市民の徳と勇気に支えられなければ意味がない。しかり。力と科学を備えた道具や組織が、正義と理性を守る最後の砦だ。

人類の大多数が結束して守らない限り、文明は永遠には続かないかもしれないし、自由は失われてしまうかもしれないし、平和の維持もむずかしいだろう。結束した人びとが守護者であることを示せば、野蛮で粗野な暴力も立ちすくむはずだ。

一九三八年に、その野蛮で粗野な暴力が、外国、とくにドイツで興隆した。これまで見てきたように、これも西洋文明の産物だ。チャーチルが大切にしたいと考えた自由や法に基づいた政府の価値と同じように、だ。その当時と同じく現在でも、西洋文明にとって最大の脅威はほかの文明ではなく、自らが内包する臆病さや気弱さによってもたらされる。――そして歴史への無知もその原因になり、自信を失わせていく。

訳者あとがき

ニーアル・ファーガソンのこの本は、イギリス版のほうがアメリカ版より半年あまりも早く出た。イギリスのテレビ・チャネル4で本書の内容が映像化されたシリーズが放映されるためだったのかもしれない。もう一つ考えられる理由は、本書が扱っているのは一五〇〇年からの五〇〇年間が主体で、新大陸アメリカは、当初ほとんど歴史に登場しなかったからだ。地理的な主役も、ユーラシア大陸。原題の“Civilization”はずいぶん漠然としたタイトルだが、副題の“The West and the Rest”が概念を説明している。「西洋」対「その他」では、後者が霞《かす》んだ印象を与えるが、中国とイスラム世界の双方があるためだ。

東西文明が歴史のうねりのなかでシーソーゲームを展開してきた壮大なドラマを、歴史学者ファーガソンはさまざまなエピソードを紹介しながら巧みに構築してみせる。ファーガソンは、ハーヴァード大学の先輩教授サミュエル・ハンチントンのベストセラー『文明の衝突』は、実際には起こらなかった、と切って捨てる。ファーガソンは、一五〇〇年から五〇〇〇年間、西洋が優位に立った理由を、根本にさかのぼって六つの要因にくくり直して各章のタイトルにしていて、説得力のある論議を組み立てた。「帝国主義の勝利」は、これら六つの要因の総合力がもたらしたものだ。全体的には「西洋礼賛」のトーンが感じられるが、東洋は停滞して眠った時期が長すぎた。いままた東洋主導の時代がやってくるのが歴史の趨勢だ、という論が優勢になっている。その主役は中国であり、準主役がインドという、ともに人口大国だ。「チャイナ・アズ・ナンバーワン」の合唱があちこちから聞こえてきて、それは現状の枠組みが維持・継続されていくことが暗黙の前提になっているのだが、どこに落とし穴が潜んでいるのかわからない。ファーガソンは、中国の足を引っぱりかねない国内外の要因を四点ほど挙げているが、彼も本質的には中国が台頭してくる、という「肯定派」で、『中国は21世紀の覇者となるか?』(早川書房)のディベートでは、その立場で論を展開している。

それは未来史のジャンルに入るが、本書で語られている過去の史実のなかで、私がとくに印象深かったエピソードが二つある。

①オスマントルコによる、ウィーンの包囲。一六八三年、スルタンはメフメト四世の時代。ウィーンは陥落寸前だったが、オスマン側は油断した隙に反撃を受けて敗退した。もし逆の結果になっていれば、その後の世界史は、違ったものになっていたことだろう。ファーガソンは、歴史に「イフ」を認めるバーチャルな手法も好んで用いる。ハンチントンが『文明の衝突』のなかで述べてい

る衝撃的な「パリ包囲」というイメージのヒントはここのイスラムによる包囲にあったのだな、と合点がいった。

②プロイセンの、フリードリヒ大王の生涯。私が大王の名前を最初に知ったのは、フルート曲の作曲家としてだった。どうせ王さまのお遊びだろうと思っていたのだが、この本を読むと、幼少のころは「軟弱」で、父王の後を継いで国を治めるのがイヤで、国外逃亡を企てる。つかまって連れ戻され、軟禁生活も体験するが、やがて国王になると現実に目覚め、プロイセンを並ぶもののないヨーロッパの軍事大国に育て上げる。地位が人を育てる、典型例だと思える。

ファーガソンはこのような史実をドラマティックに仕立てるのがうまく、ストーリーテラーとしての手腕は、相当なものだ。

＊

私は、ファーガソンの最近の著作二点を邦訳している（『憎悪の世紀』と『マネーの進化史』ともに早川書房）。したがって、今回はイギリス版が刊行されてすぐに買い求め、レジュメを作った。今回は、勁草書房が熱心に交渉して版権を取得した。ファーガソンの著作には調べものがかなり必要になるので、第3、4章はアメリカ在住のラッセル秀子さん、第5、6章は女房の仙名怜子に助けてもらい、私が文章の均質化を図った。

イギリス版のジャケットは、シルクハットをかぶってフロックコートを着たイングリッシュ・ジェントルマンの立ち姿をイラストにしたもの。アメリカ版は、精巧なアンティーク時計が横倒しになった写真。これは、文中にも出てくる一つのシンボルだ。中国は古くからすぐれた時計を作っていたが、やがてヨーロッパの技術が上回る。イギリスのマカートニー特使が技術の粋を凝らした最新時計を中国皇帝に献上したが、老皇帝は見向きもせずにすぐ倉庫に収納してしまう、というエピソードが出てくる。本書は、東西文明史の変遷を考えるうえで、欠かせない好著だと思っている。イギリスのペーパーバック版では、サブタイトルが"The Six Killer Apps of Western Power"になっている。勁草書房編集部の上原正信氏が、かなり内容のチェックを細かくやってくれて、ブラッシュアップできた。

訳者　仙名紀

二〇一二年初春

York/London/Toronto/Sydney, 1996)
——, 'The Clash of Civilizations', *Foreign Affairs* (Summer 1993), 22–49
Jacques, Martin, *When China Rules the World: The Rise of the Middle Kingdom and the End of the Western World* (London, 2009)
Kauffman, Stuart, *At Home in the Universe: The Search for the Laws of Self-Organization and Complexity* (New York, 1995)
Kennedy, Paul, *The Rise and Fall of the Great Powers: Economic Change and Military Conflict from 1500 to 2000* (New York, 1989)
Kotkin, Stephen, *Armageddon Averted: The Soviet Collapse, 1970–2000* (Oxford, 2001)
Krakauer, David, John Gaddis, and Kenneth Pomeranz (eds.), *History, Big History and Metahistory* (forthcoming)
Luard, Evan, *War in International Society: A Study in International Sociology* (New Haven/London, 1987)
Maddison, Angus, *The World Economy: A Millennial Perspective* (Paris, 2001)
Marès, Arnaud, 'Sovereign Subjects: Ask Not *Whether* Governments Will Default, But *How*', Morgan Stanley Research (August 2010)
Marshall, Monty G. and Ted Robert Gurr, *Peace and Conflict 2005: A Global Survey of Armed Conflicts, Self-Determination Movements, and Democracy* (College Park, MD, 2005)
Mitchell, Melanie, *Complexity: A Guided Tour* (New York, 2009)
Pinker, Steven, *The Better Angels of our Nature: The Decline of Violence and its Psychological Roots* (forthcoming)
Quigley, Carroll, *Tragedy and Hope: A History of the World in our Time* (New York/London, 1966)
Raine, Sarah, *China's African Challenges* (Abingdon, 2009)
Richardson, Lewis F., *Statistics of Deadly Quarrels* (Pacific Grove, CA, 1960)
Sargent, Thomas J., 'The Ends of Four Big Inflations', in Thomas J. Sargent, *Rational Expectations and Inflation* (New York, 1993), 43–116
Sen, Amartya, *Identity and Violence: The Illusion of Destiny* (New York, 2006)
Sorokin, Pitrim, *Social and Cultural Dynamics: A Study of Change in Major Systems of Art, Truth, Ethics, Law and Social Relationships* (Boston, 1970 [1957])
Taleb, Nassim Nicholas, 'The Fourth Quadrant: A Map of the Limits of Statistics', *Edge* (15 Sept. 2008)
Tusicisny, Andrej, 'Civilizational Conflicts: More Frequent, Longer, and Bloodier?', *Journal of Peace Research*, 41, 4 (2004), 485–98
Waldrop, M. Mitchell, *Complexity: The Emerging Science at the Edge of Chaos* (New York, 1992)
Zakaria, Fareed, *The Post-American World* (New York, 2008)

Last Twenty Years', in H. Yang and Daniel H. N. Yeung (eds.), *Sino-Christian Studies in China* (Newcastle, 2006), 246–51

Zhuo Xinping, 'The Significance of Christianity for the Modernization of Chinese Society', in H. Yang and Daniel H. N. Yeung (eds.), *Sino-Christian Studies in China* (Newcastle, 2006), 252–64

Zuo Jiping, 'Political Religion: The Case of the Cultural Revolution in China', *Sociological Analysis*, 52, 1 (1991), 99–110

結論――ライバル同士

Berman, Paul, *Terror and Liberalism* (New York, 2004)

Bolingbroke, Viscount Henry St John, 'The Idea of a Patriot King', in *The Works of Lord Bolingbroke, with a Life*, vol. II (Philadelphia, 1841), 372–429

Buchanan, Mark, *Ubiquity: The Science of History . . . Or Why the World is Simpler Than We Think* (London, 2005)

Cecchetti, Stephen G., M. S. Mohanty and Fabrizio Zampolli, 'The Future of Public Debt: Prospects and Implications', BIS working papers no. 300 (March 2010)

Churchill, Winston S., 'Civilization', in Randolph S. Churchill (ed.), *Blood, Sweat and Tears*, (Whitefish, MT, 2007 [1940]), 45–9

Collier, Paul, *The Plundered Planet: Why We Must - and How We Can - Manage Nature for Global Prosperity* (Oxford, 2010)

Diamond, Jared, *Collapse: How Societies Choose to Fail or Succeed* (New York, 2005)

Economy, Elizabeth, 'The Game Changer: Coping with China's Foreign Policy Revolution', *Foreign Affairs* (Nov./Dec. 2010), 142–52

Eichengreen, Barry, *Exorbitant Privilege: The Decline of the Dollar and the Future of the International Monetary System* (Oxford, 2011)

Ferguson, Niall, *The Cash Nexus: Money and Power in the Modern World* (London, 2001)

Ferguson, Niall and Moritz Schularick, 'The End of Chimerica', *International Finance* (forthcoming)

Goldstone, Jack A., 'Cultural Orthodoxy, Risk and Innovation: The Divergence of East and West in the Early Modern World', *Sociological Theory*, 5, 2 (1987), 119–35

———, *Revolution and Rebellion in the Early Modern World* (Berkeley/Los Angeles/Oxford, 1991)

Guan Hanhui and Li Daokui, 'The GDP and Economic Structure of the Ming Dynasty' (forthcoming)

Hayes, Brian, 'Statistics of Deadly Quarrels', *American Scientist* (Jan.-Feb. 2002)

Hexter, J. H., 'Seyssel, Machiavelli, and Polybius VI: The Mystery of the Missing Translation', *Studies in the Renaissance*, 3 (1956), 75–96

Holland, John H., *Emergence: From Chaos to Order* (New York, 1998)

———, *Hidden Order: How Adaptation Builds Complexity* (New York, 1995)

Huntington, Samuel, *The Clash of Civilizations and the Remaking of World Order* (New

2009 [1921])
Sheehan, Rebecca, 'Liberation and Redemption in 1970s Rock Music', in Niall Ferguson, Charles S. Maier, Erez Manela and Daniel Sargent (eds.), *The Shock of the Global: The 1970s in Perspective* (Cambridge, MA/London), 294–305
Simcox, Robin, Hannah Stuart and Houriya Ahmed, *Islamist Terrorism: The British Connections* (London, 2010)
Smith, Adam, *An Inquiry into the Nature and Causes of the Wealth of Nations* (London, 1904, [1776])
Sprenkel, Otto B. van der, 'Max Weber on China', *History and Theory*, 3, 3 (1964), 348–70
Steer, R., J. *Hudson Taylor: A Man in Christ*, 5th edn (London, 2009)
Stott, Grace, *Twenty-six Years of Missionary Work in China* (London, 1904)
Szasz, Thomas Stephen, *Anti-Freud: Karl Kraus's Criticism of Psychoanalysis and Psychiatry* (Syracuse, 1990)
Tawney, R. H., *Religion and the Rise of Capitalism: A Historical Study* (New York, 1926)
Taylor, James Hudson, *Hudson Taylor: The Autobiography of a Man Who Brought the Gospel to China* (Minneapolis, 1987)
Thompson, Phyllis, *China: The Reluctant Exodus* (Sevenoaks, 1979)
Tolstoy, Leo Nikolayevich, *The Kingdom of God is within You* (Charleston, SC, 2008 [1894])
Trevor-Roper, Hugh, 'Religion, the Reformation and Social Change', in Hugh Trevor-Roper, *Religion, the Reformation and Social Change* (London, 1967), 1–46
Viner, Jacob, *Religious Thought and Economic Society* (Durham, 1978)
Ward-Perkins, Bryan, *The Fall of Rome and the End of Civilization* (Oxford, 2005)
Weber, Marianne, *Max Weber: A Biography* (New Brunswick, 1988)
Weber, Max, *The Protestant Ethic and the Spirit of Capitalism*, trans. P. Baehr and G. C. Wells (London 2002 [1905])
Woodberry, Robert D., 'The Shadow of Empire: Christian Missions, Colonial Policy, and Democracy in Postcolonial Societies', unpublished PhD thesis, University of North Carolina (2004)
World Values Survey Association (www.worldvaluessurvey.org), *World Values Survey 1981–2008 Official Aggregate v.*20090901 (2009), Aggregate File Producer: ASEP/JDS, Madrid
Yihua Xi, 'Patriotic Protestants: The Making of an Official Church', in Jason Kindopp and Carol Lee Hamrin (eds.), *God and Caesar in China: Policy Implications of Church-State Tensions* (Washington, DC, 2004), 107–21
Young, Cristobal, 'Religion and Economic Growth in Western Europe: 1500–2000', working paper (Princeton, 2009)
Zakaria, Fareed, *The Future of Freedom: Illiberal Democracy at Home and Abroad* (New York, 2003)
Zhao Dunhua, 'Recent Progress of Christian Studies Made by Chinese Academics in the

ton, 1959)
Grier, Robin, 'The Effect of Religion on Economic Development: A Cross National Study of 63 Former Colonies', *Kyklos*, 50, 1 (1997), 47–62
Guiso, Luigi, Paola Sapienza and Luigi Zingales, 'People's Opium? Religion and Economic Attitudes', *Journal of Monetary Economics*, 50 (2003), 225–82
Heather, Peter, *The Fall of the Roman Empire: A New History* (London, 2006)
Hunter, Alan and Kim-Kwong Chan, *Protestantism in Contemporary China* (Cambridge, 1993)
Iannaccone, Laurence R., 'Introduction to the Economics of Religion', *Journal of Economic Literature*, 36, 3 (1998), 1465–96
Jianbo Huang and Fenggang Yang, 'The Cross Faces the Loudspeakers: A Village Church Perseveres under State Power', in Fenggang Yang and Joseph B. Tamney (ed.), *State, Market and Religions in Chinese Societies* (Leiden/Boston, 2005), 41–62
Jiwei Ci, *Dialectic of the Chinese Revolution* (Stanford, 1994)
Kitch, M. J., *Capitalism and the Reformation* (London, 1967)
Koch, R. and C. Smith, *Suicide of the West* (London/New York, 2006)
Kuang-sheng Liao, *Antiforeignism and Modernization in China, 1860–1980: Linkage between Domestic Politics and Foreign Policy* (Hong Kong, 1984)
Lehmann, Hartmut and Guenther Roth, *Weber's Protestant Ethic* (Cambridge, 1993)
McLeod, Hugh and Werner Ustorf (eds.), *The Decline of Christendom in Western Europe, 1750–2000* (Cambridge, 2003)
Marshall, Gordon, *In Search of the Spirit of Capitalism* (New York, 1982)
Micklethwait, John and Adrian Wooldridge, *God is Back* (London, 2009)
Morrison, Eliza A., Mrs Robert, *Memoirs of the Life and Labours of Robert Morrison*, vol. I (London, 1839)
Ng, Peter Tze Ming, 'Timothy Richard: Christian Attitudes towards Other Religions and Cultures', *Studies in World Christianity*, 14, 1 (2008), 73–92
Peng Liu, 'Unreconciled Differences: The Staying Power of Religion', in Jason Kindopp and Carol Lee Hamrin (eds.), *God and Caesar in China: Policy Implications of Church-State Tensions* (Washington, DC, 2004), 149–64
Pew Forum on Religion and Public Life, *Muslim Networks and Movements in Western Europe* (Washington, DC, 2010)
Potter, P. B., 'Belief in Control: Regulation of Religion in China', in D. L. Overmyer (ed.), *Religion in China Today* (Cambridge, 2003), 11–32
Putnam, Robert D. and David E. Campbell, *American Grace: How Religion Divides and Unites Us* (New York/London, 2010)
Roth, Guenther and Wolfgang Schluchter, *Max Weber's Vision of History* (Berkeley, 1979)
Scaff, Lawrence A., 'Remnants of Romanticism: Max Weber in Oklahoma and Indian Territory', *Journal of Classical Sociology*, 5, 53 (2005), 53–72
Shaw, George Bernard, *Back to Methuselah: A Metabiological Pentateuch* (Charleston,

Hypothesis in the German Lands', Harvard University working paper (September 2009)

Chen Cunfu and Huang Tianhai, 'The Emergence of a New Type of Christians in China Today', *Review of Religious Research*, 46, 2 (2004), 183–200

Chesterton, G. K., *A Short History of England* (Charleston, SC, 2009 [1917])

———, 'The Miracle of Moon Crescent', in *The Collected Works of G. K. Chesterton*, vol. XIII (San Francisco, 2005), 94–117

———, 'The Patriotic Idea: England - A Nation', in James V. Schall (ed.), *The Collected Works of G. K. Chesterton*, vol. XX (San Francisco, 2001), 595–623

Chiswick, Barry, 'The Economic Progress of American Jewry: From 18th Century Merchants to 21st Century Professionals', University of Illinois working paper (Nov. 2009)

Cohen, Paul A., *China and Christianity: The Missionary Movement and the Growth of Chinese Antiforeignism, 1860–1870* (Cambridge, MA, 1963)

Cox, Caroline and John Marks, *The West, Islam and Islamism: Is Ideological Islam Compatible with Liberal Democracy?*, 2nd edn (London, 2006)

Davie, G., *Europe: The Exceptional Case: Parameters of Faith in the Modern World* (London, 2002)

———, *Religion in Britain since 1945* (Malden, MA/Oxford, 1994)

Delacroix, Jacques and François Nielsen, 'The Beloved Myth: Protestantism and the Rise of Industrial Capitalism in Nineteenth-Century Europe', *Social Forces*, 80, 2 (2001), 509–53

Dickson, Tony and Hugh V. McLachlan, 'In Search of "The Spirit of Capitalism": Weber's Misinterpretation of Franklin', *Sociology*, 23, 1 (1989), 81–9

Dikötter, Frank, *Mao's Great Famine: The History of China's Most Devastating Catastrophe* (London, 2010)

Fenggang Yang, 'Cultural Dynamics in China: Today and in 2020', *Asia Policy*, 4 (2007), 41–52

———, 'Lost in the Market, Saved at McDonald's: Conversion to Christianity in Urban China', *Journal for the Scientific Study of Religion*, 44, 4 (2005), 423–41

Ferguson, Niall, *The Ascent of Money: A Financial History of the World* (London, 2008)

———, 'Economics, Religion and the Decline of Europe', *Economic Affairs* (2004), 37–40

Freud, Sigmund, *Civilization and its Discontents*, trans. James Strachey (New York, 1961 [1929–30])

———, *The Future of an Illusion*, trans. W. D. Robson-Scott (New York, 1928)

Gibbon, Edward, *History of the Decline and Fall of the Roman Empire*, ed. David Womersley (London, 1996)

Giddens, Anthony, *Capitalism and Modern Social Theory: An Analysis of the Writings of Marx, Durkheim, and Max Weber* (Cambridge, 1971)

Goldsworthy, Adrian, *How Rome Fell: Death of a Superpower* (New Haven, 2009)

Green, Robert W., *Protestantism and Capitalism: The Weber Thesis and its Critics* (Bos-

Household Economy in Early Modem Europe', in J. Brewer and R. Porter (eds.), *Consumption and the World of Goods* (London, 1993), 85–132

Wall, Rachel F., *Japan's Century: An Interpretation of Japan's History Since the Eighteen-Fifties* (London, 1964)

Westad, Odd Arne, *The Global Cold War: Third World Interventions and the Making of our Times* (New York, 2005)

Wheen, Francis, *Karl Marx* (London, 2002)

Wilde, Oscar, *De Profundis and Other Writings*, ed. Hesketh Pearson (London, 1986 [1905])

Wolcott, S. and Clark, G., 'Why Nations Fail: Managerial Decisions and Performance in Indian Cotton Textiles, 1890–1938', *Journal of Economic History*, 59, 2 (1999), 397–423

Wolle, Stefan, *Der Traum von der Revolte: Die DDR 1968* (Berlin, 2008)

第6章　労　　働

Aikman, D., T*he Beijing Factor: How Christianity is Transforming China and Changing the Global Balance of Power* (Oxford/Grand Rapids, MI, 2003)

Austin, Alvyn, *China's Millions: The China Inland Mission and Late Qing Society, 1832–1905* (Grand Rapids, MI/Cambridge, 2007)

Bao, Limin, 'The Intellectual Influence of Christianity in a Modern China Society', in H. Yang and Daniel H. N. Yeung (eds.), *Sino-Christian Studies in China* (Newcastle, 2006), 265–79

Barber, Benjamin R., *Jihad vs. McWorld: Terrorism's Challenge to Democracy* (London, 2003)

Barro, Robert J. and Rachel M. McCleary, 'Religion and Economic Growth across Countries', *American Sociological Review* (2003), 760–81

———, 'Religion and Political Economy in an International Panel', Harvard University working paper (Nov. 2003)

———, 'Which Countries Have State Religions?', Harvard University working paper (Feb. 2005)

Bays, D., 'Chinese Protestant Christianity Today', in D. L. Overmyer (ed.), *Religion in China Today* (Cambridge, 2003), 182–99

Becker, Sascha O. and Ludger Wössmann, 'Was Weber Wrong? A Human Capital Theory of Protestant Economic History', *Quarterly Journal of Economics*, 124, 2 (2009), 531–96

Brown, Callum G., *The Death of Christian Britain: Understanding Secularization, 1800–2000* (London, 2001)

Bruce, S., *God is Dead: Secularization in the West* (Malden, MA/Oxford, 2002)

Caldwell, Christopher, *Reflections on the Revolution in Europe: Immigration, Islam and the West* (New York, 2009)

Cantoni, David, 'The Economic Effects of the Protestant Reformation: Testing the Weber

York, 1986)
Mitchell, B. R., *Abstract of British Historical Statistics* (Cambridge, 1962)
Mokyr, Joel, *The Economics of the Industrial Revolution* (London, 1985)
Morris, Ian, *Why the West Rules - For Now: The Patterns of History, and What They Reveal about the Future* (New York, 2010)
Moser, Charles K., *The Cotton Textile Industry of Far Eastern Countries* (Boston, MA, 1930)
Nashat, G., 'Women in the Islamic Republic of Iran', *Iranian Studies Journal*, 13, 1–4 (1980), 165–94
O'Brien, P. K., T. Griffiths and P. Hunt, 'Political Components of the Industrial Revolution: Parliament and the English Cotton Textile Industry, 1660–1774', *Economic History Review*, 44, 3 (1991), 395–423
Okuefuna, David, *The Wonderful World of Albert Kahn: Colour Photographs from a Lost Age* (London, 2008)
Parthasarathi, Prasannan, 'Rethinking Wages and Competitiveness in the Eighteenth Century: Britain and South India', *Past & Present*, 158 (1998), 79–109
Piketty, Thomas and Emmanuel Saez, 'Income Inequality in the United States, 1913–1998', NBER working paper no. 8467 (2001)
Poiger, Uta G., *Jazz, Rock and Rebels: Cold War Politics and American Culture in a Divided Germany* (Berkeley/Los Angeles, 2000)
Pollard, Sidney, *Peaceful Conquest: The Industrialization of Europe, 1780–1914* (Oxford, 1981)
Ramet, Sabrina Petra, 'Rock Music in Czechoslovakia', in Sabrina Petra Ramet (ed.), *Rocking the State: Rock Music and Politics in Eastern Europe and Russia* (Boulder/San Francisco/Oxford, 1994) 55–72
Safanov, Mikhail, 'You Say You Want a Revolution', *History Today* (Aug. 2003): http://www.historytoday.com
Schorske, Carl E., *Fin-de-Siècle Vienna: Politics and Culture* (New York, 1979)
Siefert, Marsha, 'From Cold War to Wary Peace: American Culture in the USSR and Russia', in Alexander Stephan (ed.), *The Americanization of Europe: Culture, Diplomacy and Anti-Americanism after 1945* (Oxford, 2006), 185–217
Singer, J. David and Melvin Small, Correlates of War Database, University of Michigan, www.umich.edu/~cowproj
Sullivan, James, *Jeans: A Cultural History of an American Icon* (New York, 2006)
Suri, Jeremi, *Power and Protest: Global Revolution and the Rise of Détente* (Cambridge, MA, 2003)
Tooze, Adam J., *The Wages of Destruction: The Making and Breaking of the Nazi Economy* (London, 2006)
Upadhyay, S. B., *Existence, Identity and Mobilization: The Cotton Millworkers of Bombay, 1890–1919* (New Delhi, 2004)
Vries, Jan De, 'Between Purchasing Power and the World of Goods: Understanding the

Asia (Tokyo, 1993)
Howarth, S., *Henry Poole, Founders of Savile Row* (Honiton, 2003)
Hunt, Tristan, *The Frock-Coated Communist: The Revolutionary Life of Friedrich Engels* (London, 2009)
Hyman, Louis, 'Debtor Nation: How Consumer Credit Built Postwar America', *Enterprise and Society*, 9, 4 (2008), 614–18
Jones, Peter M., 'Living the Enlightenment and the French Revolution: James Watt, Matthew Boulton, and their Sons', *Historical Journal*, 42, 1 (1999), 157–82
Kaelble, Hartmut, *Industrialization and Social Inequality in 19th-Century Europe*, trans. Bruce Little (Leamington Spa/Heidelberg, 1986)
Kamisaka, S., *Cotton Mills and Workers in Modern Japan* (Osaka, 1919)
Keene, Donald, *Emperor of Japan: Meiji and his World, 1852–1912* (New York, 2005)
Kurlansky, Mark, *1968: The Year that Rocked the World* (New York, 2005)
Lamoreaux, Naomi, 'Scylla or Charybdis? Some Historical Reflections on the Two Basic Problems of Corporate Governance', unpublished paper (2009)
La Porta, Rafael, Florencio Lopez-de-Silanes and Andrei Shleifer, 'The Economic Consequences of Legal Origins', *Journal of Economic Literature*, 46, 2 (2008), 285–332
La Porta, Rafael, Florencio Lopez-de-Silanes, Andrei Shleifer and Robert Vishny, 'Investor Protection and Corporate Governance', *Journal of Financial Economics*, 58, 1 (2000), 1–25
———, 'Law and Finance', *Journal of Political Economy*, 106, 6 (1998), 1113–55
Leggewie, Claus, '1968: A Defining Year in World Politics: A Return from Cultural Nostalgia to Political Analysis', Goethe Institute Online: http://www.goethe.de/ges/pok/dos/dos/wdp/en3045262.htm
Leunig, T., 'A British Industrial Success: Productivity in the Lancashire and New England Cotton Spinning Industries a Century Ago', *Economic History Review* 56, 1 (2003), 90–117
McKendrick, Neil, John Brewer and J. H. Plumb, *The Birth of a Consumer Society: The Commercialization of Eighteenth-Century England* (London, 1982)
McKeown, Adam, 'Global Migration, 1846–1940', *Journal of World History*, 15 (2004), 185–9
Maddison, Angus, *The World Economy: A Millennial Perspective* (Paris, 2001)
Malony, B., 'Modernity, Gender and the Empire: Gender, Citizenship and Dress in Modernizing Japan', *International Institute for Asian Studies Newsletter*, 46 (2008): www.iias.nl/nl/46/IIAS-NL46_0809.pdf
Marshall, Peter, *Demanding the Impossible: A History of Anarchism* (Oakland, 2010)
Maurer, Noel, and Carlos Yu, *The Big Ditch: How America Took, Built, Ran and Ultimately Gave Away the Panama Canal* (Princeton, 2011)
Mazzini, Giuseppe, 'To the Italians', in *The Duties of Man and Other Essays*, trans. Thomas Jones (Charleston, 2010)
Meech-Pekarik, J., *The World of the Meiji Print: Impressions of a New Civilization* (New

tile Prices Revisited, 1779–1831', *Economic History Review*, 52, 4 (1999), 749–55

Evans, Richard J., *Death in Hamburg: Society and Politics in the Cholera Years, 1830–1910* (Oxford, 1987)

Farnie, Douglas A., 'The Role of Cotton Textiles in the Economic Development of India, 1600–1990', in Douglas A. Farnie and David J. Jeremy (eds.), *The Fiber that Changed the World: The Cotton Industry in International Perspective, 1600–1990s* (Oxford, 2004), 395–430

———, 'The Role of Merchants as Prime Movers in the Expansion of the Cotton Industry, 1760–1990', in Douglas A. Farnie and David J. Jeremy (eds.), *The Fiber that Changed the World: The Cotton Industry in International Perspective, 1600–1990s* (Oxford, 2004), 15–55

Ferdows, A. K., 'Women and the Islamic Revolution', *International Journal of Middle East Studies*, 15, 2 (1983), 283–98

Ferguson, Niall, 'An Evolutionary Approach to Financial History', *Cold Spring Harbor Symposia on Quantitative Biology*, 74 (2009), 449–54

———, *The War of the World: History's Age of Hatred* (London, 2006)

Findlay, Ronald and Kevin H. O'Rourke, *Power and Plenty: Trade, War, and the World Economy in the Second Millennium* (Princeton, 2007)

Fordham, Benjamin O., '"Revisionism" Reconsidered: Exports and American Intervention in the First World War', unpublished paper, Department of Political Science, Binghamton University (SUNY) (2004)

Fowler, Alan, *Lancashire Cotton Operatives and Work, 1900–1950: A Social History of Lancashire Cotton Operatives in the Twentieth Century* (Farnham, 2003)

Fowler Mohanty, G., *Labor and Laborers of the Loom: Mechanization and Handloom Weavers, 1780–1840* (New York/London, 2006)

Friedman, Milton and Anna J. Schwartz, *A Monetary History of the United States, 1867–1960* (Princeton, 1963)

Fukuyama, Francis, *The End of History and the Last Man* (New York, 1992)

Gaddis, John, *The Cold War: A New History* (London, 2006)

Galeano, Eduardo, *Open Veins of Latin America: Five Centuries of the Pillage of a Continent* (London, 2009)

Gildea, Robert, *Barricades and Borders: Europe, 1815–1914* (Oxford, 1996)

Gong, Gerrit W., *The Standard of 'Civilization' in International Society* (Oxford, 1984)

Grayling, A. C., *Toward the Light of Liberty: The Struggles for Freedom and Rights that Made the Modern Western World* (New York, 2007)

Greer, Germaine, *The Female Eunuch* (New York, 1980 [1970])

Guinnane, Timothy, Ron Harris, Naomi R. Lamoreaux and Jean-Laurent Rosenthal, 'Putting the Corporation in its Place', NBER working paper 13109 (May 2007)

Harrison, Mark (ed.), *The Economics of World War II: Six Great Powers in International Comparison* (Cambridge, 1998)

Hirano Ken'ichiro (ed.), *The State and Cultural Transformation: Perspectives from East*

nomic History, 11 (1982), 269–333

Beasley, W. G., *Japan Encounters the Barbarian: Japanese Travellers in America and Europe* (New Haven, 1995)

Berg, Maxine, 'From Imitation to Invention: Creating Commodities in Eighteenth-Century Britain', *Economic History Review*, New Series, 55, 1 (2002), 1–30

———, 'In Pursuit of Luxury: Global History and British Consumer Goods in the Eighteenth Century', *Past & Present*, 182 (2004), 85–142

Berger, Helge and Mark Spoerer, 'Economic Crises and the European Revolutions of 1848', *Journal of Economic History*, 61, 2 (2001), 293–326

Bergson, Abram, 'How Big was the Soviet GDP?', *Comparative Economic Studies* (1997), 1–14

Bismarck, Count Otto von, *Reflections and Reminiscences* (London, 1899)

Broadberry, Stephen N., 'How did the United States and Germany Overtake Britain? A Sectoral Analysis of Comparative Productivity Levels, 1870–1990', *Journal of Economic History*, 58, 2 (1998), 375–407

Buruma, Ian, *Inventing Japan: From Empire to Economic Miracle, 1853–1964* (London, 2003)

Carlyle, Thomas, *Past and Present* (London, 1843)

Clark, Gregory, *A Farewell to Alms: A Brief Economic History of the World* (Princeton, 2007)

Clark, Gregory and Robert C. Feenstra, 'Technology in the Great Divergence', in Michael D. Bordo, Alan M. Taylor and Jeffrey G. Williamson (eds.), *Globalization in Historical Perspective* (Chicago/London, 2003), 277–322

Cole, Harold L., Lee O. Ohanian and Ron Leung, 'Deflation and the International Great Depression: A Productivity Puzzle', Federal Reserve Bank of Minneapolis Research Department staff report, 356 (February 2005)

Copeland, Melvin T., 'Technical Development in Cotton Manufacturing since 1860', *Quarterly Journal of Economics*, 24, 1 (1909), 109–59

Cox, Mick (ed.), *Rethinking the Soviet Collapse: Sovietology, the Death of Communism and the New Russia* (London, 1999)

Crafts, N. F. R., 'British Economic Growth, 1700–1831: A Review of the Evidence, *Economic History Review*, 36, 2 (1983), 177–99

Darwin, Charles, *On the Origin of Species* (Oxford, 2008 [1859])

Dattel, Gene, *Cotton and Race in the Making of America: The Human Costs of Economic Power* (New York, 2009)

Debray, Jules Régis, 'The Third World: From Kalashnikovs to God and Computers', Interview with Nathan Gardels, *New Perspectives Quarterly*, 3, 1 (1986), 25–8

Dyos, H. J. and D. H. Aldcroft, *British Transport: An Economic Survey from the 17th Century to the 20th* (Leicester, 1969)

Ebadi, S., *Iran Awakening* (London, 2006)

Esteban, Javier Cuenca, 'Factory Costs, Market Prices, and Indian Calicos: Cotton Tex-

War, 1914–1918 (Cambridge, 2003)
Smith, R., *Vietnam and the West* (London, 1968)
Steer, G. L., *Judgment on German Africa* (London, 1939)
Strachan, Hew, *The First World War*, vol. I: *To Arms* (Oxford, 2001)
——, *The First World War in Africa* (Oxford, 2004)
Tai, Hue-Tam Ho, 'The Politics of Compromise: The Constitutionalist Party and the Electoral Reforms of 1922 in French Cochinchina', *Modern Asian Studies Journal*, 18, 3 (1984), 371–91
Taithe, B., *The Killer Trail: A Colonial Scandal in the Heart of Africa* (Oxford, 2009)
Taylor, Miles, 'The 1848 Revolutions and the British Empire', *Past & Present*, 166 (Feb. 2000), 146–80
Tocqueville, Alexis de, *Democracy in America*, ed. Bruce Frohnan (London, 2002)
Twain, Mark, *Following the Equator: A Journey around the World*, vol. II (New York, 1897)
Van Beusekom, Monica M., *Negotiating Development: African Farmers and Coloniai Experts at the Office du Niger, 1920–1960* (London, 2002)
Weindling, Paul, *Health, Race and German Politics between National Unification and Nazism, 1870–1945* (Cambridge, 1989)
Winter, J. M., *The Great War and the British People* (London, 1985)
Wolpert, Stanley, *Gandhi's Passion: The Life and Legacy of Mahatma Gandhi* (Oxford, 2002)
Wright, P., *Conflict on the Nile: The Fashoda Incident of 1898* (London, 1972)
Yansané, A. Y., 'The Impact of France on Education in West Africa', in G. Wesley Johnson (ed.), *Double Impact: France and Africa in the Age of Imperialism* (Westport, CT/London, 1985), 345–62
Zimmerer, 'The First Genocide of the Twentieth Century: The German War of Destruction in South-West Africa (1904–1908) and the Global History of Genocide', in Doris L. Bergen (ed.), *Lessons and Legacies: From Generation to Generation* (Evanston, IL, 2008), 34–51

第5章　消　費

Allen, Frederick, *Secret Formula: How Brilliant Marketing and Relentless Salesmanship Made Coca-Cola the Best-Known Product in the World* (New York, 1995)
Allen, Robert C., *The British Industrial Revolution in Global Perspective* (Cambridge, 2009)
——, 'The Great Divergence in European Wages and Prices from the Middle Ages to the First World War', *Explorations in Economic History*, 38 (2001), 411–47
Allen, Robert C., Jean-Pascal Bassino, Debin Ma, Christine Moll-Murata and Jan Luiten van Zanden, 'Wages, Prices, and Living Standards in China, Japan, and Europe, 1738–1925', working paper (2005)
Bairoch, Paul, 'International Industrialization Levels from 1750 to 1980', *Journal of Eco-*

McLynn, Frank, *Napoleon: A Biography* (London, 2002)
Madley, Benjamin, 'From Africa to Auschwitz: How German South West Africa Incubated Ideas and Methods Adopted and Developed by the Nazis in Eastern Europe', *European History Quarterly*, 35, 3 (2005), 429–64
———, 'Patterns of Frontier Genocide 1803–1910: The Aboriginal Tasmanians, the Yuki of California, and the Herero of Namibia', *Journal of Genocide Research*, 6, 2 (2004), 167–92
Marcovich,A., *French Colonial Medicine and Colonial Rule: Perspectives on Western Medicine and the Experience of European Expansion* (London/New York, 1988)
Marr, D. G., *Vietnamese Anticolonialism, 1885–1925* (Berkeley/Los Angeles, 1971)
Mazower, Mark, *Dark Continent: Europe's Twentieth Century* (London, 2008)
———, *Hitler's Empire: Nazi Rule in Occupied Europe* (London, 2008)
Moyo, Dambisa, *Dead Aid: Why Aid is Not Working and How There is Another Way for Africa* (London, 2010)
Ngalamulume, K., 'Keeping the City Totally Clean: Yellow Fever and the Politics of Prevention in Colonial Saint-Louis-de-Sénégal', *Journal of African History, 45* (2004), 183–202
Olusoga, David and Casper W. Erichsen, *The Kaiser's Holocaust: German Forgotten Genocide and the Colonial Roots of Nazis* (London, 2010)
Riley, James C., 'The Timing and Pace of Health Transitions around the World', *Population and Development Review*, 31, 4 (Dec. 2005), 741–64
Robiquet, Paul (ed.), *Discours et opinions de Jules Ferry* (Paris, 1897)
Rohrbach, Paul, *Aus Südwest-Afrikas schweren Tagen: Blätter von Arbeit und Abschied* (Berlin, 1909)
———, *Deutsche Kolonialwirtschaft*, vol. I: *Südwest-Afrika* (Berlin, 1907)
Rousseau, Jean-Jacques, *The Social Contract* (London, 1968)
Rust, Conrad, *Krieg und Frieden im Hereroland: Aufzeichnungen aus dem Kriegsjahre 1904* (Berlin, 1905)
Sabatier, Peggy R., '"Elite" Education in French West Africa: The Era of Limits, 1903–1945', *International Journal of African Historical Studies*, 11, 2 (1978), 247–66
Saxe, Jo W., 'The Changing Economic Structure of French West Africa', *Annals of the American Academy of Political and Social Science, 298* (1955), 52–61
Schama, Simon, *Citizens: A Chronicle of the French Revolution* (London, 1990)
Schneider, W. H., 'Smallpox in Africa during Colonial Rule', *Medical History Journal, 53, 2* (April 2009), 193–227
Seiner, Franz, *Bergtouren und Steppenfahrten im Hereroland* (Berlin, 1904)
Shaw, George Bernard, 'Preface on Doctors', in *The Doctor's Dilemma, Getting Married, and the Shewing-Up of Blanco Posnet* (Rockville, MD, 2003 [1911])
Singer, B. and Langdon, J., *Cultured Force: Makers and Defenders of the French Colonial Empire* (Madison, WI, 2004)
Smith, Leonard V., Stéphane Audoin-Rouzeau and Annette Becker, *France and the Great*

mara, Eritrea, 1997)
Gandhi, Mahatma, *The Collected Works of Mahatma Gandhi* (electronic book) (New Delhi, 1999)
———, *Hind Swaraj*, ed. Jitendra T. Desai (Ahmedabad, 1938)
Gardiner, David E., 'The French Impact on Education in Africa, 1817–1960', in G. Wesley Johnson (ed.), *Double Impact: France and Africa in the Age of Imperialism* (Westport, CT/London, 1985), 333–44
Gewald, Jan-Bart, 'The Great General of the Kaiser', in *Botswana Notes and Records*, 26 (1994), 67–76
———, *Herero Heroes: A Socio-Political History of the Herero of Namibia, 1890–1923* (Oxford/Cape Town/Athens, 1999)
Gide, André, *Travels in the Congo* (Berkeley/Los Angeles, 1929)
Gifford, P. and Louis Wm Roger, *France and Britain in Africa: Imperial Rivalry and Colonial Rule* (New Haven/London, 1971)
Hochschild, A., *King Leopold's Ghost: A Story of Greed, Terror and Heroism in Colonial Africa* (New York, 1999)
Iliffe, J., *Africans: The History of a Continent* (Cambridge, 2007 [1995])
Joireman, Sandra F., 'Inherited Legal Systems and Effective Rule of Law: Africa and the Colonial Legacy', *Journal of Modern African Studies*, 39, 4 (2001), 57196
Kipling, Rudyard, 'France at War: On the Frontier of Civilization', in *The Collected Works of Rudyard Kipling*, vol. II (Charleston, SC, 2008)
Klein, Martin A., *Islam and Imperialism in Senegal: Sine-Saloum, 1847–1914* (Stanford, 1968)
Kuhlmann, A., *Auf Adlers Flügeln* (Barmen, 1911)
Labrousse, Ernest, '1789–1830–1848: How Revolutions are Born', in François Crouzet, William Henry Chaloner and Fritz Stern (eds.), *Essays in European Economic History, 1789–1914* (London, 1969), 1–14
Lenin, Vladimir Ilyich, *Imperialism, the Highest Stage of Capitalism* (Moscow, 1963 [1917])
Leutwein, Theodor, *Elf Jahre Gouverneur in Deutsch-Südwestafrika* (Berlin, 1906)
Levine, Alison Murray, 'Film and Colonial Memory: La Croisiére noire, 1924–2004', in Alec G. Hargreaves (ed.) *Memory, Empire and Post-colonialism: Legacies of French Colonialism* (Lanham, MD/Oxford, 2005), 81–97
Lieven, Dominic, *Russia against Napoleon: The True Story of the Campaigns of War and Peace* (New York, 2010)
Lunn, Joe, *Memoirs of the Maelstrom: A Senegalese Oral History of the First World War* (London, 1999)
McCullum, Jack E., *Military Medicine: From Ancient Times to the 21st Century* (Santa Barbara, 2008)
MacLeod, Roy and M. Lewis (eds.), *Disease, Medicine and Empire: Perspectives on Western Medicine and the Experience of European Expansion* (London/New York, 1988)

1939)
Clausewitz, Carl von, *On War*, ed. Michael Howard and Peter Paret (Princeton, 1976)
Cohen, William, *Rulers of Empire: The French Colonial Service in Africa* (Stanford, 1971)
Collier, Paul, *The Bottom Billion: Why the Poorest Countries are Failing and What Can Be Done about It* (Oxford, 2007)
Conklin, Alice L., *A Mission to Civilise: The Republican Idea of Empire in France and West Africa, 1895–1930* (Stanford, 1998)
Crowder, Michael, *Senegal: A Study of French Assimilation Policy* (Oxford, 1962)
Cruise O'Brien, Rita, *White Society in Black Africa: The French of Senegal* (London, 1972)
Daly, M. W., 'Omdurman and Fashoda, 1898: Edited and Annotated Letters of F. R. Wingate', *Bulletin of the British Society for Middle Eastern Studies*, 10, 1 (1983), 21–37
Deutsch, Jan-Georg, *Emancipation without Abolition in German East Africa c. 1884–1914* (Oxford, 2006)
Drechsler, Horst, *Südwestafrika unter deutscher Kolonialherrschaft: Der Kampf der Herero und Nama gegen den deutschen Imperialismus (1884–1915)* (Berlin, 1966)
Easterly, William, *The White Man's Burden: Why the West's Efforts to Aid the Rest Have Done So Much Ill and So Little Good* (London, 2007)
Echenberg, Myron, *Black Death, White Medicine: Bubonic Plague and the Politics of Public Health in Senegal, 1914–1945* (Portsmouth, NH/Oxford, 2002)
———,*Colonial Conscripts: The Tirailleurs Senegalais in French West Africa, 1857–1960* (London, 1990)
———, 'Medical Science in Colonial Senegal: The Pasteur Institute of Dakar and the Quest for a Yellow Fever Vaccine, 1925–1925', McGill University paper (n.d.)
Eichacker, Captain Rheinhold, 'The Blacks Attack!', *New York Times Current History*, 9 (April-June 1917), 110–12
Eiermann, Martin, 'The Good, the Bad, and the Ugly: Colonial Violence, Domestic Discourses, and the Production of Truths in Imperial Germany, 1904 to 1908', (Harvard University senior thesis, 2010)
Evans, Andrew D., 'Anthropology at War: Racial Studies of Prisoners of War during World War I', in H. Penny and M. Bunzl (eds.), *Worldly Provincialism: German Anthropology in the Age of Empire* (Ann Arbor, MI, 2003), 198–230
Ferguson, Niall, *The Ascent of Money: A Financial History of the World* (London, 2008)
Fieldhouse, D. K., *Black Africa 1945–80: Economic Decolonization and Arrested Development* (London, 1986)
Fischer, Eugen, *Die Rehobother Bastards und das Bastardierungsproblem beim Menschen: Anthropologische und ethnographische Studien am Rehebother Bastardvolk in Deutsch-Südwest-Afrika* (Jena, 1913)
Fonge, Fuabeh P., *Modernization without Development in Africa: Patterns of Change and Continuity in Post-Industrial Cameroonian Public Service* (Trenton, NJ/As-

Williams, Eric, *Capitalism and Slavery* (London, 1964)

Williamson, E., *The Penguin History of Latin America* (London, 1992)

Wood, Michael, *Conquistadors* (London, 2001)

Woodward, Margaret L., 'The Spanish Army and the Loss of America, 1810–1824', *Hispanic American Historical Review*, 48, 4 (1968) 586–607

第4章 医　学

Acemoglu, Daron, Davide Cantoni, Simon Johnson and James A. Robinson, 'The Consequences of Radical Reform: The French Revolution', National Bureau of Economic Research working paper 14831 (April 2009)

Acemoglu, Daron, Simon Johnson and James Robinson, 'Disease and Development in Historical Perspective', *Journal of the European Economic Association*, 1, 2–3 (2003), 397–405

Anon., *Die Rheinische Mission und Der Herero-Aufstand: Erelebnisse und Beobachtungen rheinischer Missionare* (Barmen, 1904)

Asiwaju,A. I.,*West African Transformations: Comparative Impact of French and British Colonialism* (Niger, 1991)

Bayer, Hauptmann M., *Mit dem Hauptquartier in Südwestafrika* (Berlin, 1909)

Beck, Ann, 'Medicine and Society in Tanganyika, 1890–1930: A Historical Inquiry', *Transactions of the American Philosophical Society*, 67, 3 (1977), 1–59

Beckett, I. and K. Simpson (eds.), *A Nation in Arms: A Social Study of the British Army in the First World War* (Manchester, 1985)

Berenson, E., *Heroes of Empire: Five Charismatic Men and the Conquest of Africa* (Berkeley/Los Angeles/London, 2011)

Betts, Raymond F., *Assimilation and Association in French Colonial Theory, 1890–1914* (New York/London,1961)

———, 'The Establishment of the Medina in Dakar', *Africa: Journal of the International African Institute*, 41, 2 (April 1971), 143–52

Blanton, Robert, T. David Mason and Brian Athow, 'Colonial Style and Post-Colonial Ethnic Conflict in Africa', *Journal of Peace Research*, 38, 4 (2001), 473–91

Brunschwig, H., *French Colonialism 1871–1914: Myths and Realities* (London, 1966)

———, 'French Exploration and Conquest in Tropical Africa from 1865 to 1898', in L. H. Gann and P. Duignan (eds.), *Colonialism in Africa, 1870–1960*, vol. I (Cambridge, 1969), 132–64

Buell, R. L., *The Native Problem in Africa* (London, 1965)

Burke, Edmund, *Reflections on the Revolutions in France: A Critical Edition*, ed. J. C. D. Clark (Cambridge, 2001)

Carter, Susan B., Scott Sigmund Gartner, Michael R. Haines, Alan L. Olmstead, Richard Sutch and Gavin Wright (eds.), *Historical Statistics of the United States: Millennial Edition Online* (Cambridge, 2006)

Centre d'Informations Documentaires, *The Work of France in the Cameroons* (Paris,

tion of Institutions Governing Public Choice in Seventeenth-Century England', *Journal of Economic History*, 44, 4 (1989), 803–32

O'Brien, Patrick K., 'Inseparable Connections: Trade, Economy, Fiscal State, and the Expansion of Empire, 1688–1815', in P. J. Marshall (ed.), *The Oxford History of the British Empire, vol. II: The Eighteenth Century* (Oxford/New York, 1998), 53–77

Ortega, F. A., 'Earthquakes during the Colonial Period', *ReVista: Harvard Review of Latin America* (2007): http://www.drclas.harvard.edu/revista/articles/view/907

Pomeranz, Kenneth, *The Great Divergence: China, Europe and the Making of the Modern World Economy* (Princeton, 2000)

Poppino, Rollie E., *Brazil: The Land and the People* (Oxford, 1968)

Prado, C., *The Colonial Background of Modern Brazil* (Berkeley/Los Angeles/London, 1969)

Reid, James J., *Crisis of the Ottoman Empire: Prelude to Collapse, 1839–1878* (Stuttgart, 2000)

Rostworowski, María, *Doña Francisca Pizarro* (Lima, 1989)

Sato, A., *Legal Aspects of Landownership in Colonial Spanish America* (Tokyo, 1976)

Schaefer, Christina, *Genealogical Encyclopaedia of the Colonial Americas* (Baltimore, 1998)

Schwartz, Stuart B., 'The Colonial Past: Conceptualizing Post-*Dependentista* Brazil', in Jeremy Adelman (ed.), *Colonial Legacies: The Problem of Persistence in Latin American History* (New York/London, 1999), 175–92

———, *Slaves, Peasants, and Rebels: Reconsidering Brazilian Slavery* (Champaign, IL, 1995)

Thomas, Hugh, *The History of the Atlantic Slave Trade 1440–1870* (London, 1997)

Thornton John and Linda Heywood, *Central Africans, Atlantic Creoles, and the Foundation of the Americas, 1585* (Cambridge, 2007)

Tomlins, C., 'Indentured Servitude in Perspective: European Migration into North America and the Composition of the Early American Labour Force, 1600–1775', in Cathy Matson (ed.), *The Economy of Early America: Historical Perspectives and New Directions* (Philadelphia, 2007), 146–82

Ullrick, Laura F., 'Morillo's Attempt to Pacify Venezuela', *Hispanic American Historical Review*, 3, 4 (1920), 535–65

Walvin, J., *Black Ivory: Slavery in the British Empire* (Oxford/Malden, MA, 2001)

Wang S., N. Ray, W. Rojas, M. V. Parra, G. Bedoya et al., 'Geographic Patterns of Genome Admixture in Latin American Mestizos', *PLoS Genet*, 4, 3 (2008), 1–9

Washington, George and William Crawford, *The Washington-Crawford Letters. Being the Correspondence between George Washington and William Crawford, from 1767 to 1781, Concerning Western Lands. With an Appendix, Containing Later Letters of Washington on the Same Subject; and Letters from Valentine Crawford to Washington, written in 1774 and 1775, Chronologically Arranged and Carefully Annotated* (Cincinnati, 1877)

Emmer, P. C. (ed.), *Colonialism and Migration: Indentured Labour before and after Slavery* (Dordrecht, 1986)

Engerman, Stanley L. and Kenneth L. Sokoloff, 'Once upon a Time in the Americas: Land and Immigration Policies in the New World', working paper (2008)

Fage, J. D., 'Slavery and the Slave Trade in the Context of West African History', *Journal of African History*, 10, 3 (1969), 393–404

Ferguson, Niall, *The War of the World: History's Age of Hatred* (London, 2006)

Fernández-Armesto, Felipe, *The Americas: A History of Two Continents* (London, 2003)

Findlay, Ronald and Kevin H. O'Rourke, *Power and Plenty: Trade, War, and the World Economy in the Second Millennium* (Princeton, 2007)

Gabai, Rafael Varón, *Francisco Pizarro and his Brothers: The Illusion of Power in Sixteenth-Century Peru* (Norman, 1997)

Graham, R., *Patronage and Politics in Nineteenth-Century Brazil* (Stanford, 1990)

Haber, Stephen, 'Development Strategy or Endogenous Process? The Industrialization of Latin America', Stanford University working paper (2005)

Hamnett, Brian R., 'The Counter Revolution of Morillo and the Insurgent Clerics of New Granada, 1815–1820', *Americas*, 32, 4 (April 1976), 597–617

Hemming, J., *The Conquest of the Incas* (London, 1993)

Hobbes, Thomas, *Leviathan or the Matter, Forme, and Power of a Common Wealth, Ecclesiasticall and Civil* (London, 1651)

Jasanoff, Maya, *Liberty's Exiles: American Loyalists in the Revolutionary World* (forthcoming)

King, James F., 'A Royalist View of Colored Castes in the Venezuelan War of Independence', *Hispanic American Historical Review*, 33, 4 (1953), 526–37

Klein, Herbert F. and Francisco Vidal Luna, *Slavery in Brazil* (Cambridge, 2010)

Langley, Lester D., *The Americas in the Age of Revolution, 1750–1850* (New Haven/London, 1998)

Lanning, John Tate, *Academic Culture in the Spanish Colonies* (Port Washington, NY/London, 1969)

Locke, John, *Two Treatises of Government: In the former, The false Principles and Foundation of Sir Robert Filmer, And his Followers, are Detected and Overthrown. The latter is an Essay concerning The True Original, Extent, and End of Civil Government* (London, 1690)

Lynch, J., 'Bolívar and the Caudillos', *Hispanic American Historical Review*, 63, 1 (1983), 3–35

———, *Simón Bolívar: A Life* (London, 2006)

Markham, Clements R. (ed.), *Reports on the Discovery of Peru* (London, 1872)

North, Douglass C., John Joseph Wallis and Barry R. Weingast, *Violence and Social Orders: A Conceptual Framework for Interpreting Recorded Human History* (Cambridge, 2009)

North, Douglass C. and Barry R. Weingast, 'Constitutions and Commitment: The Evolu-

(London, 1993), 91–125
Arneil, Barbara, *John Locke and America: The Defence of English Colonialism* (Oxford, 1996)
Barrera-Osorio, A., *Experiencing Nature: The Spanish American Empire and the Early Scientific Revolution* (Austin, TX, 2006)
Bedoya, Gabriel et al., 'Admixture Dynamics in Hispanics: A Shift in the Nuclear Genetic Ancestry of a South American Population Isolate', *PNAS*, 103, 19 (9 May 2006), 7234–9
Bingham, H., *Lost City of the Incas* (London, 2003)
Bolívar, Simón, *Selected Writings of Bolívar*, ed. Harold A. Bierck Jr, transl. Lewis Bertrand, compiled by Vicente Lecuna, 2 vols. (New York, 1951)
Brown, Matthew, *Adventuring through Spanish Colonies: Simon Bolivar, Foreign Mercenaries and the Birth of New Nations* (Liverpool, 2006)
Burkholder, M. A., *Colonial Latin America*, 2nd edn (Oxford, 1994)
Carvajal-Carmona, Luis G. et al., 'Strong Amerind/White Sex Bias and a Possible Sephardic Contribution among the Founders of a Population in Northwest Colombia', *American Journal of Human Genetics*, 67 (2000), 1287–95
Churchill, Winston S., 'Civilization', in Randolph S. Churchill (ed.), *Blood, Sweat and Tears*, (Whitefish, MT, 2007 [1940]), 45–9
Clark, Gregory, *A Farewell to Alms: A Brief Economic History of the World* (Princeton, 2007)
Clark, J. C. D., 'British America: What If There Had Been No American Revolution?' in Niall Ferguson (ed.), *Virtual History: Alternatives and Counterfactuals* (London, 1993), 125–75
———, *The Language of Liberty, 1660–1832: Political Discourse and Social Dynamics in the Anglo-American World* (Cambridge, 1993)
Cordeiro, Jose Luis, 'Constitutions around the World: A View from Latin America', Institute of Developing Economies Discussion Paper, 164 (2008)
Creel, Margaret Washington, *A Peculiar People: Slave Religion and Community-Culture among the Gullahs* (New York, 1988)
Curtin, Philip, *The Rise and Fall of the Plantation Complex: Essays in Atlantic History* (Cambridge, 1998)
Davis, David Brion, 'Slavery', in C. Van Woodward (ed.), *The Comparative Approach to American History: Slavery* (New Jersey, 1969), pp. 121–35
Egnal, M., *New World Economies: The Growth of the Thirteen Colonies and Early Canada* (New York/Oxford, 1998)
Elkins, Stanley, *Slavery: A Problem in American Institutional and Intellectual Life* (Chicago, 1968)
Elliott, J. H., *Empires of the Atlantic World* (New Haven, 2006)
Eltis, David, 'The Volume and Structure of the Transatlantic Slave Trade: A Reassessment', *William and Mary Quarterly*, 58, 1 (January 2001), 17–46

1993)

Rafeq, Abdul-Karim, 'Making a Living or Making a Fortune', in Nelly Hanna (ed.), *Money, Land and Trade: An Economic History of the Muslim Mediterranean* (London and New York, 2002), 101–23

Reid, James J., *Crisis of the Ottoman Empire: Prelude to Collapse, 1839–1878* (Stuttgart, 2000)

Senor, Dan and Saul Singer, *Start-Up Nation: The Story of Israel's Economic Miracle* (New York, 2009)

Shank, J. B., *The Newton Wars and the Beginning of the French Enlightenment* (Chicago/London, 2008)

Shaw, Stanford J., *History of the Ottoman Empire and Modern Turkey* (Cambridge, 1976)

Smith, W. G. C., 'Science and Technology in Early Modern Islam, c. 1450-c. 1850', London School of Economics working paper (n.d.)

Sprat, T., *The History of the Royal Society of London, for the Improving of Natural Knowledge*, 2nd edn (London, 1702)

Steele, B. D., 'Muskets and Pendulums: Benjamin Robins, Leonhard Euler, and the Ballistics Revolution', *Technology and Culture Journal*, 35, 2 (1994), 348–82

Steinberg, S. H., *Five Hundred Years of Printing* (London, 1959)

Stewart, L. *The Rise of Public Science: Rhetoric, Technology and Natural Philosophy in Newtonian Britain, 1660–1750* (Cambridge, 1992)

Stoye, John, *The Siege of Vienna* (Edinburgh, 2006)

Sturdy, D. J., *Fractured Europe 1600–1721* (Oxford, 2002)

Terrall, M., *The Man Who Flattened the Earth: Maupertuis and the Sciences in the Enlightenment* (Chicago, 2002)

Thomas, Keith, *Religion and the Decline of Magic* (London, 1971)

Vlahakis, George N. et al., *Imperialism and Science: Social Impact and Interaction* (Santa Barbara, 2006)

Walsham, Alexandra, 'Unclasping the Book? Post-Reformation English Catholicism and the Vernacular Bible,' *Journal of British Studies*, 42, 2 (2003), 141–66

Weiker, Walter F., 'The Ottoman Bureaucracy: Modernization and Reform', *Administrative Science Quarterly*, 13, 3 (1968), 451–70

第3章　所 有 権

Acemoglu, Daron, Simon Johnson and James A. Robinson, 'Reversal of Fortune: Geography and Institutions in the Making of the Modern World Income Distribution', *Quarterly Journal of Economics*, 117, 4 (2002), 1231–94

———, 'The Rise of Europe: Atlantic Trade, Institutional Change and Economic Growth', *American Economic Review*, 95, 3 (2005), pp. 546–79

Adamson, J. A. A., 'England without Cromwell: What if Charles I Had Avoided the Civil War?', in Niall Ferguson (ed.), *Virtual History: Alternatives and Counterfactuals*

Kinard, J., *Weapons and Warfare: Artillery* (Santa Barbara, 2007)
Kinross, Patrick, *Atatürk: The Rebirth of a Nation* (London, 2001)
Kuhn, Thomas, *The Structure of Scientific Revolutions*, 2nd edn (Chicago, 1970)
Levack, Brian, *The Witch-Hunt in Early Modern Europe*, 2nd edn (London, 1995)
Levy, A., 'Military Reform and the Problem of Centralization in the Ottoman Empire in the Eighteenth Century', *Journal of Middle Eastern Studies*, 18, 3 (July, 1982), 227–49
Lewis, Bernard, *The Emergence of Modern Turkey* (New York/Oxford, 2001)
———, *The Middle East: Two Thousand Years of History from the Rise of Christianity to the Present Day* (London, 2001)
———, *What Went Wrong? The Clash between Islam and Modernity in the Middle East* (London, 2002)
Lyons, Jonathan, *The House of Wisdom: How the Arabs Transformed Western Civilization* (London, 2010)
McCarthy, J., *The Ottoman Turks: An introductory History to 1923* (London, 1997)
Mango, Andrew, *Atatürk* (London, 1999)
Mansel, Philip, *Constantinople: City of the World's Desire, 1453–1924* (London, 2006)
Montesquieu, *Persian Letters*, transl. Margaret Mauldon (Oxford, 2008 [1721])
Morgan, Michael Hamilton, *Lost History: The Enduring Legacy of Muslim Scientists, Thinkers and Artists* (New York, 2008)
Murray, Charles A., *Human Accomplishment: The Pursuit of Excellence in the Arts and Sciences, 800 B.C. to 1950* (New York, 2003)
Özmucur, S. and S. Pamuk, 'Real Wages and Standards of Living in the Ottoman Empire, 1489–1914', *Journal of Economic History, 62, 2* (2002), 292–321
Palmer, R. R., 'Frederick the Great, Guibert, Bülow: From Dynastic to National War', in Peter Paret (ed.), *Makers of Modern Strategy: From Machiavelli to the Nuclear Age* (Oxford, 1986), 91–123
Pamuk, S., 'From Bimetallism to the "Limping Gold Standard": The Ottoman Monetary System in the Nineteenth Century', in Philip L. Cottrell (ed.), *East Meets West: Banking, Commerce and Investment in the Ottoman Empire* (Aldershot, 2008), 11–24
———, 'Institutional Change and the Longevity of the Ottoman Empire, 1500–1800', *Journal of Interdisciplinary History*, 35, 2 (2004), 225–47
———, *The Ottoman Empire and European Capitalism, 1820–1913: Trade, Investment and Production* (Cambridge, 1987)
———, 'Prices in the Ottoman Empire, 1469–1914', *International Journal of Middle East Studies*, 36 (2004), 451–68
Panaite, V., *The Ottoman Law of War and Peace: The Ottoman Empire and Tribute Payers* (Boulder, CO/New York, 2000)
Quataert, D., *Manufacturing and Technology Transfer in the Ottoman Empire, 1800–1914* (Istanbul, 1992)
———, *Ottoman Manufacturing in the Age of the Industrial Revolution* (Cambridge,

nar, 1889', *American Historical Review*, 103, 1 (1998), 15–49
Forster, C. T. and F. H. B. Daniel (eds.), *The Life and Letters of Ogier Ghiselin de Busbecq* (London, 1881)
Fraser, David *Frederick the Great* (London, 2000)
Frederick the Great, *Anti-Machiavel*, ed. Werner Bahner and Helga Bergmann, *Les Oeuvres complétes de Voltaire*, vol. XIX (Oxford, 1996)
Freely, J., *Aladdin's Lamp: How Greek Science Came to Europe through the Islamic World* (New York, 2009)
———, *The Emergence of Modern Science, East and West* (Istanbul, 2004)
Gerber, H., 'Jews and Money-Lending in the Ottoman Empire', *Jewish Quarterly Review*, 72, 2 (1981), 100–118
———, 'The Monetary System of the Ottoman Empire', *Journal of Economic and Social History of the Orient*, 25, 3 (1982), 308–24
Goffman, D., *The Ottoman Empire and Early Modern Europe* (Cambridge, 2002)
Goldstone, Jack A., *Revolution and Rebellion in the Early Modern World* (Berkeley/Los Angeles/Oxford, 1991)
Goodwin, Jason, *Lords of the Horizons: A History of the Ottoman Empire* (London, 1999)
Grant, J., 'Rethinking the Ottoman "Decline": Military Technology Diffusion in the Ottoman Empire, Fifteenth to Eighteenth Centuries', *Journal of World History*, 10, 1 (1999), 179–201
Gribbin, J., *The Fellowship: The Story of a Revolution* (London, 2005)
Haffner, Sebastian, *The Rise and Fall of Prussia* (London, 1998)
Hall, A. R., 'Intellectual Tendencies: Science', in *The New Cambridge Modern History*, vol. II: *The Reformation, 1520–59* (Cambridge, 1962), 422–52
———, *Philosophers at War* (Cambridge 1980)
Hamdani, A., 'The Ottoman Response to the Discovery of America and the New Route to India', *Journal of the American Oriental Society*, 101,3 (1981) 323–30
Henry, John, *The Scientific Revolution and the Origins of Modern Science* (Basingstoke, 1997)
Hess, A. C., 'The Evolution of the Ottoman Seaborne Empire in the Age of the Oceanic Discoveries, 1453–1525', *American Historical Review*, 75, 7 (1970), 1892–1919
Holborn, Louise W., 'Printing and the Growth of a Protestant Movement in Germany from 1517 to 1524', *Church History*, 11, 2 (June 1942), 122–37
Huff, Toby E., *The Rise of Early Modern Science* (Cambridge, 1995)
İhsanoğlu, E., Science, *Technology and Learning in the Ottoman Empire* (Aldershot, 2004)
İnalcik, H. and D. Quataert (eds.), *An Economic and Social History of the Ottoman Empire*, vol. II, *1600–1914* (Cambridge, 1994)
Kant, Immanuel, 'Answer to the Question: "What is Enlightenment?"' (Königsberg, 1784): philosophy.eserver.org/kant/what-is-enlightenment.txt

(Kuala Lumpur, 1991)
Barkey, K., *Empire of Difference: The Ottomans in Comparative Perspective* (Cambridge, 2008)
Basalla, George, 'The Spread of Western Science', *Science*, 156, 3775 (5 May 1967), 611–22
Blanning, T. C. W., *The Culture of Power and the Power of Culture* (Oxford, 2002)
Bohnstedt, John W., 'The Infidel Scourge of God: The Turkish Menace as Seen by German Pamphleteers of the Reformation Era', *Transactions of the American Philosophical Society*, New Series 58, 9 (1968), 1–58
Chakrabongse, C. [Prince of Siam], *The Education of the Enlightened Despots* (London, 1948)
Cizacka, M., 'Price History and the Bursa Silk Industry: A Study in Ottoman Industrial Decline, 1550–1650', *Journal of Economic History*, 40, 3 (1960), 533–50
Clark, Carol Lea, 'Aristotle and Averroes: The Influences of Aristotle's Arabic Commentator upon Western European and Arabic Rhetoric', *Review of Communication*, 7, 4 (October 2007), 369–87
Clark, Christopher, *Iron Kingdom: The Rise and Downfall of Prussia 1600–1947* (London, 2006)
Clark, Harry, 'The Publication of the Koran in Latin: A Reformation Dilemma', *The Sixteenth Century Journal*, 15, 1 (Spring 1984), 3–12
Clarke, E. C., 'The Ottoman Industrial Revolution', *International Journal of Middle East Studies*, 5, 1 (1974), 65–76
Coles, Paul, *The Ottoman Impact on Europe* (London, 1968)
Crofts, Richard A., 'Printing, Reform and Catholic Reformation in Germany (1521–1545)', *Sixteenth Century Journal*, 16, 3 (Autumn 1985), 369–81
Darnton, Robert, *The Literary Underground of the Old Regime* (Cambridge, MA/London, 1982)
Davison, Roderic H., *Essays in Ottoman and Turkish History, 1774–1923: The Impact of the West* (Austin, TX, 2001)
Deen, S. M., *Science under Islam: Rise, Decline and Revival* (Keele, 2007)
Dittmar, Jeremiah, 'Ideas, Technology, and Economic Change: The Impact of the Printing Press', American University working paper (September 2009)
Duffy, C., *Frederick the Great: A Military Life* (London, 1988)
Eisenstein, Elizabeth L., *The Printing Revolution in Early Modern Europe*, 2nd edn (Cambridge, 2005)
Farley, James L., *Turkey* (London, 1866)
Faroqhi, Suraiya, *Subjects of the Sultan: Culture and Daily Life in the Ottoman Empire* (London, 2005)
Ferguson, Niall, *High Financier: The Lives and Time of Siegmund Warburg* (London, 2010)
Fernández-Armesto, Felipe, *Pathfinders: A Global History of Exploration* (Oxford, 2007)
Findley, C. V., 'An Ottoman Occidentalist in Europe: Ahmed Midhat Meets Madame Gül-

———, *The Wealth and Poverty of Nations: Why Some are So Rich and Some So Poor* (New York, 1998)

Levathes, Louise, *When China Ruled the Seas: The Treasure Fleet of the Dragon Throne, 1405–1433* (Oxford, 1994)

Menzies, Gavin, *1421: The Year China Discovered the World* (London, 2002)

Mintz, Sidney W., *Sweetness and Power: The Place of Sugar in Modern History* (London, 1985)

Mokyr, Joel, *Lever of Riches* (Oxford, 1990)

Montesquieu, Charles de Secondat, baron de, *The Spirit of the Laws*, trans. Thomas Nugent and J. V. Prichard (London, 1914 [1748])

Needham, Joseph (ed.), *Science and Civilization in China*, 7 vols. (Cambridge, 1954–)

Newman, R., 'Opium Smoking in Late Imperial China: A Reconsideration', *Modern Asian Studies, 29* (1995), 765–94

Pelzer, John and Linda, 'The Coffee Houses of Augustan London', *History Today*, 32, (1982) 40–44

Pinker, Steven, *The Better Angels of our Nature: The Decline of Violence and its Psychological Roots* (forthcoming)

Ray, Haraprasad, 'An Analysis of the Chinese Maritime Voyages into the Indian Ocean during Early Ming Dynasty, and their Raison d'Etre', *China Report*, 23, 1 (1987), 65–87

Smith, Adam, *An Inquiry into the Nature and Causes of the Wealth of Nations* (London, 1904, [1776])

Tsai, Shih-shan Henry, *Perpetual Happiness: The Ming Emperor Yongle* (Seattle/London, 2002)

Wong, R. Bin, *China Transformed: Historical Change and the Limits of European Experience* (Ithaca/London, 2000)

第2章　科　　学

Agoston, G., 'Early Modern Ottoman and European Gunpowder Technology', in E. Ihsanoglu, K. Chatzis and E. Nicolaidis, *Multicultural Science in the Ottoman Empire* (Turnhout, 2003), 13–27

Aksan, V. H., *An Ottoman Statesman in War and Peace: Ahmed Resmî Efendi, 1700–1783* (New York, 1995)

Aldington, Richard (ed.), *Letters of Voltaire and Frederick the Great* (New York, 1927)

Allen, J. S., *The 1715 and Other Newcomen Engines at Whitehaven, Cumberland* (London, 1972)

———, *The Steam Engine of Thomas Newcomen* (New York, 1977)

Araci, Emre, 'Giuseppe Donizetti at the Ottoman Court: A Levantine Life', *Musical Times*, 143, 1880 (Autumn 2002), 49–56

Bailey, Jonathan, *Field Artillery and Firepower* (Oxford, 1989)

Bakar, O., *Tawhid and Science: Essays on the History and Philosophy of Islamic Science*

Clark, Gregory, *A Farewell to Alms: A Brief Economic History of the World* (Princeton, 2007)

Cipolla, Carlo M., *Guns and Sails in the Early Phase of European Expansion, 1400–1700* (London, 1965)

Cotterell, A., *The Imperial Capitals of China: An Inside View of the Celestial Empire* (London, 2008)

Dardess, J. W., 'A Ming Landscape: Settlement, Land Use, Labor and Estheticism in T'ai-Ho County, Kiangsi', *Harvard Journal of Asiatic Studies*, 49, 2 (1989), 295–364

Dreyer, E. L., *Zheng-He: China and the Oceans in the Early Ming Dynasty, 1405–33* (London, 2006)

Duyvendak, J. J. L., 'The True Dates of the Chinese Maritime Expeditions in the Early Fifteenth Century', *T'oung Pao*, 34, 5, Second Series (1939), 378–9

Ebrey, Patricia Buckley, *The Cambridge Illustrated History of China* (Cambridge, 1996)

Fernández-Armesto, Felipe, *Millennium: A History of our Last Thousand Years* (London, 1997)

———, *Pathfinders: A Global History of Exploration* (Oxford, 2007)

Finlay, Robert, 'Portuguese and Chinese Maritime Imperialism: Camoes's Lusiads and Luo Maodeng's Voyage of the San Bao Eunuch', *Comparative Studies in Society and History*, 34, 2 (1992), 232–41

Flynn, Dennis O. and Arturo Giraldez, 'Arbitrage, China, and World Trade in the Early Modern Period', *Journal of the Economic and Social History of the Orient*, 38, 4 (1995), 429–48

———, 'Born with a "Silver Spoon": The Origin of World Trade in 1571', *Journal of World History*, 6, 2 (1995), 201–21

Fogel, Robert W., *The Escape from Hunger and Premature Death, 1700–2100: Europe, America, and the Third World* (Cambridge, 2003)

Goody, Jack, *Capitalism and Modernity* (Cambridge/Malden, MA, 2004)

Guan Hanhui and Li Daokui, 'The GDP and Economic Structure of the Ming Dynasty' (forthcoming)

Higman, B. W., 'The Sugar Revolution', Economic History Review, 53, 2 (2000), 213–36

Hobson, John, *The Eastern Origins of Western Civilisation* (Cambridge, 2004)

Hoffman, Philip T., 'Prices, the Military Revolution, and Western Europe's Comparative Advantage in Violence', *Economic History Review* (forthcoming)

Huang, Ray, *1587: A Year of No Significance: The Ming Dynasty in Decline* (New Haven, 1977)

Inwood, S., *A History of London* (London, 1998)

Jones, Eric, *The European Miracle: Environments, Economies and Geopolitics in the History of Europe and Asia* (Cambridge, 2003)

Keay, John, *China: A History* (London, 2009)

Landes, David S., *Revolution in Time: Clocks and the Making of the Modern World*, 2nd edn (New York, 2000)

——, John Joseph Wallis and Barry R. Weingast, *Violence and Social Orders: A Conceptual Framework for Interpreting Recorded Human History* (Cambridge, 2009)
Osborne, Roger, *Civilization: A New History of the Western World* (New York, 2008)
Pomeranz, Kenneth, *The Great Divergence: China, Europe and the Making of the Modern World Economy* (Princeton, 2000)
Putterman, L. and David N. Weil, 'Post-1500 Population Flows and the Long Run Determinants of Economic Growth and Inequality', working paper (September 2008)
Quigley, Carroll, *The Evolution of Civilizations* (New York, 1961)
Rajan, Raghuram G. and Luigi Zingales, 'The Persistence of Underdevelopment: Institutions, Human Capital, or Constituencies?', NBER working paper no. 12093 (February 2006)
Roberts, John, *The Triumph of the West* (London, 1985)
Schuker, Stephen A., 'A Sea Change in the Atlantic Economy? How the West Pulled Ahead of the Rest and Why It May Cease to Do So', in William Anthony Hay and Harvey Sicherman (eds.), *Is There Still a West? The Future of the Atlantic Alliance* (Columbia, MO, 2007), 89–124
Scruton, Roger, *The West and the Rest: Globalization and the Terrorist Threat* (London/New York, 2002)
Wallerstein, Immanuel, *The Modern World-System* (New York, 1974, 1980 and 1989)
Wong, R. Bin, *China Transformed: Historical Change and the Limits of European Experience* (Ithaca/London, 2000)
Woods, Thomas E. Jr., *How the Catholic Church Built Western Civilization* (Washington, DC, 2001)

第1章 競　争

Barmé, G. R., *The Forbidden City* (London, 2008)
Barrow, Sir John, *Some Account of the Public Life, and a Selection from the Unpublished Writings, of the Earl of Macartney*, 2 vols. (London, 1807)
Birch, W., *The Historical Charters and Constitutional Documents of the City of London* (Charleston, SC, 2009)
Bishop, K., *China's Imperial Way* (Hong Kong, 1997)
Brook, Timothy, *The Confusions of Pleasure: Commerce and Culture in Ming China* (Berkeley, 1999)
Burrage, M. C. and Corry, D., 'At Sixes and Sevens: Occupational Status in the City of London from the Fourteenth to the Seventeenth Century', *American Sociological Review*, 46, 1 (1981) 375–93
Castor, Helen, *Blood and Roses: The Paston Family and the War of the Roses* (London, 2004)
Catto, Jeremy, 'Written English: The Making of the Language, 1370–1400', *Past & Present*, 179 (2003), 24–59
Chirot, Daniel, 'The Rise of the West', *American Sociological Review*, 50, 2 (1985), 181–95

Findlay, Ronald and Kevin H. O'Rourke, *Power and Plenty: Trade, War, and the World Economy in the Second Millennium* (Princeton, 2007)

Fogel, Robert W., *The Escape from Hunger and Premature Death, 1700–2100: Europe, America, and the Third World* (Cambridge, 2003)

Goody, Jack, *Capitalism and Modernity* (Cambridge/Malden, MA, 2004)

———, *The Eurasian Miracle* (Cambridge/Malden, MA, 2009)

Guyver, Robert, 'England and the Battle for the Centre Ground: The History Working Group and the First History War (1988–1991) as an Archetype for Subsequent Wars', in Tony Taylor and Robert Guyver (eds.), *History Wars in the Classroom: Global Perspectives* (forthcoming)

Hibbs, Douglas A. Jr. and Ola Olsson, 'Geography, Biogeography, and Why Some Countries are Rich and Others are Poor', *Proceedings of the National Academy of Sciences of the United States*, 101, 10 (2004), 3715–20

Huntington, Samuel, *The Clash of Civilizations and the Remaking of World Order* (New York/London/Toronto/Sydney, 1996)

Johnson, Samuel, *The History of Rasselas, Prince of Abissinia* (Boston, 1811 [1759])

Jones, Eric, *The European Miracle: Environments, Economies and Geopolitics in the History of Europe and Asia* (Cambridge, 2003)

Kagan, Robert, *Of Paradise and Power: America and Europe in the New World Order* (New York, 2003)

Kennedy, Paul, *The Rise and Fall of the Great Powers: Economic Change and Military Conflict from 1500 to 2000* (New York, 1989)

Landes, David S., *The Wealth and Poverty of Nations: Why Some are So Rich and Some So Poor* (New York, 1998)

Laue, Theodore H. von, 'The World Revolution of Westernization', *History Teacher*, 20, 2 (1987), 263–79

MacGregor, Neil, *A History of the World in 100 Objects* (London, 2010)

McNeill, William H., *The Pursuit of Power: Technology, Armed Force and Society since AD 1000* (Chicago, 1982)

———, *The Rise of the West: A History of the Human Community* (Chicago, 1991 [1963])

Maddison, Angus, *The World Economy: A Millennial Perspective* (Paris, 2001)

Melko, Matthew, *The Nature of Civilizations* (Boston, 1969)

Matthews, Derek, 'The Strange Death of History Teaching (Fully Explained in Seven Easy-to-Follow Lessons), unpublished pamphlet (January 2009)

Morris, Ian, *Why the West Rules - For Now: The Patterns of History, and What They Reveal About the Future* (New York, 2010)

Mumford, Lewis, *The City in History* (New York, 1961)

Murray, Charles A., *Human Accomplishment*: *The Pursuit of Excellence in the Arts and Sciences, 800 B.C. to 1950* (New York, 2003)

North, Douglass C., *Understanding the Process of Economic Change* (Princeton, 2005)

参考文献

はじめに――幸せはどこにあるのか

Acemoglu, Johnson and Robinson, 'Reversal of Fortune: Geography and Institutions in the Making of the Modern World Income Distribution', *Quarterly Journal of Economics*, 117 (2002), 1231–94

Bagby, Philip, *Culture and History: Prolegomena to the Comparative Study of Civilizations* (Berkeley/Los Angeles, 1959)

Bayly, C. A., *The Birth of the Modern World, 1780–1914* (Blackwell, 2004)

Bockstette, Valerie, Areendam Chanda and Louis Putterman, 'States and Markets: The Advantage of an Early Start', *Journal of Economic Growth* (2002), 347–69

Bozeman, Adda B., *Politics and Culture in International History: From the Ancient Near East to the Opening of the Modern Age* (New York, 1994 [1960])

Braudel, Fernand, *A History of Civilizations*, trans. Richard Mayne (New York, 1993)

Brownworth, Lars, *Lost to the West: The Forgotten Byzantine Empire that Rescued Western Civilization* (New York, 2009)

Cahill, Thomas, *How the Irish Saved Civilization* (New York, 1995)

Chandler, T., *Four Thousand Years of Urban Growth: A Historical Census* (Lewiston/Queenstown, 1987)

Chaudhary, Latika, Aldo Musacchio, Steven Nafziger and Se Yan, 'Big BRICs,Weak Foundations: The Beginning of Public Elementary Education in Brazil, Russia, India, and China, 1880–1930', draft working paper (2010)

Clark, Gregory, *A Farewell to Alms: A Brief Economic History of the World* (Princeton, 2007)

Clark, Kenneth, *Civilisation: A Personal View* (London, 2005 [1969])

Coulborn, Rushton, *The Origin of Civilized Societies* (Princeton, 1959)

Darwin, John, *After Tamerlane: The Rise and Fall of Global Empires* (London, 2007)

Dawson, Christopher, *The Making of Europe: An Introduction to the History of European Unity* (London, 1932)

Diamond, Jared, *Guns, Germs and Steel: A Short History of Everybody for the Last 13,000 Years* (London, 1998)

———, 'How to Get Rich: A Talk', *Edge*, 56, June 7, 1999

Eisenstadt, S. N., *Comparative Civilizations and Multiple Modernities* (Leiden, 2003)

Elias, Norbert, *The Civilizing Process*, 2 vols. (Oxford, 1969, 1982 [1939])

Elvin, Mark, *The Pattern of the Chinese Past* (London, 1973)

Fernández-Armesto, Felipe, *Civilizations: Culture, Ambition and the Transformation of Nature* (New York/London/Toronto/Sydney/Singapore, 2001)

———, *Millennium: A History of our Last Thousand Years* (London, 1997)

●著者紹介

ニーアル・ファーガソン（Niall Ferguson）

ハーヴァード大学の歴史学部およびビジネススクール教授。

1964年、イギリス・スコットランドのグラスゴーに生まれる。オックスフォード大学モードリン・カレッジを卒業。その後、ケンブリッジ大学やオックスフォード大学などで教壇に立ち、2004年から現職。

金融史や帝国論などで卓越した研究業績をあげている。また、アメリカのイラク戦争や経済政策、さらに世界情勢をめぐって注目すべき発言を続け、多数の新聞・雑誌に論考を寄せている。

主著として『マネーの進化史』『憎悪の世紀——なぜ20世紀は世界的殺戮の場となったのか』（ともに早川書房）、*Colossus: the Rise and Fall of the American Empire*（Penguin Books）などがある。

●訳者紹介

仙名 紀（せんな　おさむ）

翻訳家。1936年、東京に生まれる。上智大学文学部新聞学科を卒業。朝日新聞社で主に雑誌編集を手がけ、1996年に定年退職。

主な訳書として、ファーガソン『マネーの進化史』『憎悪の世紀』（ともに早川書房）、ブランド『地球の論点』（英治出版）、フィッシュマン『中国がアメリカを超える日』（ランダムハウス講談社）などがある。

文明　西洋が覇権をとれた6つの真因

2012年7月20日　第1版第1刷発行
2013年4月10日　第1版第5刷発行

著　者　ニーアル・ファーガソン

訳　者　仙《せん》名《な》　紀《おさむ》

発行者　井　村　寿　人

発行所　株式会社　勁《けい》草《そう》書房

112-0005　東京都文京区水道2-1-1　振替　00150-2-175253
（編集）電話　03-3815-5277／FAX　03-3814-6968
（営業）電話　03-3814-6861／FAX　03-3814-6854
理想社・青木製本所

ISBN978-4-326-24840-7　Printed in Japan

http://www.keisoshobo.co.jp